汤一介集

和记者谈心

记者的访问记

◎汤一介 著

中国人民大学出版社
·北京·

前　言

我这一生可以说是在读书、教书、写书、编书中度过的。年轻时我喜欢读中外文学著作。由于读了一些名著，我对人生、社会产生了许多问题，因此我常常向自己提出一些问题来思考。于是，我选择哲学系，希望能了解到中外哲学家思考的哲学问题及其思考哲学问题的方法。为了积累知识和教好课，我购买了不少书，有五万余册。当然，我认真读的书也就是几百册，其他翻翻而已。在开始写作时，我大体上就是从思考的问题展开的，但此后因环境的变化，思想被一条绳子束缚住了，走了三十年的弯路，把最可能有创造力的时光白白度过。我想，这不是我一个人遇到的问题，而是一两代学人遇到的问题。正如冯友兰先生所说，他在20世纪50年代之前的学术历程中是有“自我”的，但在50年代后则失去了“自我”，只是到80年代又找回了“自我”。因此，严格地说，我是80年代才走上学术研究的正轨。

在80年代后，我头脑中存在着一个矛盾：作为哲学家还是哲学史家两个虽有联系但却很不相同的方向，我是向哪个方向发展呢？这个问题一直到现在仍然是个问题。因此，在七十五岁以后，我一方面主持编纂《儒藏》，另一方面仍然在思考和研究一些哲学问题。当然，我也有自知之明，知道自己不可能创构一有重大意义的哲学体系。但思考哲学问题的习惯，使我还是在关注某些哲学问题，只要有时间我就把这些问题写作成文，作为我思想的记录，也希望得到同行的响应和批评指正。

本想为此文集写一“总序”，但我近日有病在身，就写这一短短的“前言”吧！好在本文集每卷的卷首，我都写有“自序”，读者或可对我写作的意图有所了解。

汤一介

2013年11月24日

自　序

本卷虽以《和记者谈心——记者的访问记》为书名，但实际上是由三部分组成。第一部分是记者对我的单独访问，这种访问大约有上百次，我只选了三十几次，为的是避免重复。第二部分是对我和乐黛云共同的访问，但实际上也是我们各人谈各人的，并没有在思想上进行交锋。第三部分是我的一些同行、学生或者记者写对我的认识和我的思想的了解。我想也许可以帮助读者从多方面对我的为学为人有所了解。

人无完人，学者的学术思想也没有可能是完全正确的，没有什么“放之四海而皆准的绝对真理”。在学术思想上、在理论的论述上（特别是哲学学科），哲人应该谦虚，应该善于倾听不同的声音。我常常喜欢引用两段颇有启发性的名言警告自己，也介绍给我的同行和学生。一段是恩格斯在《反杜林论》草稿片段中说的：“在黑格尔以后，体系说不可能再有了。十分明显，世界构成一个统一的体系，即有联系的整体。但是对这个系统的认识是以对整个自然界和历史的认识为前提的，而这一点是人们永远达不到的。因而，谁要想建立体系，谁就得用自己的虚构来填补无数空白，即是说，进行不合理的幻想，而成为观念论者。”① 另一段是罗素在其《西方哲学史》中说的：“不能自圆其说的哲学决不会完全正确，但是自圆其说的哲学满可以全盘错误。最富有结果的各派哲学向来包含着显眼的自相矛盾，但是正为了这个缘故

---

① 恩格斯：《世界是有联系的整体·对世界的认识》，见北京大学哲学系编：《恩格斯〈反杜林论〉参考资料》附录，137页，1962。

才部分正确。"[1] 这两段话对我们研究哲学或其他文化学的人是非常有意义的。无论我写的论文，或我与记者的谈话，我从不认为它们都正确，但我努力做到说我想说的，我愿意说真话，特别是对年轻人，我不能说假话。因此，在和记者谈话中我往往是说得比较多而且坦诚，但我要求他们在发表时，先让我看看样稿，并往往会删去一些不宜见报的话。这样免得给我和记者（甚至该报刊）带来什么麻烦，但发表出来的可以说都是我想说的。我有自知之明，由于我的知识结构的缺陷和不甚开阔的眼界，我讲的话定会有错，但只要我认识到，我是愿意纠正的。

汤一介

2012 年 11 月 26 日

---

① 罗素：《西方哲学史》下册，马元德译，143 页，北京，商务印书馆，1976。

目　录

清醒远见的中国哲人

Terry Cheng

汤教授："妥协与认同存在于任何事物。"

数世纪以来，一个关于外来文化是否应当影响中国的棘手问题一直受到争论。当代中国的一位主要哲学家——北京大学汤一介教授认为，问题的答案是：是。

长久以来，中国共产党的领袖毛泽东的思想被认为是马列主义理论在中国现实当中的成功运用。今天，中国强人邓小平提倡建设具有中国特色的社会主义国家。两位领导人不仅强调他们所追求的社会主义事业的中国化，同时也特别坚持将马列主义作为他们的指导思想。这蕴藏着怀有共产主义信仰的中国政治家的殷切期望。

在一位著名中国哲人的眼中，理想的中国文化则应当能够同时吸收马克思主义和西方文化的其他方面。他就是北京大学汤一介教授，一位致力于研究中国对外来文化吸收的权威。汤教授指出，鉴古知今，与历史上进入中国的其他外来文化一样，马克思主义也不例外，必须与中国的本土文化相结合。然而，他还清醒地认识到，在此种结合形成之前，中国首先应该发展出一种适应现代化需求并符合中国现实的马克思主义文化。在中国，传统文化的研究已经成为讨论的焦点，这正说明人们期望从其自身文化中寻求某种能够促进国家现代化的东西。

汤教授"马克思主义与其他西方文化的积极方面对于中国现代化应当具有同等重要性"的远见卓识是他最近在香港接受《南

华早报》的采访时提出的。上个月末，他在香港出席了商务印书馆建馆九十周年的庆典。在中国，商务印书馆是历史最悠久的一个出版机构。

汤教授清醒地看到，许多来自西方的思想与理念能够适应中国现代化的需求。这些思想与理念并不应该仅仅局限在先进的机械与经济管理的范围之内，中国的思想与理念同样应该被现代化。在学术研究领域，其他西方思想和马列主义应当同等对待，即便事实上后者被看作是指导思想。

汤教授分析说，在历史上，中国受到外来文化的影响可以划分为三个阶段：公元 1 世纪后从印度传入的佛教，17 世纪后主要通过耶稣会传教士利玛窦传入的西方文明，以及最近 1919 年五四运动后传入的马列主义。以佛教融入中国文化为例来说，佛教由于受到了帝王的尊信，在一定时期甚至取代了传统中国文化。然而，并不是中国社会去适应印度文化。恰恰相反，佛教主动适应了中国社会。汤教授认为，这种情形同样也会发生在马列主义上面。在此期间，马克思主义在现代中国的运用也不应当仅限于政治与经济方面，而应当扩展到文化领域。

汤教授说，1949 年后，在政治文化舞台上，中国至少犯了两个错误：一是对苏联实践的盲目接受，二是对中国传统的简单否定。对此错误，中国已经付出了沉重的代价。邓小平在处理当前问题方面比毛泽东好很多。以农业为例，在 50 年代，毛泽东在数年内将农业合作化迅速引入人民公社。毛泽东的激进计划失败了，原因是中国并没有高度发达的农业体系，而高度发达的农业体系才是集体化的基础。相比之下，邓小平则很实际，推行农业生产责任制，这种制度要求农民对其生产力负责。这种做法等于是对传统小农经济的一种认可，而商品经济也只有在小农经济的基础上才能发展起来。

毛泽东接受了马克思的阶级斗争理论，然而将之绝对化了。实际上，“妥协与认同存在于任何事物”，汤教授强调，“中国走一条中和的道路更有利于社会的稳定”。中国知识分子都有很强的历史使命感和责任感，“他们想要为国家与社会做贡献”。然而，他们的软弱性则必须受到谴责，“在困难面前，他们倾向于从社会中隐退”。

中国知识分子很深入现实，不擅长以抽象方式进行思考，至今也没有建构出宏伟的成熟哲学。汤教授建议，一些知识分子应该被允许从每天的世俗事务中摆脱出来，从而能够思考一些不是特别紧迫的问题。“他们应当被允许思考一些宇宙与生命的根本问题”。

在毛泽东思想的长期统治下，知识分子与学者被督促与社会和人民结合在一起。一些极端的情况下，抽象概念与理论的研究被指控为资产阶级实践。然而，如果中国哲学要在国际上胜过他人，哲学家们就不应该满足于解决社会的实际问题。汤教授宣称，他本人赞成多元论，反对一元论。“权威们希望一元论可以实现，然而在现实中是绝对不可能实现的。”正如中国是多个民族的共同体一样，中国文化并不是一元的，只可能是多元的。然而就目前而言，中国政治层面则不可能多元。如果多元未成熟而早产，结果必定适得其反。

原文为英文，题为 Chinese Philosopher Keeps an Open Mind，刊于香港《南华早报》，1987-09-03。由杨浩译为中文

全球意识观照下的中国文化

访问：高永强、杨再立

11月4日晚，记者前往北京大学中关园拜访汤一介、乐黛云教授夫妇。他们夫妇合用的书房里，线装的中文书、精装的西文书不大齐整却很和谐地共处一室，你会觉着中西文化在这里碰撞、会通、融合。在这里，汤一介教授愉快地接受了记者的采访。

问：听说目前燕园又兴“国学”热。您作为中国文化书院的院长、北大哲学系教授，能否谈谈现阶段提倡“国学”的意义？

汤一介：1949年以后，我们对传统文化基本持否定态度，到“文化大革命”的“破四旧”，对传统文化破坏得更厉害、更彻底。80年代中期兴起的文化热，基本也是反传统的趋向。到了90年代，人们冷静地考虑了一下，只是一味地反传统是不是有问题？传统文化中许多优秀的东西都被反掉了，而有些糟粕的东西却遗留了下来。“文化大革命”时这种表现最为突出，一方面反封建，一方面又众口一声地喊“万寿无疆”。一段时间以来出现了道德断层。在这个时候提倡国学，是对“全盘否定传统”思潮的一个冲击。

问：20世纪初的时候，一些人曾倡导国学。在20世纪临近尾声的今天，我们应该以怎样的态度对待国学？

汤一介：这是一个很重要的问题。这个问题解决不好，国学研究将背离我们的初衷。我是比较早提倡国学的，但我是在这样一个背景下提倡国学，即在全球意识的观照下提倡国学的。第二次世界大战后，随着“西方中心论”的消退，整个世界文化呈多元化趋势。如果孤立地、盲目地提倡国学，很可能游离于世界文化思潮发展之外。当然我们要考虑我们自己的文化特点，因为我们是多元中的一元，这是没问题的。可这种考虑必须在全球文化思潮背景下来考虑，否则就会游离于世界文化思潮之外，如果这样，我们就自己封闭了自己，重新滑入狭隘的民族主义、国粹主义陷坑，拒绝一切，排斥一切，又一次错过进入现代的机会。这是很危险的。

一种文化，既是纵向的、民族的，又是横向的、时代的。中国文化的方位应设定在民族与时代的交汇点上。过分强调纵向，就容易忽略时代性，我认为目前强调文化的时代性更重要。

问：文化观念本身是多面的、复杂的，如果不站在全球的、时代的高度去观察它，有些概念很难说清楚，有时还会把糟粕的东西当成优秀的东西去弘扬。国学研究是一项艰巨繁重的工作。

汤一介：是的。中国传统文化中的观念都是非常笼统的，是直观的、未经分析而得出的观念。由于未经分析，也就形不成理论体系，不成体系就不易被接受，更谈不上"操作"。再好的观念，如果只是观念，不能被接受和操作，意义也不大。因此，我们要对这些观念进行现代诠释。一个观念你要证明它，像笛卡尔用几何学方法证明"我思故我在"一样去证明它。经过现代诠释的观念才有意义。未经现代诠释的观念甚至良莠不分。如"天人合一"的观念，在中国传统文化中，"天人"是未经分疏、没有界限的。而我们现在讲"天人合一"必须在"二分"的基础上，讲主体性必须在有客体的情况下才有意义。再如"忠"、"孝"等观念，如不进行现代诠释，盲目地去"弘扬"，就会出问题。

问：那么，中国传统文化中有哪些观念值得弘扬，可以为我们的现代文化建设及人类发展提供有益的文化资源？

汤一介：比如，中国传统文化中有一种"普遍和谐"的观念，这种和谐可以分四个层面：自然界、人与自然、人与人、人自身身心内外都是和谐的。这是很有意义的观念，在当今世界越来越显示出它的价值。西方文化是讲“心物二分”，强调征服自然。当然西方近代科学的发展使人类受益匪浅，但随着对自然的不断征服，许多问题就出来了：温室效应、臭氧层、核武器……这些东西威胁着自然的安全，也威胁着人类自身的安全，如果有一种“普遍和谐”的观念，就有可能避免这些问题。西方现代社会（又称后现代社会）是一个非常个体化的社会，人与人之间是阻隔的，就出了许多社会问题，人的心理也不正常了，需要心理医生了……四个层面都不和谐了。因此许多西方学者把目光投向东方，从中国传统文化中吸取营养。

问：谈起我国目前的社会，有些学者常用一个词：“文化转型期。”那么，“转型期”有哪些特征？未来的新的社会形态应是什么模式？

汤一介：“转型”，我认为是指古代、近古往现代转。其实“转型期”从五四运动就开始了。那时大致可分为三大派别：激进主义，以李大钊、陈独秀为代表；自由主义，以胡适为代表；保守主义，以梁漱溟为代表。社会前进，不是一种力量推动的结果，而是多种力量组成合力推动的结果。所以，“转型期”的文化必然是多元的，当定型后，向纵深发展了，才有一定方向。如春秋战国时百家争鸣，到汉朝定于一尊，儒家成为正统，才有了主导方向；宋明之际，儒释道三教合流，理学成为正统。其实，80 年代以来的文化热也是由三种力量（西化派、西方人文主义派、保守派）共同推动的结果。“转型期”恐怕还要持续相当长的时间，新的文化形态的建立需要一个艰苦漫长的过程。

问：现阶段社会中，过去的价值系统动摇了，一些人失去了人生目标和行为规范，有人称之为“道德真空”状态。我们能否从传统文化中挖掘材料，重建道德大厦？

汤一介：中国传统文化中倒有现成的关于道德修养和社会治理的观念，叫“内圣外王之道”，意思是只要人的道德修养达到完美的地步之后，社会问题就解决了。这其实是泛道德主义。事实上，道德标准是一种内在的标准，它缺乏外在约束力。道德的力量不像人们想象的那样可以解决现代人和现代社会所面临的种种深刻的矛盾和问题，“内圣”也不会自然而然地外化出一套理想的社会管理系统。这一点恰恰是中国传统文化的缺陷，“内圣外王”容易导向“人治”而非“法治”。一个健康的社会必须有两个支柱支撑，一个是社会道德教化系统，一个是完备的法律制度。中国之所以至今没有建立起健全的法制，与中国这些传统观念有很大关系。因此，在我们今天建设中国现代文化的时候，只从国学中挖掘材料是不够的，还应敞开国门，向世界学习。西方为解决自身的问题向东方学习，我们为了完善自己、发展自己，为什么不能向西方学习？中国有过“海纳百川”的历史，如唐朝，西域音乐、舞蹈、印度佛教都进来了，当时的佛经“百十倍”于儒家经典，中国文化并没有因此而消亡，反而繁荣发展了。我们现在同样应该有这种胸怀，这种信心！

原刊于《黑龙江日报》，1993-11-23

中国文化，可作为两岸对话基础

访问：徐东海

北京大学教授、中国文化书院院长汤一介昨天接受记者专访时表示，两岸在文化上比较有共识，中国文化可以作为两岸对话的基础，所以希望两岸能早日促进学者长期讲学和加速文化出版交流。他同时表示，大陆 80 年代兴起文化热对大陆思想现代化有极大助益，中国文化应走向世界，而 21 世纪应是东西文化的互补和互动，而非东西文化的冲突。

汤一介是应联合报系文化基金会、大陆事务暨政策研究基金会的邀请，来台参加本月 27 日举行的“两岸文化思想与社会发展学术研讨会”。以下是记者访问纪要。

问：汤教授数年来一直呼吁加强两岸联系和文化交流，认为这对于中国文化能在世界上居于优先地位，极具意义。从两岸关系发展看，文化交流对两岸关系可能会产生何种作用和功能？

汤一介：两岸之间能取得共识的是中国文化，两岸要交流，但透过交流该如何进行对话及相互了解，我认为透过学术文化交流是最好的形式，且是最容易的沟通。两岸属于同一文化传统，彼此有许多共通性，中国文化是两岸很好的对话基础。

只是目前两岸藉会议形式交流是不够的，因为来台的只是少数人，最好的方式是两岸学者能否到彼岸作一两年的长期讲学，将影响力扩大开来。再者，两岸扩大出版合作，多将一些好书引介给对方，也是可行的途径。

问：中国文化在大陆改革开放前后，在不同政治结构下究竟对中国社会产生了什么影响?

汤一介：大陆近来文化发展约粗分为两个时期，80 年代中期的文化热产生的原因，一是对过去教条马克思主义的冲击，二是要实现工业、农业、科技和国防现代化。如果没有思想观念现代化，恐怕四化会落空。因此，提出文化的问题。

过去大家并不重视中国文化，所以 80 年代开始推动文化热，中国文化学术取得相当成绩，尽管大家的观念不一，但共同的特点是大家都重视中国文化。

可是文化发展到第二阶段，走到 1988 年底、1989 年初，文化热开始慢慢跟政治（民主、人权）挂钩，学术界本身也有三十二人签名活动，由校园走出校外，结果导致“六四事件”爆发。之后，有人考虑中国文化应作深入研究，相当多中青年学者加入，前年底也有一些老学者对此发表看法，如有人提到“三十年河东，三十年河西”，但我不同意这种看法。我认为东西文化是可以互补和互动的。可是我还有一个顾虑，害怕学术太意识形态化，因此我常说希望“学术归学术、政治归政治”。不过，文化热在民间社会尚未普及和深入，需要更多努力，十年前我们创立民间学术团体“中国文化书院”，即是着力于此。

原刊于《联合报》，1994-05-27

走向世界　走向现代

——汤一介先生访谈录

访问：门泉东

汤一介先生系北京大学哲学系教授，并兼任国际中国哲学会会长、北京大学中国哲学与文化研究所所长、中国文化书院院长等职务。多年来，汤先生潜心于中国文化的研究，硕果累累，著述丰盈，蜚声海内外。访谈之际，汤先生就记者提出的“传统与现代”的关系问题，具体阐述了他多年的主张：在“全球意识”下来创造具有中国特色的现代化的新文化。宏论滔滔，开人心智。

在现代历史的纵横交接点上，中国文化的发展具有了重大的时代意义

问：实现民族文化的现代化，是我国整个现代化事业的重要组成部分，请谈谈做好这件事情的意义及应采取的基本态度。

汤一介：实现民族文化的现代化，已经成为时代的迫切要求。就纵的方面而言，五四运动以来，现代化的进程一次次被打断，作为历史教训，一个首要的问题就是要处理好“现代化”与“传统”的关系。现代化不能走捷径，不能仅限于科学技术层面，必须有文化深层的现代化相配合，包括对价值观、思维方式乃至整个传统文化的历史反思。就横的方面而言，香港的回归将使我们面临一国两制的现实，要使之长久、稳定地保持下去，必须考虑从某一方面找到一个“观念形态上的共同基础”，而这只能到某种

共同的文化层面中去寻找，这就涉及民族文化的核心问题，同样需要对传统文化进行历史的反思。正是在这个纵横交接点上，中国文化的发展问题具有了重大的时代意义。

中国文化的发展问题可以概括为“古今中外”问题，具体讲就是“传统”和“现代”、“中国”和“西方”的关系问题。自近代提出“中体西用”，即产生了“中外之争”。“全盘西化”和“本位文化”的争论从五四运动前后一直延续到三四十年代，两者都无益于中国的现代化。这里面有一个把“现代化”与“西方化”相混淆的问题。事实证明，现代化不等于西方化，西方的东西不一定都是适应现代化需要的。“古今中外”问题如果处理不好，或者会引起复古倾向，或者会割断民族文化传统。割断了民族文化传统，我们这个民族还有什么价值？而如果拒绝吸收和融合外来的先进文化，我们的民族文化又怎么能尽快走向现代化？所以，我认为，无论是对待传统文化还是对待外来文化，都既不能不加分析地一概排斥，也不能原封不动地全盘继承，而必须进行创造性的改造。

文化的民族基础是文化的生命的根，关系到一个民族的存亡兴衰

问：提出我们建设的现代文化要有中国特色，显然是在强调文化的民族性，这点很重要吗？

汤一介：至关重要！世界文化的发展，在破除了“欧洲中心论”之后，呈现出多元发展的趋势；正是在这样多元发展的激荡中，世界的总体文化才日趋丰富多彩。在这种形势下，一个民族只有建立起自己深厚的民族文化基础，才能更好地吸收和融合外来文化，创造出具有自己民族特色的现代化文化。这是文化的生

命的根，关系到一个民族的存亡兴衰。

就世界范围看，在文化发展问题上存在着普遍的“寻根意识”，或叫“民族意识”。第二次世界大战以来，民族觉醒和民族独立已成为一种不可阻挡的发展趋势。各个民族要发展自己，就要找寻自己的文化传统，“寻根意识”由此发展起来。文化上的“寻根”，不仅表现为马来西亚、以色列等国家经过几十年锲而不舍的努力，成功地推行民族语言，而且表现为各地区各民族的文学都在努力表现本民族的特点。获得诺贝尔文学奖的尼日利亚作家索因卡的作品给人们留下的印象之所以十分深刻，就在于有浓厚的非洲气息。一位西方评论家说：“没有一个非洲作家比索因卡更为成功地让世界上其他人用非洲的眼光来看人类。”这说明带有民族特色的文学作品才有强大的生命力。这种文化上的“寻根热”是世界文化多元发展的必然产物，是各民族不甘落后、寻求发展的必然举措。

我们中华民族的传统文化，是一个相当广泛的概念，包括儒家文化、道家文化、中国化的佛教文化，等等。而且讲传统文化应该包括两个阶段，一个是两三千年的旧传统，一个是五四以来的新传统，这两个传统对我们今天的精神文明建设都有一定的意义，就看我们怎么利用。两三千年来的传统文化，无论是儒家文化、道家文化，还是中国化的佛教文化，都有许多合理的因素。前几天我参加一个讨论儒家文化与现代企业管理的会议，做总结时，我主要讲了一个概念，就是《易经》中提出的“太和”，对这个概念我的解释就是“普遍和谐”的观念。这个观念我觉得非常重要，它至少包含四个方面的含义：首先是自我身心内外的和谐，然后是人与人之间的和谐，因为儒家思想是从自身的道德修养推广到人和人之间的关系，叫“推己及人”；然后再推广到人和自然的和谐，叫“天人合一”；最后推广到自然的和谐。“太和”的这些含义都有一定的现实意义。当前人类遇到了两大问题，一个是人和人之间的不和谐，扩而大之就是国家之间、民族之间、地域之间不和谐，存在着各种各样的矛盾和冲突；还有一个大问题就是人与自然之间的不和谐，高科技的发展在给人类社会带来巨大利益的同时，也造成了极大的危害，例如环境的污染、生态平衡的破坏、臭氧层变薄等。所以，1992 年 1 000 多名科学家联合发表了一个宣言，叫做《世界科学家对人类的警告》，开篇第一句就指出：人类和自然正在走上日益对抗的道路。我想中国传统文化中的“太和”观念为解决这两大问题提供了具有重大意义的观念性的启示。讲“太和”这个概念，是为了举例说明中国传统文化中有许多精深的东西，至今仍有现实意义。

近年来中国文化在世界各地越来越受到重视，原因至少有四点：一是东亚地区经济和技术的腾飞出现了不同于欧美的第三种现代化模式。一些学者认为，有一种东方企业精神在支配着东亚一些地区经济的发展。他们说，东亚地区这种现代化模式向人们显示了东方文明的坚实内核。如果追根溯源的话，则东方文化的内核正是儒家的传统精神。二是当代西方基督教人文主义思潮的盛行与中国传统文化的人文主义特征形成了文化上的交叉点。有一些基督教神学家提出，基督教伦理与中国儒家伦理之间有一些共同点，可以在两者之间找到某些对话的基础。三是西方世界的精神危机，迫使人们试图从东方文化中找寻补救的良药。随着科学的高速发展，出现了毁灭人类自身的武器。后工业化社会存在的种种弊端，造成社会的冷漠、心灵的孤寂，使人们的失落感日著。在这种情况下，东方文化的和谐色彩和温馨气氛，无疑具有很强的吸引力。四是随着科学的发展，西方在转变着他们的某些思维方式，增强了他们对东方文化的兴趣。一些西方大科学家说他们自己的某些科学思想可以从东方找到根据。总之，不论出于什么原因，中国文化日益受到各国有识之士的青睐是一个确凿的事实。这说明中国传统文化对世界文化的发展至今具有重大价值，作为炎黄子孙，我们一定要以高度的民族自豪感和历史责任感，继承好这份宝贵的文化遗产，并使之在新的社会历史条件下发扬光大。

把“寻根意识”与“全球意识”结合起来，创造会通中西的有中国特色的现代化的新文化

问：近年来，在道德建设中，有人似乎在宣扬这样一种观点：中国传统文化中的伦理思想极为发达，几乎现今社会上的一切问题都可以从中找到答案。西方的自然科学很发达，需要学习，但人文思想不如我们，不必借鉴。您对此怎么看?

汤一介：现在确实有一股不大健康的思潮，就是把中国传统文化抬得太高了，似乎传统文化里什么好东西都有，靠传统文化什么问题都能解决，这是不符合实际的。不能说我们什么都成。每个民族都有自己的长处，也都有自己的短处。中国传统文化中不仅有许多封建性的东西，而且它的优点和缺点往往是结合在一起的，因而不能直接拿来为现代化所利用。中国传统文化凝结成中华民族的一种特殊的心理特征，包括空想性较强的理想主义、限制在封建依附关系中的人本主义思想、强调“统一”“和谐”而没有分析的思维方式、道德直观的理性主义等。这种特殊的民族心理状态，既表现了中国传统文化的优点，又表现了它的缺点。受其影响，我国一直缺乏自由的观念、民主的观念；强调群体的重要，而对于个性的发展和个人权利的保护不重视；重人治轻法治；重视人伦关系，而轻视对自然的研究，讲天人合一固然重要，但还要改造自然、利用自然；等等。这些弊端的克服都不是简单

地批判传统文化中的一个什么观念就能奏效的，而必须通过从总体上对传统文化进行改造才能解决。

改造传统文化，就要学习、借鉴其他民族的优秀文化成果。前几天在那个研讨会上，大家比较多地讲儒家文化对企业管理的好处，这是可以肯定的，但不能说单靠儒家这一套就能把现代企业管理的问题全解决了，那是不可能的。

问：听说日本、新加坡等国家用儒家思想管理企业，实质上搞的是东西文化的融合。

汤一介：对。日本首先是大量引进了美国的企业管理经验，然后加上儒家的一些精神。没有美国的管理经验，儒家的精神就没法落实，现代企业管理怎么能建立起来？所以我认为，弘扬中国传统文化，离不开吸收别国的优秀文化。这就涉及树立文化发展的“全球意识”的问题。

由于世界已成为一个关系非常密切的整体，全世界要解决的重要问题很多是共同的。任何一个地区和国家发生的重大问题和世界其他地方都有密切关系。现代通讯技术使新的学说、新的思想、新的理论得到高速传播。因此，对文化的发展没有一个全球眼光是不行的。我们必须随时了解各种新思想、新学说。随着思想文化交流的扩大，各种学说、思想、文化的互相影响不断增强。所以，就全世界范围看，文化的发展有着一种“综合”的趋势。任何国家和民族的文化发展都不能不考虑整个世界所面临的重大问题，都不能不去努力解决现实世界提出的重大课题。

任何民族文化的发展，都离不开对外来文化的吸收。我们中国就有过这方面的成功经验。从文化发展史上看，从西汉末年公元1世纪一直到公元10世纪，我们吸收了印度佛教文化，使宋明的文化有了相当大的发展，并没有因此而失去中国自身的文化。今天我们面对西方文化，应该大胆吸收，中国文化并不会因此就变成了西方文化。只要我们头脑清醒，守住我们的根、我们的传统，不会因为吸收了人家的，就失去了自己。现在西方人意识到并已经在努力吸取中国文化，来弥补他们自身文化的不足，促进西方文化的发展；如果我们不积极吸收西方文化的长处，封闭起来，我们就得不到发展，就会落后。总之，我们不能搞“本位文化”，要接受近代以来几次出现复古思潮的历史教训，克服复古倾向，大胆走向世界。

罗素说过，不同文明之间的交流，过去已经多次证明是人类文明发展的里程碑。我们在民族文化的发展上如果没有“全球意识”，就不可能站在全世界的高度来看文化的发展，就不可能反映时代的要求，就要游离于人类文化发展的轨迹之外。所以，要把“寻根意识”与“全球意识”结合起来，一方面很好地弘扬我们的传统文化，另一方面很好地吸取西方的优秀文化，使得我们真正在21世纪创造出一个会通中西的更高层次的现代化的新文化，也就是我曾经提出过的，在“全球意识”下来创造具有中国特色的社会主义的现代化的新文化。

文化的现代化必须有政治、经济的现代化与之配合，必须有一套行之有效的操作机制

问：实现中国文化的现代化，除了吸收外来文化的优秀成果外，还要有哪些保证条件?

汤一介：文化的现代化，是整个社会现代化的一个有机组成部分，不可能孤立完成，必须有政治、经济的现代化与之相互配合。

比如方才提到的“太和”观念，其落实就离不开一定的社会条件。我国社会几千年间是个以小农经济为基础的封闭式的社会，

生产力水平十分低下，人们征服自然的能力很弱，在这种情况下，人与自然就很难达到和谐；封建社会又是个等级制社会，没有平等，没有自由，也没有民主，在这种社会里，怎么可能实现人与人之间的和谐呢？这些问题至今没能完全解决，因而“太和”观念的弘扬在今天也受到客观政治、经济条件的限制。比如封建特权现象今天仍然存在。搞市场经济是要抵制拜金主义的消极影响，但我觉得目前市场混乱的主要原因是特权的侵害。特权用不合法、不正当、不公平的手段获取金钱，对市场秩序更具有破坏性。特权行为必然破坏干群关系，造成紧张和对立。足见，好的观念要落实，必须有一定的政治、经济条件为基础。再比如，我们现在政治体制方面的很多东西妨碍了社会主义道德观念的推行。我们提倡的是为人民服务，可体制的弊端却造成了与此相反的官僚主义、腐败现象。体制不改革，道德教化难以从根本上解决问题。

同样，传统文化中的消极部分也是与特定的社会条件相联系的。如中国传统文化中对“太平世界”的幻想，就源于小农的狭隘眼界。历次农民起义都是以此为旗帜的。黄巾军出自“太平道”，宋代农民革命则以“杀尽不平享太平”相号召，近代则有“太平天国”等，无不表现出浓厚的空想色彩。我们的传统社会是建立在小农经济基础之上的，小生产者的思想很容易带上空想的色彩。以空想为主要特征的“左”的思想的影响之所以延续至今，一个重要的社会原因就是自给自足的小农经济目前在我国仍大量存在。这个经济状况不根本改变，传统文化的改造就不可能彻底，文化的现代化就难以最终实现。再比如最近听妇联同志谈拐卖妇女问题，这个问题直接表现为道德问题，但我认为其更深刻的根源则是经济上的贫困。解决这类问题，不抓道德教育不行，但从根本上解决，还有赖于一系列政治、经济条件的配合。

问：现在道德建设中存在的问题，有理论整合方面的，但更多的是实践方面的。也就是说，一些好的道德观念已经明确并已取得共识，比如为官应该清正廉洁、经商必须诚实守信等，但没有一套行之有效的保证措施，仍难落实。

汤一介：从眼前工作看，弘扬优秀文化传统，进行道德建设，如果没有一套强有力的操作机制就只会流于空谈。道德教育不能解决一切问题，西方就有两套，一套是基督教，起道德教化作用；另一套就是政治法律制度，强制规范人们的行为。西方就是靠这两套维系着社会的稳定。新加坡也是两套，一套就是教化，宣传“己所不欲，勿施于人”；另一套就是处罚，罚得很重。这些都说明，好的东西的弘扬，离不开制度的保障。比如听国有资产管理局的同志讲，国有资产流失非常严重；解决这个问题，光靠宣传公有观念不行，必须有一套强有力的监督机制。一些发达国家由于监督机制比较健全，对腐败问题打击得就比较有力。

在访谈的最后，汤先生以充满自信的语调说道：“我们现在许多方面确实落后于西方先进国家，因此我们要做学生，要引进西方的优秀文化成果；但同时我们又要创造，使中国文化得到发展。到下个世纪，我们中国文化一定能走到世界前列。我多年前便表达过这样的愿望：让中国文化走向世界，也让世界文化走向中国，对此，我今天仍然坚信不移，矢志不渝！”汤先生的话使记者极为感奋，衷心祝愿正值盛年的汤先生能继续为祖国文化的再度辉煌一展雄才！

原刊于《探索与争鸣》，1995（7）

哲学：走向实践

——访著名哲学家汤一介

访问：袁华

中央电视台的《东方时空》有一个栏目，叫做《学者访谈录》，共访问了11位全国第一流的学者、专家。访谈的压轴人物，也是最年轻的一位，便是北京大学哲学系教授汤一介。

67岁的汤先生在哲学家特别是中国哲学家里，无疑应该算是年轻的。哲学，曾被人称为“科学的科学”；其境界需要长久的穷思苦究和特殊的禀赋才能达致。所以，许多可以被认真地称为哲学家的人，其生理年龄往往都不是很年轻。

汤一介，1927年出生于天津，1951年毕业于北京大学哲学系。汤先生的父亲汤用彤是我国第一代经过近代科学训练的学者，一生致力于中国哲学史（特别是魏晋玄学）和中国佛教史研究，在中国哲学界地位尊崇。汤先生的夫人乐黛云教授则是中国比较文学界的重要人物，在同行及北大学生中声誉甚隆。

汤一介先生1983年曾是美国哈佛大学访问学者，1986年与1990年任加拿大麦克玛斯特大学客座教授，并于1990年获该大学荣誉博士学位。学术兼职有：国际中国哲学会主席，国际价值与哲学研究会理事，中国文化书院院长等。主要著述有：《郭象与魏晋玄学》、《中国传统文化中的儒道释》、《儒道释与内在超越问题》等，此外还主编了《中国宗教：过去与现在》、《国故新知——中国传统文化的再诠释》等。

1996年1月，中欧企业家洽谈会在澳门召开。耐人寻味的是：

本是一个企业家的会，却邀请了汤一介先生——这位一流的哲学家到会，这在某种程度上透露出了一个信息：哲学正在走向实践。

致力于解答人类现实面临的共同课题：和平与发展

问： 随着社会主义市场经济在中国的确立，发展经济已无可争辩地成为了中国社会的中心问题，那么，哲学的地位又将如何？

汤一介： 现在，确立了社会主义市场经济的地位，是件好事，否则中国的经济也不会有这样的发展。市场经济的发展带来人们对金钱的追求，从而使其对其他方面的追求包括对哲学的追求淡化，这是正常的，应当说是发展市场经济必有的过程，很难避免。

在任何时候、任何国家，哲学家都是极少数的。太多的人去搞哲学，甚至可以说是有害的。比如德国古典哲学家，现在我们能知道的，其哲学思想能为人了解的也就十多位，像康德、黑格尔、莱布尼兹、马克思等。哲学家是提出理念的人，即通过对人类社会的分析，找出存在的问题，提出发展方向。现阶段，人们逐渐达成这样的基本共识：21 世纪，无论对于哪个国家，和平与发展是共同的课题，那么，作为一个哲学家，作为一个中国哲学家，就应当从中国文化中找出有利于“和平与发展”的理念，使其为此提供思想资源。

问： 您是否能解释一下？

汤一介： 比如，从对“和平”的贡献来看：中国文化中的“和为贵”、“和而不同”的思想，有助于处理人与人之间的关系、国与国之间的关系，使之不致为了利益的冲突而发动战争——就像两次世界大战所表现的那样。而“发展”就要处理好人和自然的关系，中国文化的“崇尚自然”观念为人类社会提供了人与自然相协调的原则，使人类在经济发展的同时，避免对自然界的破坏，从而维护人类本身的生存。

当然，仅有这样的理念是不够的，必须要把理念落到操作层面上，才能实现。这不仅是哲学家的责任所在，也是所有科学家的责任。具体到哲学，就是要给古老的中国文化以现代的诠释，借助科学手段将观念上的东西转化为可操作的东西。

为中国经济的持续发展提供文化支持：全球意识观照下的中国文化的延续和创新

问：您出席这次在澳门召开的“中欧企业家讨论会”的原因是什么呢？

汤一介：近半个世纪以来，特别是近二十年来，世界经济高速发展的区域是在亚太地区，包括东北亚、东南亚。那么，进入21世纪后，是否会出现第二个经济高速发展区呢？欧洲人认为很有可能在从欧洲经北非、中国澳门到中国内地这一区域出现。基于这样的判断，为加强中、欧之间的相互理解，欧洲于1991年成立了跨文化研究院，并于1991年、1993年分别在广州、北京召开了文化研讨会，主题分别是“文化的双向选择”和“文化间的误读”，今年4月，还将在南京召开第3次会议，主题是“文化的差异与共存——高科技对文化发展的影响”。

今年1月在澳门召开的“中欧企业家讨论会”虽然不是我们组织的，但我们很早就参与了会议的筹备。原因是：我们认为，现在的大趋势从文化本身讲是跨文化、跨学科时代。比方说高科技，它影响到社会科学、人文科学，而反之亦然。各种学科都在互相打通中间。而从第二次世界大战后整个文化发展的趋势是全球意识下文化多元发展。因为二战的结果是殖民体系的瓦解，许多殖民地独立，原来西方文化中心论也为之消解，各民族既要发展自己的文化，又要吸收其他民族的文化，形成了文化多元化发展趋势。近几年来，世界的主要问题已从美苏争霸变为“和平与发展”，那么各个民族文化都要考虑，本民族文化对全球面临的共同问题可以起什么作用，以什么方式参与世界文化的进程，对于中国来说，就是如何在全球意识观照下发展中国文化的问题。

中国的现代化倘若不包括文化的现代化，是很难想象的。这次我们去澳门开会，欧洲方面参会的除企业家外，也有一些学者和官员。他们在会上介绍欧洲的发展情况时，有些中方企业家却去逛大街了，这一现象从一侧面反映了我们的企业家只重短期即时利益，而无国际眼光，同时也说明中国还缺乏胸怀世界的大企业家。提高企业家的素质不仅是一个经济问题，也是具有深刻文化意义的问题。

问：您以前在论及道教产生的原因时认为：当时佛教文化已进入到华夏文化的各个方面，对当时的社会产生了巨大影响，因此，华夏本土文化进行了反抗，从而产生了新的文化。联系现在中国的实际，在某种程度上亦有相似的一面，即西方文化对中国社会也已形成了巨大影响力，那么，是否也会引起中国文化的反抗呢？是否也会有一种新的文化产生呢？

汤一介：佛教作为一种外来文化，于公元1世纪末传到中国，对中国当时及以后的社会影响极大，汉唐时期文化受佛教影响极深，像文学、艺术等方面，甚至许多大思想家都信佛，如柳宗元、白居易、刘禹锡等。在隋唐时期，除极个别时段外，佛经的流通数量数十百倍于儒经，但中国文化还是中国文化，并没有因佛教的传入而变成佛教文化，因为我们吸收并消化了佛教文化。我常爱引用英国哲学家罗素的这段话：“不同文化之间的交流过去已经多次证明是人类文明发展的里程碑。希腊学习埃及，罗马借鉴希腊，阿拉伯参照罗马帝国，中世纪的欧洲又模仿阿拉伯，而文艺复兴时期的欧洲则仿效拜占庭帝国。在这许多交流中，作为学生的落后国家最终总是超过做老师的先进国家。在中国与外来文化交流的过程中，假若中国是学生，那么中国最后也会超过他的先进的老师的。”佛教传入中国后至10世纪末，华夏文化完全吸收了佛教文化，出现了第一次大的飞跃，产生了宋明理学。现在的情形也很相似，关键在于中国文化能不能全面吸收西方文化，从而为中国文化的第二次飞跃打下基础。

问：中国经济的持续发展，需要一个成熟的文化体系的支持，那么，发展着的中国文化的走向是什么呢?

汤一介：传统的中国文化是一种以内在超越为特征的文化，西方文化则是以外在超越为特征的文化，这两种文化可以互补，各有其优劣。西方的超越需要借助外力，这有一个好处：就是有一个外在的客观的东西，便于建立一套严格的政治法律制度，“在上帝面前人人平等”，可以引申出在法律面前人人平等，重法治；但其弱点是道德约束松弛。传统的中国文化讲内在超越，讲求个人觉悟，西方有人提出要学习中国的“心脑一体、心智一体、崇尚自然、体证生生、道德实现”。但传统的中国文化只重人治，不重法治，显然无法适应现实中国社会的需要。未来的中国文化应是内外超越并重的文化，即同时具有中西文化之长的文化，这也是全球文化的发展方向，当然表现形式是多样的，即呈现一体多样的文化发展趋势。

投身于文化实践活动：中国文化书院的建立与发展

问：我们知道您除了学术研究外，还担任了大量的社会工作，如担任了中国哲学与文化研究所所长、中国文化书院院长、国际中国哲学会主席等，这就决定了无论您是否愿意，也必然会常常陷入具体的事务和繁琐的应酬中，对这一切，您是怎么想的呢？

汤一介：作为一个哲学家，不仅要做研究，参与社会也是极为重要的，要有一种社会责任。何况参与社会本身也开阔眼界，沟通信息，反过来可以使自己的研究更切合实际。要发展中国的文化事业，必须有一大批投身其间的人，所以，我们于 1984 年创办了新中国成立以来第一个民办书院——中国文化书院，旨在通过对中国传统文化的研究和教学活动，继承和发扬中国的优秀文化遗产；通过对海外文化的介绍、研究以及国际性学术交流活动，提高对传统文化的研究，并促进中国文化的现代化。现在，我们书院有五十余位导师，其中不少是第一流的学者，还聘请了美国、加拿大、日本、法国、澳大利亚以及中国香港、台湾地区的著名学者作为学院的海外导师。我们希望中国文化的发展与世界文化的发展接轨，而不至于游离于世界文化发展的大潮之外。

最近，中国文化书院同欧洲跨文化研究院达成协议，在中国文化书院下设中国跨文化研究院以实现对等交流，共同促进中欧文化的相互沟通和理解。

问：最后，您对《中国贸易报》的读者有什么话要说吗？

汤一介：《中国贸易报》的副刊能如此关心文化事业难能可贵。同时，文化事业需要有见识、有眼光的企业家真诚地理解和支持，希望你们的报纸越办越好！

问：谢谢！

原刊于《中国贸易报》，1994-03-01

文化历程的反思与展望

访问：闵惠泉

汤一介，我国著名哲学家，北京大学哲学系教授、中国哲学与文化研究所所长、博士生导师。1951 年毕业于北京大学哲学系，长期从事中国哲学与中国文化的教学、研究以及中外文化的传播工作，著有学术著作多部。1983 年美国哈佛大学访问学者，1986 年加拿大麦克玛斯特大学客座教授，并于 1990 年被该校授予荣誉博士学位。此外他还兼任：第九届国际中国哲学会主席、国际价值与哲学研究会理事、中国文化书院院长、中国哲学史学会副主席等职。

问：这些年人们对文化议论得比较多，但是对文化的一些观念似乎比较模糊，您对中国文化、中国哲学方面很有研究，我们很想听听您对这些问题的看法。

汤一介：给文化下定义是非常困难的。据统计说有一百多种，也有人说有三百多种，可能现在找不出一个非常权威的定义。人们通常照梁漱溟先生的话讲："文化就是人类生活的式样。"照生活式样不同分成不同的生活类型，它可分为西方文化、中国文化、印度文化等。照我看，普遍可以接受的定义也许是认为凡是人类创造出来的都包含在文化的范围之内，至少它有三个层次大家可以认同：一为物质文化，一为制度文化，一为精神文化。一般来讲可能分成这三个层次。你提出的第一个问题是关于文化热。为什么 80 年代中期会在中国大陆出现文化热？我想当时有两个最主要的原因。一是我们十一届三中全会后提出来要实现现代化，而且特别提出“四个现代化”的口号，但是照我们看，光提“四个现代化”可能是一个不全面的现代化的概念。从80年代中期开始，大概是1984年我们就考虑到是否用思想观念的现代化来配合“四个现代化”，这样才比较完整。当然还应该有制度方面的现代化，当时从我们学者来讲比较注重的是思想观念的现代化，从这个角度来考虑。最早在1985年我们跟上海、武汉、西安、北京、深圳等地的有关人士在深圳开一个文化协调会，当时就提出文化现代化应包含思想观念的现代化，我想这是一个非常重要的原因。二是考虑到如果要实现现代化可能会遇到一个问题，就是应该承认我们现在这个社会是非现代化的社会，才需要实现现代化，如果不承认这个事实就无从谈起。如果承认我们现在社会为非现代化的社会，可能要解决三个相互联系的问题：一是如何对待传统的问题，二是如何对待外来文化的问题（当时主要考虑的是西方文化），三是如何创造适应现代中国需要的新文化。所以在会上我们提到是不是应该在我们国家大家来共同讨论文化现代化的问题。

问：现在看来这一点很重要。

汤一介：当然这和我们现在精神文明建设、爱国主义传统教育等都有关系。但是80年代文化热的特点是怎样走出非现代、走出前现代，当时主题是从传统走向现代，回顾80年代可能整个文化界讨论的中心问题是围绕从传统走向现代。

问：这是不是对传统有点否定的意思?

汤一介：对，因为在那时如果我们不首先考虑到从传统走向现代化的问题，就不可能打开一个局面，因为我们三四千年甚至更长的旧传统显然不适合至少不完全适合全面实行现代化的要求，而且还有近几十年形成的一个新的极左教条主义思潮的新传统，对这两个传统如果不作一个很好的理性反思，我们实现现代化就会有很大障碍，所以当时讨论主题基本上是围绕从传统走向现代。

当然不可避免对传统采取比较多的批判态度，如果不经过一个清理、批判的过程，我们的现代化就会被很多方面拖住后腿，比方价值观念的问题，如果没有一个新的价值观念，我们能不能够实现现代化？那很困难。因为思维方式是需要转变的，对不对？而这就需要对过去进行一定的清理、批判才行。而1989年以后稍微发生一些变化。从1992年开始（1990年、1991年不特别明显）出现从文化热转成国学热的情况。为什么会产生这种状况？也有两方面的原因。一是由于80年代由传统走向现代的过程中对传统的批评、批判带有相当程度的片面性，过后不可能不去对前一阶段文化热进行理性反思，在反思过程中考虑到一个民族应该有自己的文化根基，如果不能巩固好自己的文化根基的话，一方面不可能很好地吸收外来文化，就不会对外来文化自觉地、有选择地进行吸收；另一方面在理性反思中，觉得前阶段否定过分的方面应该找回来，所以产生对传统的再认识过程，也就是把根基培育好并让它在此基础上得到发展，不是要离开我们的根基发展我们的文化。第二个方面原因是1989年后特别是1992年后政府也较多提倡传统文化，有鉴于在过去特别是1949年后一个相当长时间内在我们党内忽视传统文化（“文化大革命”就是很典型的例子），加上要加强民族自尊心、民族凝聚力就不可能不考虑到自己的传统文化。比方说当时《人民日报》发表一篇文章《国学在燕园悄然兴起》，中央非常重视，觉得可能应该考虑到要加强民族自尊心、民族自信心、民族凝聚力，至少一个重要方面是从传统方面找资源。鉴于这两方面原因，国学热也就从此逐渐发展起来，以后出现了很多关于传统文化的讨论会，出了不少研究、阐发中国传统文化的杂志。我认为对传统文化的研究，无论如何应该加强，而加强对传统文化的研究，必须要有全球意识。

问：这一点提得非常好。

汤一介：如果没有全球意识，你发展自己的传统文化，会发生两个问题。一个问题是它会导致狭隘的民族主义，这种状况在我们历史上和我们生活中不乏例证，认为人类所有精华都在我们的民族文化中间，会发生这样的问题；另一方面，会产生强烈的排外心理，不可能认真地、非常好地去吸收其他民族文化的长处，特别是吸收适应现代化、适应现代社会要求的文化资源，我想这是一个应该注意的问题，如果不注意这个问题就会使得我们的文化发展、文化研究游离于当前的世界文化发展总趋势之外，又形成一个闭关自守的状态，我觉得那是比较危险的。第二个问题是我认为应该防止的，即文化学术发展、研究的目的是什么？我想应该是追求真理，不应该过分意识形态化（我有时措辞是考虑再三的）。换句话说，它和政治有一定的距离、有一定的界限，它应该是以追求真理为目的的，不应该仅仅是为当前的政策作论证。如果你的学术研究、文化发展只是围绕当前具体政策为它作论证的话，那么这种偏离追求真理的方向就很可能会发生，这在我们历史上不乏例证，特别是1949年以来很多问题发生在这上面，比方在搞“大跃进”时就围绕着为“大跃进”作论证，造成我们在政治、经济各方面的失误，当然“文化大革命”是一个典型的例子，在“文化大革命”里为“文化大革命”作论证、为“以阶级斗争为纲”作论证、为“无产阶级专政下继续革命”作论证。这样学术文化不是追求真理，而是为现实具体的政治、政策作论证，这将导致偏离追求真理的方向，当然你这个政策符合时代要求，理论就自然和政策相符，因为理论是符合真理的。相反地政策应该符合理论，它应该是这个关系，仅仅为政策作论证就会产生很多问题，现在如果国学热很可能出现问题的话，一个就是走向了狭隘的民族主义，一个就是仅仅考虑为现实政策作论证而使得学术文化意识形态化，偏离了发展方向。因此我觉得应该在全球意识关注下发展我们的民族文化，而这样一个趋势也是第二次世界大战后逐渐形成的。二战后由于殖民体系的瓦解，西方中心论逐渐消退，当然不能说完全失去了作用，比方在美国他们还是认同西方中心论，特别是1993年的《文明的冲突?》显然还是宣传、支持西方中心的理论，但它的总趋势是逐渐消退的。二战后许多殖民地独立了，各个民族要发展自己的民族文化，比方说中国，后来还有印度、韩国、日本等都有发展自己民族要求的趋势，这是一个不可逆转的潮流。那么就有人问我全球意识是什么。我也开始想全球意识到底指什么，我想可能有一个问题在这里，就是：全球意识它也不是固定不变的，不是从古到今都一样，它还是这个时代的要求，全人类在这个时代要求什么？它有没有一个总的问题？进入90年代后总的趋势越来越明显，由于后冷战时期越来越突出的是和平与发展的问题，这恐怕是当前全人类主要关注的问题，那么我们发展民族传统文化必须配合整个世界来解决这个总问题，如果我们不配合世界人类所关注的总问题去考虑我们的文化中对这些问题能提供什么资源，那就容易偏离方向。我想每个时代要解决的中心问题就是这个时代的全球意识，和平与发展，很可能是21世纪人类所共同努力追求的、要解决的问题，而对第三世界也就是发展中国家来讲可能还有一个共同问题，因为发展中国家如果要能与发达国家取得平等地位，要解决什么问题？那就要解决现代化的问题。我们之所以不能和发达国家取得平等地位主要是因为我们没有实现现代化，而他们已实现了现代化。所以我们还有一个在发展中国家中共同面临的问题，那就是现代化。现代化是什么意思，我认为：首先是工业化，如果没有工业化，就没有力量与西方发达国家进行竞争，所有发展中国家都是处在实现现代化过程中间；二是民主化，是否有一套适应现代政治、现代社会生活的政治民主制度，如果没有一套适应现代社会生活的政治民主制度就不能保证多数人充分发挥出他们的力量；还应该有法制化；还应该有理性化。我们现在讲前现代、现代、后现代这些概念，现代是一个理性化的时代，而且它要求的是理论系统化，当然进入后现代就不是如此，它要求破除理论系统化，破除单一理念。

问：您说中国首先是现代化的问题，离后现代还比较遥远？

汤一介：等一会儿我会谈到这个问题。我们现在要实现现代化，所有发展中国家都有这个问题。我们如果不实现现代化，我们就没有和发达国家站在平等地位上进行推进人类社会发展的可能性，因为我们总处在弱势的地位，而实现现代化至少就有（也许更多）上面这四个要求，所以说就全人类来讲有一个共同的问题就是和平与发展的问题，从我们发展中国家来讲最迫切的问题是实现现代化的问题，当然你的现代化不能离开和平与发展，不能侵略别人来发展自己的现代化，那就违背了追求和平的意义，我们不能像过去西方列强侵略殖民地一样侵略别人来发展我们的现代化，这是不可取的。但我们要实现现代化怎么办？那就要工业化（也叫产业化）、民主化、法制化、理性化，你才有可能走出前现代，真正实现现代化。所以我觉得我们现在的任务非常重。中国传统文化中有没有对全球所关注的最主要的问题提供一些有意义的资源？我想可以从我们的传统文化中为现代人类所关注的最主要的问题提供一些有意义的资源，中国传统文化中最主要的是精神的、观念的这个层面（先不考虑制度层面），主要是儒家、道家思想，佛家思想当然也对我们有很多影响，但它最初是外来文化，然后被我们吸收改造成为我们文化的一个部分，最基本的还是儒家、道家文化。而儒家文化对我们现代社会提供资源最主要的是解决人与人之间关系的一些有价值的资源，比如孔子“和为贵”，如果把“礼”解释成它是维系社会的带有制度性的教化，也就是调整人与人之间的关系的东西，它应该遵守“和为贵”这个原则。再比如儒家经典《周易》里有个最重要观念就是“太和”，它讲“乾道变化，各正性命，保合太和，乃利贞”。意思是讲宇宙的发展变化，万物按照自己的本性及其作用保持太和的话就能比较顺通，不会受到阻碍。王夫之对“太和”有一个解释：“太和，和之至也”，即和的最完满的境界，他认为在没有人类以前“天”（自然）没有什么不和谐，有了人类以后，如果不失其和，它也还是太和。我想这些观念可能会对调整人与人之间的关系，解决人类社会生活中各种纠纷提供有意义的资源。但是作为一种观念落实到操作层面是非常复杂的，需要各种学科配合。所以有人问我，本来中国有这么好的观念如“和为贵”、“太和”的观念，可是为什么历史上并不那么和谐？由此可看出要落实到操作层面，确实需要非常多的条件才可能实现，比方我们过去是以小农经济为基础的封建专制的社会，怎样可能实现“和为贵”、“太和”赋予我们的比较完满的和谐？要走出小农为基础的社会必须实现工业化，就是实现现代化，你才能提供丰富的物质资源，你才可能真正实现人与人之间的和谐。过去是以封建等级制度为基础的社会，如何实现和谐？就必须打破这种封建等级制度。所以和谐的实现是有条件的。但是观念是非常重要的。如果没有这些观念，即使有了一定条件，还是不可能实现和谐。必须有了这些观念，并为这些观念创造条件，需要落实各方面的配合。从另一方面看道家有一个重要的观念就是“顺应自然”，庄子有一句话“无以人灭天”，不要用人为的办法去故意破坏自然资源。而现在恰恰发生大的问题，各个民族要发展，就要利用自然资源，在利用自然资源的过程中到现在可以看到对自然资源的破坏比较厉害，生态环境的破坏、臭氧层的变薄等都出现了，那就是我们没有处理好人和自然的关系，因此道家思想中间顺应自然的思想也许会为我们提供有意义的资源。怎样来利用这个资源？怎样为今后的社会以更多的考虑？所以我们传统中有许多有意义的资源有待发掘并给它以现代诠释即现代的解释以适应现代的需要。中国自古就有“苟日新，日日新，又日新”的说法。用我们现在的话讲就是不断给它们以新的诠释让它适应我们现代社会的需要。否则观念中包含不适应现代社会需要的部分就会发生作用，适合现代社会需要的就没有办法完美地发掘出来发挥作用。而我们当代学者的作用必须是怎样给传统文化中有价值的东西作现代的诠释，让它适合现代社会发展的需要。我们历史上也是这样，比方说先秦儒家是受到佛教冲击和道家冲击之后才发展到宋明理学，如果没有印度文化的冲击，它不日日新又日新的话，就不可能有宋明理学，还是先秦的那些东西。正是由于印度佛教文化的冲击使得先秦儒家主要解决的问题（照钱穆说法）“人性”的问题、“人的价值”的问题到宋明时已上升到宇宙的价值、本体的价值——“天理”是超越于人的一种根本原则。近四百年来西方文化冲击着我们，从四百年前利玛窦传播西方文明开始，它一直冲击我们到今天，我们也必须很好地在吸收他们先进文化的基础上来对我们的传统文化进行新的诠释。

现在新儒家也想进行诠释，我觉得可能走错了路子。现在新儒家的问题主要是没有给儒家一个很好的定位，就是儒家到底能解决什么问题？我想主要能解决的就是刚才我讲的调整人与人之间的关系也就是教人如何做人的问题，再多了就不一定能解决。比如新儒家他们认为儒家的内圣之学（也就是道德修养的学说）可以开出适合民主政治制度的外王之道来，而我觉得是不可能的，因为它没有现代的东西为基础；认为宋儒的心性之学可以开拓出科学认识论的系统，而本来中国传统文化就缺乏认识论的系统。比方说宋儒他们特别推崇的王阳明的“知行合一”的学说都是没有把认识论和伦理学区分开来，而是混在一起的，因而认识论就不发展，我们现在要从一个本来认识论不发展的东西里挖掘出科学的认识论的系统来，这是不可能的。原因是他们还是有一个情结，也就是科学民主的情结。认为中国传统思想里已经有不少民主科学的因素，我们因此只要从传统文化里发掘就可以了。我觉得不是这样一个情况。科学与民主应该是近现代的问题，不可能从它那里自然地发展起来。

其实我想很简单，比方我缺乏的就吸收。而儒家能不能吸收一些外来文化？问题就在这里，能吸收的就吸收。儒家文化有一个吸收外来文化的比较好的机制（或者说传统）。比方我们吸收的佛教，就吸收得相当不错。印度佛教在公元1世纪传入中国，经过一千年的时间佛教基本上消化在我们的文化中间。佛教开始是依附于我们中国的传统文化发展的，后来因两种文化有相当多的不同，有很多的矛盾，中国文化的办法就是首先把印度文化的佛教转变成中国化的佛教，到隋唐就出现了像禅宗这样的佛教流派，它是相当程度中国化的宗教。比方印度佛教是要有一个彼岸世界，一个西方极乐世界这样的东西，要成佛，而中国的禅宗给它以一个非常大的变化，就是“挑水砍柴无非妙道”，我在现实生活里就可成佛，不需要追求一个什么超现实的世界、一个西方极乐世界。因此禅宗既不主张坐禅，不主张拜佛，也不主张念经，你就在日常生活里提高自己的修养，觉悟了就成佛，“放下屠刀，立地成佛”，“一念觉即佛，一念迷即众生”。比方一个小和尚在吃完饭后问老和尚：“那我还应该做什么呢？”他原来以为是要去做念经之类的事情，老和尚说：“你吃完饭不知道做什么，你洗碗去！”宋儒把禅宗这一套吸收过来，宋儒因之代替了佛教的影响。因此到宋朝以后，佛教在中国影响就逐渐衰退了，没有那么大的影响。原因就是佛教已经中国化了，而且我们又把佛教中可以吸收的都吸收过来了。就是说我们不是没有吸收西方文化的机制，比方唐朝时最著名的文学家都是信佛的，如王维、白居易、柳宗元、刘禹锡，宋朝的文学家如苏轼也如此。这没有关系，我们能容纳它。所以我们今天也应该相信我们的文化可以充分吸收西方文化。

问：这就是说要有自信心。

汤一介：对，就是要有自信心，但是不能闭关自守。如我刚才所讲的不能用狭隘的民族主义的观点来对待这个问题，不能认为所有好的东西我们的文化里面全有。而现在就有这样的问题，认为现代科学都在《易经》中间，什么计算机二进制是从我们《易经》里来的，这都是似是而非的说法，计算机毕竟还是西方的产物，不是我们的产物，现在我们回过头来看我们《易经》是二进制的，可是它本身并未产生计算机的理论；现在又说遗传基因符合我们64卦的排列顺序，这是附会的。我们不能这样来看，这样又会让自己走入狭隘的民族主义，我觉得是非常有害的。今天应该有个正确的方法和态度来对待自己的传统文化。

问：现在对西方文化我觉得还是应该在充分吸收的基础上结合本民族的文化来加以创新。

汤一介：对，因为你现在可以看到，我们要走向现代化，必须吸收西方文化。比方说市场经济的问题，你就必须充分吸收西方市场经济这一套。现在有个说法叫做现代化的“日本模式”，日本有一个阶段发展比较快（现在也不行了），为什么？说它有东方的思想，特别是儒家的思想对它起的作用，这大概不对，因为日本经济发展根本上还是学西方的。它还是西方市场经济那一套搬过来之后再加上一些儒家精神而在管理中间发生了作用。比方说它的内部协调的作用，使得它的工人在一个阶段好像是在一个大家族里面，跳槽的比较少，企业因之容易稳定，竞争力就比较强。那美国就不一样，另一个企业比这一个企业高一块钱，人们就可以跳槽到那个企业里去。但这不是决定性的，首先你得是市场经济，不能跟世界市场经济接轨，即使有再多的儒家思想也发挥不了作用，对不对？你首先得有市场经济，我们再有些别的方面给它加以补充加以调整，还是可以起作用的。如果连市场经济都不是，那是绝对不行的。

在1989年后，中国文化的发展也有了一些新的趋向，比如说后现代思潮在中国相当流行。这是应该注意的一个现象。像广州成立了后现代研究所，特别是北大有个所谓“三王一张”，后现代在北大有相当大的市场，在社会上也有相当大的市场。当然1989年前，后现代思潮在80年代已传到中国，但影响不是太大，主要是90年代后，由于多方面的原因出现思想一元化的倾向。比方说提倡国学过了头，或者说学术思想意识形态化的问题更多了。出现这样的问题，而后现代恰恰是消解这个东西的因素。它主张零碎化，不要有一个统一的东西，它要打破一个统一的东西。

当然它发生很大作用是不可能的。我们还没进入现代，后现代全面发挥作用是不可能的。但它有一条就是可以使得多元化有一点空间。我想这可能是现在有些学者喜欢它，有些并不研究它的学者注意它的原因。我写过一篇文章《现代与后现代》，从民主和自由这个角度谈现代走向后现代的问题，也许不是很科学、很成熟的东西。还有现在没有后现代流行那么广，但也有一定影响的后殖民主义（是萨伊德等提出的）。它的基本观念是过去总是以西方观点来研究非西方文化是不行的，可能并不能对非西方文化有一个深刻的了解，而且常常发生偏差，等于曲解了非西方文化。比方说以西方文化模式来套中国文化，很可能有些东西就被歪曲了，所以后殖民主义在发展中国家有一定市场。《读书》有几期介绍为什么现在后殖民主义在中国也有一定影响。我想我们也需要摆脱西方那些理论框架的束缚，因此讲后殖民主义对消解西方中心论应该有其意义。不能什么东西都以西方理论框架来看待，但是后殖民主义现在也有一个危险就是走向狭隘民族主义。因为你不能排斥一切西方的观点来解释我们的文化现象、社会生活现象，有些理论很可能是有人类的共同性的，可以解释一个普遍性的问题。所以我们不应该屈从于西方文化，完全用它的理论框架来套我们，但我们同时也不应该排斥在西方理论中间可能有一些理论是可以解决人类普遍性的问题的。所以不能那么排外。我总觉得文化问题是非常复杂的，处理不好可能会偏向那一面，也可能偏向这一面。

问：这种分寸不太好把握。

汤一介：不太好把握，但这没什么关系。你只要是自由讨论总可以比较好地来调整这个度，对不对？如果你不能自由讨论就容易朝一个方向发展。那么这个方向占优势就老往这个方向发展，越来越偏。如果能自由讨论，另外一种思想就会把它纠正过来。所以有一个讲法说我们中国文化是处在一个转型时期，大概文化处在转型期很可能存在三种不同文化思潮：激进主义的思潮，自由主义的思潮，保守主义的思潮，很可能都是存在的。有时是激进主义占主导，有时是自由主义占主导，有时则是保守主义占主导，这是都有可能的。你让一种思潮不受其他两种思潮牵制无限制地发展的话，激进主义很可能变成极左思潮，那就使我们受到很大的损失；自由主义可以变成绝对的相对主义，就没有标准了，那也是非常危险的，完全没有准则，可以很任意地解释很多东西；保守主义当然可以发展成国粹派，这同样是很危险的。应该在三种思潮的互动中间来推动文化的发展。当然在一个时期内一种思潮更重要些。比方说五四时期激进主义比较重要，你必须冲破过去那一套，否则我们就不能前进，但过了这一段就得调整。对一个有眼光的学者、领导者来讲，他应该看到这种发展趋势，往一个方向偏得太多，就要纠一纠。但总的来说应该是有自由讨论的环境。世界文化也处在转型期，存在西方中心论，也存在萨伊德的东方主义（后殖民主义），还有主张文化多元化的思潮等。

问：汤先生，现在看来对科学的作用这方面大家对它没有什么太大争议，但科学技术并不是万能的……

汤一介：我国在1923年有个科玄论战。一个是科学派，认为科学可以解决一切问题，这主要指自然科学，而且认为如果不用科学（自然科学）的方法，其他学科就谈不上是真正的学术文化。另外一派认为科学问题不能包含所有问题，而人生观的问题更重要。这场争论没有什么结果。现在可以看出来科学确实可以解决很多问题。为什么21世纪发展得那么快？现在发展得越来越快，科学给人类带来的福利是很了不起的。但你也可以看出来，科学如果没有人文精神作指导，就会发生很多问题。科学不断发展，你怎么对自然进行调整？这需要有些人文价值来参与到科学中间去。比方说英国发生“疯牛症”，有一个非常大的问题是为什么会发生？人家有一个分析是：让牛吃动物饲料。很可能用动物做成的饲料价格很便宜，不会浪费什么东西。科学发展如果没有人文东西来指导，很可能让牛一直吃下去而导致了疯牛病，发生了很多问题。并不是说科学能制造出这种饲料就对社会有利，对养牛有利。在我参加的第17届世界哲学大会上，西方有识之士已经看到西方存在很多问题。有一学者讲他非常欣赏中国哲学，特别是中国哲学没有把感情和理智打成两片，这非常重要。我想这话有点道理。如果理智与感情打成两片，西方科学一味发展理智，不考虑到人类的感情，那就会发生偏差。另外一个学者，是现象学会主席，讲到西方社会曾受惠于东方而不自觉，他特别说到关于和谐的观念是受到东方的影响，像伏尔泰等都受到东方的影响，现在还应该考虑东方哪些方面对西方有意义。他首先提出的就是崇尚自然，因为西方自己确实感觉到科学的发展如果没有人文思想指导不一定就能造福人类：他们也看到了西方的问题，希望从东方来找寻一些资源。

但是我们有些人却自认为我们自己的文化高于西方文化，认为不需要向西方学习，西方的一切人文价值都是精神污染，都是自由化。

问：那就是太绝对了。

汤一介：这当然不是正确的态度。我们现在社会治安也不比人家好多少，因此提出要严打。不能说我们一切都好，包括我们的人文价值观念也是如此。我去了美国十几次觉得美国确实有很多问题如老年问题、青年吸毒问题等，但从总体上讲基本上是稳定的，不是如我们讲的那么乱。他们的社会有两个最基本的支柱，一个就是它的宗教传统，尽管现在相当多的青年不相信宗教，但社会整个仍是由一个原来的基督教传统在那儿维系。另外一个是法制观念，遵纪守法比我们好得多。他们这两套配合得比较不错，尽管有很多问题，他们自己也看到了。

问：汤先生，您能说一说南京会议的情况吗？

汤一介：南京会议讨论的问题一个是语言对于不同文化是不是有影响？比方由于汉语不是拼音文字，影响不影响我们的思维方式？我们的文字是“言象义”，我们有个象的问题在里边，至少我们有一部分文字是象形文字。西方的文字是拼音文字，是“言义”，即以声表义。我们的文字是不仅有声音，还有形象，这会不会影响我们的思维？第二个问题讨论的是生死和时间、生死和苦乐。儒家的和道家的、佛家的就不太一样。儒家讲“死生有命，富贵在天”，儒家的看法是死对人来说并不是一种痛苦，痛苦的是他的理想没法实现。比方陆游死时写《示儿》诗，关注的不是自己的痛苦，关注的是能不能统一国土。而道家讲“生气化”，认为生是气之聚，死是气之散，因此庄子妻子死了，他“鼓盆而歌”是很自然的东西。佛家如中国的禅宗也不以死为苦。所讲的就是这些。我们现在想做的事，为什么要到南京去开这个会？就是出于跟欧洲跨文化研究院进行跨文化、跨学科的讨论的考虑。这已经是第三次了。第一次讨论的是文化的双向选择的问题。就是西方选择我们，我们也选择西方，而且在我们跟他们的交往中间我们选择它，我们的文化会发生变化，被选择的也会发生变化。第二次讨论的是文化的误读。第三次讨论的是文化的差异。因为照我们看来，我们要搞这个跨文化研究是因为实际上现在学术的发展、文化学科的发展都是处在跨文化、跨学科的时代，没有不是跨文化的，它都是相互吸收的。

问：汤先生，您能对我们的杂志说点什么？

汤一介：我当然是希望你们的杂志办得非常好，能够自由地讨论，在文化转型期中间起一个比较好的促进作用，起一个在不同文化之间的桥梁作用。你们是搞传播的，更应该解决这种问题，怎么样把我们的文化传播出去，把人家的先进文化弄进来，这是很重要的。怎样能使我们的文化更好地发展，这是我们共同的心愿。

原刊于《现代传播》，1996（3）

汤一介：给百年思想方程一个新解

祖慰

“该听自己的了”

有人问过，在中国，同是为政治服务的原子弹专家和哲学家，为什么前者能制造出举世瞩目的氢弹、中子弹，而后者却造不出一个让世界同行刮目相看的哲学观念来？其原因是，中国政治家们，让造原子弹的人用自己的产品间接烘托、炫耀政治产品；而要所有弄哲学的人用指定的“包装纸张”（从意识形态话语到观点）直接包装现行政治。前者是以实体产品宣传“公司”，后者则是为在位“老板”做虚拟的广告。广告中当然不可能出哲学。然而，北京大学哲学系教授、中国文化书院院长汤一介，似乎是个例外。近年来，他频频被美国、法国、加拿大等国的同行请去讲学和当客座教授，应邀参加世界哲学会议，发表令同行振奋的论文，出版了十一本研究中国哲学的著作，还曾被选为国际中国哲学会主席等。何故？

前不久，72 岁的汤教授来巴黎参加法国 Desclée de Brouwer 出版社的新书发行仪式，因为其中有他的新著《生死》。他平平淡淡对我说了一句却是非常耐人寻味的话：“毛去世时，我自问：过去我都得听毛的话，他不在了，以后听谁的呢？我内省后自答：以后该听我自己的了。”

“该听我自己的了”，这个经历了阿·托尔斯泰说的“在清水里泡三次，在血水里浴三次，在盐水里煮三次”之后的顿悟，成了他自救、自拔、真正展开自己哲学生涯的驱动程序。他毅然决然“炒”掉了“政治包装工”。这时已是五十岁了，比孔子的“三十而立”晚了二十年。

那么，听自己什么呢？他想起黑格尔在《哲学史讲演录》中的一句话：“文化上的区别一般基于思想范畴的区别，哲学上的区别更是基于思想范畴的区别。”自 1951 年毕业于北大哲学系，他一直按照各个时期的政治需要，将中国历代哲学家和他们的著作，二分为唯心及唯物两类，唯物褒为进步，唯心贬为反动。到“文化大革命”更是“政治工具”化，政治人物为了打倒对手，先把对手戴上个儒家意识形态“铁面罩”，然后把历史上作古的儒家开棺鞭尸，从死人“横扫”过去，再扫倒活人。什么都是二分法，就像单细胞生物只能把世界分成营养和废物两类一样。他想，如果真要对中国五千年的思想史做一点能称之为哲学研究的研究的话，如果真要将中国思想史和世界上其他思想史作一点区分的话，只有摒弃“二分法单细胞思维模式”，回到黑格尔，进入中国哲学史未开垦过的但肯定是十分肥沃的荒原——思想范畴。

他有得天独厚的一面。父亲汤用彤是中国哲学史和中国佛教史的大学者。当年胡适离开北大时，就把北大交给汤用彤了，可见其学术地位之尊崇。汤一介自 1956 年开始就做父亲的助手了。那就像牛顿说的，获得了站在父亲肩膀上“看”的幸运。他凭借着两代人加起来的学术视野高度，将西方亚里士多德和康德的范畴作为比较系，在中国浩瀚的儒道释（中国化的佛教）思想库中，梳理出了“天人、无有、道器、体用、理气、心物、静动、常变、正反、神形、性情、知行”等二十对范畴，从存在的本源、存在的样式、人们对存在的认识三个方面建构了中国传统哲学的一套概念体系。他于 1981 年在《中国社会科学》上发表《论中国传统哲学范畴体系的诸问题》，震动了中外学术界。接着，他又从天人合一（真）、知行合一（善）、情景合一（美）的架构上，建构了一个更能凸显出中国思想史特色的概念（范畴）体系。

真被黑格尔说对了，一旦确立起思想范畴体系，东西方哲学的分水岭就显现了。罗素从西方范畴体系，归纳出了西方文化的三元素：古希腊的哲学、艺术和纯数学；从犹太教派生出来的宗教和伦理；由伽利略和牛顿开创的近代科学工业主义。罗素说："这三种元素，无一曾在中国的发展上占过一席地位"。汤一介从自己建构的中国思想范畴也结晶出了三元素——普遍和谐体系（自然的和谐、人与自然的和谐、人与人的和谐、自我身心内外的和谐），内在超越体系，内圣外王体系。这三元素也无一在西方国家的发展上占过一席之地。两个"无一"构成了鲜明的区分。

像碳原子的特殊结晶能产生钻石一样，他根据自己建构的思想"结晶"，也得到了"钻石"：中国三元素和西方三元素完全不同，因此在中国传统哲学资源中，不可能如以梁漱溟、熊十力等为代表的近代新儒学家所说的，能够灵根再植出西方的民主和科学来。我们要实现民主，只有向具有西方三元素的西方引进。

他发现中国文化的灵根是"做人之道"。他讲了"文化大革命"期间发生在北大的一个细节。大学者冯友兰挨造反派批斗，他是陪斗者之一。年高的冯友兰，挂着个大牌子，站在高凳上，低头弯腰，一斗就是数小时，怎么挺过来的？冯友兰回答汤一介说："每次挨斗时，我都在不断地念禅宗六祖慧能的偈：菩提本无树，明镜亦非台，本来无一物，何处惹尘埃。一念就听不见批判的人在吼叫什么了……"汤一介接着进行了极有说服力的论证：我们传统的天人合一、知行合一、情景合一等真善美灵根，虽然再植不出民主来，但是能再植出乱了做人方寸的现代人所渴求的为人之道来。

和而不同的双向选择

“该听自己的了”——这个内在的命令，十多年来使他结晶出许多“钻石”。他出版了《郭象与魏晋玄学》、《魏晋南北朝时期的道教》、《中国传统文化中的儒道释》、《在非有非无之间》、《儒道释与内在超越问题》、《非实非虚集》、《汤一介学术文化随笔》等引起海内外瞩目的学术著作。他在梳理中国数千年注释经典的学术史之后，还提出了创建中国解释学的不同凡响的构思。

我当然对他的学术成就表示敬佩，但也提出了我对哲学和所有人文学科甚至社会学科的学理性的质疑。我采访过许多人文学者和参加过人文、社会学科讨论会，发现人文学科（包括哲学在内）和社会学科，所使用的符号体系都是自然语言（即日常语言），而所有日常语言中的概念，都因为漫长历史的不断引申、转义，充满着多定义的歧义。既然任何概念的外延和内涵都是不确定的，那么，所有的逻辑推理是没有学理性的。因此，人文学科不能提供可重复的真理，不能指导人们一定能成功地做成什么。它的功能是两个：第一是对人文现象提供解释，满足人类特有的属于精神消费的解释欲；第二个更重要，对社会已经发生的人文时弊提供先觉性的批判，能引发社会的大变革，例如欧洲启蒙运动的批判，中国五四运动的批判等。人文学者要能做到先觉性的社会批判，必须具有独立人格和独到见地，换成汤先生的话就是“要听自己的”。

他想了想说，人文可能还有第三个功能，譬如陶渊明，没有解释、没有批判，他的人文学问，显示了一种与自然和谐、与人和谐和自己身心内外和谐的精神境界。

在他看来，今天的人类，还应该有一种与其他文化相和谐的人文精神。美国学者亨廷顿提出未来世界的冲突是西方文明同儒家及伊斯兰文明联合的冲突。汤一介研究了中国文化如何吸收和融合印度佛教文化的千年过程，提出了与亨廷顿不同的“文化双向选择”的命题。佛教大约在公元1世纪西汉末年传入中国，先是依附于中国原有的“道术”，到魏晋又依附于玄学而流传，是佛教在选择中国文化阶段。到东晋以后，由于佛教经典翻译日多，对佛教经典的原意有了进一步的了解，呈现出了两种文化的冲突，例如，中国文化提倡“忠孝”（不孝有三，无后为大），佛教要求“出家”、不拜君王和“无后”，两者发生了思想冲突。但是，思想冲突恰恰是双向选择的必要程序。到隋唐，就形成了双向选择的成果——吸收了儒家和道家思想的中国化的佛教宗派天台宗、华严宗、禅宗等相继诞生。到宋朝，儒家的理学大量吸收了佛教思想，使中国的儒学得到了重大发展。

汤教授紧接着讲到西方文化与中国文化的相遇过程。16世纪，西方文化通过传教士输入中国。那时也是依附中国文化在传播。到了19世纪，西方以大炮的方式再度传入西方文化，那就不是思想冲突了。从救亡情结出发，中国知识界展开了一个世纪的“古今中外不共戴天”之争，直到今天。这不是正常的双向选择，而是非此即彼的排斥。他引用哲学家罗素的一段话，证明西方的整个文化史，便是不同文化间的双向选择史：“不同文化之间的交流过去已经多次证明是人类文明发展的里程碑。希腊学习埃及，罗马借鉴希腊，阿拉伯参照罗马帝国，中世纪的欧洲又模仿阿拉伯，而文艺复兴时期的欧洲则仿效拜占庭帝国。”汤一介在给中国知识界也给亨廷顿提出了一个文化冲突的新解：和而不同的双向选择。

他告诉我，为了推行“和而不同的双向选择”，从1984年开始，就创办了独立的中国文化书院，聘请世界各国的负载多元文明的学者当客座教授。为了孔子说的“和而不同”，他正在筹办一所有国学院、跨文化学院、环保学院、法商学院、科技学院、艺术学院组成的私立大学。他把七十岁在当三十岁用着，让人感到在白发之下正在涌动着富有青春气息的“而立之年”的活力。

原刊于巴黎《欧洲日报》，1999-09-28

复兴文化书院　独缺大师之魂

访问：祝家华

北京学者汤一介认为，中国传统的文化书院不易复兴，因为非得有大师级学者主持不可，而大陆没有自由的讲学，台湾又太重视功利，难以产生那种人物。

汤一介教授是中国大陆著名学者，重要编撰著作包括《儒道释与内在超越问题》、《中国宗教：过去与现在》、《论传统与反传统》、《在非有非无之间》等，目前他是北京大学哲学系教授，并任北大中国哲学与文化研究所所长，同时也是民间创办的中国文化书院院长。汤教授今年受邀到马来西亚出席由大马华社研究中心（华研）主办的“传统文化与社会变迁”国际学术研讨会发表论文，不久前接受《亚洲周刊》专访，畅谈中国古代文化书院、中国文化复兴和中国文化书院新近发展等问题。汤一介认为，要复兴传统的文化书院不太容易，主要在于没有大师级的人物形成重要的学派，作为书院的灵魂人物，产生号召力，而当代大陆及台湾分别没有自由的讲学及太重视功利，难以产生大师级人物。以下是访谈摘要。

问：去年大陆宋代著名的岳麓书院举行了杜维明、余秋雨等著名学者讲学，引起轰动，有“千年书院开讲”的美谈，这是否是中国传统书院“一阳来复”的复兴景观呢？

汤一介：据我所知，是一位企业人士刘波以 1 200 万元人民币（折合美元约 144 万）购买了岳麓书院，所以有经费来举办一些活动，杜维明、余秋雨等学者才有机会到岳麓书院开讲，但也仅是一次性的讲学，不是长期的讲学。

以现在来说，要复兴传统的文化书院，不太容易，也不太可能。过去岳麓书院能成名，主要靠有学问的大师级学者的主持，像朱熹、陆九渊等，他们真正形成了重要的学派，是当时的学习中心，来求学的人也是真正要学，不是求文凭或官位。现在的岳麓书院也想形成湖湘学派，但是这不太容易，没有那样的大师级人物可以形成一个学派。

问：但是“千年书院开讲”的确引起人们重新注意传统书院，这有怎样的意义呢？

汤一介：现代社会和古代社会不同，因此要复兴古代书院的院规制度不太可能。我们在 80 年代也开办中国文化书院讲学，引起很大反响，但是后来政府不让我们自由讲学。即使政府允许开办私人讲学的书院，也不能回到那个时代的讲学。当然，岳麓书院的重新讲学有其重要的意义，只是无法回到传统的书院。

问：古代的书院可追溯到汉唐的精舍、书院，但是真正的书院大盛是在宋代，为何书院大盛会在那个时代？后来又为何走向没落呢？

汤一介：宋代的确书院大盛，主要是有大师级的学者出现，学风很好。但是，到了元朝，那是异族统治，对汉人的书院及文化基本是打压，有很多限制。到了明代有些恢复，但是有很多困难，不容易。到了清朝又是异族统治，对汉人的文化、学术，并不太提倡，对四书五经的态度也不像宋朝那样。民国时代废科举改制，流行洋学堂，书院自然没落。

问：民国初年还有一些著名的书院，那是怎样的情况？

汤一介：的确，民国初期还有一些有名的书院，像南京的支那内学院，四川的勉仁书院，还有复性书院等。这些书院之所以能维持，主要是靠主持的著名学者，像马一浮、梁漱溟等。另外，清华的国学研究院也曾经开办了四年，主要靠几位大师级的学者，如王国维、赵元任和梁启超等，没有这些大师级的人物，书院是开办不成的。

问：近当代的中国没有出现大师级的人物，原因出在哪里呢？

汤一介：当代中国没有出现大师级的文化人，主要是因为政治的专制统治，思想的压迫，没有自由的讲学。没有政治的专制，政治的干预学术，情况也许会不同。

另外，中国大陆1949年之后，政治运动频繁，打击知识分子，他们根本没有条件及时间去做学问。台湾的情况是学术界太功利，许多学者拿了学位之后，就很少再做学问。

中国文化会复兴，但不会成为主导的文化。将来的世界将是一个四五个主要文化竞争互补的景观。

问：一些学者认为中国文化会在二十年后复兴，这可能吗？到时是否有大师级的人物出现？

汤一介：短期内不会有大师级的人物，这需要时间的累积，而且过去的大师级人物只要是博古通今就可以，但是，现在的大师不只是博古通今，还要能融汇中西，这是不容易的。

中国文化会有一定的复兴，但是不像一些学者认为的那样可以成为主导的文化。将来的世界会是一个四五个主要文化竞争互补的景观，这些文化可能是西方、印度、中国、阿拉伯及犹太等文化。这些文化传统都有很深厚的资源，可以互相激荡、吸收及影响。

问：当代新儒学提出反本开新理论，认为中国的道统在开出西方的民主科学后，传统的东西可以和西方的民主科学并存，您认为可能吗？

汤一介：当然可能，但是不像当代新儒家所提出的那样，要引进西方的民主科学，不是从传统里头开出，而是要引进西学，引进西学并不会影响传统的保留，传统还是能流传，不会消灭。

问： 您所主持的中国文化书院在过去作出很好的成绩，现在情况如何？

汤一介： 中国文化书院在 80 年代开办，得到梁漱溟、冯友兰等学者支持讲学，收到很好反应。我们开办的二年制中外文化比较课堂，从 1986 到 1989 年，一共有 12 000 人参加；另外环境保护课程也有 3 000 人参加，法治、经济等课程，全部有 30 000 人参加。但是 1989 年后，书院不能开办了。1993 年我们重新获得民间机构的注册，现在也开办一些课程，如道家文化只有 40 人，藏语课只有 20 人。现在社会风气不一样，过去我们的中外文化比较课程，得到农民、干部、编辑和军人等参加，如今很难找到上千的学员，没有众多的学生就很难开课，没有经费。

问： 中国文化书院有何新近发展？将来的出路在哪里？

汤一介： 我们正在和卓达企业集团的卓达大学合作开创哲学人文学院，这是落实中国文化书院的办法，预定今年秋天开学。卓达有经费、硬件，我们能提供师资。我们的理念是大学一年级就教四书五经及西方的经典，还有研究所的课程，希望文化书院和企业集团的合作能成功。另外，中国文化书院也有三间分院，一是环境保护分院，由梁启超的孙子梁从诫主持，是著名的民间环境保护组织。另外的分院是跨文化研究分院，由乐黛云主持，出版跨文化中文及法文的期刊、丛书。还有就是企业文化研究分院，作农业考察等。

原刊于《亚洲周刊》，2000-09-25，2000-10-01

汤一介：谈中国文化书院

访问：刘德伟

近来，沉寂了一段时间的中国文化书院再度活跃。除编辑出版数部颇有分量的学术著作外，又发起并参与主办“世纪文化论坛”等活动，邀请美国霍普金斯大学著名华裔学者钱致榕教授、享誉全球的“侠之大者”金庸先生等就教育、文化等问题进行主题讲演和学术研讨活动，并与企业集团探讨合作创立民办大学的意向。一时间，小小的北大农园里名家荟萃，再度成为京城学术界关注的热点。笔者于近日采访了中国文化书院院长、北京大学教授汤一介先生。

问：80 年代中期，您和一批学者发起创立了中国文化书院，在当时的社会背景下，书院在继承发展民族传统文化方面做了大量工作，社会影响很大。十几年过去了，中国社会发生了很大变化，中国文化书院的发展也经过了许多艰辛曲折。作为书院的创立者，您认为书院成功的经验有哪些？现在状况如何？

汤一介：中国文化书院的发展经历了 80 年代和 90 年代两个阶段。80 年代中期受当时社会思潮的影响，人们对文化的热情空前高涨。在这个时期，书院开办了学生众多的多种函授班；举办了“中国知识分子”、“中国宗教”、“中国的近代化”等多次国际学术研讨会；编辑出版了《论中国传统文化》、《中西文化比较》等书籍，在社会上影响很大。90 年代以来，随着市场经济的发展，人们对文化的兴趣减退了，社会需求减少了，再加上内部管理上的一些原因，使得书院的发展受到一定的影响。在这种情况下，书院把主要力量放在出版学术著作上，如已经出版的《神州文化集成丛书》（50本），即将出版和正在编辑的就有《国学举要》、《20世纪西方哲学东渐史》、《中国佛教史》、《道教文化研究丛书》、《远近丛书》（中法文对照）、《跨文化对话丛书》（中法文对照）等。作为一家民办学术团体，中国文化书院取得的成果是有目共睹的。虽然经历了一些曲折，但是目前书院的发展呈现出良好的势头。我们正在从开展学术活动、出版学术著作、培养学术人才等几个方面着手，把书院的工作做好，向着宋代哲学家张载所讲的“为往圣继绝学”的方向努力。

问：您一向重视人才培养，从创立中国文化书院到开办中西文化比较研究生班，再到筹划私立大学。这一过程体现了怎样一种观念上的变化？您是否认为书院模式已经不能适应社会的发展趋势？

汤一介：教育是立国之本，其重要意义已被国人普遍认识。创办中国文化书院、开办中西文化比较研究生班和筹办私立大学，是想从不同角度，组织不同层次的人群，开展不同程度的学术研究、教学研究和人才培养，做法和方式有区别，目标是一致的，都是要继承发扬优秀的传统民族文化，充分吸收西方的和其他民族的优秀文化，从整体上提高国民素质。要大力发展教育，需要全社会共同努力，发挥各方优势，采取多种方式，还要虚心学习外国的先进经验。不久前，我们邀请美国霍普金斯大学华裔学者钱致榕教授做了题为《美国的私立教育》的主题演讲，其中许多内容非常有启示。当然，中国有自己的国情，很多事需要因势利导。比如文化书院，80年代很红火，有当时的社会背景。现在表面上不那么红火了，也不能简单认为书院这种模式不行了。毕竟我们是在摸索一种适合国情的方式和做法。要达到宋朝“白鹿洞书院”那样的规模和水平是不可能了，因为时代不同了。最近除举办了一系列学术活动外，我们还聘请了一批成绩卓著的青年学者作为书院导师，并准备开办中国文化书院上海分院，要努力扩大影响，发挥应有的作用。

问：在民间办学成风的今天，学者的智力投入和企业家的财产投资是其中最主要的两个因素，也是目前条件下一所成功的私立大学必备的两个条件。在您看来，学者和企业家在办学的理想信念和操作模式上是否存在着巨大差异？是否需要一个学者“商人化”或者商人“学者化”的过程？

汤一介：创办一所成功的私立大学需要社会多方面的关心支持和帮助。首先要有一个好的政策，并得到教育部门和有关方面的指导；还要有好的办学环境和舆论环境。当然，这些是外部条件。作为内部条件，正如你刚才所说的，学者的智力投入和企业家的财产投资是最重要的两个因素。中国文化书院前一段时间一直在与卓达企业集团探讨合作创立私立大学的意向，并且取得了一些进展。但是因为在办学理念和具体运作上存在着较大差距，因此，这个阶段的合作结束了。但是我想，不应该用“失败”两字来总结这次合作。因为双方认真地在很多方面进行了仔细的研究和讨论，取得了一些共识。在没有取得一致意见的地方也了解到了对方的想法和准备采取的做法。这为今后提供了许多有益的帮助。你提到的学者“商人化”或者商人“学者化”的过程是一个大问题，也是需要在社会不断进步的过程中加以研究和实践的问题。

总之，在创办私立大学这件事情上，中国文化书院今后会更加努力，从理论和实践上进一步摸索，并且愿意与有愿望、有实力、有相同办学理念的企业合作。

原刊于《中国教育报》，2000-12-26

汤一介：传统是根

访问：杨瑞春

在哲学教授眼中，西方文明固然值得学习，但传统才是一个民族的力量所在。

问：我们现在看到一些传统文化复兴的趋势，在西方文化冲击如此猛烈的今天，这是为什么呢？

汤一介：因为每个国家在经济发展以后，都要寻找他自己的传统。这不属中国独有，不少国家都是如此，比如以色列经济越发达越强调犹太教的地位，而马来西亚建国之后，又推行本已不太流行的马来语作为官方语言，都是这种情况。一个国家要立国，要建设一个强大国家，就必须要找寻自己的根，它的根是什么？不是别的，就是自己的文化传统。

问：我们看到传统是一股很强大的力量。这股力量为什么如此强大呢？

汤一介：因为这是几千年来积累下来的东西，想要改变当然是很难的。

传统中的有些东西乍看起来是不好的，但深究起来却未必，比如说春运，大家都要回家过年，不仅造成了交通问题，而且还带来了社会治安等问题，但实际上，人们都去寻求自己的家，这也是凝聚力，是一个国家凝聚力的基本方面。

传统文化对于中国人来说总体上是个积极因素，它可以增加一个国家和民族的凝聚力，增强自信心，才有力量吸收别人的东西。建国后我们有相当长的阶段全盘吸收苏联的东西，在与苏联破裂之后开始自闭，不敢吸收别人的东西，就是因为我们对自己的传统不自信，而在改革开放之后，我们才重新学习西方的东西。当然，传统中有些东西仍然在阻碍我们的发展，比如我们受专制主义的影响一直很深，人治大于法治，而政治体制改革的步伐也显得非常缓慢。比如目前的地方保护主义，与我们历史上长期地方割据势力起作用也很有相似之处，再比如我们历史上的政治监督机制很差，这也是我们的坏传统，到今天依然造成很多弊病。

所以对于中国来说，怎样发扬好的传统、去除坏的传统依然是个大问题。特别是，如何能够把它落实到操作层面上去。

问：在我们的印象里，上个世纪的种种思潮，更多是在讨论传统文化中的弊端，我们似乎一直处于“破”的过程中。

汤一介：今天看来，我们的传统上个世纪的时候被破坏得太厉害了，新文化运动、五四运动当然有不可抹杀的很大的功劳，破除掉很多旧传统、旧风俗、旧习惯，但同时也带来了很多副作用。1949 年以后，特别到了“文化大革命”时“破四旧”、“批林批孔”，对传统伤害更大。今天，有些东西看起来有恢复的趋势，形式的东西恢复容易，但传统的精神接上来是非常不容易的。从学术界来说，就可以看出来，我们国家 50 年来没有出现真正的国学大师，今天我们比起冯友兰、熊十力、胡适他们是没法比的，他们是中西根基都很强的人。

当然，我们今天谈继承传统不仅仅是要了解几部经典，而是要予以现代的诠释，适应现代生活的需要，而今天我们大多数学者没有这样的学养。

问：在全球化的过程中，很多人担心各个民族的传统会受到很大冲击，您对此是怎么看的？

汤一介：在我看来，经济全球化应该意味着所有国家的经济都要发展，而这种发展反而会促进不同民族文化的发展。我们不敢设想，是不是在更远的未来有着所有民族的大融合，但 21 世纪前半叶我看不太可能出现这种趋势。

问：您的观点与亨廷顿《文明的冲突?》中的观点非常接近。

汤一介：亨廷顿认为文明之间会有冲突，但他解决的方案是错误的，他把文明分为西方和非西方，他认为，要保持西方文化的主导地位，有两条路，一是要挑起儒家文化和伊斯兰文化之间的冲突，二是要把非西方文化国家纳入到由西方控制的组织中。这是错误的，而且也是行不通的。那么怎么解决呢？孔子几千年前就说过“和而不同”，《国语》中也说过“和实生物，同则不继”，就是说和谐才能创造新的东西，如果完全一样就不行。文化之间的关系也是一样，应该在和谐的交流中间互相吸收，使各种文化都得到良好的发展。

问：我们的文明是一个五千年没有中断的文明，那么它自我更新的能力有多强呢？

汤一介：在隋唐时代，佛经曾经数十百倍于儒经的数量，民间佛教的力量非常强，包括像王维、柳宗元这样的知识分子都是信佛的，但经过三四百年，理学建立起来了，它吸收了佛教文化中的许多因素，于是新儒学又统治了中国八百年。我们吸收佛教文化几乎用了一千年的时间，而吸收西方文化，我们从 19 世纪算起也只有两百年，要真正消化它，成为新的中国文化是需要经过长期复杂的文化融合过程的。融合外来文化，建立适合自己的文化传统，这不是每个民族都能做到的。很多民族没有这种文化的力量，也许传统文化就消失了，而中国这么一个大国，有五千年的优秀文化传统，怎么会中断呢？

问：我们的传统对于今天的社会有哪些现实意义呢？

汤一介：我认为儒家哲学在处理人和人的关系上面很有作用。他讲“仁，人也”，讲“亲亲为大”，讲仁爱，要从热爱自己的父母、子女出发，但并不停留于此，要推己及人，要“老吾老，以及人之老；幼吾幼，以及人之幼”。他提倡的“忠恕之道”对于调整人和人之间的关系会有好处。儒家并不一般地反对每个人得到应得的利益，但应取之有道，还强调“天下归仁”，如果真正做到每个人自觉地以仁爱之心遵守社会制度，那么这个社会就稳定了。这自然关系到社会的稳定。他强调，一个社会除了其他的东西，还应该是一个道德社会，靠刑律的惩罚是远远不够的，我觉得这仍然是有现实意义的。

而在我看来，道家的思想在治国方面甚至是国际关系方面很有用处，老子讲“治大国若烹小鲜”，就像烧鱼，你老翻就翻烂了，而统治者也不要老去折腾人民，追求的是“我无为而民自化，我好静而民自朴”的境界。国际关系也一样，强国不要老去折腾弱小的国家，干涉小国，越干涉越好不了。

现在国际的问题一是和平问题，一是发展问题。刚才说的就是和平问题，在发展问题上，最重要的就是环境问题，而道家崇尚自然，强调“道法自然”，就是不要过分破坏自然。这是合于环境保护问题的。

所以，我们传统文化不仅对中国是有用的，而且对整个世界也都是有用的。我们经常提倡“拿来主义”，这在今后仍然是很必要的，我们还要不断吸取其他文化中好的东西。但是，现在我认为也应该提倡“送去主义”，我们的文化传统一直不强调“送去”，在贫弱的时候不能送去，在很强盛的时候也没有送去，比如说汉唐时候，中国学习印度的佛学，有法显、玄奘去取经，但是却没有把中国文化主动地传到印度去。西方从 16 世纪就通过传教士传播文化到中国，后来又通过强国力量强制进入中国，我们吸收他们吸收得很快，从进化论、实用主义、尼采的唯意志论、马克思主义、德国古典哲学、分析哲学，到后现代主义全都进来了。同一时期，我们也派出了大量的留学生到海外去学习，但是我们主动输出自己的文化太少了，我们自己并没有有计划、有系统地去传播我们的文化，我觉得到“送去主义”的时候了。

问：那么我们应当如何重建我们的传统？

汤一介：首先，我们应有个自信心，在重新重视发挥我们文化的内在精神的基础上，充分吸收其他各民族的优秀文化，使我们的文化“日日新，又日新”，以适应现代人类社会发展的要求。

原刊于《新闻周刊》第4期，2001-01-22

当年常陪冯友兰先生挨斗

访问：杜娟

梁思成从佛光寺的大梁上掉下来

我在北大读书时，选修的课程非常广泛，这对我今天的研究大有裨益。我虽是哲学系的学生，但我最初却对西方文学很感兴趣，我选修了俞大缜先生用英文讲授的“欧洲文学史”；北大老资格教授杨振声的“欧洲文学名作选读”。还有胡世华的课。他是我父亲早年的学生，教逻辑学。我也选修了任继愈的课，他那时还不是教授，讲的是中国佛学问题，我也受益匪浅。

此外，我还选修了著名建筑学家梁思成先生开设的“中国建筑史”。梁先生那时是清华大学的教授，到北大博物馆系讲课，我慕名去听。到现在，我还保存着听他讲课时记的笔记。

梁思成事业心非常强，要研究一个事物，就非得把它弄清楚。有一次，他给我们讲课时谈到山西五台山的佛光寺。佛光寺是唐朝时修建的寺庙，是现在我们国家保存下来的木结构最早的寺庙之一了。据说，这所寺庙是梁先生从壁画中找到的。有一幅敦煌壁画描绘了唐五台山的地图，地图上标出大佛光寺的位置，梁思成按图索骥找到佛光寺，但是，这个寺庙到底建于唐朝的哪一年？梁先生要弄个明白。民间有个习惯，就是建庙宇、民宅，上大梁时，要在梁上刻下上梁的日子。梁思成就爬到梁上去看。他真看到了！可一高兴，人从梁上掉下来了。他给我们讲，那次他摔伤了，但这很值得，他把这日子搞清楚了！后来，梁思成先生对它做了完整的剖面透视图，成为今天研究唐代建筑的典型范例。

冯友兰挨斗时曾背慧能的偈

1956年，我回北大时，冯友兰还在讲课，我听过他的课。在特定的历史时期，他的哲学思想曾遭遇批判，我也写文章批判过他。冯友兰先生与我父亲是同事，我们两家上世纪五六十年代在燕南园住隔壁。虽然我写文章批判他，但我们关系不错，我常去冯先生家找他聊天。那时冯先生大约60多岁。

当年，冯友兰先生是极端的“反动权威”，经常挨批判。红卫兵几乎每天都闯进冯家，弄个小凳子，把冯友兰先生提溜起来，让他站在凳子上，批判他，让他交代。我那时因反对聂元梓而被打成“黑帮”，也常常被提溜去陪斗，很不好受。

大概是1981年吧，有一天我去看冯友兰先生，偶然谈到当年挨斗时的情景，我问冯先生当时如何对待，冯先生说，在挨批斗时，他心里就默诵慧能的偈：菩提本无树，明镜亦非台，本来无一物，何处惹尘埃。冯先生说后，我们俩一起大笑。原来在挨批斗时，仍然可以有某种思想的自由。就是说，在言行极端不自由的时候仍然可以有某种思想的自由。

冯友兰先生很聪明，也很有见解。冯先生文章写得让人看起来很舒服，到底在美国学习了五六年，拿了博士学位！我觉得他相当得益于自己的西方哲学基础，且有很深厚的中国文化根基。我们这一代不如老一代，他们从小读四书五经，我们只是挑着读一点。而且，他们都在国外学习过一段时间西方的文化，我们没有这方面的体验。后面的一代也不如他们。现在有人说，21世纪要出现什么大师，我觉得很难，这两个基础都不行，或者只有一个基础，那出不了大师，至少是非常非常难的。

汤用彤人称“汤菩萨”

我父亲出身于书香门第，他对中国文化、印度文化、西方文化均有很高造诣。

上大学时，我选修了汤用彤先生的两门课：一门是欧洲大陆理性主义，另一门是英国经验主义。他教书方法非常严谨，完全根据原著给你讲解，分析那个原著。比如，笛卡尔，他就讲《方法谈》这本书。讲这本书结构是怎样，为什么这么结构等，为我打下一个比较好的欧洲哲学基础。我是研究中国哲学的，如果西方哲学基础好的话，可以有另外的思考系统来研究中国哲学。

父亲从来没有要求我们做什么，而是尊重我们自己的选择。但他为人行事对我影响比较大。比如最突出的一点是为人宽厚和气，人称“汤菩萨”。他没有发过脾气什么的，但在大是大非面前却又有正确的选择。我在人际关系上处理得比较好，可能就是受我父亲的影响。

父亲研究学问认真求实，人家说他“越是有学问，越是慎重”。他的《汉魏两晋南北朝佛教史》非常有影响，现在的研究都要通过他的成果进行，但当年中华书局多次找他，希望他能修改后出书时，他说，有些东西还没有研究透，现在也不好改，要出就照原样出吧。这点对我也有影响。我觉得做学问如果不真诚，就没有什么意义。现在批判学术腐败，学术腐败就是没有对学问的忠诚和忠实的信念，那怎么能做好学问呢？

好的文化应吸收其他文化的精华

问：您是从事中国哲学史研究和教学的，我们想知道对您影响最大的哲学体系是什么？

汤一介：我觉得，我们这个民族有它自身的文化传统。这个传统有它的起点，就是孔子和老子。中国文化的核心基本上是儒家和道家。

问：您觉得，这个核心与文化的发展有多大关联？

汤一介：德国哲学家雅斯贝尔斯提出轴心时代的理论，他认为在公元前500年前后，在世界不同的地区，几乎同时出现伟大的思想家，在古希腊出现了苏格拉底、柏拉图，在中国出现了孔子、老子，在印度出现了释迦牟尼，在以色列出现了犹太教的先知。他还说，每一次文明的飞跃，往往都要回顾到起点。比如，文艺复兴，就是要回到古希腊，中国宋明理学，也要回到孔孟，因为经过印度佛教冲击后，我们的文化要回到自己的根。任何一个民族的文化，就像一棵大树一样，它是有根的。好的文化应该吸收其他文化的精华，这棵树才枝繁叶茂。

儒学的现代意义

问：有一种说法是上个世纪有的文化思潮，关注的是传统文化的弊端，因此传统常处于被“破坏”中。您刚才说了，21世纪很难出现国学大师，是不是与这种文化的“断脉”有关？

汤一介：是的。从中国历史上看，儒家思想有两种不同的形态，一是作为意识形态的儒家文化，一是作为理念形态的儒家文化。前者确实与某种“专制”等弊端有关；但是作为理念形态的儒家文化，它主张“己所不欲，勿施于人”、“保合太和”以及“和为贵”等等，具有相当大的包容性。

问：您曾说，在全球意识观照下发展民族文化传统，儒家思想有哪些现代意义？

汤一介：比如，孔子提出的“己所不欲，勿施于人”。这个观念中包含着“自己”与“别人”的对等关系。这无疑是可以为全人类接受的伦理观念。孔子的“仁学”思想也可以为当今寻求的“全球伦理”提供有意义的资源。孔子讲“仁”，有个出发点，即从爱自己的亲人出发，这是天然的，不是勉强的。但你不能停留于此，必须“推己及人”。要做到这些并不容易，得把“己所不欲，勿施于人”，“己欲立而立人，己欲达而达人”的“忠恕之道”作为“为仁”的推则。

问：您曾经说过，儒家的“太和”观念，对人类社会的发展有益？

汤一介：是的。这种观念包含着自然的和谐、人与自然的和谐、人与人的和谐以及人自我身心内外的和谐。儒家是通过道德学养达到自身的和谐而推广到“人与人的和谐”；人类社会和谐了，才能处理好与自然的和谐；人与自然的关系处理好了，才能不破坏“自然的和谐”。这样大体上构成了“普通和谐”的观念。如果我们扬弃其中可能导致的缺点方面，并落实到操作层面，对匡正今日社会所发生的种种弊端有利。

另外，孔子的“和而不同”思想可以作为 21 世纪处理不同文化关系的准则。

儒学与西方哲学的差异

问：您怎么看儒学与西方哲学的差异？

汤一介：西方哲学注重的是知识系统，儒学注重的是人生境界。这是两个问题。但我们应该吸收其精华。我在 1983 年世界哲学大会上曾讲过，儒学的第三期发展（第一期是孔孟，第二期是宋明理学，第三期就是现在）就是在真善美上做文章。孔子讲他五十知天命，天命是什么，就是宇宙人生的道理，就是真；六十耳顺，朱熹的解释，至少我可以附会用这个解释，“不思而得”，就是美的境界。七十从心所欲不逾矩，什么都合乎规矩，不会做不合道理的事，这是善的境界。孔子追求的最高境界是真美善统一的人生境界。

原刊于《辽宁日报》，2002-04-05

汤一介：
在"传统"与"现代化"间踏出哲学道路

访问：陈香

中国现代化的车轮急速向前。有着严密学科建制和理论体系支持的西学东渐了，而儒家，作为一个知识与信仰相统一的社会精英群体退隐了。著名学者汤一介先生也发出了这样的慨叹："在我读高中的时候，就幻想自己将来能做一个哲学家，推动中国哲学由传统走向现代。但后来，我的这种想象就消失了。"

传统断也难，续也难，而这断续之间，"书生意气，挥斥方遒"的豪情却去而未返。汤一介先生以76岁的高龄，却在冷静观照一部百年"西方哲学东渐史"。内中意味，未免绵长。

问：首先，恭喜您主编的《20世纪西方哲学东渐史》出版并入围国家图书奖。的确，在20世纪这个风云激荡、变革频仍的年代，中国哲学经历了从传统到现代的痛苦的嬗变。那么，西方近代哲学在中国哲学的这种转型中起到了一个怎样的作用呢？

汤一介：可以说，在20世纪，中国哲学，或说中国文化正处在中西古今之中，它是在西方哲学对本土文化的冲击下发展起来的。严格说来，把哲学从经学、子学中分离出来是从20世纪才开始的。从西方角度看，从黑格尔开始就不承认有中国哲学，西方大学的学科设置中哲学系往往也没有中国哲学，只在东亚系讲一点中国思想。任何学科都要有其独立的研究对象，并将其系统化，才能作为一门学科。中国的经学、子学还有百家思想中含有很多哲学思想和哲学问题，但由于没有将其剥离，致使西方历来存在“中国无哲学”的误解。西方哲学东渐后，促使中国学人自觉地将哲学从儒学以及百家思想中分离，中国哲学才真正成为一门独立的学科。当然，中国哲学与西方哲学的表现形式和方向有所不同。如果说西方哲学的表现形式是思考思维与存在关系问题的话，中国哲学的表现形式则是思考人性与天道的关系；如果说西方只是在找一个知识系统的话，那么中国哲学寻求的发展方向除了一个知识系统，还有人生境界的追求。

问：诚如您所言，中国哲学的很多思想是从儒学（经学、子学）中剥离出来的，但是，如果儒学只是大学教育和科研机构中的一个分支机构就好了，日益的知识化、专业化会使它进一步地“规范化”。问题是，它还兼有精神、文化的传统和历史、生命的情蕴的特质，也就是您所说的“人生境界”。那么，这种嬗变究竟是一种进化，还是一种蜕变？

汤一介：应该是一种进化。从历史上看，中国思想、中国哲学在一世纪佛教传入到隋唐的六百年间有长足的发展，主要体现在隋唐间出现了许多佛教的宗派，探讨一些深厚的哲学问题，如华严宗、禅宗所讨论的“佛性”的问题。其实早在先秦，孔孟就已经探讨过“心性”的问题，为什么在受到华严宗和禅宗的冲击下才有以研究“心性”问题为主的宋明理学呢？主要是因为先秦经学并没有将其作为中心问题突出。佛教也是外来哲学、外来文化，但它进入中国却被中国化了，并促进了中国哲学的发展。从宋明理学到19世纪末，儒学也罢，中国哲学也好，一直没有多大变化，这其中的原因还是值得我们深究的。直到20世纪西方哲学进入，在它的冲击和推动下，产生了如熊十力、张东荪、金岳霖、冯友兰等一批现代中国哲学家。中国传统哲学原来是缺乏认识论的，如王阳明的“知行合一”中的认识论和道德就没有分开。所以，到了20世纪，中国哲学家希望可以藉西方哲学严格的逻辑推理、细腻的概念分析来补足中国哲学认识论的问题，使得中国哲学更加丰富。西方哲学长于思辨，中国哲学更注意修养。现代中国哲学家希望可以在思辨和修养相结合的基础上建立一种全新的中国哲学。任何一种学说都会有它不足的地方，儒学如果死守它的“道统”就很难发展。

而且，现在看来，儒学进入现代教育体制似乎是它得以延续的最好的选择。的确，按照中国传统的做法，儒学是完全从生活中传授的。但是，那样一个“全民趋儒”的年代毕竟是过去了，如果不将其系统化、知识化，传授就比较困难。而且，一个人从一生来说，要做学问、成专家，必须偏重某一方面，不可能样样都精通。但做人不一样，可以不受学科分科的限制，按照儒家的“融通”的这样一种理念来做人，追求人格精神的建树。传统儒家的那种“为天地立心，为生民立命，为往圣继绝学，为万世开太平”的慷慨气度现在渐渐丧失了，是非常值得惋惜的。

问：不过，原来围绕“人伦日用”而展开的儒学，现在反而远离了生活，进入学院。毕竟，学院化的儒学会使它的发展失去生活的源头活水，民间传统也会失去“文化托命”的引导和提升。那么，还有没有让儒学正常的良性发展的渠道呢？

汤一介：还是可以从多方面解决的。首先，要在大学里加强人文教育。现代化的进程必然导致以培养专门人才为目的的学院教育，现在的大学课程设置都专业化了。但是，应该让所有的大学生都受到文化经典的人文教育。应该告诉他们，每个学科取得的知识是必要的，但还是需要有一个做人的基本问题。例如，科学技术应该造福于人类，有它的理想，但它现在往往成为追求利润、追求权力的工具，偏离了它自己的方向。所以，讲科学技术的同时也不能忽略人文教育，科学也离不开做人的道理。我们现在还在尝试做“国学启蒙”的活动，让小孩也知道我们传统文化里好的东西。例如，让孩子们知道，孝顺父母是应该的，但还应该“老吾老，以及人之老”，对人家的父母也应该有爱心。我们在朝阳区办了一个“国学启蒙馆”，也得到了社会各界的肯定。我们从80年代就开始办了“中国文化书院”，希望能把中国文化的精华普及社会，让大众知道中国传统文化里面好的东西，并保持一种面向社会的流动性和开放性，成为沟通精英文化和大众文化的桥梁。同时，也希望能探讨一下中国传统文化怎么样和世界文化接轨。现在都是西学东渐了，诚然“拿来”是很重要，但是“送去”也很重要，要送到国外，送到民间。

问：西学东渐了，那样一种有严密的学科建制和理论系统的学问似乎更适合日益走上现代化进程的当下中国。那么，传统儒学在当代社会还能不能长期延续呢？

汤一介：其实，中国文化、儒家思想基本上就是一个教人如何做人的问题。做人，首先要有爱心，没有这颗仁爱之心，任何外在的东西都很容易流于虚伪的形式。无论任何社会，都会存在一个如何做人的问题，这样一个方向会长期存在下去。我想，传统的儒家分为政统的儒学、道统的儒学和学统的儒学。政治化的儒学，强调等级制度、文化专制，在中国传统社会有相当大的负面作用；道统的儒学有一定的排他性；但学统的儒学应该是开放的。学问不应该有排他性，历史多次证明，文化的交流是文化发展的里程碑，一次交流就推动一次发展。要有容纳百川的气概，别的学问，好的你都可以去容纳它。中国哲学现在正处在一个转折点上，能不能使它对人类社会做出特殊贡献，就要看它能不能做到“反本开新”。但我相信作为学统的儒学有着深厚的文化积淀，又有会通其他文化的创新能力，经过我们一代又一代对它做现代诠释，它不仅能长期延续，而且会对当今人类社会做出重大贡献。

原刊于《中华读书报》，2003-11-05

功在当代　利在千秋

——访著名学者、《儒藏》编纂与研究首席专家汤一介

夏欣

“种种迹象表明，人类文化正在和即将进入一个新的轴心时代”；“21 世纪的中国文化将在‘反本开新’的基础上形成新时代有民族特色的文化”。在不久前举办的中西文化与人的精神发展学术论坛上，著名哲学家汤一介先生一番颇具新意的发言给人印象深刻。

德国哲学家雅斯贝尔斯曾提出“轴心时代”的观念，两千多年前的中国古代文化是“轴心时代”的几大文明之一，轴心时代的思想传统经过发展，已成为人类文化的共同财富。人类历史上的每一次新的飞跃无不是在对“轴心时代”回顾、传承的基础上实现的，并被它重新点燃，发出新的光辉。如“文艺复兴”、中国的宋明理学等。汤一介先生认为，当今世界上多种文化的发展很可能是相对两千多年前轴心时代的又一次新的飞跃，中国文化也将在新一轮的“反本开新”中推进：必须对我们文化的源头有深刻的把握，并在此基础上对当今人类社会面临的重大问题创造出新的文化理论。

汤一介先生的观点让人联想到他的一个新的身份——文化巨著《儒藏》编纂与研究的首席专家、总编纂；联想到儒家思想是轴心期中国思想的重要部分；联想到《儒藏》这项浩大的文化工程的划时代意义。他以这一身份接受采访的时候，首先传达的也

是这样一种对“文化的自觉”的呼唤。

大规模的编纂《儒藏》不是为装点门面，发思古之幽情。对此，一直致力于中国传统文化的研究与传播的汤一介先生从不讳言。他说在我国的传统思想文化中，“儒”、“释”、“道”历来三分天下，但三家的地位显然不同。从经典体系看，“六经”是夏、商、周三代文明的精华，而在先秦各家中，唯儒家历来以自觉传承“六经”为己任。历代儒家学者对“六经”不断地整理、解释以及对其中思想文化的推衍与发展，构成了儒家典籍体系的主要内容。正是由于如此久远的文化根源和儒家在传承历史文化中的自觉努力，不但使历代主政者无不重视儒家的政治、文化功能，也使得儒家的价值观逐渐成为中国人价值观的主体，儒家的崇德贵民的政治文化、孝悌和亲的伦理文化、文质彬彬的礼乐文化、远神近人的人本取向等渗透到中国社会文化的各个方面，历史地形成了中国文化的主流。

然而如此地位的儒家思想文化在两千多年以来却没有集典籍、文献于大成的被搜集整理为一个完整体系，这不能不说是中华文化的一个缺憾，何况历史上已编纂过多种《佛藏》和《道藏》。如果说编纂《儒藏》明清两代因工程浩大议而不能决，今天则时不我待。基于这样的想法，一些人文学者不断为此鼓呼，早在 20 世纪 80 年代末汤一介就提出过有关建议。

因此有了北京大学各学科学者紧锣密鼓长达整整一年的先期准备论证，有了三大厚本洋洋 10 万言的竞标申报材料，北大最终以绝对学科优势和综合实力于去年 10 月中标，“《儒藏》编纂与研究”正式被确定为教育部哲学社科研究重大课题攻关项目。

竞标的尘埃落定，顶着课题“首席专家”头衔的汤一介立即率队转入操作程序，此项工程在静静酝酿中徐徐启动。据他介绍，随着工作一步步深入，一些前段时间争论不定的问题有的渐渐明朗：比如全部计划按《精华本》和《大全本》的编纂分两步走。"精华本"预计6年内完成，内容从儒家典籍的每部类中挑选20种左右最有代表性的、约500种编辑成册；《大全本》计划再用10年出齐。两种纸介质本全以竖排、繁体、带标点、附校勘记的形式出版，并将做成全文电子版。编纂体例确定为按四部分类，并初步拟定在经、史、子、集等编的基础上，再加两部，一部为新出土的儒家文献；一部为散失在各类图书当中的儒家学说辑佚，因此工程全貌将涵盖儒家所有经典和历代的绝大部分注疏、学者研究文献等。

关于整个《儒藏》内容断代止于清末的问题，汤一介解释说，这是因为只有清以前的儒家思想才可归于正统。至于16年时间是否能够完工，一些学者尚有怀疑，还有学者对几万种以上的儒家典籍是否都要收入提出异议，建议其中有些意义不大的篇目可考虑以存目的形式收入，汤一介先生认为这一点确有合理性。

他还介绍说，目前《精华本》目录已经编就，将作为向各方面征求意见的基础。《大全本》的数万条目录准备用3年时间完成。

建立这一儒家思想文库的非凡意义在历史，更在今天。汤一介说这次此事重提，还源于北大3年前新上任的吴志攀校长与他的一次有关谋划北大学术发展的谈话。汤一介当时的另一个想法是，在一度重科技、轻人文的大环境下，北大文科同样受量化考核之困、学术浮躁之扰，在走下坡路。而北大文科是应该在世界上占一席之地的，他这一代人也有责任为带动和重振北大文科做点事情。

《儒藏》的编纂尤其能体现这个分量。所以北大将在编纂《儒藏》的同时，组织一批相关的课题研究。如决定编纂9卷本的《中国儒学史》，这件事已颇有远见地从2002年启动，计划2005年完成。同时在总课题进行的16年内，还将研究出版100种儒学研究专著，其中特别强调要针对与现实有关的、当前人类社会所面临的重大课题进行研究，如“儒家思想与生态问题”、“儒家思想与民族凝聚力”、“儒家思想与全球伦理问题”等。为编纂《儒藏》后继有人，还决定从今年起，招收一批硕士和博士研究生，一边参与《儒藏》编纂工作，一边系统学习儒家思想和儒家典籍，同一地区的高等学校还可以实行联合培养。

8到10亿字，数百本，16年，如此浩繁的工程规模绝非北大一支研究力量单枪匹马就能完成，必须有众多高校、科研院所、出版社的集思广益，通力合作。为此，汤一介先生忙于四处调查、委托，频频向全国各兄弟学术单位发出合作邀请，计划用一年时间把《儒藏》分成若干子项目，多方合作完成。他高兴地说，目前已经有浙江大学、复旦大学、南京大学、中山大学、山东大学周易研究所、古籍研究所、华中师大、陕西师大、西北师大、杭州大学、浙江省社科院等学术单位加盟研究队伍，更多的学术单位的加盟还在酝酿中，他说这支队伍最终将达到数百人。

76岁的汤一介先生最近也常常“把睡眠丢了”。尽管睡不好，他并不认为担此重任会影响健康，相反，甚至认为“这样可以让自己衰老的速度慢一些”，他准备以这样的工作节奏干到80岁，然后退至二线干。

汤老由衷的热情来自中国人文学者对传统文化的自觉——责无旁贷地为世界认识研究儒家思想这一全人类的财富提供最完整的材料，同时重现和回顾我们这个民族的文化源头，推动我们对自身文化的形成过程、特点及发展趋势作出认真的思考反省，挖掘传统文化的真精神，使中国文化最终为解决人类面临的重大问题发挥积极的作用。

原刊于《光明日报》，2004-01-15

汤一介："学而不厌，诲人不倦"

访问：汪子琳

著名学者汤一介先生少年时期并不是一个"好学生"，后来却取得了令人瞩目的成就。对于教育，汤一介先生有着自己独到的见解。

延安的诱惑

问：汤老，能讲讲您的受教育经历吗？

汤一介：在小学和中学时，我都不是一个学习成绩非常好的学生，当然有一些客观上的原因，也有一些主观上的原因。客观原因，就是两个小学我都没念完。1939 年的冬天，正是抗日战争时期，我跟我母亲还有弟妹们要从北平到昆明去（因我父亲在昆明），因此我只上了小学六年级的第一学期。到昆明我就上了初一，而且是一所不大好的县立中学，学习受了一些影响，成绩不是特别好，而且我也不太努力。

后来我就转到一所比较好的学校，就是西南联合大学附中，读初二，跟不上，然后又读了一年的初一。这样，当然对我心理上有影响，就觉得自己等于留级了（说到这儿，汤老很开朗地笑起来）！

有一个初三的同学，比我大一点点，我们看了《二万五千里长征》这本书后，就觉得延安也许很有意思，就想去延安。那位读初三的同学就说，他带我们一起去。我们就从昆明偷偷地跑到贵阳，准备从贵阳到重庆，然后到西安再到延安。可是在贵阳就被当时的警备司令部抓住了。因我们走后，昆明发现我们五个人不在了，大概在各个地方都下了通知：有五个学生逃跑。我们被抓后就被关在警备司令部。

当时我们正好带了本《二万五千里长征》，如果被查出来会很危险，带领我们的那个同学就更危险。正好头天晚上把我们关在一间地板很破烂的房子里，地板有很多缝，我们就把书撕掉，一张一张塞进去，并约好说我们要到重庆念书，为什么要到重庆念书？因我们对当时的训导长有意见，他不公正什么的……编了一套东西。

第二天警备司令部参谋长就一个一个问："你们要干吗？"我们都说得差不多。问我们喜欢读什么书？我们当然没说读《二万五千里长征》，我说我喜欢读巴金的书（汤老不禁为自己的机智颇得意地笑起来）。然后联大附中的教务长就把我们带回昆明。这样我就不能在联大附中读书了，因我们"逃跑"。

问：那学业岂不又中断了？

汤一介：后来因我一个堂姐在重庆南开中学教书，然后我就转到重庆南开中学去上学。但我跳了一级，不读初三，就读高一，学习非常困难，数学就考不及格，又要留我一级（汤老再次开朗地笑起来）。我就上了两年的高一，但我觉得很不自在，因我留级后跟我同班的年龄都比我小，我就不想读了，要回昆明。所以高一也没有读完，只读了一学期。

回到昆明，我也不可能再进联大附中了，那我就自学吧，同时在西南联大先修班旁听。但那先修班是为考大学做准备的，我连高一都没读完，就准备考大学，显然不行。所以 1946 年我考大学，没考上。那时我就很泄气，人生到底有什么意义？就考虑这些问题。

不过，在没有上学的过程中有一个好处：就是读了很多书，比方说托尔斯泰、屠格涅夫、亚里士多德、柏拉图等大家的书，还读了一些佛经，因我父亲是研究佛教的。再读一些中国的四书五经之类的书。这个可能对我打下了一定的基础，就是知识面比较宽一些。1946 年 11 月我回到北京，北大办了一个先修班，也就是大学预科班，我就进了先修班，在先修班倒是正规地学了一年，所以到 1947 年我就升入北大哲学系。

我的求学是这么一个过程。那么在这个阶段，我自己觉得我并不是一个非常聪明的孩子吧，东看看，西看看。入了大学以后，我总的来讲比较努力。

教育太急功近利

问：您为何选择从事教育工作？

汤一介：因我对教书很有兴趣。一是受我的老师影响，我觉得我的老师都很好，像我的榜样似的。二是教学生还是很有意思的。而且我自己对读书很感兴趣，对做事不感兴趣，我愿意看很多书。还有我想我父亲也希望我做一个教书匠，因他给我起的名字就是"一介"，一介书生嘛！我应该做个书生，大概是这样的，我想他的意愿也是要我当一个老师。所以我这一生主要是教书、写书、编书这些事情。

问：从事教育工作这么多年，您的教学经验一定很丰富吧？

汤一介：研究哲学，我的第一条经验就是：先要学好西方哲学，再研究中国哲学。为什么？因西方哲学注重分析。你自己应该锻炼出一套分析的能力来，也会分析。否则你不会分析的话，很可能你的思想是不清楚的。你能分析，你思想才比较清楚。

第二条是你敢于提问题，要不断地提出新的问题来，那么你才能前进。你要老是做别人的问题重复别人的问题，就没有意义了。一定要自己提出新的问题来！

第三条是你要扩大你的知识面，不要都限在你的哲学里面。比方说你可以弄点历史，弄点文学，甚至可以弄点社会学、人类学、自然科学，你都去涉猎一点，这样你才能跟上时代。还有现在这个时代，是一个跨文化和跨学科的时代。文化你不能只了解你自身已有的文化，你一定要了解其他系统的文化，你必须了解西方，了解印度，了解阿拉伯，特别是西方，西方现在是强势文化。搞哲学的还需要了解一点科学，了解科学前沿的问题是什么。我父亲曾说过："一个第一等聪明的人，如果他不努力，他可能连第二等、第三等的成绩都做不出来。但是，一个第二等聪明的人，如果他努力的话，他可能做出第一等的成绩。"对此我是难忘的，所以努力是非常重要的。

问：您认为目前中国教育存在哪些问题？

汤一介：主要的是急功近利。对应用学科投入很大，在基础学科上投入很少，而且不受重视，一直是重理轻文。而理科里头常常像数理化这些基础学科也不受到重视。现在北大的文史哲就不受重视，政经法比较受重视。我们现在文科那么多系，连座大楼都没有。生物，有生物大楼；物理，有物理大楼；化学，有化学大楼；一个国家的立国精神，当然科学很重要，但你没有文化底蕴的话，科学是飘浮的。而且培养出来的人，很多人并不爱自己的文化传统。

最近，我看到的一份报纸上说："中国可以称为生物学家的大概有三百多人，美国有一万多人，而美国这一万多生物学家里，有三千人是中国人。他们不回来，因回国的条件没有美国的条件好……"我就想，中国要设法把他们吸引回来才行。要政治宽松、学术自由的环境，这样教育才能培养出真正杰出的人才来。

问：您一辈子从事教育事业，您认为作为一个教师，最重要的是什么？

汤一介：孔子讲"学而不厌，诲人不倦"，学而不厌，学习就不要有厌烦，要不断地学习。诲人不倦，因为我是老师，诲人不要懈怠。我想这两句话很有意义。

我们都不追求名利

问：您平常除了教书治学之外还有什么爱好？

汤一介：我喜欢听音乐，而且主要听西洋古典音乐，比方说贝多芬的《第九交响乐》，还有巴赫的那些东西，现代音乐不听。你看我那些CD都是西方古典音乐，晚上睡觉以前我都听听音乐。

我还爱好旅游，但我旅游地方不多，时间也不多。有机会我就旅游。比方说我在澳大利亚墨尔本教了半年书，赚了一笔钱，我就到新西兰、澳大利亚各处去旅游。我在美国一个研究所工作了一段时间，我就到欧洲去旅游了七国。去年在瑞典开会，同行的人都回国了，我就到瑞典海边上的一个旅馆，跟乐黛云单独住了几天。国内昆明，特别是丽江这些地方特别好，我希望能多去那里，但没有时间。

问：您如何看待自己的性格？

汤一介：我这个人性格比较平和，优点就是能团结人，即使跟我观点不同的人，我都能团结。比如我办这个文化书院，我当了17年的院长，现在我退下来又当名誉院长。不同学问的学者我要请他，他都参加。因为我不跟人家争啊，我没有争名誉、地位的要求。我不争什么，自然就会起到很好的效果。我们中国文化书院里有激进派的学者，有保守派的学者，有自由主义派的学者，什么学者都有。我希望大家和谐共处，不要发生很多矛盾，特别是不要为个人的名利和别人发生矛盾，没有意义。《易经》里讲“太和”：太和是什么？是和之至，是和的最高程度。其实我觉得人就应该追求太和，各方面都很和谐。

当然我也有缺点，就是事情放不下，什么事情都想做得比较好，所以就比较累。比方编纂《儒藏》我大小事情都要过问，我总怕出错误，而且常常想到一个最坏的可能，那我就很紧张。因编纂《儒藏》是教育部的重点研究项目，非常大的工程。我们已经准备了一年多的时间，而且现在有22个学校跟我们合作，由我担任首席专家。这事情如果出了问题，又是一个最坏的可能，我怎么办？所以我很担心，很累，这影响我的身体。这一点是我的缺陷。乐黛云这一点比我好，她想做的事情，她常常想最好的可能，当然这也危险，因为最后可能也达不到最好的可能。

问：那在您眼中，您的夫人乐黛云老师是一个什么样的人？

汤一介：她这个人非常开朗，没有很多城府，直来直去，所以有时也容易得罪人，但她确实也不追求名利。另外就是她也容易认人不准确，有些不怎么好的人，她认为很好，我常常说她：“这人并不怎样，你别相信他，相信他麻烦。”但她确实开朗，她胸襟也很开阔，不大计较那些小事。她比我勤奋，每天都坐在电脑前工作。当然她的生活也很坎坷，她当了20年的右派，所以她真正搞比较文学是1980年才开始的，比较文学带头人应是她。虽然我与她性格不同，但我跟她相处得很好，很少吵架，不和谐的地方很少。当然急躁的时候也有，但不会因为急躁而吵架。

问：您最大的快乐是什么？

汤一介：如果没有压力，我觉得是最大的快乐（说到这儿，汤老笑得几乎喘不过气来）！《儒藏》给我的压力很大，我希望它做好，但很多条件不具备。因做坏了不是你个人的事情，是北大的，也是国家的事情，可我现在经费不够，人手也不够，各个方面的问题都不好办，所以感觉到有压力。

原刊于《现代教育报》，2004-06-11

正处于伟大复兴前夜的
中华民族需要“反本开新”

——北京大学教授汤一介访谈录

访问：王辛

“我是这样看的：中华民族也许正处在一个伟大复兴的前夜，当一个民族处在一个伟大复兴的前夜，她必须回顾自己的历史文化，从中吸取力量，‘反本开新’……”这是著名学者、北京大学哲学系教授汤一介先生的论点。虽然，汤先生从不以哲学家自居，称自己不过是在“不断地提出新的哲学问题”，但是，他的许多“问题”足以引起当代人深思。

早在90年代初，应对亨廷顿的“文明冲突论”，汤一介就提出“和而不同”对当今世界、人类发展的重要意义。他认为，21世纪人类社会面对的主要问题是“和平与发展”，这就需要调整好具有不同文明传统的国家与国家、民族与民族、地域与地域之间的关系，使之和平共处，共同发展。而中国古已有之的“和而不同”，可以作为“全球伦理”的一个原则，为解决这两大问题作出重大贡献。

汤一介还着力于建构中国传统哲学的理论体系，从“天人合一”、“知行合一”、“情景合一”这三个基本命题阐发出儒学真精神，使之有益于当今世界。

当然，汤一介不是“东方（文化）中心论”者。他指出，当今世界文化正呈现出在全球意识下多元化发展的趋势，人类各种文明必须共存互补。因此，他主张“在全球意识的观照下提倡儒学”，使中国文化的真精神与时代要求接轨。他认为，“21世纪将是中西哲学汇合的世纪，它将是在中国哲学充分吸收西方哲学和西方哲学充分吸收中国哲学的基础上，造成中西哲学的多种形式的有机结合，而形成人类文明发展的一个新时期”。所以，他特别关注中西文化融合问题，强调“中西兼通”，提出“要创造若干个中国化的西方哲学”，“建立中国化的解释学”，等等。

不过，到底是哲学家，汤先生一定深谙苏格拉底的千古名言“我知道什么”。正如智者蒙田所说：“真正有知识的人的成长过程，就像麦穗的成长过程：麦穗空的时候，麦子长得很快，麦穗骄傲地高高昂起：但是，当麦穗成熟饱满时，它们开始谦虚，垂下麦芒”。还有古希腊七贤之一佩雷西德斯临终前说的话：“我的著作，里面没有一条信念是我自己感到满意的，所以我不能宣称我懂得真理和达到真理，我只是提到这些问题，不是发现这些问题”。

汤一介也是一个探索者，一个经历过许多坎坷但却永不停歇的探索者。我注意到，在接受采访时，他说完一段话，往往会问：“对不对？”在文章中下结论，常常使用“也许”、“可能”。他一点也不武断。

“非有非无”是中国哲学中一种重要的思维模式，汤一介曾用“非有非无”、“非常非断”、“非实非虚”来讨论中国文化与外来文化的交流融合问题，他还以《在非有非无之间》为书名，写下了他的“学思历程”。在这本随处闪烁着哲学思辨的“历程”中，有遗憾，有迷茫，有一代人的反思，但是，更多的是探索，是历经迷茫后对未来的探索。这样的探索——在以下的谈话中会有点点滴滴的反映，对每个有兴趣的读者来说，应该都是“非无”吧？

主持编纂《儒藏》预计十六年完成

问：得知您现在正在主持编纂《儒藏》，这是一项浩大的文化工程，据知需耗资1.5亿元（人民币），历时十几二十年才可完成。听说这个工程是您最初提出设想的，您是怎么考虑的？有人置疑：《四库全书》中去掉佛、道、法、墨的内容，就是一部《儒藏》，又何须耗费巨大人力、财力再编一部？

汤一介： 最早是1989年秋天，中国文化书院一个小的聚会，大家讨论我们能做些什么，我提出来编《儒藏》。在中国传统文化思想中，儒、释、道历来三分天下，但三家的地位显然不同。从经典体系看，"六经"是夏、商、周三代文明的精华，而在先秦各家中，只有儒家历来以自觉传承"六经"为己任，历代儒家学者对"六经"不断地整理、解释、演绎、发展，构成儒家典籍体系的主要内容，不但使中国历代主政者无不重视儒家的政治、文化功能，也使得儒家的价值观逐渐成为中国人价值观的主体。今天我们对中国传统文化的主流做一次系统的整理，不仅会对我们的民族产生重大影响，而且有利于世界了解中华民族的历史传统、了解中华文化。

"《儒藏》编纂与研究"去年底正式被确定为教育部哲学社科研究重大课题攻关专案，北大中标主持编纂。不错，《四库全书》里百分之七十以上是儒家经典，但能看到的都是影印本，而我们要做的，不是影印本，而是标点排印本，而且有校勘记，还可以做成光碟，便于大家检索，便于普及利用，比《四库全书》利用率大得多。更何况，还有大量有价值的儒家典籍没有被收入《四库全书》。

我们预计十六年完成，分两步走：先花六年时间编《儒藏》精华本，包括五百种最重要的儒家典籍；再编包括大约五千种儒家著述的大全本，计划十年完成。整个工程将涵盖儒家所有经典和绝大部分各时代的注疏、历代学者研究著述文献等。同时我们还要组织一批相关的课题研究，如编一部十卷本的《中国儒学史》，出版一百种儒学研究专著，其中特别要做一些与现实有关的、结合当前人类正面临的重大问题进行研究的课题，如“儒家思想与生态问题”、“儒家思想与民族凝聚力”、“儒家思想与全球伦理问题”等。此外还将招收一批硕士、博士研究生，让他们一边参与编纂《儒藏》，一边系统学习儒家思想和儒家典籍，为在新时代推动传统文化研究，使传统文化得以更新。

主张在全球意识观照下提倡儒学

问：谈到儒学，读过您的书，您的观点似乎是不主张过分提倡国学，也就是儒学，认为儒学“有许多深刻的缺陷”，“有很多不适合现代社会节奏之处”，比如“内圣外王”，实际造成一种泛道德主义，正是中国长期专制社会重人治轻法治的根据和理论基础；儒学的另一个特征“内在超越”，同样导致社会走向人治而非法治。您主张必须用现代观念，即在全球意识的观照下提倡儒学。这些观点是您90年代提出来的，近十年过去，您现在的看法有否改变?

汤一介：儒学作为一种学问，可以从三个角度来讲。一个是政治化的儒学。政治化的儒学，可以说它的缺陷非常多，比如说等级制度、三纲五常，等等吧。它的缺陷就是把政治道德化，美化了中国的专制统治；同时又把道德政治化，使道德成为政治的奴婢。所以在中国历史上，儒家所理想的是“圣王”，圣人来做王、做皇帝，但现实恰恰是另外一种样子，是“王圣”，皇帝自以为有学问有道德，被称为“圣上”。所以你要从政治化的儒学来看，它的缺陷比较多，包括它的人治，缺乏法治。

第二个角度，是从道统的角度来看儒学，即道统儒学。道统儒学也有它的缺陷，就是它的排他性，不适合当前多元文化的需要。

第三个角度，是学统的儒学。学统的儒学是我们应该批判地继承的。因为学统儒学中包含了许多非常合理的观念，比如“和而不同”的观念，对于处理人际关系、处理国际关系都会起非常好的作用。我们俩的意见可以不同，但是我们可以和谐相处啊。在国际上，那么多不同国家，各有不同的历史背景，不同的宗教、观念，怎么办？应该和谐相处，不应该打仗，你尊重我的文化，我尊重你的文化。又如“天人合一”的观念，对解决当前的生态问题有极大的意义。西方哲学是讲天人二分的。罗素的《西方哲学史》讲精神和物质，你研究一个，可以不研究另外一个。就是你研究人，可以不研究天；研究天，可以不研究人。可是中国传统文化不是这样，你研究人必须研究天，研究天必须研究人。所以朱熹讲“天即人，人即天”，天离不开人，人也离不开天。这对解决当前的生态问题有很大的好处。就是说人类不能对自然界无量地开发，无情地掠夺，那是不行的。像这些儒学的观念，可以批判地继承。

问：您强调批判地继承？

汤一介：我所谓批判地继承，就是你要给它一个现代的诠释。古人讲“天人合一”，并没有考虑生态问题，但这种观念包含了怎样对待生态问题。我们现在把它揭示出来，给它一个现代的解释。古代的任何有价值的思想，都要给予现代的诠释。

问：那就是说，您对待儒学的观点基本上没有变化？

汤一介：没有太大的变化，是深化了。

“自由为体，民主为用”也适用现代东方社会

问：您所说的现代观念、全球意识，指的是自由民主精神吧？

您曾说，严复用“自由为体，民主为用”来说明西方社会，是抓住了现代社会的本质；现代社会的主要特征是可以较好地调动人们的创造力，“自由”的本质即创造力，所以“自由”体现了现代精神，“民主”则是保证自由的制度。“自由为体，民主为用”可以理解为：“现代精神为体，保证体现现代精神的制度及其功用为用”。您认为“自由为体，民主为用”不仅适用于西方，现代东方社会也应如此。此似乎有“全盘西化”之嫌，能谈谈您这方面的论点吗？

汤一介：问题是在中国思想中有没有自由的因素，如果有自由的因素，我们无非是发展中国思想里自由的因素。自由的概念我们没有，它是西方的概念。但是我们有没有自由的因素？早在先秦，就有自由的因素，最突出的是庄子。庄子的《逍遥游》，就讲人的精神自由，对不对？在自由中什么最重要？人的精神自由最重要。换句话说，就是思想自由最重要。因为自由是创造力啊！你有自由才有创造力，没有自由，就没有创造力。对不对？中国思想原来有这样的因素在，我们无非是把它和西方的自由接轨，发扬它。孟子的大丈夫精神是一种自由的精神；张载的“为天地立心，为生民立命，为往圣继绝学，为万世开太平”，是一种自由的精神。所以我们有传统的自由精神在，把它开发出来，然后和西方的自由观念接轨。

我们原来也有民主的思想，不过不叫民主思想，而叫民本思想，民为邦本嘛，对不对？特别是孟子讲的“以德抗位”、“民为贵，君为轻”，这些思想，我们把它挖掘出来，加以现代的解释，让它和西方的民主接轨。这些思想，是由于秦始皇以后的专制制度把它扼杀掉了，没有能够发挥出来。

“执西用中”乃针对中国有失去自身文化传统的危险

问：您对严复很推崇，多次在文章中提到他，称他为“介绍西方哲学到中国来的第一功臣”。但是严复晚年的思想有所变化。最近读到一篇文章，文中有台湾海基会董事长辜振甫先生——他是严复的孙女婿——谈严复。其中有一段话是这样的：

> 辜振甫指出，虽然现今研究严复之中西学者，仍有部分认为其观点在于崇尚西式“国富民强”。其实，严复所追求的，绝不仅止于政治上或军事上之富强，应还具有深厚的“儒学性格”，无所不在之“易经与道家式的世界观”，及深受儒道传统思想所影响的思维方式。只有将体制改革融入新的文化思维，中国才能真正国富民强。严复主张，国家若要富强，须先透过“格物致知”之道理，方能实践“治国平天下”之理念，如此才能让国家建设步上正轨，进而致使人民安居乐业，相关之社会问题也才能迎刃而解。
>
> 为批判全盘西化之偏差，严复曾用“牛足装马蹄”比喻，说明体制改革应以“执西用中”态度对待之。他说，“执西”就是吸取西方文明制度于我有益者，“用中”就是从切合中国之实际需要出发，以最完善之体制改革架构为追求目标。严复这种提法是经过长期思索，直到晚年才彻底领悟，而将之作为重构中华文化及道统之准则。他说，一定要先经过新的文化思维之整合改造，方能将西方文明制度之“马蹄”，套用于我们这原属封闭保守之古老中国“牛脚”上，如此，中国才有机会跃登富强之林。

这两段话令人深思。严复认为“牛脚”不能生套“马蹄”，中国需要重构中华文化及道统，您怎么理解他的“重构中华文化及道统之准则”？

汤一介：严复的思想前后有相当大的变化，这和所处的时期不同有关。他早期翻译《天演论》等书，可以说是比较系统地介绍了西方文化，从他在译文中的“按语”能看出他是赞成西方文化的。严复在《与〈外交报〉主人书》中说：“善夫金匮裘可桴孝廉之言曰：体用者，即一物而言之也。有牛之体则有负重之用，有马之体则有致远之用，未闻以牛之体，以马为用者”。严复这段话是针对当时“中学为体，西学为用”说的，并不是批判全盘西化的。因在清末“全盘西化”还没有形成一种潮流，而所谓“中学为体，西学为用”正是阻碍中国较全面吸收西方文化的重要潮流。但到20世纪二三十年代，“全盘西化”已成中国主要思潮，因此严复的思想有一大变化。正如辜振甫先生所说，严复直到晚年才彻底领悟，而将“执西用中”作为重构中华文化及道统之准则。这正是严复晚年有见于西方各种思潮造成对中国传统文化的巨大冲击，致使中国有失去自身文化传统的危险，因而思想上有了这样的适时之变。

问：谈到严复，就会想到您在文章中把他归之为“古今中西”之争中的保守主义派的杜亚泉，现在海内外对杜亚泉先生的调适思想给以很大的关注，称杜为“一个湮没了近一个世纪的思想家”。去年纪念杜先生诞辰一百三十周年，国内出版了《杜亚泉文存》，而且召开了《杜亚泉与现代思想史上的调适思潮》专题研讨会。与会学者认为，杜亚泉的调适思想颇有历史洞见，也有现实意义，比如他对中国民主问题的看法，他认为武力可以得专制但不可以得共和，实现民主的历史条件是社会的实业发达和教育普及，只有通过民间兴办实业、普及教育和培育中等阶级，迂回渐进地为中国的民主化奠基。又如他毕生都在探索中国该如何向现代化迈进，但他又有对所谓现代性“相当清醒和深刻的反思”；他在东西文化论战中写的一些文章，如《迷乱之现代人心》，就是对现代性的反思。他的思路是，要克服现代化过程中的种种异化，还需从传统文化中寻找支撑点。对于现在重新研究杜亚泉先生的思想，不知您的看法如何？

汤一介：当今学术界对杜亚泉的看法确有分歧。我认为，在1915年后，以杜亚泉为代表的《东方杂志》和以陈独秀为代表的《青年》杂志的争论，应该被认为是表现了保守思潮与激进思潮之争。当时，中国社会主要应是破除旧的已经僵化的保守思想，而杜亚泉提出“统整之说”，为了继承传统，要求绍述“周公之兼三王，孔子之集大成，孟子之拒邪说”的盛业，这不能不说是不利于当时的中国社会前进的。从20世纪初叶到今天已经过去了近百年，中国社会发生了巨大变化，也许，如某些学者认为，杜亚泉先生的“调适”思想对今天的中国社会有一定意义。但我有个看法，研究某思想家的思想，应放在当时的社会环境中看它主要起的作用，至于在他的思想中也包含着某些合理因素，那是次要的。

“和而不同”可以解决世界两大问题

问：钱穆先生在他一生中最后一篇文章《中国文化对人类未来可有的贡献》中，对“天人合一”思想予以极大的重视，认为“中国文化对世界人类未来求生存的贡献，主要亦在于此”；“此下世界文化之归结，恐必将以中国传统文化为宗主”。冯友兰先生临终前所谈最后一句关于哲学的话是：“中国哲学将来一定会大放光彩！要注意《周易》哲学”。两位大师对中国传统文化都有很深造诣，他们的识见似乎不谋而合。您怎么理解他们的“预言”？

汤一介：对，钱穆先生的最后一篇文章，我曾经写过一篇文章分析，我觉得他的想法是非常有道理的。现在的问题在什么地方？实际上全世界就两大问题：一个是和平的问题，一个是发展的问题。和平的问题，要解决人与人之间的关系；人与人之间的关系扩大了，就是国家与国家之间的关系、民族与民族之间的关系。发展呢，不仅要解决人与人的关系、国家与国家的关系、民族与民族的关系，同时要解决人与自然的关系。钱穆先生提出的“天人合一”的观念，就是希望解决这两个问题。当然他自己没有讲明，但他的思想是要用我们“天人合一”的思想来解决人类和平与发展的问题。我觉得他有他的道理，但是从中国哲学来讲，并不只是“天人合一”能够解决这两个问题。其实“和而不同”的思想，对于解决人与人之间的关系、国家与国家之间的关系、民族与民族之间的关系，也许比“天人合一”更直接，所以我写了几篇关于“和而不同”的文章。

为什么冯友兰先生那么重视《周易》呢？我只能猜测，因为《周易》里面有一句话：“乾道变化，各正性命，保合太和，乃利贞”。这句话是什么意思呢？“乾道变化”，就是整个宇宙的变化；“各正性命”，就是每个事物都有他适当的位置，比方我当老师，就应该在老师的位置上好好教学，学生就要在学生的位置上好好学习；“保合太和”，即大家都有了适当的位置，就可以保持最完满的和谐，“太和”是最完满的和谐。王夫之说了，什么是“太和”，就是“和之至”，“和”的最高点，就是“太和”。“乃利贞”，那么，什么事情都顺通了。我想，冯友兰晚年之所以注重《周易》，很可能跟这个太和思想有关，就是希望人类有一个最和谐的社会。

但是我跟他们（指钱、冯）的思想有些不同：中国哲学可以解决这些问题，这是非常好的，但并不是说其他哲学就不如中国哲学好，就是说西方哲学有西方哲学的好处，阿拉伯哲学有阿拉伯哲学的好处，印度哲学有印度哲学的好处，每种哲学都会对人类作出贡献。

问：但是他们（钱、冯）说的是一个“主要的”吧？

汤一介：没有“主要”。这些哲学都应该是平等的。

问：但现实是，近百年来主要是西方哲学在影响世界，不能说是平等的吧?

汤一介: 对,从历史上看,确实存在着某种文化起着主导作用的现象,当前西方文化无疑是一种强势文化。但是一个思想开放的思想家,不仅应该看到自身文化的长处,也应看到自身文化的弱点。在世界进入全球化的过程中,文化只能是多元的,我们应该提倡在不同文化之间的对话,以便取长补短,共同发展。

中国传统哲学有三个基本命题

问: 据知从上世纪 80 年代开始,您就在总体性地研究中国传统哲学,能否介绍一下您研究中国传统哲学的基本思路和观点?

汤一介: 我认为中国传统哲学是由一套不同于其他民族的哲学的特殊概念范畴构成的,有三个基本命题:“天人合一”、“知行合一”、“情景合一”,这三个基本命题表现着中国传统哲学关于真、善、美的特殊观念;从这些特殊观念出发,形成一个不同于西方也不同于印度的理论体系。这个理论体系或者可以说由三个相互联系的部分组成,即:“普遍和谐”论,可以说是中国传统哲学的宇宙人生论;“内在超越”论,可以说是中国传统哲学的境界修养论;“内圣外王”论,可以说是中国传统哲学的道德教化论。从这三套理论,不仅可以看出中国传统哲学的价值,也可以认识到中国传统哲学的问题所在。

可从“天人合一”、“知行合一”、“情景合一”发挥儒学真精神

问: 您认为应该从怎样的思路来探讨儒学的所谓第三期发展?或者说,您认为可从“天人合一”、“知行合一”、“情景合一”这三

个命题来阐发儒学的真精神，使之有益于当今世界？

汤一介：我把先秦儒学看作是儒学的第一期；宋明理学，即新儒学是儒学发展的第二期；儒学的第三期发展，指的是近百年以来在西方思想冲击下发展起来的现代新儒学。由于五四运动以来“民主与科学”成为国人追求的目标，现代新儒学的代表们把很大力量花在论证“内圣”之学可以开出适合现代民主政治要求的“外王”之道来，以维护中国传统哲学中的“内圣外王”的格局；同时又在论证“心性”之学经过“良知的坎陷”可以开出科学的认知系统，以便使中国哲学也有一个可以与西方哲学并立的知识论体系。可是我认为，我们似乎不必由这条路子来考虑中国哲学的价值和意义。

我认为儒学第三期发展可以从“天人合一”、“知行合一”、“情景合一”上来探讨。“天人合一”是中国传统哲学最基本的命题，它最能体现中国哲学的特点，它是以人为主体的宇宙总体统一的发展观，“知行合一”与“情景合一”是由“天人合一”这个根本命题派生出来的。“知行合一”是要人既知“天（道）”和“人（道）”以及“天”与“人”之合一，又要在生活中实践“天（道）”和“人（道）”以及追求“天人合一”之境界。“人（道）”本于“天（道）”，所以知“天（道）”和行“天（道）”也就必然能尽“人（道）”。人要知和行“天（道）”，这就不仅是个认识问题，更重要的是个道德实践问题。人要知和行“天（道）”，就必须对“天（道）”认同，“同于天”，也就是说必须承认“人”和“天”是相通的，因此“知行合一”要以“天人合一”为前提。“情景合一”无非是要人们以其思想感情再现天地造化之功，正如庄子所说：“圣人者，原天地之美而达万物之理”，这就是说，“情景合一”也要以“天人合一”为根据。

那么，中国传统哲学关于“真”、“善”、“美”的问题为什么追求这三个“合一”呢？我认为中国传统哲学或者与西方哲学不同，它并不偏重于对外在世界认知的追求，而是偏重于人自身价值的探求。可以说，中国传统哲学的基本精神就是教人如何“做人”。“做人”要有一个理想的“真”、“善”、“美”的境界，达到了“天人合一”、“知行合一”、“情景合一”的真、善、美境界的人就是圣人。在中国古代的圣贤们看来，“做人”是最不容易的，做到与自然、社会、他人以及自我身心内外的和谐就更加困难。这种“做人”的学问就是孔子所提倡的“为己之学”，也就是张载所追求的“为天地立心，为生民立命，为往圣继绝学，为万世开太平”的理想人生境界。如果我们给中国传统哲学一个现代意义的定位，它的真价值所在，我认为正在于此。

问：这是您80年代的思路吧，现在有没有什么改变？

汤一介：基本上没有太大的改变，只是在深化。曾有一位比利时的学生做硕士论文，以我为题，他说，汤一介为什么不说他是哲学家？我说，我是一个哲学史家。因为我并不认为我已经创造出了一个哲学体系，我现在是研究一个一个哲学问题。好像我的长处是，从80年代一直到现在，不断地提出新的哲学问题来。最早我提出的是哲学概念分析的问题，后来提出真善美的问题，再后提出内在超越的问题，等等。现在我注重的是诠释学的问题，写了六篇关于诠释学的文章。但是怎么样使它成为一个系统呢？我还没有做到，还是比较散的。

中华民族正处于一个伟大复兴的前夜，
此时需要“反本开新”

问：您有做成体系的打算吗？

汤一介：可现在好像没有时间了，因为要做《儒藏》。我是这样看的：中华民族也许正处在一个伟大复兴的前夜，当一个民族处在一个伟大复兴的前夜的时候，她必须回顾自己的历史文化，从中吸取力量。这个我很可能是受了雅斯贝尔斯（德国哲学家，1883—1969）轴心时代观念的影响。雅斯贝尔斯认为，人类一直靠轴心时代所产生、思考和创造的一切而生存，每一次新的飞跃都回顾这一时期，并被它重新燃起火焰。他说，在二千五百多年以前，在全世界不同的地方出现了几个最伟大的思想家，比如西方出现了苏格拉底、柏拉图；中国出现了孔子、老子；印度出现了释迦牟尼；以色列出现了犹太教的先知。这样一些文化传统以后一直在影响人类社会，历史上每一次思想文化上的飞跃，都要回到源头去寻找力量，发出新的光辉。历史已经证明了这一点：文艺复兴，它要回到古希腊；中国的宋明理学，它要回到孔孟（研究孔孟）。现在人们已经注意到人类文化正在进入新的轴心时代，中华民族要发展，就必须回顾我们的文化传统，“反本开新”。“反本”，就是必须对我们的哲学源头有深刻的把握，了解得越深入，才会越有面对新世纪的强大生命力；“开新”，一方面必须对我们的传统哲学作出新的合乎时代的新解释，另一方面又要利用我们传统哲学的资源来对当前人类社会面临的重大问题创造出新的哲学理论。在这个文化转型时期，我们要有一个文化上的自觉。

问：所以您认为编《儒藏》更有意义。

汤一介：新编一部《儒藏》，也许对这样一个大的时代，有它的意义。

现在是要创造若干个中国化的西方哲学的时代

问：您曾把佛教与中国文化作为一个研究方向，我想，您是想通过佛教与中国传统文化的融合，进而研究中西文化的融合问题，后者才是您的重点。您认为中西文化应该如何融合？

汤一介：去年北大与哈佛大学联合开了一个会议，我在会上作了一个报告，题目是：《走出“中西古今”之争，会通“中西古今”之学》，我以佛教文化与中国传统文化的融合为参照系来谈这个问题。佛教传入中国经历了三个阶段，一个阶段是它附会中国的文化；第二个阶段是与中国文化发生了很多矛盾；第三个阶段就是出现了很多中国化了的佛教宗派。我们跟西方文化的接触，从利玛窦开始，有四百年了，如果不算利玛窦，从鸦片战争算起，也有一百五十年了。我觉得我们现在是处在相当于佛教传入中国的第二个阶段到第三个阶段的过渡阶段，也就是要创造若干个中国化的西方哲学的时代。

为证明我的观点，我举了两个例子。一个例子是冯契先生(已故华东师大哲学系教授)。我认为他是上世纪末中国最应受到注意的哲学家。冯契先生是一位马克思主义学者，但他力图在充分吸收中国传统哲学和西方分析哲学的基础上使马克思主义成为中国化的马克思主义哲学。他的“智慧三说”可以说是把马克思主义的实践唯物主义辩证法、分析哲学和中国传统哲学结合得较为成功的典范。我觉得他做得最好的，是用马克思的唯物辩证法来解释中国哲学问题。他不是用实践的唯物辩证法讲思维存在关系问题，而是用马克思主义辩证法来讨论中国哲学“性与天道”的问题（“性与天道”问题主要不是讨论认识问题，而是讨论人生境界问题)。他提出一个非常重要的命题：“化理论为方法，化理论为德性”。他对这个命题的解释是：“哲学理论一方面要化为思想方法，贯彻于自己的活动，自己的研究领域；另一方面又要通过身体力行，化为自己的德行，具体化为有血有肉的人格。”他研究哲学的目的归根结底是为了用实践唯物辩证法通过“转识成智”来解决“性与天道”这一古老又常新的中国哲学问题。我认为，只有像冯契这样运用马克思主义哲学研究和解释中国哲学问题，才是创建中国化的马克思主义哲学的必经之路。

第二个例子就是我自己的例子。我从 1998 年起提出创建中国解释学。中国有非常丰富的、比西方更长的解释经典的历史，但是我们没有把它总结出来，成为中国的解释学，即没有建立起一套系统的解释哲学问题的理论和方法。而在西方，主要是由解释《圣经》开始，经过好几个世纪的酝酿，到德国哲学家兼神学家施莱尔马赫和历史学家兼社会学家狄尔泰，才真正成为一种重要的哲学理论体系。现在西方解释学传到中国，我们可以把它作为一个参照系，考虑创建中国解释学。

要建立中国化的解释学

问：您是说要建立不同于西方解释学的“中国化的解释学”？

汤一介：我认为这是可能而且必要的。因为中国有很长的解释经典的历史，积累了非常丰富的解释经典的资源以及对经典解释的独特的方法和理论；如果对之加以系统的整理和总结，定会得到某些不同于西方解释学的理论和方法，这无疑会对人类文化和世界哲学作出重大贡献。现在我们多种学科中已在运用着解释学，但大多是用西方解释学的理论与方法。总之，创建中国化的解释学，是把中国哲学融入世界哲学大潮的一个重要途径。

问：您觉得现在应该做这样的工作？

汤一介：先走这一步，走完这一步，然后才会出来一个比较完整的新的中国哲学体系，就像宋明理学一样，那些中国化了的佛教宗派出来以后，慢慢就被中国文化所消化了，最后成为新儒学，即宋明理学。宋明理学实际上大量吸收了中国化的佛教思想。

问：这是您对中西文化融合或者说中国哲学发展的基本想法？

汤一介： 对。

相信中国哲学不会在中西融合之中失去自我

问： 但是，您的这种中西融合会不会使中国哲学失去根本，成为西方哲学的附庸？

汤一介： 我认为不会。《隋书·经籍志》记载，当时民间佛经多于六经数十百倍，中国并没有因此变为佛教国家，反是受惠于印度佛教，促使中国哲学大大地发展了，形成宋朝以后的新儒学。中国有长达四五千年的文化根基，它的哲学不会因为与西方强势哲学的融合而失去自我。它的生命力应该是在大力吸收和融化其他民族和国家的文化中壮大自己。现在中国正处在一个大的文化转型时期，文化上的多元化是必然的趋势，我们应该自觉地走出中西古今之争，会通中西古今之学。

宗教消灭不了

问： 您对宗教尤其是佛教深有研究，虽然您是从文化学的角度研究宗教。但依您对宗教的了解，可否谈谈现在许多人，包括年轻人关心的问题，比如宗教在科学如此发达的世界，何以未见消退反而信仰者更多？前些时候读到一篇采访杨振宁先生的文章，谈到科学与宗教的关系。杨先生说，一般人有一个错误的印象，以为科学是反宗教的，这个想法完全错误，从人类历史发展来看，科学、哲学与宗教本是三者同源，可以说三者是一条线，宗教在一头，哲学在中间，科学在另外一头。随着近几百年科学的快速发展，可以说科学在扩充它的领域，哲学和宗教在向后缩。但是，杨振宁先生强调，不管科学如何发展，科学的领域是有限的，而宗教是无限的。您的看法呢？您怎么理解“宗教是无限的”？

汤一介：科学与宗教的关系一直是大家关注和讨论的问题，特别是当前又讨论儒家是不是一种宗教。我的看法是，科学是非常重要的，这是没有异议的，但是科学不是万能的，科学主义是不可取的。人是非常复杂的，有理性，有感情，还有一些幻想，这些是交织在一起的。科学可以解决理性方面的很多问题，但不能解决感情方面的某些问题。一个人，他可以是个大科学家，但是他同时可以是一个很虔诚的宗教信徒，爱因斯坦就是一个例子。作为一个活生生的人，他有另外一方面的需要，甚至一些很超越的需要，比如我的灵魂怎么安顿？

问：那是不是说，只要人类存在，宗教就一定存在——“宗教是无限的”是不是有这样的意思？

汤一介：我是觉得宗教消灭不了。人类已知的东西与未知的东西比较，那未知的东西是太多太多了。

问：还有，当杨振宁先生被问及是否信仰宗教，他说：“一个人年纪大了，不管他信不信宗教，他不可避免地会产生一个疑问，那就是生命是怎么回事？人生是怎么回事？他自己的人生有什么意义？这些问题追问下去的话，我想最后就跟宗教发生了密切的关系”。杨先生说的，似乎是人之常情，那么，您从来没有对宗教本身感兴趣吗？

汤一介：我是研究宗教的，我对任何宗教其实都很感兴趣，但是没有皈依任何宗教的兴趣。实际上我探讨的很多问题都是和宗教有关系的问题，比如内在超越的问题，为什么儒家相信人能通过内在的修养成圣成贤？为什么中国佛教禅宗相信通过识心见性可以成佛？道教为什么相信可以通过内在的修炼成仙？这些问题我现在都不能解答，但我很有兴趣，我觉得这些都是应该研究的问题。

儒教有一种强烈的宗教性并不是坏事

问：您刚才提到儒学是否是宗教的问题，上世纪 80 年代，国内就形成一“儒教是宗教”学派，在学术界还引起很大争议。现在仍有学者如您的老师任继愈先生就认为，儒教是一种用理性主义的形式把人引向信仰主义的宗教；“文化大革命”中造神运动的宗教根源，就是儒教遗毒所致。您的看法？

汤一介：儒教应该说有非常强的宗教性，它不像西方或者印度或者伊斯兰的宗教那样，有固定的团体、宗教仪式、宗教戒律，但是它确实有超越性的观念。它是不是宗教，就看宗教的定义如何了。要是追求一种超越的东西都是宗教，那么就可以说儒学是宗教；如果按现在的基督教或佛教或伊斯兰教这种标准的宗教来衡量它，它又不是完整意义上的宗教，你只能说它是准宗教。任先生说它是一种宗教，是从批判的角度来讲的，而我并不这么认为。我认为儒家有一种强烈的宗教性或者它抱着强烈的超越的观念，并不是坏事。

问：您不是从批判的角度认为它是一种宗教？

汤一介：是的。

问：但是任先生认为儒教是一种用理性主义的形式把人引向信仰主义的宗教，“文化大革命”造神运动的宗教根源就是儒教。您同意这种说法吗？

汤一介：对，我是基本同意这种观点的。“文化大革命”是一种新的造神运动，跟儒教有一定关系。因为儒家思想一向是把皇帝看成最高的，把皇帝神圣化。我们讲“文化大革命”，常常讲一面，比方“破四旧”，把传统的东西都破掉了，这是一面；另外一面，“文化大革命”还继承了传统的最不好的那一面，什么跳忠字舞啊，万寿无疆啊，那都是一种现代迷信，那才是真正要破除的最糟糕的东西。

人要敬畏某种有宗教性的超越力量

问：那么您刚才说，您认为儒学有一种强烈的宗教性或者说有强烈的超越观念，并不是坏事，您的看法是？

汤一介：孔子说君子有三畏：畏天命，畏大人，畏圣人之言。“天命”是超越性的。为什么要对“天命”有所敬畏呢？因为人不能把自己看成是无所不能的，要承认人是有其局限性的，所以要敬畏某种有宗教性的超越力量。这样可以使人谦虚一些。超越性的“天”可以起惩恶扬善的作用。我常想，西方社会固然问题很多，但他们的社会相对比较稳定。为什么？他们主要靠两条，一是法治，一是宗教。因为“宗教”与社会道德是息息相关的，所以我是把真正意义的宗教与迷信区别开来的。

人类各种文明必须共存、互补

问：您在评论亨廷顿《文明的冲突?》时，曾反驳亨氏论点，认为人类文化发展的总趋势是互相吸收、互相融合，而不是互相对抗。“9·11”发生后，全球各处冲突不断，许多人认为印证了亨廷顿的“文明冲突”说。您的看法呢？

汤一介：我刚写了一篇文章，准备在清华（大学）演讲，题目是《“文明的冲突”与“文明的共存”》，就是针对这个问题谈的。我是想，它（人类各种文明）必须共存。世界上现在主要是四种文明：东亚、南亚、中东、欧美文明，这四种文明都有非常长的历史，而且覆盖面都有十亿以上的人口，你怎么能不共存呢？从历史上讲，有那么长的历史，你怎么消灭它？从它有十亿以上的人口，你怎么去消灭？不管美国怎么称霸，它没法消灭伊斯兰文明啊。特别是第二次世界大战以后，殖民体系瓦解，民族复兴，建立自己的国家，最基本的问题就是建立自己的文明，区别于别国的文明。比如马来西亚建国，做的第一件事情是定马来语为国语，其他语言不能是国语；以色列也是一样，希伯来语本已经不是一种通用语言，但它复国以后，把希伯来语定为通用语言。语言和宗教是文化中最重要的部分，所以西方中心论破产以后，不可能建立一个东方中心论，只能共存。

亨廷顿的思想是有所发展的。他后来写了一本《文明的冲突与世界秩序的重建》，观点有所改变。他认为，西方特别是美国，有两大问题非常难解决：第一大问题是原来的少数民族越来越膨胀，特别是黑人和墨西哥人；第二大问题，就是二战后独立的国家越来越多，这些独立的国家都在学习西方的工业化，但却不要西方的价值观，他说这是不对的。他的希望是：不仅你要接受西方的工业化，也要接受西方的价值观。

这是做不到的，伊斯兰教怎么能全部接受西方的价值观呢？中国也不可能接受西方的全部价值观。所以前途只能是共存、互补。现在的世界是一个全球化的世界，你必须互相吸收，假如西方的民主好，我就吸收民主这一部分，伊拉克、阿富汗都是这样，但是它的基本信仰不可能被改变。

父亲曾让我读《哀江南赋》

问：您的父亲汤用彤先生是现代中国学术史上少数几位能会通中西、熔铸古今的国学大师之一，钱穆先生曾赞他为“纯儒之典型”。他对您有哪些影响，比如在治学方面、做人方面？

汤一介：我父亲他从来不给我讲大道理，他生平只给我写过三封信；他觉得用不着多说，也不怎么管我，无论生活，学习都不管。只在我的中学时期吧，他见我爱读诗词，有一次从《全上古三代秦汉三国六朝文》中找出他常读的《哀江南赋》给我读，这是他唯一一次单独叫我读的东西。《哀江南赋》是南朝庾信写的，讲的是丧国之痛。还有《桃花扇》中的《哀江南》，也是父亲常吟诵的。那时是抗战时期，也正值国难，我父亲常吟诵这两首，表现了他的伤时忧国之情，对我的影响非常之深。而我父亲又深受我祖父的影响。我祖父中过进士，做过京官，虽不是什么大官，但他有两句话，叫做“事不避难，义不逃责”，作为“立身行己之大要”。“事不避难”，就是困难的事情，你应该承担的你就要承担；“义不逃责”，就是合乎道义的事情，你就应该负起责任来。

问：这两句话是不是也有“国家兴亡，匹夫有责”的意思？

汤一介：对，有这个意思。

问：汤用彤先生又是著名的哲学史家、佛教史家，他的《汉魏两晋南北朝佛教史》是传世之作。据知，用“魏晋玄学”概括南北朝时期的哲学思潮特点，他是第一人，当年他为纪念自己在北大开讲“魏晋玄学”课，将小儿子，也就是您的弟弟命名为“一玄”。这样看来，您的大名是不是也有类似来历？

汤一介：我想他大概是希望我做一个书生吧，中国古话：“一介书生”嘛。我实际也算是做了一个书生吧。(笑)

对我影响最大的还是我父亲用彤先生

问：梁漱溟、熊十力、钱穆、贺麟、冯友兰等文化大家都是您父亲的朋友和同事，当年往来于您家中，您都称为伯父吧，他们的道德文章、人生取向对您可否有影响？在您所接触的先辈大家中，您最尊崇哪一位？哪一位对您影响较大？

汤一介：你提到的这几位先生，我都尊敬。但是说他们对我的影响的方面却不相同。梁漱溟先生的为人和他思想的敏锐，是我终身要学习的榜样；熊十力先生在哲学上的独创性和高远的气魄，我非常景仰；钱穆先生著作中对中国历史文化传统的“同情理解”的精神，至今仍是我为学的指标；贺麟先生中西兼通的学养，冯友兰先生对哲学概念、命题精到的分析方法，对我来说是难以企及的。但我想，对我影响最大的还是我父亲用彤先生。

问：您的夫人乐黛云教授近二十年来和您一起活跃在学术界，对中国文化的现代化建设做了许多有益的工作。在如何继承中国传统文化、如何进行中西文化融合等方面，您二位的观点是否一致？

汤一介：她是搞比较文学的，我们的基本观点是一致的。她对西方比我熟悉，可以用英文写作。当年在北大，她比我低一班，她是中文系，我是哲学系，后来都在北大任教。

近十多年才从迷茫中走出来

问：您曾说，您当年选择学哲学，目的是寻找真理，探讨人生的意义。那么现在回首一生，您认为您终于找到真理了吗？人生的意义是什么？

汤一介：《圣经·马太福音》中有这样一段话：“引到永生，那门是窄的，路是小的，找着的人也少”。我想，寻找真理、探讨人生的意义也是一样，进入“真理”之门是窄的，路是小的，找着的人也很少。我年轻时本来有“寻找真理”、“探索人生意义”的抱负，但经历了五十多年的风风雨雨，我只能说近十多年来才从迷茫中走出来，又回过头来，希望从历史上的大哲学家“寻找真理”的思想中得到一点启示，对“人生的意义”做点探讨吧！走了三十多年的弯路，失去了最有创造力的年华，现在就像裹过小脚后再把脚放大的妇女一样，怎么样也难免东倒西歪的。但是我终究有了点觉悟，我只想在有生之年再提出一两个值得人们研究的哲学问题。

问：汤先生您有座右铭吗？

汤一介：我，就是“顺乎自然”吧。（笑）

希望中国下一代能出现“中西兼通”的大哲学家

问：国内现在对孔子、对儒学的热情不断升温，最近，北京市安定门街道正在由政府主导，准备兴建国学文化社区，开展各种弘扬国学文化的活动，提倡百姓诵读《论语》，儿童背诵《三字经》、《弟子规》等。您如何看待这种儒学复兴的现象？

汤一介：让孩子们从小背诵一点有意义的古诗文是件好事。因为在我国的古诗文中无疑包含着应如何做人的道理；孩子们当时可能不理解，但长大了会慢慢地受用。不过，我在几次不同的有关座谈会上都强调，也可以让孩子们从小背诵一点西方（英语）名句，一方面学习了英语，另一方面也可以了解其他民族的文化。让我们的孩子们长大后既有本民族传统文化的基础，又有放眼世界的眼光。希望在他们中能出现“中西兼通”的大哲学家。

问：您是中国文化书院创院院长，中国文化书院想必宗旨是以弘扬传统文化为主，不知书院在这方面做了什么，有何设想？

汤一介：书院 1984 年建立，今年有 20 年了。书院的宗旨可以用三句话来概括，就是：“弘扬中国传统文化；促进中西文化交流；实现中国文化现代化转型”。工作分三个阶段：第一个阶段是办各种各样的班，比如中外比较文化研究班等，目的是普及文化，这是头十年吧。第二个阶段是编书，编出《神州文化集成丛书》一百本，以及其他四套丛书，等等，主要是深入研究一些问题吧，这是第二个十年。现在是进入第三个十年了。准备办学，办一个私立的民间大学，现在叫“京大培训中心”，这实际上是一个技术性的学校，目的是积累一定的基金，然后再办一个以人文为主导的大学。

原刊于《中国评论》，2004 年 5 月号

哲学家汤一介（一）

汤一介，中国哲学家。

1927年生于天津，湖北黄梅人。1951年毕业于北京大学哲学系，1990年获加拿大麦克玛斯特（McMaster）大学荣誉博士学位，现任北京大学哲学系教授、博士生导师、《儒藏》编纂中心主任、中国哲学与文化研究所名誉所长，中国文化书院创院院长。

有《郭象与魏晋玄学》、《魏晋南北朝时期的道教》、《中国传统文化中的儒道释》、《儒道释与内在超越问题》、《儒教、佛教、道教、基督教与中国文化》等著作行世。

遇到事情你不要逃避它的困难

汤一介出身于书香门第，他的祖父汤霖，是清光绪十六年（1890年）进士；父亲汤用彤，是久负盛名的国学大师。汤用彤先生一生致力于中国哲学史和中国佛教史的研究，他的著作《魏晋玄学论稿》和《汉魏两晋南北朝佛教史》，是研究魏晋玄学与佛学不可不读的经典著作。汤一介从小深受父亲的影响，对传统文化接触很早，并且有着比较深入的思考。

主持人：您父亲汤用彤先生给你起“一介”这个名字的时候，是不是有意择取“一介书生”这个含义，希望您一生读书做学问？

汤一介：我想是的，他是想让我传承家风。我父亲很少管我，不管我的衣食住行，不管我读书，也不管我做人，他只是埋头做学问。小时候，我喜欢读一点古诗，有一天被他看到了，他就把庾信的《哀江南赋》找来推荐给我，说你既然爱读古典，可以读一读庾信的《哀江南赋》。《哀江南赋》大致讲一个家族应该有他的家风，如果家风断了，那么这个家族也就衰落了。父亲让我把这篇文章熟读，大概是想让我知道，我们是读书人家，读书是我们的本分，不要把读书的家风丢掉了。

主持人：您跟您的祖父其实并没有见过面，但是在您的传记里，您经常提到他。

汤一介：我祖父对我父亲有直接的影响。他曾经跟我父亲讲过两句话："事不避难，义不逃责"。就是说，遇到事情你不要逃避它的困难，这一点在我父亲身上体现得很充分。我父亲是研究佛学的，佛教传入中国后对中国文化的影响一直是一个学术上的难关，这个难关，在我父亲以前没有人能突破，是我父亲把它突破了，他做到了事不避难。另一句话"义不逃责"，就是说理应你做的事情，你就不要逃避责任，作为一名教授，我父亲教书兢兢业业，他也从不逃避教书的责任。

主持人：这种"事不避难，义不逃责"的精神，是否也影响了您？

汤一介：可以说影响了我的一生。"一介"这个名字对我还是比较适合的，我是非常喜欢读书的，现在我的藏书，在北大可以排第二，除了季羡林先生以外，我的藏书大概是最多的，有三四万册。

主持人：据说您小的时候学习并不是太好。

汤一介：严格地讲，我都没有拿到过小学和中学毕业的文凭，甚至大学毕业文凭也是后来补发给我的，因为在大学四年级下学期我就被调出去工作了，后来才补给我一个文凭，算我北京大学毕业。我读小学是在当年的北平（今北京），1939 年我读小学六年级的第二学期的时候，此前父亲已到昆明教书，母亲想带我们到昆明跟父亲团聚，这样我们就离开了北京，辗转上海、香港，经过越南，然后才跟我父亲会合，结果我的小学没能念完，小学文凭没拿到。后来我到一所宜良县立中学读初中，在那儿念了一年级，之后转到昆明的西南联大附中，当时我想上二年级，可是一考不行，考不上，只好留了一级。初二下半学期我试图跑到延安去，可是没有去成，又被转到了南开中学，在南开中学，我不甘心上初三，跳级到高一，这样初中文凭也没拿到。到了高中，功课跟不上，又留了一级，最后，高中文凭也没有拿到。

主持人：在这个辗转求学的过程当中，您自己的责任好像并不太多，主要是环境的问题，因为当时时局动荡不安。

汤一介：有一些学生很聪明，可以跳级；如果我很聪明的话，也可以跳级。我没有跳级成功，足见我不是一个很聪明的人。

主持人：您觉得聪明是决定一个人最终成就的主要因素吗？

汤一介：那倒不一定。我记得我父亲讲过，第一流聪明的人，如果不努力的话，就连第二流的成就都达不到；而第二流聪明的人，如果努力，是可以取得第一流的成绩的。

主持人：您是不是觉得您应该是第二流聪明的人，但是努力了？

汤一介：是努力了，但是我不敢说我是取得第一流成绩的人。

主持人：您刚才谈到在中学的时候，有一次试图去延安，那段历史是怎么样的？

汤一介：初二下半学期，有一位高年级的同学找到了一本叫做《二万五千里长征》的书，我们看了之后，觉得延安这个地方，应该挺好玩的，而且也很吸引人，所以就想到那儿去看一看。

主持人：没有更多的政治原因？

汤一介：没有。当年的延安是一个很有朝气的地方，所以我们想去看看。我们五个人，各自偷了家里的一些金子，把它换了钱做路费就上路了，但是刚走到贵阳，就被当地的警备部队抓住了，把我们关在警备司令部侦缉队的一个小房子里。当时我们随身带着《二万五千里长征》这本书，非常危险，所幸关我们的房子铺着地板，晚上我们就偷偷把《二万五千里长征》撕掉，一页一页地塞到地板缝里面，第二天审问我们的时候，我们一口咬定要去重庆念书，没有说到延安去。这样关了我们大概一个礼拜以后，我们学校的教务长来了，就把我们接回去了。

那一次，我积极参加了反美游行

20 世纪 40 年代，中国灾难深重，人民颠沛流离，饱受战乱之苦。面对这样的现实，年轻的汤一介深感痛心和困惑。1943 年他曾经针对当时的社会现象写过一篇针砭时弊的文章，并愤激骂世，因此获得了“汤八蛋”的绰号。

1946 年夏，汤一介全家搬回北京，这一年汤一介参加了大学入学考试，结果却不幸落榜，只好进入北京大学先修班学习。1947 年夏天，汤一介由先修班升入北京大学哲学系，这一回他终于如愿以偿。

进入大学后的汤一介，心无旁骛，专心致力于哲学，在同学眼中，那时的他是一个很有思想、很有头脑的学生。

汤一介：1943 年正是抗战最困难的时期，我们经常批评当时的一些现象。我写了一篇文章，叫做《一滴汽油一滴血》，当时达官贵人们常用汽车送孩子上学，可是在抗战困难时期，汽油是非常贵重的东西，看到那些汽车招摇过市，我就痛骂他们是王八蛋，他们就回敬我，叫我汤八蛋。

主持人：您在传记里提到，在 1948 年也就是您十八九岁之前，您对政治不感兴趣，对时事很悲观，常常是采取一种旁观者的态度。

汤一介：我十七八岁的时候，抗战刚刚结束，当时像我这样的年轻人对时局非常失望，因为国共两党仗打得非常厉害，国家的前途完全不知道，特别是在那个时候，我父亲对我有一定的影响。那个时候在西南联大，有一部分教授参加了国民党，有一部分教授做了民主人士，我父亲从来是对这两种态度都不赞同，他觉得作为教授就应该教书，把学生教好，这才是天职。他这种中立的与世事无关的旁观者的态度，对我很有影响。“一二·一”运动时，很多学生都去游行了，我就没去参加，只是站在旁边观看。

主持人：您是从什么时候开始投入到政治运动当中去的?

汤一介：应该说是“沈崇事件”之后。沈崇是我们北京大学先修班的同学，我们虽然不是同一个班，可是在一起上国文课。1946 年 12 月，沈崇从平安电影院出来，走到东单广场，遭到了美国兵的强奸。这件事情对我的影响非常大，因为过去受屈辱的感受是间接的，这次的感受却非常直接。那一次，我积极参加了反美游行，我们在东单广场静坐、喊口号，要求美国人滚出中国，我们有一个同学还把美国国歌改编成一首歌，叫做《滚出去洋禽兽》。从那个时候起我的思想开始有了一些变化，不过，我虽然投身到了政治活动当中，但是没有参加任何党派。当时我们有一些同学参加了共产党的地下组织，还有一些同学参加了其他进步组织，我都没有参加。我可以说是他们的同路人，就是反对国民党的同路人。有意思的是，当时我们出的壁报，却受到来自两方面的攻击：国民党学生攻击我们，共产党学生也攻击我们，认为我们是中间派。

主持人：大学时您选择了哲学专业，当时有没有明确自己想当一个哲学家?

汤一介：我非常想当一个哲学家，我那时候满脑子都是哲学问题。当时有个趣事，冯友兰先生有一本书叫《新知言》，我把这本书买来签上了自己的名字，我的同学跟我开玩笑，就偷偷在我的名字前面加上“院士”两个字，这样就成了“院士汤一介”，他们的意思是说，我将来想做院士。那时候我确实有一定的抱负，甚至有意识地多学一些外语。除了英语之外，在大学我选修了德语课，要研究世界范围内的哲学问题，这些外语工具是必须要掌握的。

她说这本书值得一看，我就认真读了

汤一介爱书，有三本书对他的一生产生了深刻影响。其中一本书，不仅使青年汤一介找到了理想、找到了理想化的生活，而且还成就了他和妻子乐黛云的美好爱情。多少年后，汤一介这样回忆道：在我读了《绞索套在脖子上的报告》后，似乎精神境界有一个升华，可以说我有了一个信念，我应做个热爱生活、热爱人类的人。由于是乐黛云让我读这本书的，因而加深了我对她的了解，以后我们由恋爱而结婚了。在这几十年的生活中，在各种运动中我整过别人，别人也整过我，犯了不少错误，对这些我都自责过、反省过。但我在内心里，那种伏契克式的热爱生活、热爱人类的情感仍然影响着我。人不应没有理想，人不能不热爱生活。

主持人：您曾经说对您的一生产生深刻影响的书有三本，是哪三本？

汤一介：第一本书是钱穆先生的《国史大纲》，那是我在高中时读到的。这本书对中国的历史和文化充满了热情，写得非常深入。钱先生一生热爱中国文化和历史，是深以中国文化和历史为骄傲的一位大学者。通过这本书，我懂得了我们中国有那么长的历史，有那么丰富的文化，同时也为钱先生这种对中国文化和历史倾注了巨大热情的学者所感动。第二本实际上是一篇文章，即庾信的《哀江南赋》，这是父亲介绍给我读的。第三本是伏契克的书，叫做《绞索套在脖子上的报告》。

主持人： 我们今天的译本名叫《绞刑架下的报告》。

汤一介： 对。那是1950年的时候，乐黛云推荐给我的，她说这本书值得一看，我就认真读了。这本书对我影响非常大，它不仅影响到我的行动，也影响到我的思想。读过这本书之后，我觉得我过去所谓的爱，只是一种小爱，而人应该有一种大爱。书中有这样一句话：我爱生活，我愿意为它而奋斗——他是要为一个理想的生活而奋斗。通过读这本书，我认识到，一个人应该关怀所有的人，不应该只关心自己，或者自己周围的那个很小的圈子。

主持人： 为什么这一本书会使您产生这么大的转变？这种影响，跟当时的时代有没有关系？

汤一介： 当然有关系。那是1950年，那个时代，对我们这些年轻人，包括老一代的知识分子，影响最大的是毛主席所讲的"中国人民站起来了"这句话，因为这是我们的切身感受。过去我们经常受外国人的欺辱，比如"沈崇事件"，而中国共产党解决了这个问题。解放以后，我们不再受外国人的欺负了，这个变化对我们这代人的影响非常之大。我们之所以积极投身到革命、投身到社会活动中间，跟这种认识大有关系。

主持人： 您刚才提到了您的夫人乐黛云老师，能谈谈您二位认识的经过吗？

汤一介： 我是1949年5月加入新民主主义青年团的，正好那个时候北京大学文学院要成立新民主主义青年团总支部，我被选入这个总支部做组织委员，乐黛云是宣传委员。乐黛云是中文系的，我是哲学系的，原来我们并不认识，这样我们在一起工作就认识了。乐黛云是1948年加入党的地下组织“民青”的，解放前夕一直参加党的地下活动。我一接触她，就觉得这个女孩子非常特别。她非常热情，做事情非常投入，而且执著地热爱自己的事业。

主持人：听说在1957年开始的反右派斗争中，乐黛云老师被打成了右派？

汤一介：这是非常突然的事情，因为乐黛云被划成右派，是在1958年初，反右高潮已经过去的时候。当时右派分六类，她是第二类，算很重的，第一类就应该服刑了。那时我们的第二个孩子刚刚出生，按规定，她可以把孩子带到8个月，然后再下放到农村去劳动改造。在孩子长到8个月的时候，她就到门头沟去劳动了。那时候我也被下放到大兴县搞“人民公社化”，所以她下放我并不知道。有一天晚上我偷偷回来，想看看乐黛云、看看孩子，可是回到家里一看，我的孩子竟然一个人睡在小床上，乐黛云已经下乡去了。当时我把儿子抱起来，满眼泪水，他才只有几个月大啊。当时我就只有一个感觉，觉得人为什么这么残酷，让一个襁褓中的孩子失去照顾。

主持人：您当时想没想过，为什么会有这样的情况发生？

汤一介：没有想过。因为乐黛云是一个很有激情的青年人，是热爱共产党、热爱社会主义的，比我爱得多。所以在她被划成右派的时候，我给他们系党总支打了一个电话，说我觉得乐黛云不可能是右派。但是他们的党总支并没跟我谈，反而给我们哲学系打了一个电话通报情况，哲学系就根据这一条，认为我和乐黛云划不清界限，给了我一个严重警告处分。

主持人：据说在这之后，您给乐老师写信仍写乐黛云同志，这“同志”两个字也给您带来了一些麻烦。

汤一介：我一直都写“同志”。我们每个礼拜通一封信，平常都是我自己去投寄，有一次在乡下不好投寄，我就请一个同学帮我去投寄，他看到“同志”两个字，就汇报了。在1959年“反右倾”运动的时候，又把这个问题兜出来，还是说我不能划清界限，我就成为当时“反右倾”重点批判的对象之一。

主持人：那您后来写信就不写“同志”了吗？

汤一介：照样写“同志”。

乐黛云：我们觉得这些信非常珍贵，里面谈到的都是我们当时的一些生活，都是我们当时对人生的看法。在“文化大革命”中，我们很怕人家把它抄走，后来我就把它们装进一个塑料口袋，埋在一个葡萄架下面。“文化大革命”结束以后，我们再到那个地方挖，却怎么也找不到了，可能是做的记号不对，也许是别的原因，后来就再也找不到这些信了。

那个时候我最担心的事情是挨揍

“文化大革命”开始之后，汤一介和冯友兰等北大哲学系的教员都遭到批判，但当时的汤一介并没有质疑这场史无前例的运动。“文化大革命”十年，汤一介正值“不惑之年”，但事实上这却是他一生中最迷惑的十年，他感觉自己已经失去自我，没有了方向。

汤一介：当时，我是坚决反对聂元梓的，但是我并不愿意参加哲学系两派的斗争，我感觉到很难说谁对谁错，我想躲开。1964年底，我就要求下去搞“四清”了。但在1965年，中央书记处开会，邓小平做了报告，邓小平说北京大学虽然有错误，但是还是个好学校，之后北京市委决定在北京大学召开整风会议，这样我就被从下面调回来参加整风会议。有一次邓拓找我单独谈话，要我在会上做发言，当时他提出一个思想，就是聂元梓有四个第一。我这个人确实是非常听话的，中央的决定都是听的，觉得中央一定是对的，因此就在会上讲了四个第一。这件事到“文化大革命”中间就不得了，说我针对林彪的“四个第一”，也讲了四个第一。

当时我常常要被批斗，让我举一个写着“黑帮汤一介”的黑牌子，站在一个高台子上。我很紧张，为什么呢？因为那个牌子非常重，底下都是群众，如果你举不动了，牌子掉下来砸在群众头上，那你就成了“现行反革命”了，非常不得了。那时候冯友兰先生是一个大人物，红卫兵来了，每天都把他拉来批斗，等于耍着玩一样，让他站在一个凳子上，让我站在边上陪斗，当时我们两家住隔壁。那个时候我最担心的事情是挨揍，因为红卫兵是没有组织的，你只要说了一句什么话，或者有一个什么动作他们认为不好的话，那你就一定会挨揍。所以我动也不敢动，就老老实实地站在一个地方。

主持人：冯友兰先生当时是什么样子呢？

汤一介：冯先生表现得很镇定。“文化大革命”以后我问他：你当时到底害怕不害怕？他说：怕是有点怕，但是我心里只是默念一首诗：“菩提本无树，明镜亦非台，本来无一物，何处惹尘埃。”就是说你们讲这些都没有意义，我心里默念这个东西，使得我的心情能够镇定下来。

乐黛云：当时几乎每天晚上都审他，我又不能进去，可是我觉得很怕。因为那时候突然有的人就会不见了，就给带到了什么地方，关进牛棚里头，或者带到什么地方关起来。那时候真的是很恐怖的，我说要带走他，至少也得让我知道他在什么地方，我好去给他送衣服、送一点东西什么的。所以每次审他我都跟着去，在楼外面等着，他当时在哲学楼的二楼交代问题，每天晚上都到

11 点多，我就坐在哲学楼那个坎儿上等，每天都是这样。那时候人好像都很麻木的，我一滴眼泪都没掉过。

实际上我们跟江青没有什么直接关系

尽管汤一介和乐黛云夫妇想尽量避开一个接一个的政治斗争，但似乎总也摆脱不了。“文化大革命”结束后，汤一介还因为种种原因，必须接受审查，直到 1978 年初他才被彻底平反，而此时的汤一介已经 51 岁了。

主持人：您讲过，在这些运动过程中，您一直想躲避开政治上的纷争，但是始终躲不开，包括到了“文化大革命”结束之后。“文化大革命”之后，您好像还受到一小段时间的审查？

汤一介：那主要是“批林批孔”的事情。当时清华大学编写了一本关于林彪和孔孟之道的材料，毛主席看了以后，觉得清华编得不好，就说是不是请北大的一些教授来一起编写。这样就找了包括冯友兰先生、魏建功先生、周一良先生，还有我，我们这些人。我当时很投入地做这件事情，感觉到既然毛主席非常信任我们，所以我就参加，就很投入地工作。材料出来以后，是用中央一号文件的形式发表的，号召全国学习。因为我在一号文件里头起的作用比较大一些，所以当时在各种范围内做演讲，基本上都是我跟周一良去，我做前一部分的报告，他做后一部分的报告。实际上当时就等于是在受江青他们的利用。“文化大革命”结束以后，组织上要求我们交代跟江青的关系，我们就老老实实地交代了。一直审查了差不多一年多的时间。

实际上我们跟江青没有什么直接关系。因为江青说她传达的都是毛主席的指示，可是我们也不知道，到底哪些是毛主席的指示，哪些不是毛主席的指示。

你的基础不牢固，想建出大厦来就非常困难

1980年，汤一介终于恢复了在北大讲课的资格，此时的汤一介已经不愿再与任何政治有任何瓜葛。他努力将教学研究与现实政治脱钩，并力求提出一套新的观点来，但这对当时的汤一介来说是一个非常艰难的历程。当他写完《郭象与魏晋玄学》之后，感觉已经逐渐摆脱教条主义的框框了。

主持人：您经常说一句话，就是您觉得非常遗憾，自己不是一个哲学家，也不可能是一个哲学家了，为什么这么讲呢？

汤一介：大家可能不大了解这段历史：1949年以后有一种说法，就是我们这些研究哲学的人，不能叫做哲学家，只能叫做哲学工作者。谁能叫哲学家呢？只有政治上的领袖才能叫哲学家，我们的工作主要是解释这些政治领袖的思想，这才是我们的职责。

主持人：主要是解释毛主席的思想。

汤一介：对，这才是我们的任务。我们不能创造和毛主席不同的思想，我们只能解释毛泽东的思想，解释得好的就是好的哲学，解释得不好的就是不好的哲学。

主持人：所以您当一个哲学工作者、一个解释者当了30年。

汤一介：到了20世纪80年代，我的想法有了一点变化，我觉得我不应该只是解释别人的思想，应该有自己的思想，但是这时候已经比较晚了。因为你要真正做成一个有系统的哲学体系，必须要有深厚的功底才行。我们这一代人的哲学功底，以及其他方面的学问功底都有缺陷。相比我们的老一代，比如我父亲、冯友兰先生他们，有非常大的先天缺陷：他们的国学基础比我们好，他们年轻的时候上过私塾，四书五经都能背，我们没有这样的国学基础；而另一方面，相比他们，我们也没有很好的西学基础，

他们都在国外待过较长时间，对当时西方的思潮是比较清楚的，所以我们的国学基础和西学基础都不如我们的前辈学者。你的基础不牢固，想建出大厦来就非常困难。

主持人：您有没有把您自己和您的父亲汤用彤先生作一个对比？

汤一介：我自己感觉到确实有些不同。我父亲一生大部分时间都是为学术而学术的，他不多过问政治，也不大关心现实的问题；可是我从1946年以后，就逐渐投入到现实生活、参加到政治活动中间来了，有时候是主动的，有时候是被动的。我对于现实社会生活，比我父亲关注的多得多。当然我也感觉到非常大的压力，总觉得我要超过他是非常困难的，现在看起来也根本没有这种可能性了。

主持人：就是因为您刚才说到的他们国学和西学上都有深厚的功底，和他们所处的那种环境条件有关吗？

汤一介：我想是这样，最主要的是我们这一代丧失了最有创造力的三十年。

任何真理都可能是相对的

1949年以前，汤一介学习哲学，除了家学的影响之外，更多的是想去寻找真理、探讨人生的意义。19岁时汤一介曾经写出了《论善》、《论死》、《论人为什么活着》几篇文章，表达了自己的思想观点，显露了作为哲学家的才华。从此他没有停止过思考，想当一名哲学家的梦想始终不曾改变。在1947年写的《月亮的颂歌》一文中他曾许下这样的愿："去看那些看不见的事物，去听那些听不到的声音，把灵魂呈现给不存在的东西吧。"

1949年后，汤一介的思想里有了一种错觉，他认为真理并不是太遥远，他完全接受了马克思列宁主义。1949 年 5 月，汤一介参加了新民主主义青年团，同年 11 月参加了中国共产党。那时他的希望是“自己能像伏契克那样，热爱生活、热爱人类、热爱自己的理想事业”。

汤一介：1949 年以后，我感觉到，共产党非常清廉，比起国民党来，确实大大的不同。1946 年夏天我回到北京以后，看到国民党干的主要是抢房子、抢汽车、抢金条这些事；可是共产党不同，进到北京城的时候他们确确实实比较清廉。我开始工作，是在北京市委党校，校长是一个老干部，当时大家非常平等，我们住的房子是一样的，吃的东西差不多，每人每年发的衣服都是一样的，他大概只比我们多一点点生活津贴。

主持人：所以这个时候您觉得找到了一种理想化的生活，这种生活对您在 1949 年之后的学术研究，也产生了很大的影响？

汤一介：对。我大学没毕业就被分到北京市委党校学习，当时党和政府准备培养一批组织员，组织员的主要工作就是将来发展壮大党的队伍。我估计他们当时选择我，是考虑到我跟北大的一些老教授们有特殊关系，这样将来培养出来就便于在高级知识分子中做发展党的工作，大概有这么一个意图。但是我在市委党校工作了一段时间之后，党校的领导感觉到我做这个工作不太合适，倒是做教育比较合适，所以就把我留在党校教书。这段教书生活使我认真读了马、恩、列、斯还有毛泽东的著作。当时大家认为我讲课虽然不敢说是最好的，也算是最好的之一，我常常去市委、区委讲“联共（布）党史”，所以对马克思主义的书，读得是比较熟的，而且我也真正相信马克思主义是真理，因为它使得中国得到了一个非常大的变化。

主持人：那时候您是否怀疑过不应该有一个绝对的真理存在？

汤一介：那时候我不怀疑，觉得马克思主义就是绝对的真理，是放之四海而皆准的真理。当时是这样想的，现在看来，当然是不对的。其实“文化大革命”没结束以前，我就开始有很多怀疑了。“文化大革命”一结束，我当时产生的第一个思想是什么？居然是我今后到底该听谁的？因为以前总是听毛主席的，我的思想跟毛主席不一致的话，那一定就是不对的；毛泽东去世了，“文化大革命”结束了，那以后我该听谁的呢？但是后来我很快觉悟到，不能听谁的了，只能听自己的。听谁的都可能犯错误，要是听自己的犯错误，那你自己负责；要是听别人的犯了错误，到底应该由谁负责就很难说了。

主持人：等到您想明白这一点，已经是30年过去了。

汤一介：30年过去了。

主持人：在这之后，您的学术思想产生了一个什么样的变化？

汤一介：我开始感觉到，可能没有绝对的真理，任何真理都可能是相对的，都可能只是在一定的时期、一定的条件下起作用，过了特定的历史阶段，它就不适用了。特别是关于哲学问题，我感觉到原来我们学的哲学，是斯大林的思想比较多，斯大林的《论辩证唯物主义和历史唯物主义》是我们最基本的教材。这个最基本的教材里最重要的东西，是讲哲学是唯物主义和唯心主义斗争的历史，唯物主义是进步的，唯心主义是反动的。后来我开始怀疑这个东西：它到底正不正确？符不符合历史的事实？所以我开始写一篇比较重要的文章，叫做《论中国传统哲学范畴体系的诸问题》。在这篇文章里我提出这样一个观点：哲学是人的认识史，它讨论的是概念、范畴发展的历史。人类认识的发展变化，常常表现为一个新的概念、新的范畴的提出。比如孔子时代，孔子提出了“仁”的概念，这个概念一经提出，就使得中国哲学思想前进了一大步，因为原来讲的都是礼乐的思想，而仁、礼、乐到底有什么关系，没有人讲清楚，孔子就讲清楚了。他讲仁者爱人，“人而不仁，如礼何？人而不仁，如乐何？”——要是不讲仁的话，礼乐是没有用的，只是形式。但孔子并没讲到“仁政”的问题，到孟子就更进了一步，他提出了“仁政”的问题，这样儒家“仁”的概念不断发展，不断完善。所以人的认识是一步一步深入发展下来的，而且常常也是唯物主义和唯心主义交替发展的，并不是什么两者不断斗争着的。

主持人：您刚才说到哲学史就是认识史，其实联想到您本身，您的生活经历和您的学术思想形成的过程，实际上也是一种认识史。

汤一介：每一个人的经历，都和他的生活环境有非常大的关系，比如说我写《论中国传统哲学范畴体系的诸问题》这篇文章，跟我三十多年来的经历有关系。三十多年来我自己都认为哲学就是唯物主义和唯心主义的斗争史，唯物主义一定是正确的，唯心主义一定是错误的。经过这一段历史，我有点觉悟，开始深入思考这个问题，我写这篇文章的目的就是要破唯物主义与唯心主义二元对立这种僵化的看法。

只有做事才能体会到快乐

20 世纪对于中国而言，是一个风云激荡、变革频仍的世纪。中国传统哲学在血与火的洗礼中，在图强求变的痛苦反思中，经历了从近代向现代的嬗变与转型。在以“师夷长技以制夷”为目标的维新运动失败后，中国先进的思想家更寄希望于学习西方的思想和哲学，改造中国传统的思想和观念，以开启民智，启发民力。这段历史，学界称之为“西方哲学东渐史”。在新世纪之初，回顾和反思这段历史，对于中国哲学、中国文化乃至中国改革与建设的未来发展，是一件很有意义的事。由汤一介主编的《20 世纪西方哲学东渐史》丛书，第一次系统、完整地展示了 20 世纪西方哲学东渐的百年历程。张岱年先生称这套丛书是“一项贯通中西哲学视野的难得的学术工程”，季羡林先生则称“这套书是知时节的好雨”。

主持人：您主编的《20 世纪西方哲学东渐史》，梳理了近一百年来中国人思想文化变化的历程，您怎样看待这个过程？

汤一介：我有一个大概想法，不知道对不对：历史上佛教传入中国大体分三个阶段，第一个阶段是佛教附会于中国文化得到发展；第二个阶段是佛教跟中国传统思想的矛盾冲突；第三个阶段是佛教逐渐中国化，被中国文化所吸收。我常常想，西方文明进入中国一百多年，如果从利玛窦来中国的时候算起就应该有四百多年了，实际上西方文化真正对中国有影响的也就是近一百多年。经过了这一百多年之后，比附佛教传入中国的历史，我们现在应该有一些中国化的西方哲学派别出现，像中国的现象学派、马克思主义学派、解释学学派等。我觉得我们第一步还是要消化西方文化，把它逐渐融化到中国文化中间来，创造一些中国化的学派，最后形成一个适应现代社会发展要求的中国新文化。当然这还需要一个相当长的过程。

主持人：在我们的传统文化里，儒、道、释三教，其中道教有《道藏》，佛教有《佛藏》，唯独没有《儒藏》。据说您最近联合十余家高校的力量，准备用 16 年的时间完成《儒藏》工程。应该说这是一个规模浩大、功在千秋的学术工程。

汤一介：我们把这个工程分成两步：第一步，先编出《儒藏精华》，就是把最主要的儒家经典编在一起，包括 500 部书，准备花 6 年时间来完成。我为什么想做这件事情呢？中国从宋朝开始就有《佛藏》，把佛教的经典编在一起，而且历代都编；有《道藏》，道教的经典编在一起；但是唯独没有《儒藏》。明清两代的学者都曾经提出过，要编《儒藏》，特别是乾隆编《四库全书》以前，就有学者提出编《儒藏》，但是大家又都觉得《儒藏》太大、太难，没有编，于是就编了《四库全书》。现在不同了，现在可以说是我们中华民族复兴的前夜，因此在这个时候，对我们的传统文化做一个非常大的、很好的整理，我觉得是必要的。我非常喜欢雅斯贝尔斯的一句话，他提出一个轴心时代的观念，他认为在公元前500年前后，世界不同的地区，同时出现了几个最伟大的思想家，中国出现了老子、孔子，印度出现了释迦牟尼，希腊出现了苏格拉底、柏拉图，在中东地区也出现了犹太教的先知等。几千年过去了，他们的思想已经成为人类思想共同的宝贵财富。雅斯贝尔斯说，文化的每一次新的飞跃，都要回顾两千多年前的那个时期，并被它重新燃起火焰。我觉得现在是一个新的轴心时代，我们这个时代需要回溯到文化源头的那个时期，去找寻力量，把我们的文化根基打好、打牢固。只有文化根基打牢固了，我们吸收外来文化的力量才能更强。这个外来文化当然也不单指西方文化，还有印度文化、阿拉伯文化和其他的文化，我们都应该吸收。

主持人：《儒藏》工程规划了6年，但是您今年已经77岁了，您有没有考虑过，可能您这一生，也不会完成这样一项工程了。

汤一介：必须做，除非我根本什么也不能做了。人活一天，就要做事，只有做事才能体会到快乐。你的快乐就是你的生命。你要不做事，你就没有快乐，也就没有生命。

原收入薛继军主编：《大家》，北京，商务印务馆，2005

用宽容、明智、理性的学术视角研究宗教

——访北京大学著名教授汤一介先生

访问：李素平

汤一介先生是北京大学哲学系（宗教学系）著名教授，中国哲学与文化研究所名誉所长，中国文化书院创始人、首任院长，中国哲学史学会顾问，中华孔子学会代会长，国际价值与哲学研究会理事。加拿大麦克玛斯特大学荣誉博士。曾任美国俄勒冈大学、澳大利亚墨尔本大学、中国香港科技大学、加拿大麦克玛斯特大学客座教授。汤一介先生不仅以中国哲学、中国文化研究名世，而且对于中国宗教，尤其是佛教和道教有着深湛的研究。他是改革开放以来在中国大陆最早推动宗教研究的学者之一，他有关儒家内在超越（个人的心性修养）、基督教外在超越（上帝的拯救）的观点，在学术界有着广泛的影响。最近，汤先生的学生李素平博士，就有关宗教的问题对汤先生作了专访。

问：汤先生，您在自传中说“童年是在平静、平常、平淡的状况下度过的”，但您出身在书香门第之家，又生逢乱世，我们理解您的童年还是应该有些与众不同吧？

汤一介：我 1927 年 1 月 15 日出生于天津，原籍湖北省黄梅县。在自传《在非有非无之间》（台湾正中书局 1995 年）提到我的童年是在平静、平常、平淡的状况下度过的。祖父汤霖是清光绪十六年的进士。父亲汤用彤“一生以教书著书为业……《汉魏两晋南北朝佛教史》和《魏晋玄学论稿》是中外公认的权威性著作。但他淡泊功名，与世无争”。小学时功课成绩平平常常。自“九·

一八”事变起，便追随父亲的足迹，像许多那个年代的中国人一样，过起了东漂西泊的日子。北京、汉阳、天津、上海英租界、香港、越南、云南、四川，绕了大半圈。在敌机不断轰炸的状况下我们搬过不少次家。国难当头，国军节节败退，父亲伤时忧国，经常吟诵《桃花扇》中的《哀江南》，这对我影响可以说非常之深，一种潜在的“忧患意识”大概深深地根植在灵魂之中了。在兵荒马乱的年代，我主要是在大西南的农村乡舍的家中就读。在非正常状态下没有拿到小学毕业证书，也没有取得中学毕业证书。受到家风熏染，主要是对中国历史、文学感兴趣，大量阅读了古今典籍。

问：您什么时候开始对哲学、宗教产生兴趣的呢？

汤一介：1946 年我随家人回到北京，在北大先修班学习，除正课外，又看了不少外国文学的书，同时对一些文学理论、美学和哲学书也开始有了兴趣。……这一年中对西方哲学和文学比对中国哲学的兴趣要大得多。这一年，阅读了奥古斯丁的《上帝之城》（*City of God*），和同学办起了《文拓》壁报，请北平天主教堂的神父们到先修班教室唱《圣歌》。当时北平的神父很多，有意大利的、法国的、瑞士的、奥地利的、瑞典的等，他们用各种语言唱，轰动一时。还举办了诗歌朗诵会，我朗诵了高兰的《哭亡女苏菲》，深深地打动了听众。

1947 年升入北大哲学系，1951 年毕业。随后步入教学工作。五十年来徘徊在进退两难之间，我的思想与信仰在历史长河中浮浮沉沉，身不由己。所以我在“自传”中写道：“从主观上说，你对自己的生活可以有所选择，但从客观上说，你对你的道路又不可能有所选择，所以人应该学会在‘自由与不自由’之间生活，在‘非有非无’之间找寻‘自我’。”

我对佛教的研究无疑是受到我父亲用彤先生的影响。年轻时父亲指导我读的第一部佛经是《法华经》，读了一段时间，似懂非懂，他说多读就可以懂，可是依旧不得要领。直到修习参读了《杂心论》，这才真正直接从佛教经典对佛教有了点了解。

真正从学术思想文化的角度开始独立研究哲学、宗教问题，并且确定把儒、佛、道与中国文化的关系作为研究的一个方向，当是上个世纪 80 年代后期，著作《魏晋南北朝时期的道教》、《中国传统文化中的儒道释》、《儒道释与内在超越问题》、《汤一介学术文化随笔》、《昔不至今》、《佛教与中国文化》等，所发表的二百余篇论文均可作证。

问：您是第一个积极呼吁应尽快在国内一些重点大学成立宗教学系的学者吧？请您谈谈对宗教问题的研究。

汤一介：我对宗教问题的关注是跟哲学研究一同进行的。上个世纪 80 年代我就主张应对宗教理论、宗教现象进行研究。80 年代后期，我在海内外同其他一些学者一起积极呼吁应尽快在国内一些重点大学成立宗教学系，认为如果大陆的大学再不着手积极从事宗教方面的研究教学就迟了。我是比较早地认识到并努力推进中国大陆开展宗教理论研究和教学的，但非第一个。

1987 年夏，在香港中文大学举办的“儒家与基督教对话”国际学术研讨会上，我有一个主题发言《论儒家哲学中的内在性与超越性》，提出了儒家内在超越（个人的心性修养）、基督教外在超越（上帝的拯救）的问题，引起与会者的广泛兴趣。

问：您有关内在超越和外在超越的观点在中国哲学界、宗教学界引起了共鸣，以后有一系列研究“外、内在超越”的论文（著）发表、出版，都在继续探索着这一问题。

汤一介：我也有一本论著《儒道释与内在超越问题》，是江西人民出版社 1991 年出版的。自 1987 年起，我在 1988 年新加坡召开的“儒家思想的回顾与前瞻讨论会”、1989 年美国夏威夷召开的

“第六届东西哲学家会议”上做了同题的发言。后来又写了《论魏晋玄学中的内在性与超越性》、《论禅宗思想中的内在性与超越性》、《禅师话禅宗》、《论老庄哲学中的内在性与超越性》，都是讨论有关儒家、禅宗、道家思想的内在性与超越性问题的。

问：怎样理解“内在性与超越性”呢？

汤一介：从儒家说，最早提出内在性与超越性问题的是孔子。在《论语》中记载着子贡的一段话：“夫子之言性与天道，不可得而闻也。”这是一个真的哲学问题。简单说，“天道”是超越性的问题，“性命”是内在性的问题。宋明理学从根本上说是在更深一层上解释了孔子提出的“性与天道”的问题，使儒家哲学所具有的“内在超越”的特征更为系统化和理论化。

道家的老庄是以其精神的净化来达到超越自我和世俗的限制，以实现其对自由的精神境界的追求。老子的道法自然思想主要是说人经过精神的升华和净化而对“道”有极高的觉解的境界，要达到这种与“道”同体的超越境界完全靠自己内在本性（德）的升华。庄子所提出的“心斋”、“坐忘”是要做到“徇耳目内通，而外于心知”。这都是人的主体的内在自觉活动。老子哲学、庄子哲学都是以“内在超越”为特征的。

禅宗认为成佛解脱的道理和路径本来在自己的本心之中，不必外求，而文字、坐禅、拜佛等均是外在的东西，如执著这些外在的东西就是“著相”。禅宗的基本思想可归结为两个基本命题“识心见性”和“见性成佛”。禅宗所追求成佛境界或成佛之道就是要打破一切执著，表现为以“内在超越”为特征。

问：您对宗教的系统看法，是否集中在《魏晋南北朝时期的道教》一书中？

汤一介：我对宗教问题的看法基本上还是和十几年前一样。《魏晋南北朝时期的道教》一书中表明了我对宗教本质的理解：宗教作为社会意识形态，它决不是能靠行政命令所能禁止的。社会需要宗教，虽可用行政命令使之暂时消沉，但一有气候，宗教势力就会更快地发展起来。

我在肯定宗教是一种意识形态的前提下，认为“把宗教作为意识形态来研究它的发展历史，在今天不仅有其一般性的意义，而且有着某种特殊的意义。我们可以从国外大量的事实看到，科学技术在飞速发展，并没有使宗教意识衰退，反而加强了对宗教的追求；就国内情况看，也因种种原因信仰宗教的人有着一种发展的趋势。这样一种现象就向我们提出若干应该认真研究的有关宗教的理论问题，如‘宗教的本质是什么’；‘人类的心理特性是否需要有一种宗教性的信仰’；‘宗教和宗教性的信仰是否一回事’；‘宗教信仰是否有益于社会生活’；‘宗教与科学是矛盾的还是互补的’；‘宗教能否现代化’；等等”。我在《魏晋南北朝时期的道教》一书中并未对上述这些问题逐一做研究，只是提醒研究宗教史的人应该想到这些问题。“我们研究宗教史的目的……不应只是简单地把它看成是‘欺骗者的虚构’就了事。”提出这些问题在80年代的中国大陆是敏感话题，是有前瞻性的。就中国和世界近二十年的发展来看，这些问题至今仍然是一些尖锐的问题。

问：以前，人们习惯上总把宗教和迷信画等号，您很早就在书中批驳了这一势力很强的观点。请问您是如何分析阐述的？

汤一介：宗教和迷信是两类不同却可能有着某种联系的现象。我们是否可以说，“迷信”是已经被科学或可以被科学否定的；而信仰则是人为满足某种精神和心理所需要的，它不可能为科学所否定，也不可能为科学所证实。而宗教是满足人们这种精神和心理上需要的一种形式。当然这样说也不一定能解决问题。因此，这个问题将可能长期争论下去，到什么时候能说这个问题已经解决了，我想是不得而知的。但是我们可以相当肯定地说，虔诚的宗教徒都不可能接受“宗教即迷信”的论断。为什么呢？我认为，虔诚的宗教徒往往是用一种理想主义的观点把所谓“超人的神秘力量”看成是超越性的“真、善、美”的化身，或者说他们往往把他们关于“真、善、美”的理想看成是一种“超人的神秘力量”，他们真诚地相信是如此，并努力致力于把他们这种“真、善、美”的理想实现于社会生活中。信仰和依赖这种体现超越性的“真、善、美”的“超人的神秘力量”，大概是人们在一定历史条件下的一种心理特征，然而信仰“超人的神秘力量”的虔诚的宗教徒认为，迷信和宗教不同，迷信只能对缺乏科学知识者的愚弄，是没有理想的人精神贫乏的表现。虔诚地相信“超人的神秘力量”是“真、善、美”的化身的宗教徒也许可以接受“宗教是一种真诚的信仰”这个观点，而决不愿意接受“宗教即迷信”的论断。照他们看，人们总应该有个信仰，即使是最彻底的怀疑主义者，他们信仰自己的“怀疑”。

问：我曾经和一些教徒有过讨论，他们认为您将宗教信仰和真、善、美联系起来分析，在中国大陆大概是第一个有影响的学者所做的勇敢的尝试，学术界和宗教界对此反响很大，尤其是宗教界反应非常热烈，有些教徒为此非常感激。他们对您表达过这种情绪吗？

汤一介：我主要是从比较宽容、明智、理性的学术角度进行分析研究的。我对宗教问题的研究也是基于理性的角度。

问：您在《魏晋南北朝时期的道教》一书中提出“完整意义上的宗教”，这是依据什么标准提出来的？据我所知，后来从事研究宗教学研究的年轻学者，许多都受到您的这一思路的影响。

汤一介：我认为一种完整意义上的宗教至少有以下六条标准：

第一，完整意义的宗教必须有其宗教教义的理论体系，这个体系要有它的哲学基础，因而它的宗教教义的思想体系决不能是纯粹的胡说八道，而总是有某种对人生理解的深刻思想内容，有成系统的哲学理论。印度佛教之所以成为影响很大的世界性宗教，正因为它有一套相当深刻的对人生理解的理论体系。

第二，一种完整意义上的、有影响的宗教团体必然有其较为严密的教会组织。

第三，一种完整意义上的宗教还必须有一套较为固定的教规教义。

第四，一种完整意义上的宗教必定有其阐发宗教教义的经典，以便使信奉者的信仰有所依托。

第五，一种完整意义上的宗教必定有其固定的崇奉的神灵和其教派的传授史。

第六，一种完整意义上的宗教有其不同于其他宗教的特点。它的特点除了表现在某些外在的形式上，如教会的组织形式、教规教义以及尊崇的神灵等之外，更深刻地应表现于其理论体系的层面，这是属于宗教内容的方面。而其理论体系往往是由若干基本命题和一系列的概念范畴所表现的。

在一些学术会议上，汤先生还曾经说过两句让许多学者颇为赞同的话："中国文化曾受惠于印度佛教，印度佛教又在中国得到发扬光大。"其实，这就是汤先生多年来对外来宗教与中国文化的相互关系的总的观点，它所体现的，是一个学者的宽阔胸襟与理性精神。

原刊于《中国宗教》，2005（4）

汤一介：给中华文化一个恰当的定位

夏榆

哲学家从事哲学工作要有条件，首先你要能够自由思想，自由创造。不能自由思想，不能自由创造，那你的哲学就变成了死的哲学。自由是一种创造力，没有了自由你的创造力就没有了。

对于77岁高龄的汤一介来说，有一件事情是一定要在有生之年去做的。

那就是构建卷帙浩繁的《儒藏》工程。《儒藏》编纂工程的雄心是把儒家经典及其各个时代的注疏和历代儒家学者的著述，以及体现儒家思想的各种文献，编纂成一部儒家思想文化的大文库。这是一项10到15年，甚至20年的巨大工程，大全本预计编4 000部～5 000部，共8亿～10亿字，编辑总量不少于著名的《四库全书》。《儒藏》被分成两部分，由汤一介先编出《儒藏精华》，即把最主要的儒家经典汇集在一起，共500部，汤一介准备用6年时间来完成。

中国已经有《道藏》和《佛藏》，却始终没有一部收藏儒家思想著作的文库。明清两代都曾有学者提出修撰《儒藏》，最后都因为工程过于浩瀚而放弃了。现在汤一介和他的学术同道一起发起构建《儒藏》的雄阔的工程，作为策划者和统领者的汤一介由此受到社会和传媒的关注。

在北京大学朗润园，在汤一介先生飘游着煮沸的中药气息的寓所里，记者面对一个清癯的老人，探究他作为哲学家的思想疆界。

一个家族，两代哲人

1947年，20岁的汤一介在北平的《平明日报》上发表了两篇散文：《月亮的颂歌》和《流浪者之歌》。当时汤一介正在沙滩的北大读书，充满了浪漫和幻想。那时生活很苦，在食堂吃的是高粱米饭，菜的质量极差，宿舍是北大的三院或四院，七八个人的上下铺，冬天有时没有煤生炉子，冷得要命。但这些身外之事，都没有影响年轻的汤一介对知识和智慧的吸纳。他对那时的北大充满了感情。“我最喜欢那时北大的什么呢？是我的那些老师，是他们的学问，是他们的为人，以及体现在他们身上的北大学术自由的精神。”

北大选课制度比较自由，汤一介不仅可以选修哲学系的课，还可以选修其他系的课。汤一介的“大一国文”是由冯文炳老师教的，冯文炳还有一个更著名的名字就是“废名”。具有文学气质的汤一介喜欢废名的散文和诗，也喜欢他很有诗味的小说。废名给学生讲鲁迅的《狂人日记》，开始就说：“我比鲁迅对《狂人日记》的了解更深刻。”废名所讲授的国文课和废名坦诚直率的个性给汤一介留下了很深的记忆。梁思成时任清华大学教授，但他在北大开了一门“中国建筑史”的课。汤一介也慕名选修了他的课。此外，西语系开设“英国文学史”的俞大缜教授，哲学系开设“形式逻辑”、“数理逻辑”、“演绎科学方法论”的胡世华教授，以及国学系开设“欧洲文学名著选读”的杨振声先生都使汤一介获得过教益。

1956年，汤一介回到北京大学哲学系，成为父亲汤用彤的助手，负责帮助整理他的著作。

汤一介受父亲影响很深。汤用彤早年毕业于哈佛，与陈寅恪、吴宓一起被称为“哈佛三杰”。1922 年，汤用彤获哈佛大学哲学硕士学位后回国，出任东南大学哲学系教授。1926 年至 1927 年，汤用彤到南开大学、中央大学哲学系任教，并开始研究汉魏两晋南北朝佛教史。据传，此前，胡适出版有关中国哲学史著作，只有上部，没有下部。他被汉魏两晋以来佛学发展问题难住了。中国哲学史学者每每写到此处就触礁，致使中国哲学史中的汉魏两晋南北朝领域一直是空白。1930 年，汤用彤完成《汉魏两晋南北朝佛教史》初稿，并开始在北京大学讲授。1938 年，四易其稿的《汉魏两晋南北朝佛教史》公开出版，中国哲学史的“关卡”被汤用彤打通。

汤用彤在北大执教 30 余年，教学内容包括中国佛教史、魏晋玄学、印度哲学史、西方哲学史、欧洲大陆理性主义、英国经验主义、逻辑学、哲学概论等。

时隔多年，汤一介回忆起父亲所给予的“身教”：“1948 年至 1949 年，我听过父亲的两门课：‘欧洲大陆理性主义’和‘英国经验主义’。父亲教这两门课已经 20 多年了，但他每次上课前都要认真准备，重新写讲课提纲，把一些有关的英文著作拿出来再看看。当时他担任北大的行政领导工作，白天要坐办公室，只能晚上备课到深夜。他讲课，全都是根据原书，所讲的内容，几乎每句话都可以在原著中找到依据。他要求学生认真读哲学家的原著，并常常把原著中的疑难处一句一句解释给学生听。这种扎实的学风，对学生有很大影响。”

汤用彤先生在做学问时的认真态度有时到了苛求的程度。晚年的两篇论文，《论中国佛教无“十宗”》和《中国佛教宗派问题补论》，尽管加起来不过三四万字，但他花了两三年时间，翻阅了《大正藏》、《续藏经》、《大日本佛教全书》等上千卷经籍。

“素位而行，随适而安”，是汤用彤从父亲那里继承下来的遗风。汤先生平日除读书、写作外，几乎没有别的嗜好，琴棋书画全不通，不听戏，不饮酒，不喜美食，不听西洋音乐，也不看电影，更不跳舞。生活非常节俭，常常穿着一件布大褂、一双布鞋，提着夫人为他做的布书包去上课。

1954年汤用彤因脑溢血而长期卧床，在燕南园很难再见到他的身影。1963年5月1日，他应邀上天安门城楼观赏焰火，毛泽东关心地询问他的健康状况，说自己读过他写的所有文章，希望他继续写下去。但是一年后，汤用彤就因为心脏病而过早逝世了。

那是个没有哲学，也没有哲学家的时代

读高中时，汤一介幻想自己将来能做一个哲学家，推动中国哲学由传统走向现代。但到1949年后，他的这种幻想逐渐消失。

“当时我和几乎所有学习和研究哲学的学生和教师都认为自己只能做一名‘哲学工作者’，而只有政治上的领袖如列宁、斯大林、毛泽东等才能做哲学家；而且他们一定是最伟大的哲学家。我们哲学工作者的作用大概有两方面：一是解释伟大领袖们的哲学思想；另一是批判继承古代哲学家的哲学思想，而后一方面又往往是对古代哲学家作一些定性分析，或者是唯物主义或者是唯心主义，或者是进步或者是反动等。我在1957年至70年代末写的文章大多是这样的。”

从1950年代起，中国全盘学习苏联，包括当时的意识形态领域。当时全国大学的哲学系都停了，都集中到北京大学来思想改造。斯大林式的唯物主义和唯心主义成为指导中国哲学思想的指南。按照那个框架改造哲学家，简单地把哲学家划成唯物主义和唯心主义，划成进步和反动，每个哲学家都被贴上标签。

对汤一介产生影响的，除了思想的禁区，还有就是生活的厄运。

1957年，汤一介和乐黛云结婚后的第6年，反右运动开始。

乐黛云因为创办一份所谓的“同仁刊物”，被打成极右派。当时他们的第二个孩子刚刚出生，乐黛云被下放了。汤一介不知道，那时他正在北京大兴县的人民公社大炼钢铁。有一天晚上他偷偷回来，想看看乐黛云和孩子。回到家里，他只看到孩子睡在床上，乐黛云已经下乡去了。

“我就看见我的孩子，一个孩子睡在小床上，一个人。当时我就把我的儿子抱起来，他才几个月啊，几个月！抱起来，我满眼含着眼泪，脑子里就一个思想，就觉得人为什么那么残酷，把一个孩子留在这个地方?”

“文化大革命”中汤一介被打成“黑帮”，每天都要被批斗，举一个上边写着“黑帮汤一介”的黑牌子，站在一个高台子上。最让他感到紧张的是，手里的那个牌子非常重，底下都是群众，如果举不动了，牌子掉下来，砸在群众头上，那他就成了反革命了。他还常常被拉去作为冯友兰先生的陪斗。冯友兰每天都被拉出来批斗，他站在一个凳子上，汤一介站在边上，因为他们住在隔壁。

“那时候最担心挨揍，因为红卫兵是没有组织的，你要说了一句话，或者是有一个什么动作不好的话，那一定要挨揍。所以我动也不敢动，什么也不敢做，就只是老老实实站在一个地方。”

政治的厄运一直伴随着汤一介和乐黛云夫妇，直到1978年汤一介才获平反，此时他已经51岁了。

“那是个没有哲学，也没有哲学家的时代。”汤一介说。

“哲学家从事哲学工作要有条件，首先你要能够自由思想，自由创造。不能自由思想，不能自由创造，那你的哲学就变成了死的哲学。自由是一种创造力，没有了自由你的创造力就没有了。”

“国学”在新轴心时代

汤一介把一代国学大师看成是文化之根的传承者和守护者。

“国学”这个概念现在被人使用得非常多，一般的理解就是中国传统文化，它涉及的范围非常广，最重要的就是儒、道、释。在我国历史上儒、道、释三家并称，尽管道与释都曾经在某些历史阶段占据极其重要的地位，但只有儒家思想文化才堪称是中华文化的真正核心与主体。

儒家的积极入世的实践精神，和它的深厚的历史感与道德感，使得历代执政者无不重视儒家的政治—文化功能，儒家的价值观也逐渐成为中国人的价值观的主体。在漫长的历史过程中，儒家崇德贵民的政治文化、孝悌和亲的伦理文化、文质彬彬的礼乐文化、远神近人的人本取向，渗透到中国社会文化的各个方面。儒家哲学强调阴阳互补和谐与永久变易以及天人合一的宇宙观，成为中国古代哲学的重要基础。

“中国传统文化在现代社会有什么样的作用，它的价值和意义在哪儿？这是我们现在所关注的问题。我们要重建道德和价值观念，要从传统文化中去吸取营养，不能抛弃自己的传统。重新引进另外一个民族和国家的价值观念，那是没有根的。我们当然要吸收其他的优秀文化，你民族的根扎得越深，你的吸收能力就越强。”

“但国学大师的境遇在我们的文化历史中一直是微妙的。”汤一介说。

“在过去的三十多年里，经营‘国学’的大师也没发挥多大的作用，他们受到过各种限制，上世纪三四十年代是他们学术辉煌的时代，但到五六十年代就没有什么建树，总是处于被批判的处境之中。第一代‘国学’大师熊十力、梁漱溟、陈寅恪、冯友兰，他们是哲学家，他们是在创造哲学体系。熊十力的《新唯识论》是在创造一个思想体系，虽然这个体系基本上是站在中国传统文化的立场，借助了佛教的一些理论；冯友兰对西方哲学有一些了解，但是了解得并不是特别多，他借助了西方哲学的一些学说，特别是柏拉图的学说，来建立他的哲学思想体系，就是新理学，是承接宋明理学的。这些学者被称为哲学家。另外一类就是王国维，他们可以说是学者，或者说是中国文化的传承者，他们没有创立思想体系，但是在学术上的贡献非常大，开创了学术的方向，这两类学者对中国文化的贡献是非常大的。但是到 50 年代以后除陈寅恪以外，冯友兰和熊十力等人就没有再创造什么新的哲学思想，陈寅恪还可以继续做，可以开一些学术方向。虽然已经非常艰难了，但他还在做，冯友兰和熊十力就没法做。

“学养深厚的老一代国学大师原本就没有几个，他们已经是国宝，但他们一个个先后离开我们，梁漱溟、熊十力、冯友兰、陈寅恪都先后离开我们，现在张岱年先生也离开了。我想他们的离世还不仅仅是个人的问题，如果没有后续者，会造成中国文化思想的严重断层。

“‘国学大师’对于一个国家的意义在于他们清醒地看到文明冲突之下的传统文化的处境和命运，他们努力重建道德的价值体系，虽然他们的声音经常会被忽视。我们身处一个大的社会转型时代，有些问题会被突出出来，有些问题则会被忽视、被边缘化。什么问题会被突出？就是在 100 多年来我们受欺凌受压迫的历史和命运，是一个贫穷落后的现实，长期以来我们把重要的精力都投注到解决生存的问题，深层的文化问题就成为次要的问题、被忽略的问题。知识分子不甘于所关注的问题被边缘化，他们希望能让更多的人了解文化的命运，希望更多的人能听到他们的声音。”

汤一介把21世纪初叶的中国看作是文艺复兴的前夜。

“文明的冲突正在世界剧烈演进，强权国家推行危险的单边主义，世界地区危险加剧，恐怖主义猖獗，文化的欧风美雨也正在飙袭东方社会，消融和瓦解东方的传统文化。在这样一个时刻我们需要找回和坚固自己的根。独立的国家就要找到独立的身份，独立国家的独立身份就是传统文化中的精华部分。一个文明的新的飞跃常常要回到原点，然后燃起光辉的火焰。

“德国哲学家雅斯贝尔斯曾经提出‘轴心时代’的观念。他认为，在公元前500年前后，古希腊、以色列、印度和中国几乎同时出现了伟大的思想家，他们都对人类关切的问题提出了独到的看法。古希腊有苏格拉底、柏拉图，中国有老子、孔子，印度有释迦牟尼，以色列有犹太教的先知，形成了不同的文化传统。这些文化传统经过两三千年的发展已经成为人类文化的主要精神财富。中华文化是当今人类社会多元文化中的一元，在经济全球化的新的‘轴心时代’，在21世纪文化多元并存的情况下，我们必须给中华文化一个恰当的定位。”

汤一介把《儒藏》的编纂看成是中国传统文化迎接未来挑战所构建的一项重大工程。

“历史上虽无《儒藏》，但历代王朝都有过汇编儒家经典的举措。虽然明清两代曾有学者提出编纂《儒藏》的建议，但因工程浩大，没有能够实行。今天，中华民族正处于伟大的民族复兴的前夜，重新回顾我们这个民族文化的源头及其不断发展的历史，必将对中华民族的伟大复兴发挥重要的作用。为了系统地、全面地、深入地研究儒家思想的方方面面，把儒家经典及其在各时代的注疏，把历代儒家学者的著述，把体现儒家思想文化的各种文献，编辑成一部儒家思想文化大文库《儒藏》，无疑对当今和后世都十分必要，特别是对使中国文化成为世界文明新建构的重要组成部分，具有非常重大的历史意义和现实意义。”

原刊于《南方人物周刊》，2005-08-10

汤一介：事不避难，义不逃责

陈香

绕着未名湖边走，不久就到了朗润园，汤一介先生和乐黛云先生就住在这里的13号楼，103室。

房子灰扑扑的，一点也不打眼，是上世纪五六十年代的建筑风格，走廊很大，很空旷。汤一介觉得很不错。“能够住在学校里，每天能绕着未名湖散步，很好了。”

汤一介的家不大，但惹眼的是他的书房，满满的书，从地面直到屋顶。房间里还放满了兔子的小工艺品，因为汤一介属兔，老伴乐黛云不管去哪里出差，都会捎一个小兔子回家。

虽然有数次机会留在国外一流大学任教，薪酬、环境都要比国内好得多，他都放弃了，对于他们这一代知识分子来说，“活着就意味着责任”。

“事不避难，义不逃责。”祖父汤霖是这样对父亲汤用彤说的，父亲汤用彤是这样对汤一介说的。

那一年，他想去延安

小时候的汤一介住在南池子的缎库胡同。由于父亲汤用彤先生一直在北大教书，生活条件还不错。在汤一介的回忆中，他们住的房子很大，有四五十间，院子也很大，每到冬天的时候，他们就往院子里泼水，在那里溜冰。对于汤一介而言，那真是个无忧无虑的童年。

父亲汤用彤是一个“为学术而学术”的学者，家里事都不太管，他在前院有一个书房，甚至卧室也在前院。母亲张敬平也出生于湖北黄冈大族，父亲吃饭穿衣、生活起居，一应都是母亲安排。

童年的无忧岁月直到抗日战争爆发为止。父亲随北京大学到了昆明。母亲带着汤一介和他的弟弟、妹妹，从北京先到天津，再从天津到上海，由上海到香港，转越南，到昆明。事隔已经差不多60多年，汤一介还记得当时的辛苦：“有半年都在路上走。”到昆明后，汤一介考进了西南联大附中，这一年，发生了一件大事。

比汤一介高一年级的同学余绳荪，北大中文系教授余冠英的儿子，不知怎地找到了一本《二万五千里长征》，也就是《西行漫记》，他们几个越读越觉得延安有意思，非常向往，于是各自拿了家里的钱和金子，决定到延安去。“我们几个先坐火车，然后坐那种非常危险的敞篷的运盐车，先到了贵阳。”他们当时想从贵阳到重庆，然后转到西安，再到延安。可是，一到贵阳，他们几个就被宪兵给拿住了，关在侦缉队里，而他们手上，还拿着本《二万五千里长征》。“当时心里非常着急，不知谁发现，屋子的地板有很多缝，我们就把书一页一页地撕掉，塞到地板里去了。”

延安没有去成，联大附中也不欢迎他们几个激进学生回去了，这样汤一介就转学到了重庆的南开中学。

考上大学了，他决定做一个哲学家

上世纪40年代的中国，国家积贫积弱，百姓颠沛流离，年轻的汤一介深感痛心和困惑。当时的南开中学可以说是一个贵族学校，国民党很多高官的子女都在那儿上学，常常用汽车接送。那时候的汽油是非常贵重的。于是，热血愤激的汤一介和同学张岂之（现为清华大学教授）、宁可（现为首都师范大学教授）拍案而起，办了一期壁报《一滴汽油一滴血》，抨击这一现象，但是学校训导长对他们毫不客气，“不让我们出了，而且说再闹就开除我们”。

1945 年 1 月，为准备考大学，汤一介回到了昆明，在西南联大的先修班听课，父亲还请来西南联大英语系的教授钱学熙来教他英文。汤一介跟着钱学熙，接触了他毕生难忘的克里斯朵夫·依修午德的《紫罗兰姑娘》。“这本书说的是，我们虽然走得那么近，但是，我们之间的距离是那么的遥远，人与人之间的距离是那么的遥远。再深刻的爱也挽救不了人们的孤独。”当时，由于妹妹的病逝，加上国民党政府的黑暗，使少年汤一介开始独立思考一些人生问题，《论死》、《论善》、《论人为什么活着》等一些展露他哲学家天赋的文章就出来了。

“我想人生到底是为什么。”当时的汤一介想，一个人生，就像一根蜡烛，可以慢慢地让它烧完，也可以让它很快地烧完，放出更大的光。他下定决心，还是要做那个很快烧完但是放出更大光的人。

第二年，汤一介考上了北京大学。虽然原来对西方文学很感兴趣，但是，他还是选了哲学系。“我下定决心，我要做个哲学家，通过自己的独立思考，来探讨一些宇宙人生的根本问题。”

他认识了她。他是组织委员，她是宣传委员

1949 年，汤一介认识了乐黛云，这位后来在中国比较文学界举足轻重的学者。对于汤一介来说，她是他生命中最重要的人物。

汤一介回忆，解放后，北大成立了新民主主义青年团，文学

院有一个团总支，他和乐黛云同时在做团的工作。“我是组织委员，她是宣传委员。后来我们又一起到了团委，我做宣传部长，她做群众文化部长。”两人经常在一起工作，了解群众的思想状况啊，探讨怎样改革食堂啊，还经常在一起聊天。

汤一介毫不掩饰他对乐黛云的欣赏：“她是一个非常聪明、非常能干、非常热情的女孩，没什么心计，直爽，有什么说什么。”他还偷偷地告诉了记者一个小插曲：“1950 年乐黛云作为北京学生代表途经苏联到捷克参加第二届世界学生代表大会，她俄语好，当时我非常担心，怕她跑了不回来了。”说完，汤一介像个孩子一样地笑了。

他们结婚 50 多年来，历经坎坷，却不离不弃。“再也没什么遗憾了。”汤一介轻轻喟叹。

那个会上他做了一个演讲，非常轰动

改革开放以后，汤一介迎来了学术生涯的春天。

上世纪 80 年代初，汤一介开始考虑如何突破 50 年来“唯心与唯物两军对垒”的局面和“唯心主义就是反动的”教条，写成了《论中国传统哲学范畴体系的诸问题》，发表在 1981 年《中国社会科学》的第五期上，率先提出将哲学史作为认识发展史来考察，在学术界引起了很大反响，快速推进了学术界反对极左教条主义的进程。

1981 年，汤一介在北京大学开课，先讲“魏晋玄学与佛教、道教”，后讲“早期道教史”。他的学生回忆，汤一介老师的课异常轰动，连换了三个大教室还是坐不下，最后只能以发听课证的形式限制人数。

随后，汤一介将“魏晋玄学与佛教、道教”一课修改成《郭象与魏晋玄学》，找出魏晋玄学发展的内在理路，探讨哲学方法对认识哲学思想变迁的重要意义，尝试把哲学的比较方法运用于中国哲学的研究领域，这些问题的讨论，极大地促进了当时哲学思想的解放；在由“早期道教史”一课修改成的《魏晋南北朝时期的道教》中，汤一介大胆提出，必须把“宗教”和“迷信”区别开来，要肯定“宗教”和“非理性”对人类社会生活的意义，而这些探讨，均是此前的道教研究很少讨论到的，汤一介以他敏锐的哲学家的眼光，开新时期哲学研究风气之先。

迄今，《郭象与魏晋玄学》和《魏晋南北朝时期的道教》仍是哲学研究不可绕开的著作。

1983年，汤一介参加第17届世界哲学大会，他的《关于儒家思想第三期发展可能性的探讨》的发言语惊四座，“全场掌声雷动，历久未息”，刘述先教授如此描述。

但是汤一介并不仅仅满足于这些。一直以来，西方哲学是有其庞大的范畴体系的，而中国哲学的精华则散见于浩如烟海的古籍，需要进一步论证和推演，需要有更加严密的逻辑体系。汤一介开创性地提出做中国传统哲学范畴体系，要从大量的史料里梳理、建构出一个中国哲学的体系。

作为一名学者，他想他必须肩负起这样一个责任，就是探讨传承我们自己的文化，在传承自己文化的过程中使中国文化和中国社会从传统走向现代。于是，汤一介在讲课的同时办中国文化书院函授班，一招生就是一万两千人。

现在做的两件事情：一件是编纂《儒藏》，一件是传承的问题

晚年的汤一介还提出了“和而不同”、“普遍和谐”、“内在超

越”、“中国解释学”、“新轴心时代”等一系列前瞻性的理念和新问题，推动了学术界对传统哲学的讨论。其中，他提出的传统哲学应“走出中西古今之争”，更是极大促进了中国传统哲学与现代相结合。为将国内对传统哲学探讨的新突破带到国外，汤一介常常奔波四海，足迹天下。

现在，耄耋之年的汤一介，还有最后两个心愿。

“我想，把《儒藏》做好，把中国解释学做出点眉目来。”汤一介说。

《儒藏》，是要集中华文化精髓之大成，将儒家文化瑰宝系统全面地“收藏”；创建中国解释学，是要参照西方解释学的理论和方法，对中国注释经典的要义进行系统的研究和梳理，其意义则在以新的理论方法和新的语境对传统文化进行“开发”，即古为今用。如果只有“收藏”，没有“开发”，则传统文化会一直束之高阁；但如果只有“开发”，而没有“收藏”，则传统文化会陷于贫瘠。

“汤一介先生以其深厚的学养、深邃的目光发其端，构架《儒藏》和中国解释学这两大文化工程，是颇具远见卓识的。”学者王懋昌说。

对汤一介来说，最割舍不下的还是手中正在进行的《儒藏》。但是，这个收集儒家典籍的工作浩繁无比，明清两代均有学者多次提出要编纂《儒藏》，但终因工作量过大、牵涉范围过广，未能成行。

现在，工程的第一部分包括500本9 700多卷1.5亿字儒家典籍的《儒藏》精华本，将用6年时间以有校勘记的竖排繁体标点排印本形式出版；第二部分《儒藏》大全本收入5 000部10亿字儒家典籍，出版需时10年，再加上子项目9卷本《中国儒学史》、《儒藏总目》、100种《儒家思想与典籍研究丛书》，完成这一工程总共需时 16 年。汤一介唯一担心和希望的是，他要努力等到编纂工程完成的那一天。

但是，“一个国家、一个民族必须将文化接续下去”。更何况，现在做《儒藏》已经有些晚了。中华书局在新中国成立后整理出版了《二十四史》，那批老先生许多已经故去，没剩下多少了，再过十年八年几乎就没有了，而一些中青年学者的古文功底现在还难以完全承担起这样的工作。在汤一介看来，《儒藏》是一个抢救工程。

25 所大学，300 多人的编纂队伍，庞杂的组织协调工作，事无巨细的操心，正在一点一点耗费汤一介的体力和精神。2003 年，汤一介发起并主持《儒藏》工程；2004 年，汤一介被查出了肝硬化，病情一直反复。虽然老伴乐黛云一直在为他的身体忧心，但汤一介并不遗憾，因为能够编纂《儒藏》是他一直的梦想。“我的梦想就是让我们的《儒藏》成为全世界最权威的范本。”作为一位内敛沉厚的学者，这句话有着沉甸甸的分量。

人为什么而活着?

现在，78 岁的汤一介和老伴乐黛云过着平静的生活。

上午，他们各自起来工作或者读书；中午，汤一介因为身体不好，是一定要睡个午觉的；下午，工作或者参加一些活动；黄昏的时候，他们绕着未名湖散步。乐黛云的腿不好，汤一介就死死地揪着她的衣服，“就怕我跌倒”。乐黛云明是嗔怪，实是欢喜。

女儿和儿子学理科，在美国工作。没有儿孙绕膝，宁静的屋里多少有点冷清。汤一介不理解，他有点愤愤地说：“怎么我们汤家这一支就成了美国人。”但乐黛云却很看得开，她说实际按马克思主义的国家学说，最后国家都是要消亡的，进入世界大同。儿孙们在美国既可促进文化交流，又可证明中华民族在任何地方都可做出贡献，有何不妥？但是“古板”的汤一介有时还是想不通，所以他拒绝到美国和儿女相聚，因为“我的根在中国”。

汤一介说，人到老年，总会考虑一些事情，人到底为什么活着？是吃饭，穿衣，这样一天天活着，还是有理想和抱负？当然，每个人的理想和抱负是不同的。父亲汤用彤告诉他的两句话，“事不避难，义不逃责”，汤一介说他一直努力在做。“做了自己很高兴、很喜欢的事情，那就很好。而且，我相信它会有一定的意义。”

“回顾我这一生，我没什么太多遗憾了。”汤一介看着我，微微笑着说。

原刊于《光明日报》，2006-03-19

汤一介的哲学之路

访问：敖祥菲

沿着未名湖畔，走进朗润园，顺着园内一位老人手指的方向，我很快从8号楼找到了最北面的12号楼，然而，再寻到汤老居住的13号楼则小费了一番工夫，原来，13号楼与那几栋楼东西相隔，独自伫立在朗润园的西北角。归途中回想起来，惊觉汤老的哲学之路不也跟我的探寻之路一样，山重水复疑无路，柳暗花明又一村吗?

汤老青年时代踌躇满志地进入北大哲学系秉承父亲的学术研究，解放后却在思想不自由的年代里为“哲学家”服务30年，而后思想变为半自由，他不断研究哲学命题，而今，年近八旬的他作为《儒藏》工程的策划者，还在为这项卷帙浩繁的工程不辞辛劳。

一个风和日丽的午后，在三面书墙、一面小花细纹窗帘的书房里，满头银丝、精神矍铄的汤老跟我回忆起他的漫漫哲学路。

1946年至1948年中国社会正在发生大变动，国家积贫积弱，百姓颠沛流离，许多青年人不知道摆在他们面前的前途，很容易产生悲观情绪，正是这种情绪促使他们去思考；汤一介就曾在那段时间写一些文章进行思考：“人为什么活着？人与人相处怎样比较和谐、圆满？我们如何来认识外界的真相?”等等。

“现在重读这些诗文，我深感自己再也写不出这样有真情的东西了。几十年的风风雨雨，把许多人都变得很实际，没有幻想，没有激情，不再有发自内心的爱与恨了。”

那时汤老常想对人类影响最大的问题到底是什么，就是要对宇宙人生有所了解；而哲学就是研究这些最根本问题的学问，因此他选择读哲学系，想做一名哲学家，他想通过自己的独立思考来探讨宇宙人生的根本问题。汤老也曾想过学文学，文学是从另外一个方面来了解人生，后来想想学哲学可能更直接一点。

汤一介对那时的北大充满了感情。最喜欢那些教他的老师，喜欢他们的学问及为人。

汤老从大一起选了教逻辑学的胡世华三年的课。第一年学习形式逻辑，第二年学习数理逻辑，第三年学习演绎科学方法论，胡世华对他最大的影响在于使得他的头脑比较清楚，写文章符合逻辑，具有严密的论证，这对人的思维训练有很大的帮助。

教汤老大一国文的老师是废名，他要求班上 30 个学生每个月都要写一篇作文，每一篇作文他都认真批改，并作评论，这让汤老学到“认真”二字。此外，废名独立的思想性格也深深影响了汤老，汤老至今仍记得废名说过：“我对《狂人日记》的了解比鲁迅自己对《狂人日记》的了解更深刻”，这告诉汤老做学问必须有自己的思想，不能用别人的思想替代自己的思想。

汤一介受父亲汤用彤的影响很深，他将父亲一生留给他的影响归纳为八个字：事不避难，义不逃责。

汤用彤研究的魏晋南北朝的佛教史是中国哲学史上很难的一段，过去对这方面研究不够，至少没有说清楚，汤用彤却不怕难，专门选择做这最难的一段。

“贺麟先生在《中国哲学五十年》中就说我父亲把中国哲学史中最难的一段给打通了。这对我的影响很大，就是做任何事情不要怕困难。”

1948 年底，解放军围了北京城，南京政府把当时的北大校长胡适喊回南京，他到了那边给汤用彤、郑天挺写信，把北大的事委托汤用彤和郑天挺管一下，在这种情况下来管北大是非常困难的，因为谁都不清楚共产党的政策是什么。

“这种事情是很多人不愿意做的，但因为胡适请我父亲照顾一下，他觉得这个事情义不容辞。”

我们哲学工作者只是解释哲学家的哲学的，哲学工作者不能创造，一创造了就离开了所谓的“放之四海而皆准”的绝对真理，就错了。

当被问及“为什么大多数时候并不称自己是哲学家，只是个哲学工作者”，汤老回答这个问题得由中国近半个世纪的历史来回答：1949年后，当时有个普遍的看法：只有“马恩列斯毛”这些伟大的马克思主义者或社会主义国家的伟大领袖才可以被称为哲学家，而其他人只能是哲学工作者。哲学家是创作哲学的，哲学工作者只是解释哲学家的哲学的，哲学工作者不能创造，一创造了就离开了所谓的“放之四海而皆准”的绝对真理，就错了。这样的思想紧紧地缠绕着我们的头脑至少30年。

1949年，由于毛主席一声“中国人民站起来了”的震人心弦的强音的感染，绝大多数中国的青年知识分子很快地真心接受了马克思主义。但当时他们并不知道自己接受的实际上是苏联斯大林的教条主义。自那个时候起，汤一介心甘情愿地抛掉了当“哲学家”的梦想，自愿地或半自愿地做个“哲学工作者”，或者叫“马克思主义的宣传员”。

“世事悠悠，几十年过去了，回想起来，我没能成为一个‘哲学家’，从我自身说，也许我没有这个天分，但更主要是我没有完全摆脱中国现实社会政治对我束缚的勇气；从社会环境说，20世纪后半叶没有产生‘哲学家’的条件，这50年都没能产生哲学界大多数人公认的有创造性的‘哲学家’，而且在三四十年代所出现的一批有创见的‘哲学家’，在这50年也没能继续发展他们的哲学思想。”

1956年，汤一介回到北京大学，从事“中国哲学史”的研究。此后的8年中，他写了三四十篇文章发表在报纸杂志上，也参加了当时的所谓“学术讨论会”。那个时候，他写的文章大概分两类：一类是批判所谓“资产阶级学术思想”，例如写过批判冯友兰、吴晗等先生的文章；另一类是有关中国哲学史上的历史人物的文章，这类人多是根据日丹诺夫关于“哲学史的定义”或“唯物”“唯心”的帽子，定性为“进步”或“反动”。

“这样的研究根本算不上什么学术研究，这样的研究办法只能把自己养成学术上的懒汉，败坏‘学术研究’的名声。上面说的这两类文章有一个共同点，就是把学术当做政治的工具，这简直是对‘哲学’的亵渎。其实没有一种哲学能解决了人类社会所有问题，如果把一种哲学当成教条来运用的话，哲学不会有发展。”

“文化大革命”给了汤一介非常深刻的教训。在“文化大革命”后，他总结了一条就是“我今后不能听别人的，得用自己的脑袋思考问题”。因此，从20世纪80年代起，汤老一直在清洗自己头脑中的“教条主义”的毒素。但是，真要清除那些“教条主义”的毒素也不容易，常常感到力不从心，又自觉受困于那些“教条”。

上世纪80年代初，思想解放后，汤一介主要研究的是“中国哲学史”，他常常自谦：“要想成为一位有创造性的、为人们所公认的‘哲学家’已经是不可能了；不过我仍可自慰，至少我还可以算得上一个‘哲学史家’”。在研究历史上哲学家的同时，汤老仍不断思考“哲学问题”，探讨中国传统哲学的价值所在，他坚定地认为活着就应该不断地想问题，生活才有意义。

问：最近国学又成了热门话题，它的核心和主体是什么？对中国文化的传承会起到怎样的作用？

汤一介：当前研究“国学”也许可以考虑是否能给以下三个问题提供有意义的思想资源：一是人与自然的关系，我们提倡天人合一；二是人与人、国家与国家的关系，我们提倡和为贵。三是自我身心内外的关系。

我们的古人在很早的时候就在考虑如何解决好这些问题了，但是我们没有能把古人的这些有价值的思想发展好。因此，提倡国学对建设“和谐社会”是非常重要的，任何一个民族都必须了解自己的历史、了解自身文化生长发展的根基，就像一棵大树，根扎得越深，枝叶才越茂盛，只有了解本民族的文化，这个民族这个国家才有旺盛的生命力。所以国学热对我们文化的传承有着积极作用。

问：国学热应该防止哪些盲目的认识？

汤一介：目前国学热也要防止“我们一切都好”、“什么都比人家强”的观点，“东风压倒西风”、“21 世纪是中国的世纪”这些都是片面的。任何一种文化都有它的优长和缺陷，我们在弘扬自身文化的同时一定要学习其他文化的优长，特别是西方文化的优长，目前西方文化仍是强势文化，它提倡的科学、民主，在现代具有非常重要的意义，现代文化的特点也许像严复所说的是“自由为体，民主为用”，自由是一种精神，民主是手段和方法，用民主的方法实现自由，不能用专制，所以学习自己文化的时候一定要考虑到自己的缺陷、别人的长处，不能惟我独尊。

问：德国哲学家雅斯贝尔斯提出一个“轴心时代”的观念，指出 2 500 年前，在世界不同的地区，同时出现了几个最伟大的思想家，中国有老子、孔子，印度有释迦牟尼，希腊有苏格拉底、柏拉图，以色列有犹太教的先知们，形成了不同的文化传统。这些文化传统经过两千多年的发展，已经成为人类思想的宝贵财富。据此，您又提出新的轴心时代，怎么解释？

汤一介：不是我提出新“轴心时代”，是许多学者提出的。这就是说在可以预见的一段时间里，将有一个新的“轴心时代”出现。各民族、各国家在其经济发展的同时一定会发展其自身的文化，经济全球化将有利于文化多元的发展。从今后世界文化发展的趋势看，将会出现一个在全球意识观照下的文化多元发展的新局面。21世纪世界文化发展很可能形成若干个重要的文化区：欧美文化区、东亚文化区、南亚文化区和中东与北非文化区（伊斯兰文化区），以及以色列和散在各地的犹太文化等，当然还有南美和非洲。但是，这几种有着长久历史的大的文化潮流将会成为主要影响世界文化发展的动力。

问：那它与2 500年前那个“轴心时代”有什么不同？

汤一介：新“轴心时代”的文化发展与2 500年前那个“轴心时代”会有很大的不同。概括起来，至少有三点不同：1. 在这个新的“轴心时代”，由于经济全球化、科技一体化、信息网络的发展，把世界连成一片，因而世界文化发展的状况将不是各自独立发展，而是在相互影响下形成文化多元共存的局面。各种文化将由吸收他种文化的某些因素和更新自身文化的能力决定其对人类文化贡献的大小。所以，任何民族的文化将既是民族的，又是世界的。2. 跨文化和跨学科的文化研究将会成为21世纪文化发展的动力。每种文化对自身文化的发展都会有局限性。3. 新的“轴心时代”的文化将不可能像公元前5世纪前后的那个“轴心时代”那样由少数几个伟大思想家来主导，而将是由众多的思想群体来导演未来文化的发展。

儒家以其深厚的文化根源，积极入世的实践精神，厚重的历史感、文化感、道德感以及传承历史文化的自觉努力，不仅使得历代主政者十分重视，也使得儒家的价值观逐渐成为中国人的价值观的主体。道家的经典已经编辑为《道藏》，佛教也编辑成了

《佛藏》，却没有《儒藏》，作为中国传统文化的主体，这是说不过去的。这项工程的开始已经就比较晚了，早在明清两代，有些学者就提出要编这个，可都没有得以实现，虽然今天做起来人才和资金的困难都比那时更大，但这仍是汤一介有生之年要去做的一件事情。

问：当前最重要的工作是什么呢？

汤一介：当前最重要的工作当然是《儒藏》的编纂，但这项浩大的工程也是很困难的：因为它是要把两三千年来儒家的典籍整理、编辑在一起，是一个非常大的东西，比《四库全书》还要大。具体有两大困难：一是我们要做成标点本（过去都是没有标点的），校勘记，不同的版本要有所对照，过去将《二十四史》做成标点本，那是由非常大的专家来完成的，比如顾颉刚先生、邓广铭先生，而今老一代专家大都去世了，我们这一代的功力不如他们，真正能把标点标得正确的，现在也没多少人，因此非常缺乏人才。值得欣慰的是刚刚结束的《儒藏》编委会比较圆满，25所高校参与者都将共同努力一起做好这件事，大家积极性都比较高。二是资金困难，教育部和北大给我们的资金是远远不够的，需要逐渐筹集资金，这不是我所长，但既然这个事情对传承我们的历史文化、增强我们民族的凝聚力有好处，对我们中国文化走向世界也有好处，有那么多好处的东西为什么不做呢？

问：您同时还担任中华孔子学会会长等多项文化职务，主要负责哪些事务呢？

汤一介：因为现在孔子的影响越来越大，中央决定在全世界办100所孔子学院，现在非洲、美洲等世界各地都开始办了，我们也决定在中国好好办这个学会。但也有麻烦事，有些人不是想做学问，不是真正想弘扬孔子的“和为贵”的思想，为建设我们的“和谐社会”工作。我希望不要把学术的团体变成一个为个人谋利的地方，应该把学会真正作为学术机构来对待。

中华孔子学会办有一份杂志，叫《中国儒学》，主要有两方面的内容，一是我们应该怎么样来研究儒学，使它具有现代意义，二是必须考虑到它和其他文化的关系。我们希望，通过它提高学术水平，影响世界，和世界学术界对话。另外，我们还将通过我们的工作，在日常生活中把孔子的精神传达给大家，告诉大家应当怎么做人，孔子有四句话："德之不修，学之不讲，闻义不能徙，不善不能改，是吾忧也"。我想我们今天社会就有这样的一些问题。这个社会必须树立讲道德，讲学问，知错就改，等等。这是基本的做人的道理，只有这样，风气才能树立起来。

汤老明年就80高寿了，他的学生和朋友们要给他出一本文集作为生日礼物，汤老欣然应允，但有一个条件："不要写你们的老师怎么好、怎么对，要写就写我研究的领域还有些什么问题，我研究错误的、不足的，你们如何继续研究下去，批评我讲错的地方。"

因为他常说："我从来不认为我讲的都是对的，很可能有很多不对的，任何一个学者，如果认为他讲的都是对的，那么这个学者很可能不会有大成就，而且如果一个学者认为他的每一句话都是对的，很可能是一个伪学者，科学是这样，哲学也是这样，没有一个哲学家的话是百分之百对，这样哲学就没有发展了。假如我们都认为黑格尔说的全是对的，那么哲学早就停滞发展了，他的哲学一定有他的内在矛盾，后人才能在他的基础上有所发展。"

原刊于《中国国土资源报》，2006-05-22

汤一介：自由的思想最重要

访问：樊克宁

一个智者的哲学人生

- 跟不上毛主席的思想
- 父亲汤用彤对我影响很大

问：最近读了您的文章《自由的思想最重要》，感觉这标题是从您的哲学人生中提炼出来的。您在“文化大革命”中被选进“梁效”写作班子，这件事对您这一思想的形成也有一定影响吧？

汤一介：那是1973年的夏天，我负责北大哲学系的所谓教改，针对工农兵学员写文章都写不通的情况，主张学一点逻辑，读一些书，当时我还编了一个《认识论》的提纲。可是“反右倾”回潮，大字报出来了，说我右倾，我很紧张，因为挨斗怕了。正好那时清华编了一本《林彪与孔孟之道》，毛主席看了以后说：让北大的教师们参加进来吧。我就很高兴，可以不挨斗了。当时我的思想是，我之所以犯“错误”就是跟不上毛主席的思想，毛主席叫我们北大、清华两校（即“梁效”）的人去写批林批孔的文章，我当然乐意去。可是这回又是错的。从中我悟出了一个道理：不能都听别人的，得用自己的脑袋思考问题。自由的思想最重要。

问：您父亲和那些大师长辈们对您有什么影响吗？

汤一介：钱穆伯父称我父亲汤用彤是“一纯儒之典型”。印象中他一直在写《汉魏两晋南北朝佛教史》，很少同我谈过什么，让我处于自由自在的状况。事实上他对我的影响是很大的。直到上个世纪 80 年代，我才悟到，其实我更适合像父亲那样做一个学者。在我小时候，钱穆、熊十力、蒙文通、梁漱溟他们经常跟我父亲在中山公园喝喝茶聊聊天，我们小孩子在一边玩。熊十力对佛教持批评态度，蒙文通是维护佛教的，他们经常争论。钱穆、熊十力、梁漱溟还经常对时局进行讨论，也是争论得厉害。父亲哪一派都不参与，钱穆说父亲是“圣之清者”，说他是很清高的一个人。事实上，他们这些人，还有吴宓、陈寅恪、胡适、冯友兰，对我都有潜移默化的影响。

提出改写中国哲学史

- 只有革命领袖才能做“哲学家”
- 哲学史不要作为阶级斗争史来考虑

问：您说过，1949 年以后，您在历次政治运动中写过的思想检查材料，足可以编成厚厚的五本书，您感叹如果能把这些精力用来做学术研究多好。这就是一代知识分子的命运吧。

汤一介：1949 年以前，我是想做一个哲学家的；1949 年以后，相当长时间只能做一个哲学工作者了。因为只有革命领袖才能做“哲学家”，而且是“伟大的哲学家”。到上世纪 80 年代后，我想，只是做哲学工作者，只是研究哲学史，是不够的，还要考虑一些哲学问题。可是一生中最好的 30 年已经荒废了，我知道做大哲学家不可能了，我有这个自知之明。但是我可以考虑和提出一些哲学问题。

问：有时候提出问题比解决问题更重要。您似乎为唯心主义说过话？

汤一介：1949 年以后至“文化大革命”期间，我们对传统哲学主要是进行了政治思考，没有或很少作哲学思考。我们这一代人，解放以后主要是接受日丹诺夫的哲学史定义，认为哲学史是唯物主义和唯心主义斗争的历史，还有列宁关于“哲学的党性”，恩格斯关于“思维与存在的关系问题”等等。用这些思想来剪裁中国哲学史，显然不符合中国哲学史的面貌。当时研究中国哲学史，如果是唯心主义，它就是反动的，如果是唯物主义，它就是进步的。这显然是用政治标准代替哲学思考。

问：中国哲学史的实际是什么？

汤一介：从中国哲学史的整体看，思维与存在的关系问题，对中国哲学不能构成一个基本的问题。中国哲学，认识论与道德、伦理学说结合在一起，根本没有独立出来，认识论非常不明显。从孔孟到老庄都是讲天人合一的，一直贯穿到王夫之、戴震，中国哲学讨论的基本问题是天人关系问题。

问：学界有一种声音，就是要改写中国哲学史。

汤一介：是的。我在 1981 年就提出一个思路，就是哲学史的研究，应该是人类认识史的研究，不要作为阶级斗争史来考虑。

真善美与和谐的哲学价值

- 不能从中国传统哲学开出科学与民主
- 儒学不能解决人类社会的全部问题

问：您在研究“真、善、美”的问题上也很有心得，有什么触动的契机吗？

汤一介：我在哈佛时，碰到杜维明他们这一批学者，他们是现代新儒家这一派。当时他们有个基本思想，主要是牟宗三的思想，认为儒家的内圣之学，可以发展出适合现代民主政治的外王之道来；而儒家的心性之学，可以发展出一套科学的认识论系统来。当然他有他的一套道理。但是我觉得，五四运动恰恰是用科学民主来反对传统文化，如果他们的理论能够成立，那么五四运动就完全是错误的了。我考虑，不能要求从中国传统哲学中开出科学与民主的认知体系来，但是中国传统哲学仍然是有价值的。

问：这就是您研究“真、善、美”的原因？

汤一介：是的。我把孔子、老子、庄子和西方的三个哲学家康德、黑格尔、谢林作比较，得出一个结论：中国的哲学家讨论真、善、美是追求一种人生境界；而西方讨论真、善、美是要建立一个知识系统，不大一样。孔子有句话意思是说，你知识的境界不如你快乐的境界。当然庄子更是这样。

问：您是很早就提出要注意中国哲学的整体和谐观念的人，那是在什么时候？

汤一介：1987 年，我写了《中国哲学的和谐观念》。我提出至少可以从四个角度考虑和谐观念：宇宙自身的和谐；人和宇宙的和谐；人和人的和谐；人自身身心的和谐。1993 年亨廷顿提出文明冲突论，我当时写文章争鸣，讲“和而不同”的道理，认为不同文明可以和谐相处，不一定发生冲突。当然儒学并不可能解决人类社会的全部问题，但是中国传统哲学中的普遍和谐的观念，是有它的现实意义的。

“新轴心时代”理念

- 四个大文化传统会起大作用
- 提出“新轴心时代”的观念

问：关于这个方面，我注意到您曾提出“新轴心时代”的理念。

汤一介：我从来不认为我们的文化就是世界上最好的，世界文化的格局还是应该多元互补。所以我们提出一些想法——今后主宰世界文化发展的潮流应该是多元的，其中主要有四个大的文化传统很可能会起大的作用：一个是以中国为代表的东亚文明；一个是以印度为代表的南亚文明；一个是以欧洲为代表的西方文明；一个是以伊斯兰为代表的中东文明。这四大文明，不仅有很长的历史传统，而且地理人口都在十亿以上，它会给人类非常大的贡献。如果这四大文明能够协调起来，就是全人类的福气。如果成天打仗，是一种灾难。

问：您是受到雅斯贝尔斯的“轴心时代”观念的启发吗？

汤一介：对。雅斯贝尔斯说在公元前800年到公元前200年之间，全世界出现了四大文明：希腊文明，印度文明，以色列文明，中国文明；出现了非常伟大的思想家，古希腊有苏格拉底、柏拉图，印度有释迦牟尼，中国有老子、孔子，以色列有犹太教的先知们……从那时至今2 500多年来，人类都受惠于这四大文明。我就想，21世纪是一个全球化时代、信息时代，人类之间互相影响更加密切。在那么密切的相互影响之间，怎么来建构一个新的文明时代，这是大家要努力思考的问题。我在1998年底提出“新轴心时代”的观念，美国、欧洲也同时提出了这个观念。大家都呼唤新的文明时代的到来。当然这并不一定那么乐观，我只是尽自己的一点力量做一点事。

“我是支持于丹的”

- 精英文化要走向大众
- 警惕传统文化研究重新纳入意识形态

问：您是中华孔子学会会长，您对目前的全民国学热有什么看法？

汤一介：我是支持于丹的，因为她让《论语》走向大众。什么是国学，必须让大家懂才行，大家不懂，影响就比较小。我一直主张精英文化要走向大众，让大众来理解它。最近出现一个钱文忠，他写了一本《玄奘西游记》。报纸说于丹签名售书 12 000 册，钱文忠签名售书已经达到了 11 000 册，说文化走向大众很重要。

问：对于五四新文化运动，有一种观点认为它的反传统最终导致了今天文化传统缺失。

汤一介：如果没有五四运动对那套专制统治制度的旧传统、旧道德猛烈地冲击一下，我们的社会能前进吗？五四新文化运动的“反传统”之所以发生问题，我认为主要是由于政治的原因，致使中国文化屈从于政治，而没有能使文化较为合理地发展。

问：在国学研究中有什么问题是需要警惕的吗？

汤一介：要警惕中国传统文化的研究离开了学术的轨道，重新纳入意识形态之中。

对邵建不同意见的回应

- 中国儒学有泛道德主义倾向
- 赞赏讨论问题的精神

问：有个青年学者邵建，针对“有学者要用儒学解决全球性的问题”表达不同意见。他认为您的《儒学思想与当今世界三大难题》就是向全世界推广传统儒文化的显例。他套用“中学为体、西学为用”的体用论，提出中学为私、西学为公。提出在私人生活中，他倾向于更多地保持传统文化的某些内容；在公共领域，主张尽可能地向西方学习，尤其是学习近代以来的西方文化。

汤一介：我讲过一个观点，儒学并不可能解决人类社会的全部问题，但是和谐的观念是有它的意义的。还有一个观点我也讲过：中国儒学，它是有泛道德主义倾向的，认为修身了就可以齐家、治国、平天下了。我说这个是不行的。我有一个基本观点，儒学从个人道德修养方面讲，可能有很大价值，但是对建立法制是有困难的。而西方基督教讲人人在上帝面前平等，比较容易导致人人在法律面前平等。照中国哲学看，“体”和“用”的关系应该是统一的。严复早就批评过“中体西用”，他认为不能中体西用。我认为不能用“体”、“用”来套用“中学”、“西学”。李泽厚在上个世纪80年代曾提过“西体中用”，引起了许多不同意见。

问：为什么人们对您会有“用儒学解决全球性问题”的印象？

汤一介：这是很自然的，因为我讲的都是中国好的东西，讲天人合一，人我合一，身心内外的合一。为什么？因为我们的传统被否定得太多了，你想接续传统，当然就讲得多了。但是要了解一个人的学术思想，必须研究他的全部，这样才比较客观。当然，我很赞赏这位青年学者讨论问题的精神。

原刊于《羊城晚报》，2007-11-14

汤一介：师者谆谆　儒骨仁心

李晶、王硕、王栋

穿越刺骨的寒意，绕过幽静的未名湖，我们来到朗润园一幢僻静的公寓。叩开汤先生的家门，我们满怀夹杂着忐忑的期待——一场八十岁与十八岁的对话即将展开，我们宁愿隐去这位有着曲折人生与众多头衔的师者头顶的光环，只是简简单单地与一位爷爷辈的老者聊一聊他充满幻想和热情的青少年，经历了迷惑和徘徊的中年，关注未来、壮心不已的暮年，陪他进行一场跨越八十载的时光漫步。

进到汤老的书斋里，温馨的黄色灯光骤然驱散了残存体内的寒冷，汤老就安坐在写字台前的靠椅上，双目炯炯，面泛红光。他逐个询问了三位记者的院系和年级，然后笑着说："都是人文社会学科呀。"我们的对话就这么轻松自然地展开了。

与父亲不得不说的故事

哲学好像始终离普通人的生活很远，而汤老在十七八岁的时候就萌生了当哲学家的念头。这个想法在他年轻的心中生根发芽，最终成为了他追寻一生的梦想。

当时，国民党统治黑暗，人民生活困苦，有志青年都在积极探索未来的根本出路。同时，汤一介先生对笛卡尔之后"二元论"把精神和物质分开研究的方法充满了兴趣。客观的社会现实和个人对哲学的浓厚兴趣捏合成了一个逐渐清晰的志向："当哲学家，而且是能影响历史发展的大哲学家，靠自由思考建立起自己的哲学思想体系。”

记者不由得把如此宏大的志向与汤老父亲的影响联系起来——他的父亲就是获哈佛大学硕士学位、在北大执教三十余年的汤用彤先生。汤老摇着头说：“我当初和父亲很少谈论哲学问题。他每天备课都到很晚，在解放前又是北大文学院院长和哲学系主任，要忙很多行政工作，没有时间管我们。我从父亲身上学到最多的，是做人。”汤老把最后两个字拖得很长，眼睛里闪动着光辉。

忆及几十年的父子之情，汤老说，父亲一生中只给自己写过三封信，那是在“烽火连三月”的抗日战争时期。当时汤用彤先生在西南联大教书，汤老离开父母在重庆的南开中学上学，父子之间相互惦念。“在第一封信里，父亲叮嘱我要想取得智慧，必须多读书，就好像爬山，站得越高，视野才越广。”抗战时期生活条件异常艰苦，同学们下课后一起吃饭，“不赶快吃完第一碗就盛不上第二碗了”，汤用彤先生又给汤老写道：“想想前线杀敌的战士，他们生活更苦，你要坚强地生活。”在艰苦的抗战年代中，因为缺医少药，仅比汤老小一岁的妹妹早夭了，而父母因为怕影响学习没有立即告诉他这个巨大的不幸。得知此事后，汤老万分悲痛地写信询问，父亲则回信解释了他们的苦衷，并勉励他继续用功读书。悠悠几十载，往事浮云端，台灯下，汤老回忆起那时信上的字迹和叮嘱，仿佛历历在目，清晰可触。

“父亲待人宽厚和蔼，与朋友、同事都能和睦相处，有‘汤菩萨’的绰号。我和妹妹从来没挨过父亲的打，他只是跟我们讲道理。”汤老不疾不徐地述说着往事，父亲温和敦厚的性情已经在他的身上烙下了印记。“直到 1956 年，当时发出‘向科学进军’的号召，我才有幸到父亲身边做他的助手，从那时才真正得到他学术上的指导。”汤老说，严谨求实的治学态度和善于质疑的问道精神，是父亲在学术上留给自己最宝贵的财富，也成为他实践梦想和责任的巨大动力。

激情燃烧的岁月

解放后，作为北大学生的汤老加入了新民主主义青年团，在文学院的团总支任组织委员，积极开展学生工作。沙滩民主广场有他主办的《年轻人》壁报，食堂、各种社团由他组织的委员会管理，抗美援朝的时候他又带头报名参军参干保家卫国，可谓青年团的顶梁柱。

谈到热情澎湃的青春征程，汤老仿佛回到了年轻的岁月。他告诉我们，自己年轻时有个“汤八蛋”的绰号，那是缘于在壁报上发表的一篇文章《一滴汽油一滴血》。抗战期间国统区物价飞涨，民不聊生，而国民党高官仍开着汽车招摇过市。年轻的汤一介遂作文戕伐，针砭时弊，并在此文中直斥国民党腐败官员为“王八蛋”，于是得了这个绰号。记者问及汤老是否喜欢这个绰号，他像个孩子似的呵呵笑了：“青年人对未来、对生活一定要抱着满腔热情，不管做的事情是不是错了，都要真诚地去为改变社会面貌努力。当哲学家不能直接改变社会，却能提供改变社会的思路。”

与此同时，他还选修了多门其他系的课，比如时任清华教授的梁思成到北大开设的“中国建筑史”，西语系俞大缜教授开设的“英国文学史”，国学系杨振声教授开设的“欧洲文学名著选读”，以充分吸纳各种知识和智慧，领略北大的学术自由精神。汤老不无自豪地说，自己当时搞了那么多工作，成绩在班里仍然名列前茅。“我的‘欧洲文学名著选读’考了85分，当时是全班最高啊。大喇叭里还广播出来表扬我的工作和学习呢!”说到这里，他仿佛又回到了那段为学业、工作努力拼搏的激情澎湃的时光。

尽管当时吃的是粗糙的饭菜，住的是没有炉子的大宿舍，依然能够拥有最接近心灵的幸福。汤老也正是在这个时候认识了担任宣传委员的乐黛云，后来她成了他生命中最重要的人。汤老回忆，当时的乐黛云热情能干，特别是她组织五四营火会的时候，真是满腔的热忱。还有她为响应毛主席抗美援朝号召而写的那首《只要你号召》，在当时产生了很大的影响。在乐黛云身上，汤一介找到了自己一直推崇的那种年轻人的热诚。

壮心不已的暮年

年轻时的激情和理想是难忘的，然而现实却有诸多不尽如人意之处。关于自己的壮年及那段不堪回首的历史，汤老曾在汤乐二老合著的随笔里写道："我们（自己和乐黛云）是同行在未名湖畔的两只小鸟，渴望自由却总是身陷牢笼……"

"在我最年富力强的岁数没有搞哲学研究，中国也陷入了与外部世界隔绝的状态。现在现实条件已经不允许我成为'大哲学家'了，恐怕连'小哲学家'都当不成喽！"汤老谦和地说，"我在解放前就积极参加反对蒋介石统治的运动，却没有加入地下党，因为我天性中还是有自由的东西。解放的时候，没想到解放军会那么受老百姓欢迎——共产党干部和群众平等相处，每月只有 16 斤小米的零用钱，只够买最坏的烟抽——这和国民党统治的腐朽形成了鲜明的对比。于是我决定站在群众的立场上看问题。我 1951 年哲学系毕业，国家规定哲学家只能是伟大领袖毛泽东、斯大林，我们只能解释他们的理论和思想，只是'哲学工作者'。那段漫长的时间我都被教条主义束缚着。后来我意识到哲学家必须能自由思考和创造，于是 80 年代之后提出了中国传统哲学范畴体系。但是我已经不可能真正成就一个有系统的哲学体系了。”

虽然对最初的梦想抱有遗憾，但汤老仍积极乐观地在为当下中国哲学的发展尽自己的努力。“虽然不可能创建出思想体系，但是可以发现和指出哲学的一些问题，供后来人继续填补和努力!”这份壮心不已的豪情和对后继学者的殷殷期盼，令汤老的同事和学生深深感动。

“汤老师是一个十分有使命感的人。”北大哲学系教授魏常海这样形容汤一介先生。魏老师说，1984 年筹备成立中国文化书院，当时面临的一个难题就是导师队伍的建设问题。汤老通过自己的努力，联系到了海内外多名知名学者成为学院导师。“全院几乎一半的导师都是汤一介先生找来的，强大的师资力量成为中国文化书院成功建立的一大重要因素。”魏老师如是说。

退休之后，汤一介先生的使命感没有丝毫减退。几年前汤老提议进行《儒藏》编纂工程时，有一些人考虑到汤老年事已高，善意地劝他不必再在学术上投入太多精力。可是汤老仍然时刻从大局出发，坚持亲自落实各项相关工作的开展。汤老的学生、《儒藏》编纂中心的胡仲平也对汤老的执著留下了深刻的印象。“汤老师将晚年生活的大部分精力都投入到了《儒藏》工程中，为北大的学科建设、我国的文化建设，乃至世界的文化发展都发挥了不可代替的作用。”胡仲平说，虽然汤老平时社会活动非常多，但他依然在几乎每个周一上午九点亲自来中心召开例会，布置、检查工作。

他仿佛不是一个已经将近八十岁的老人，而是一个只争朝夕、勇往直前的年轻人。从汤老身上，记者真切地体会到他矢志不渝地为中国文化付出的心血，以及在他学术和人生历程中渗透着的儒家精神。

近两个小时的采访时间匆匆而过，记者随着汤老的思绪完成了一次饱含着家庭、师友之情，交织着青春的激昂和中年的低回，最终又对未来深情展望的时光漫步。告别的时刻，汤老起身相送并亲自为我们开门，还不忘叮嘱着：“年轻人，你们要有热情，你们千万不要忘了自由地创造啊。”

师者谆谆，言犹在耳；

儒骨仁心，皆在此言。

本文写作于2006年12月1日，原收入蒋广学主编：《北大青年》，北京，中国言实出版社，2007

汤一介先生谈治学门径*

大约十年之前，《东方之子》栏目采访我的时候，曾经问我，你和你父亲放在一块儿，你会不会有压力？我说，当然我确实感觉到有非常大的压力。无论从哪个方面来说，我都是不足的。首先是基础上的差距。我父亲，以及陈寅恪、冯友兰等前辈，他们从小四书五经都背过，所以他们对中国传统的经典比较熟悉。另外，他们十几二十来岁的时候有机会去国外深造，一待就是五六年，对当时国外学术界、思想界的情况比较熟悉，外语也比较好。具备了国学和西学两个基础，一旦回国，在教育和研究领域都能占据前沿地位。如果把我父亲那一辈算作是第一代，钱钟书等人就是第二代，我这一代是第三代或者第四代了，我们和前两代人比，真的有差距。当然，成材除了外在条件以外，和个人的天分和努力也是分不开的。

我要讲的第一点是，如果大家想要在学术上取得高水平的成就，就必须打好国学和西学两个基础。而这个西学基础，必须是当时的前沿思想。就像冯友兰先生出国的时候，流行的西方哲学主要是实用主义、新实在论和分析哲学这些东西。他对这些摸得很透。当然这些现在不是很流行了，除了实用主义最近有些回潮。这是我讲的第一个问题。

关于我和父亲的关系，并不是外人看来的那样，其实我们没

---

* 本文是2007年4月5日汤一介先生在《北京大学研究生学志》编辑部与广西师范大学出版社联合举办的“家学与师承”特约讲座上所作讲演的录音整理，并经汤一介先生审订。杨琼负责录音整理。

有家学，因为他不大管我。（大家都觉得他是一个守旧的人，其实他有很多和守旧不相干的东西。比如他不相信中医，也不爱看京剧。他特别喜欢看西方的侦探小说，很奇怪，这一点和金岳霖先生是一样的。他们两个人经常买英文的侦探小说，交换来看。所以虽然他研究的完全是中国的学问，比如中国佛教史、魏晋玄学，都是中国的东西，可是他的兴趣反而是西方的居多。我想这和他的留学生活有关系。）他对我的指导归纳起来只有这么两点。一是他要我读的书，有庾信的《哀江南赋》，他的想法是每个家庭都有家风，你要考虑怎样把家风继承下来。因为我祖父是进士，曾祖父是教书的，而且他教出了三个进士，他们是一个系统的。他还要我读《法华经》，那时候我十七八岁，他的考虑是让我对事物的概念有更好的分析。他对我的读书，具体的就是这样要求，其他的就没有管我。

二是他教我怎样做人。父亲做学问不大与人争辩谁是谁非，他就讲他自己的。但你可以看得出来，他的书里面是有针对性的，有理性的批判意识。比方说你在他的《汉魏两晋南北朝佛教史》中就可以看出来，他有相当多的地方在批评梁启超研究的不足。你也可以在他的一篇关于文化问题的东西里面看到，他是批评梁漱溟和梁启超这“二梁”的，但他并不特别地去跟别人争论。他当时经常来往的有钱穆、熊十力、蒙文通、林宰平，他们经常在中山公园的来今雨轩喝茶。那时候我五六岁吧，他也经常带我同去。去了他就买一碟包子给我和我妹妹吃，吃完我们就玩去了。据钱穆先生记载说，那时他们大家讨论的有两个问题，一是国家的危难，日本马上就要进华北来；二是新文化运动对传统文化影响的探讨。他们都是比较守旧的，跟胡适的意见不大相同。大家争论得很厉害的时候，我父亲常常是一言不发。钱穆的评价是，他心里有数，但他不去和大家争论。在这一点上我受到了他的影响，我也不大愿意去争论，我讲我自己的就可以了。当然慢慢地也有点变化，现在我也愿意和别人来争论了。

我父亲原来是“学衡派”，这一派是反对新文化运动的，跟胡适是两派。可是他跟胡适的关系并不是对立的。父亲是1931年被胡适从中央大学聘请到北京大学的。从思想上讲他们并不相同，但在研究佛教史方面，两人有很多相同的看法，比方说批评梁启超，在这一点上他们是共同的。特别到后来，1947年到1948年这一段，我父亲做北大文学院院长的时候，胡适跟他的关系特别密切。因为当时傅斯年希望我父亲去“中央研究院”，而且有一封信，我曾经谈到过这个问题。傅斯年跟胡适商量这件事，胡适不同意，不让他走。胡适离开北京的时候，写了一封信——给我父亲和当时北大的秘书长郑天挺——说，南京来电催他，来不及告别就要走了，北大的事情就请你们照管一下吧。最后他在信上说：我不会忘记北京大学。这一事件也说明，尽管他们有一些看法不同，但是还是可以相处得比较好的。我父亲跟其他的人，比如钱穆、熊十力等也相处得非常好。

谈到我受父亲的影响，其实也就是这些。我受老师的影响是非常大的。有几个老师给了我很深印象。一是中文系的废名老师，我与他有两层关系：我和他是同乡，都是湖北黄梅人；他又是我大一的国文老师。废名非常有自信，也很敢说。还记得上他第一堂课，讲到鲁迅的《狂人日记》，他说，对这本书的理解，我比鲁迅自己要深刻得多。一下子我们都觉得这位老师非常敢讲自己的想法。他还非常认真。那时学生每月交作文给老师，他都是逐字逐句批改，还有评语。这两点对我影响都很大，就是有些问题你要敢想，而且还要敢讲。当然敢讲不一定是要跟别人去争论，而是你要讲你自己的看法。还有要非常认真才行。还有一位老师，是教逻辑的老师，叫胡世华，是我国最早研究计算机的一代学者。

当时他给我们开的课有形式逻辑、数理逻辑、演绎科学方法论，这些课我受益很大，使人思想清晰。特别是数理逻辑这个课程，推理一步步的下来，你要做习题的，跟数学一样。还有演绎科学方法论，教你逻辑推理的方法，对我影响也非常大。我认为其实中文系的学生应该学学逻辑，形式逻辑、数理逻辑，一定会有帮助的。还有一位女老师，叫俞大缜，她的态度对我影响很大。当时她在西语系讲英国文学史。我在大学的时候兴趣非常广泛，除了上哲学系的课，也上英语系的课和中文系的课。她的这门课是给西语系的学生开的，用英文课本，也用英文讲课，练习也用英文来写。我是哲学系的，英语水平没有西语系的同学好，所以有时候会听不懂。老师知道我是哲学系的，也知道我的英语水平，所以每次下课，她几乎都亲自与我交谈，问我哪儿没听懂，告诉我你再去看教材哪页到哪页。俞大缜也是很怪的人，她是后来国民党国防部长俞大维的妹妹。她的学问不一定有多大，但态度十分认真，关怀学生。当时选课比较自由。我还在中文系选了杨振声的课，他讲的课叫“欧洲文学名著选读”，读英文的原著，从荷马史诗、希腊悲剧一直读下来——当然都是选读了。杨振声老师是山东人，有口音，他念的英文不是很标准，我们也听不大懂，所以我们主要是读书。我还选过梁思成的“中国建筑史”。这个跟我完全没关系，我就是好奇，梁思成是很有名的学者，我是慕名而去，听得也很有兴趣。我觉得在大学学习阶段，也许同学多选其他系的课，可以接触不同的教师、不同的同学，会有好处。

下面我说说自己这些年来是怎样做学问的，怎么走过来的，也有些经验教训。大家都知道最近我出了一两本书，一本叫《我的哲学之路》。我开头就讲，我不是一个哲学家。大概1996年，我去比利时鲁汶大学，鲁汶有一个研究生，她做的论文是：《汤一介为什么不说他自己是哲学家?》。我去了，她还跟我谈了两个小时。

我为什么不说自己是哲学家？这个是有历史原因的。1949 年以后，在中国大陆流行了一个说法，就是只有马恩列斯毛，这样的人才能称为哲学家，我们这些人只能叫“哲学工作者”，不能叫哲学家。哲学家是创造思想的，哲学工作者是解释这些哲学家的思想，或者用这些哲学家的思想来解释历史或现实问题的。不是我一个人这样想，大家看冯友兰先生的《三松堂自序》，当时他也是这样的想法。当然冯友兰先生本来是一个很大的哲学家，可是解放后他也不敢说他是哲学家。冯先生的不同是，他不甘于做哲学工作者，所以经常出来一些不同的思想。一出来不同的思想呢，就挨批判，他是不断地挨批判过来的。

但是我做哲学工作者，对我也有一点好处。在我 1951 年毕业了以后，我有五年多的时间是在现在的北京市委党校教书。开始是教党史，后来是教“联共（布）党史”，“联共（布）党史”讲九至十二章，就是社会主义经济建设。后来是教哲学。在这个过程中间，我想我的收获最主要的，是读了马恩的书，使得我对马恩还是有所了解的，知道了不少东西。因为你要教书，你就要去研究，去看这些书。所以对了解马恩打下了一点基础。1956 年我回到北京大学。开始的时间正好是“百家争鸣”的时间，我是在那个气候下回来的。但很快的，1957 年就反右了。所以只有不到一年的时间可以读一点书，到 1957 年以后就没法读书了，基本上就搞运动搞下来了。

不过在那种情况下，到“文化大革命”这一段时间，我还发表了三十来篇文章，这些今天看起来，都是很可笑的文章。大概是两类：一类是批判文章，当时是批判冯友兰还有吴晗，主要是在对传统文化的继承这个问题上批判他们。当时吴晗认为道德可以继承，而我们认为道德根本不能继承，就是这样的观点。今天看来非常可笑，可是当时就写，而且胆子非常大。那时登我的文章的多着呢，一个是《新建设》这个杂志，还有《光明日报》当时有个哲学版，登这些东西。第二是对中国哲学史上人物的研究。我写过孔子、孟子、庄子，这些都写过。而且当时还开过几次所谓学术讨论会，实际上都是对传统的思想家进行批判，比方开过孔子讨论会，老子讨论会，庄子讨论会，等等。讨论会的论文集里都有我的文章。我的文章为什么都是批判孔子这些人的呢？因为当时我们受的影响主要来自苏联教科书，日丹诺夫关于哲学史的定义，受他的影响，非常简单地划分唯物主义、唯心主义，唯物主义是进步的，唯心主义一定是反动的，就是这样简单。要说真正研究学问的开始，那是“文化大革命”以后，在那以前不能说是研究学问。

“文化大革命”一结束，我产生了一个想法，我们这代人从经历上来看，原来我们在解放前就参加了学生运动，一解放很快就入了党，等等，是这样的经历过来的。在这个过程中间，我们都是听党的话，把毛主席看作是最大的哲学家，如果我们的思想跟他的思想不符合的话，总觉得自己是错的，要检查自己。所以“文化大革命”以后出现的第一个问题就是：我今后听谁的？因为你过去反正听毛的就行了嘛，但是毛去世了，那我们到底听谁的？这是我自己的一个非常大的问题。我想，因为在“文化大革命”中间，我是不断地犯错误，开始就犯错误，我反对聂元梓，打成了“黑帮”；后来我又到过“梁效”，这个大家都知道，就是不断地在犯错误。其实我犯错误往往是因为听毛主席的话才犯错误，对不对？周一良先生跟我们都参加了“梁效”。周先生写过一本书，叫做《毕竟是书生》，他说这个书的名字本来应该叫《毕竟是书生，书生上了毛主席的当》，但是没敢。不过他一去世，我把他这句话捅出去了。在国内的《群言》杂志上没敢登我这句话，但是《东方》杂志登了。确实是有这个问题，我们到底听谁的？后来想清楚了，还是要听自己的，不能听别人的。因为听别人的，你犯了错误还搞不清楚为什么。

到了1979年、1980年的时候，哲学界出现了一个问题，就是到底怎样评价唯心主义，因为过去把唯心主义全否定掉了。实际上这个问题在1957年的哲学史讨论会上就提出来了，可是那个时候是被批判掉了。到1979年左右又提出这个问题来。当时我们考虑，怎么样来突破这种情况，怎么能够比较正确地评价唯心主义。我提出了一个想法，应该把哲学史当做认识史来考虑；如果当做认识史来考虑，能不能首先从研究哲学的范畴着手。因为你研究哲学的范畴，从里面显然可以看出来，在哲学史上哲学家是不断相承的，不仅唯物主义和唯物主义是相承的，唯物主义和唯心主义也是相承的。我们能不能打破唯物主义和唯心主义划分的界限，来看哲学的发展能不能有一个认识的路线，这个路线并不仅仅是所谓唯物主义有贡献，同样，唯心主义也有贡献。因为当时脑子里还是有一个唯物主义、唯心主义的框框，就想从这个地方打破它。1981年左右，我写了一篇文章，在《中国社会科学》登出来，主要是就传统哲学的范畴问题进行讨论，想从这个范畴问题突破原来的框框。开始有一个考虑，就是要摆脱教条主义的束缚。

到1983年，我有个机会去哈佛大学，当时是罗氏基金会(Luce Foundation)资助的。原来在80年代初，我主要是研究道家和佛教的，不是研究儒家的学者。到哈佛大学，正好杜维明他们在那个地方，他们都是现代新儒家，特别是传承牟宗三先生这一派的思想。我和他们接触到一个问题，主要是牟宗三先生提出来的："内圣之学"可以开出适应于现代民主政治的"外王之道"。这是他的一个命题。再一个命题是"心性之学"通过所谓"良知的坎陷"，可以出现一套认识论的系统。有这样两个基本命题。我在那边看了他们的一点书，但是我对这个事情总有点怀疑。我的怀疑是从什么角度呢？就是：民主和科学是西方的东西，为什么我们总在借助这两点来讨论中国的哲学呢？为什么非得走这个路子，来考虑中国哲学可能有的贡献？

正好那个时候，在加拿大蒙特利尔开第17届世界哲学大会。这个大会特设了一个中国哲学的讨论组，这在之前是从未有过的。以前只有东方哲学的讨论组，混在一起。这一次是特别的。世界哲学大会这个会议非常大，好几千人参加，有好多组。由于这个是特设的第一个，所以参加的人非常踊跃，像大会主席高启（Cauchy）和国际现象学会的主席田缅尼卡（Tymieniecka），他们都参加了我们这个讨论会。参加这个会要写一个东西，我就考虑能不能走另外一条路子来讨论中国哲学，不要一定非抬出科学与民主来，不一定非要走这条路。当时我提出了“儒家第三期发展的可能性”这个问题。讲天人合一、知行合一、情景合一。我认为天人合一是讨论“真”的问题，知行合一是讨论“善”的问题，情景合一是讨论“美”的问题。可不可以从这样的路子来考虑中国哲学可以发挥作用的地方，而不一定非得从科学与民主这个角度去想。我的英文不太好，所以我是用中文讲的，杜维明做翻译。大会限制只能讲8分钟，可是我连翻译一共讲了近20分钟，大家好像很感兴趣。根据刘述先先生的记载，我讲完之后，大家长时间鼓掌。他们的评价是我讲得很清新，而且比较有实感在里面。在那个会上还有个插曲，现在来大陆的跟我们关系不错的有一位叫冯沪祥，他也常到我们北京大学来，他当时站起来提问题，说我听了你的演讲，觉得很奇怪，你怎么一句马克思主义也没有呢？我想了想回答说，马克思主义只有一条，这就是实事求是。我讲的都是实事求是的，就都符合马克思主义。

这件事给了我一个启示，就是要有自己的思想，不管你这个思想是不是完全正确，那也没关系，必须要培养自己的想法。这个文章后来在国内发表了，题目是《论中国传统哲学的真善美问题》。这个问题提出来的最大收获就是为后来考虑的：中西哲学到底有什么不同？当然中西哲学有很多相同的，可是确实也有很多不同，你无论看亚里士多德也好，康德、黑格尔也好，他们都是要建立一个知识的系统，而且他们也都讨论真善美的问题。可是中国哲学，当然也讲真善美，但是它主要的是要追求一个人生境界，我觉得这是最大的不同。所以第二篇文章《再论中国传统哲学的真善美问题》，我就讲这个问题。至少这个问题是我自己的想法了。

研究这个问题以后，我看到余英时写的书，提出中国哲学和西方哲学有一个不同，西方哲学是以“外在超越”为特征的，中国哲学则是以“内在超越”为特征的。我觉得这个提法非常有道理，可以和我的想法，即中国哲学是追求一种人生境界，而西方哲学则是追求一个知识体系，会有关系。因此我就去研究内在超越和外在超越的问题，写了四篇文章。我写这个有一个想法作为背景，中国社会从古代到现在，基本上是一个人治的社会。这个人治的社会是不是和我们的哲学内在超越的特征有内在的关系。因为所谓内在超越，它是靠自己内在的心性修养，可以超越自我、超越世俗环境，不需要靠外力来帮助。而西方不一样，从柏拉图开始，后来有基督教哲学，基本上是外在超越的东西，都有一个外在的标准在那个地方。内在超越可能会产生人治的问题，外在超越可能有利于法治的建立，会不会是这种情况？所以我研究儒家、道家和佛教，可能它们都是以内在超越为特征的学说。当然它有它的意义，在道德、心性的修养上面。可是它有它的问题，就是它容易走向人治，而不容易建立法治的社会。我就提出一个设想：我们在哲学上有没有可能，把以内在超越为特征的哲学和以外在超越为特征的哲学，在一个更高的层次上统一起来？有没有这个可能性？当然这个问题我没有解决，哲学的同行们也都没有解决，都在考虑。

这就是说，研究学问，不仅是哲学，要具备一种“问题意识”，就是你想到一个问题，能不能解决它，而这个问题又是一个有意义的问题。比如为什么中国经历了长期的人治，而法治很难建立起来。大家可以看到，到现在我们也很难说法治已经建立。这跟我们的传统应该有关系。

在这个问题提出之后，又碰到一个问题。国际现象学会的会长田缅尼卡在一次演讲中提到莱布尼兹。莱布尼兹是一个大哲学家，二进制是他发明的。但是现在有一个误解，认为他的发明是受了我们《易经》的影响。这个是不正确的。他已经有了二进制的思想，后来看到《易经》，觉得与他的思想相合，事实上是这样的状况。田缅尼卡是现象学会的会长，她讲到莱布尼兹有一个观念，叫做“普遍和谐观念”，她说这个普遍和谐观念是受到了中国儒家思想的影响。我就非常好奇，这就要研究莱布尼兹这个观念是不是真的受儒家思想的影响。我找了很多文献，请教了很多人，很难找到直接的证明，说他受到儒家什么样的影响，很难找到。但是他的哲学，和谐观念是非常强的。因为他讲单子论，这个单子本来就是和谐体。这就启发了我，是不是和谐观念应该做一些研究。所以在80年代末、90年代初开始，我写了几篇文章，讲和谐，儒家讲的和谐、道家讲的和谐，还有佛教讲的和谐，还讲“和而不同”、“太和”这样一些东西。

所以会有这样一种契机，常常你去听一个演讲、看一本书，会给你提出有启示的一个问题，你应该去研究它。比方说这位学者提出一个普遍和谐观念来，我就想这确实是一个问题，特别是他认为这和中国儒家有关系，更使得我有兴趣去研究。我想做学问，很可能你们都会遇到这些问题。也许从哪一个地方得到一个启示，就可以有一个问题，去研究它。其实我虽然不敢说自己是哲学家，大概我是经常思考一些哲学问题的，比方说普遍和谐问题、内在超越问题、范畴问题等。

进入 90 年代，亨廷顿提出的“文明的冲突”也引发了一场讨论。在中国，第一篇批评亨廷顿的文章是我的文章，在《哲学研究》上登出来的。这以后我对文化问题也很感兴趣了，在这个方面做得不少。由于做文化方面的研究，就想到一个问题。在公元前五六百年的时候不是出了一个“轴心时代”吗？这一时代，在不同的地方出现了一些大思想家。在希腊、印度、中国、希伯来，实际上还应该有波斯，这些地方都出现了大的思想家。我想到那个时候出了那么多思想家，到了 21 世纪，有没有可能再出现一个“新的轴心时代”？我是在 1998 年费孝通主持的一个会上把这个问题提出来的。正好这一年，在美国、法国也提出了这个问题。为什么我当时想到这个问题呢？就是想展望 21 世纪，有没有这个可能性。我从两个角度来考虑这个问题。一个是从全球化的角度来考虑，第二次世界大战以后，许多殖民地的国家要独立，要独立一定就要发展它自身的文化，从这个角度会不会出现一个蓬勃发展的、多元文化的局面，我最近出的一本书，就叫《新轴心时代的中国文化》。

再后来我就去研究诠释学了。现在在我们国家，乃至全世界，无论哪一个学科，人文学、社会学的学科，很多都在利用诠释学。文学、美学、哲学、宗教学、社会学、民族学，很多都是用诠释学的方法。正好 1998 年是北大一百年的校庆，我就写了一篇文章：《能否创建中国的“解释学”?》。当时我的想法是，中国对经典的诠释可以说比西方对经典的诠释的历史要长。至少在战国时期，我们就有一些诠释的著作。比如，《易传》诠释《易经》，特别是《系辞》，我认为它是一种哲学的诠释。再如《左传》诠释《春秋》，

《春秋》里“郑伯克段于鄢”，就那么几个字，《左传》用七百多字去讲这个东西。这是一种历史叙述性的诠释。还有韩非的《解老》、《喻老》，这实际上是社会运作型的诠释。就是说，在战国的时候已经形成了各种不同类型的诠释。所以在第一篇文章把问题提出来之后，我写了第二篇文章，分析战国时候经典诠释的类型，讲这个。这样，可不可能在中国建立起不同西方类型的中国诠释学来？这个我也受到了一点启发，就是在隋唐时期，我们建立了几个中国化的佛教宗派，像华严宗、天台宗和禅宗这些。它们为什么是中国化的？特别是禅宗、华严宗，主要是把中国思想加入到佛教里面去了。比方说禅宗，老庄尤其是庄子的思想对它影响非常大；魏晋玄学对华严的影响也非常之大。今天如果我们把中国的思想和材料加入到西方的诠释学中间，会不会有一种中国的诠释学出现？

这不仅是我一个人的研究，现在至少有四五家在做。一个是已经去世的美国学者傅伟勋，他从方法论这个角度来讨论诠释学，把诠释分成了五个大层次，我觉得分析得不错。现在在我们哲学系讲课的成中英教授，他开了一门课，叫“康德与孔子”，不知道大家去没去听。他是讲“本体诠释”，主要是从《易经》、从本体论这个角度来进行诠释的。除此之外，还把我和台湾大学的黄俊杰都算成各成一派。我们在考虑诠释学的问题。我自己的想法，在中国有没有可能出现这样一种状况，就是在隋唐时候，我们受到印度文化的冲击历经好几百年了。在这个情况下面就出现了中国化的佛教宗派。那么一两百年来我们受西方文化的冲击，这之后会不会出现像隋唐时期那样“中国化的西方哲学流派”？有没有可能性？我想这个是可以研究的。我们首先就可以从诠释学这个角度来考虑，因为中国有非常长的诠释经典的历史。我最近在编《儒藏》，编《儒藏》先要编目录，像《周易》的注释，我们在目录上能收集到的就有两千多种；《论语》有三千种的样子。注释非常丰富。我们有那么多的注释，每代又不同，应该可以去研究它。为什么我现在做《儒藏》？一个是我自己年纪大了，再要出新思想很不容易了，已经不敢去想了，干脆就做材料的工作，把儒家的经典做一次整理，供大家去研究。大概我自己做了这么些事情。

做这些事情我有三点体会，一点就是我开始讲的，一定要有非常好的、扎实的国学和西学基础，必须这样才行。如果你想要在学术上做出比较大的成绩的话，没有这一条是绝对不行的。

第二条，要敢于想问题，就是要有个“问题意识”，而这个问题是当前非常重要而且大家都会觉得它重要的问题。比如说 80 年代我就考虑和谐的问题，现在建立“和谐社会”，大家都开始考虑了，其实早就在讲这个问题了，对不对？比方内在超越的问题，为什么考虑它？就是要解决中国怎么样走向一个法治社会的问题，不能老停留在人治社会上面。这跟我们的历史传统到底是什么关系？我们怎么解决它？有没有可能建立起一个更高层次的哲学思想，这个哲学思想能把内在超越和外在超越统一起来？有没有这个可能？所以必须有一个问题意识才行。所谓问题意识，就是你必须用一个新的眼光来看学术的发展。

第三，我觉得是要不断开拓你的学术领域，搞哲学的不能只是搞哲学，很多东西你都应该去关注它。当然你不一定去研究它，但是你一定去关注它才行。你的眼界要非常开阔。眼界开阔有一个条件，就是要有相当好的外语水平，你要直接去看外文著作。我最近碰到一个问题——因为我的外语并不太好——比如《共产党宣言》中有一句话，提到要“同传统的所有制关系实行最彻底的决裂”，“同传统的观念实行最彻底的决裂”。到底翻译得准不准确？这个英文是差不多，但是你要去看德文到底是不是这样说的。如果翻译得是准确的话，那就是说从《共产党宣言》开始就有问题了，不可能跟传统观念、传统所有制都决裂的，这是不可能的。特别是现在，我们已经看得非常清楚了，做不到。我怀疑这可能是翻译错了。这样的问题就需要有相应的外语水平，你才能来考虑。有些东西是需要怀疑的。所以做学问不能单一，你搞哲学的应该弄点文学，弄点经济学，甚至还可以做一点社会学这方面的了解。这样你的眼界就可以开阔。在这个过程中，要开阔，就有一个外语的问题。还有一个就是要花一点时间跟别人讨论。现在我们讲“文明对话”，是吧？要多与别人进行对话。2002 年伽达默尔去世之后，有人写怀念他的文章，说到一点，即伽达默尔最后有一个思想，就是要把“理解”提高到“对话”的层面，要讲这个。理解常常是单向的，我理解你，对不对？他认为那是不够的，真正的理解要在对话中间才能取得，因为对话才能达到主客是平等的，这样才可以真正地在思想上沟通起来。这是伽达默尔最后的想法，怎样把理解提升到对话的层面。我觉得他的想法是有道理的。我随随便便讲这些，大家有什么问题我们可以讨论。

主持人：谢谢汤先生给我们做了这么长的精彩演讲。下面是提问时间。

提问：汤先生好！我是中文系的研究生。胡适先生曾经给年轻学生开过一个国学基本书目，我看过一些，觉得过于高深。对于我们想要在国学方面寻求治学门径的青年学生，您能不能开一个书目，或者说有什么建议的阅读次序？

汤一介：现在跟过去有很大不同，现在有电脑了，所以很多东西你不必去背。不过我觉得像《论语》、《孟子》、《荀子》、《老子》、《庄子》这些基本的，还是应该读一读。你读它，就会对这个书有感情。对于中文系的同学，特别是诗词这些东西，你必须去读它，而且还应该读出声调来，你就会对它有感情。文学这种东西，如果没有感情，是学不好的。读这些东西的时候，你必须注意当前发现的新材料。比方说郭店出土的儒家的那批材料，如果你不知道，对儒家的一些思想你就抓不住了。比如说“情”的问题，在郭店竹简里可以了解到。《性自命出》这一篇里，头一句就是“道始于情”。过去我们总觉得儒家讲“情”并不特别多，现在你看了郭店竹简，马上就可以了解到“情”对儒家思想的影响之大。所以你读原来的经典，一定要注意新出土的文献。我自己写了两篇文章讲郭店，一篇就讲“道始于情”，还有一篇，对《易经》的定性实际上在郭店竹简里就已经有了。它讲诗、书、礼、乐、易、春秋，六经它都讲了。关于《易经》，它说“易，所以会天道、人道”。它是要把天道人道所以会和的道理讲出来。就是说，它把《易经》定性为讲天人关系的问题。我想胡适提的书目确实太多了，我也没读他说的那么多书。(笑)

提问：汤先生您好，我是文献学的博士生。我想向您请教一下，您怎么看待中国传统中的“家法”这个问题？另外，现在很多人都在做《论语》，您应该很早就做过《论语》的研究，对于现在传媒、学界中的“论语热”，您怎样看待？

汤一介：关于“家法”的问题，现在很难传承了。你看三四十年代那些大师，像熊十力、冯友兰、钱穆，几乎都没有什么传承。在现代社会中讲这个很困难，我觉得也没有必要了。我自己的孩子他们都学理工科了，他们觉得我这个学科在“文化大革命”及以前都是没有标准的，怎么说都行。学理工科，一加一就是等于二，标准很清楚，所以他们都学理工科去了。现在稍微好了一点，但还是有问题，最近所谓“八本书”的问题也弄得很厉害，这些都没有必要。关于于丹讲《论语》，报纸上也访问过我，我觉得他们讲的只要对人们有益应该可以讲，对不对？不要说非得跟原意一样才行。《论语》的注释，照日本人的统计，总共有三千多种，这里面错误也不少。包括康有为，他也用了受西方影响的解释了，显然跟孔子原来的想法并不一定一样。特别是现在我们社会风气不太好，比如像孝顺父母这一方面不太好，讲一点这个也可以。讲点应该孝顺父母总可以吧！报纸上说有十个博士反对于丹，我觉得不必反对，你可以讲你的，她可以讲她的，不对的可以批评，但是不能不让别人讲。总之，只要对社会没有害处就可以，不要限于用严格的学术标准来考虑这些问题。

提问：汤先生您好，我是中文系的硕士生。您刚才讲到您父亲让您读《哀江南赋》，我想这可能跟他们那一代学者对中国命运的关切有关系，他希望通过这些阅读，把这种家国情怀传承下去。您自己关注的文化认同问题、建立中国诠释学的问题，是不是也有在这个多元化的时代重建中国文化的根基，加入到和西方的讨论中这种关怀在里面？

汤一介：如果我们回顾这一百年中国文化的历史，它一直存在着一个“中西古今之争”。所以我写过一篇文章，提出要“走出中西古今之争，会通中西古今之学”，应该朝这样一个路子上走。借用冯友兰先生的话，可以有三个“接着讲”（当然不止是三个）：一个是接着西方哲学讲，就像在隋唐时期我们接着印度佛学讲。第二个是接着自身传统文化讲，这就和照着自身文化讲不一样，它的条件之一就是很好地消化和吸收西方哲学，就像我们宋明理学很好地消化印度佛教文化一样来做。当然有中国的特殊情况，就是马克思主义的问题。我们应该“接着马克思主义讲”，不能是“照着马克思主义讲”。要把中国的思想加入到马克思主义中间去，让它有所变化，就像现代的西方马克思主义一样来考虑问题，因为毕竟马克思所处的时代离现在一二百年了，很多都不一样了。所以至少有三个“接着讲”，其实跟隋唐时期差不多，就是接着印度佛学讲。像韩愈他们又企图传承自己的文化传统，对不对？为什么要传承自己的文化传统？就是因为感觉到佛教的压力太大了。同时还有一支，把佛教的文化融入到中国文化里面来，这个大家大概没有太多地去注意。在唐初，出现了“重玄学”。魏晋是玄学，讲一个否定；重玄学是讲两个否定。重玄学现在大家不大研究它，它的思想结构跟宋明理学程朱学派基本上一样，讲“道”，把“道”讲成“理”，甚至讲成“实理”。“理”，然后讲“心”，“性”，然后讲“气”，这四个概念。它的思想方法的来源是从所谓佛教的“三论宗”来，但它很好地吸收了印度的东西。这样一个思想现在有人研究，要把它跟宋明理学联系起来做考察。隋唐时有三个“接着讲”，我们现在好像也应该有三个“接着讲”。

提问：您所说的“接着讲”，是接着朱熹、王阳明或者以下讲，还是接着孔子讲呢？我个人认为应该师承孔子来讲，因为孔子以下已经“儒分八家”，接着其他人讲可能会越走越远。

汤一介：你讲的有一点道理。比方说西方的文艺复兴，这就是回归到古希腊，把古希腊作为起点。中国的宋明理学，它要回归到孔孟，作为它的起点。但是它只是个起点，它不是终点，因此孔子以后的那些东西也应该了解，不能说我只是了解孔子思想，后来的孟子、荀子、董仲舒、王弼都不了解。这些都要知道，才能真正好地回归到原点去，对不对？这个并不矛盾。你当然可以不去管后来的注释，直接跟《论语》对话，这是没有问题的。但是你非常可能走弯路，你的解释可能两千年前早就有人想到过了，对不对？你不了解人家后来怎么讲的，这是不行的。

提问：汤先生您好，我是元培计划的本科生，我有个问题想请教您。我们这一代人基本上小时候没有深厚的国学功底，也没有机会在 20 岁左右去国外接受西方的影响。当我们进入一个需要很多积淀的学科，比如中文，这需要我们投入大量的精力，而不能广泛涉猎其他领域。在这个矛盾上面怎样进行平衡？

汤一介：我觉得像学校或者各个系应该来帮助你们扩大知识面，提供各种各样的讲座来解决这个问题。我在哈佛大学不长的时间，每天都有很多个讲座，你可以根据自己的时间和兴趣来自由地选择。我觉得北京大学每天也应该有很多讲座。我看上海的《文汇报》，每个礼拜全市有哪些讲座都是登出来的。最近这个报纸上林毅夫写了一篇文章，叫做《中国经济学》，就是说21世纪中国应该出经济大师，他讲他的想法。就是我们不能老是以西为师，他们的经济学并不能完全解决我们的问题。这些讲座你都应该去听，这是一个方面。元培计划，原来我给学校提的建议是读经典，你必须读中西好几个经典。当时我给他们的设计是要读西方的几个经典，一个就是亚里士多德的《形而上学》，一个是康德的《纯粹理性批判》，一个是黑格尔的《小逻辑》，你要读这三本书，老老实实用英文本读下来；中国的，你就读《论语》、《孟子》、《老子》、《庄子》，这个是最基础的东西，读经典。其他的课程都作为辅助课程，你可以开中国通史、文化史，都可以开，但是那个都是辅助，你必须读经典。还有读一些佛典。不过学校没有接受我的意见。后来中国人民大学开国学研究院，我又说你真的要培养大师的话，你开那么多乱七八糟的课，培养不出大师，大师就是要读经典。他们也不听我的意见。（笑）但我的想法是这样，在文科培养大师，必须要有中西经典的基础，最好还有印度经典，比方《奥义书》，读一点。这些是人类文化最重要的精神财富，你不知道它是不行的。我们没有认真提倡读经典，所以我们出不了大师。大家看三四十年代出了一批大师，从50年代以后我们没有出什么“大师”，至少我们哲学系是没有——李泽厚还可以算个哲学家。为什么？我们没有这个基础，你不能和外国学者对话。我出席国际会议很多，真的跟他们对话是非常困难的，因为我不了解他们的东西。这是我的想法，一个是多听讲座，现在也是有的，前一段我们哲学系就请了杜维明来讲，一个是关于大学理念，一个是关于文明对话。这些你都应该去听，花点时间少睡点觉就可以了。(笑)

原刊于《北京大学研究生学志》(第二期)，2007年夏季号

汤一介：正道沧桑

汤一介，1927年生于天津，原籍湖北省黄梅县。1951年毕业于北京大学哲学系。现任北京大学哲学系教授，中国哲学与文化研究所所长，博士生导师，中国文化书院院长、中国东方文化研究会副理事长、中国炎黄文化研究会副会长、中华孔子学会副会长。1990年获加拿大麦克玛斯特大学荣誉博士学位。曾任美国俄勒冈大学、澳大利亚墨尔本大学、中国香港科技大学、加拿大麦克玛斯特大学等校客座教授，纽约州立大学宗教研究院研究员；1996年任荷兰莱顿大学汉学院胡适讲座主讲教授，1997年任香港中文大学钱宾四学术讲座主讲教授。曾多次开设以下各门课程：中国哲学史、中国近代思想史、魏晋玄学、早期道教史、佛教经典选读、现代中国哲学专题。著有《郭象与魏晋玄学》、《中国传统文化中的儒道释》、《汤一介学术文化随笔》、《当代学者自选文库：汤一介卷》、《佛教与中国文化》及学术论文二百余篇。

一个已经八十岁的老人，却要着手编纂最浩大的书籍工程。一位风烛残年的学者，却要继续奉献自己的光和热。汤一介，北京大学教授，我国著名的哲学家，就在这条道路上摸索着行走，恐怕也将在这样的道路上完结一生。

汤一介先生出生于1927年，他的祖父是清朝的学问家汤霖，父亲是我国近代著名思想家汤用彤。从小他便生活在一个相对闲适安逸的环境下，也因家学而博览群书，而他在慢慢成长起来后，并没有被家中安适的生活所羁绊，而是投身于社会，积极地参加各项活动，并且因此被学校开除了几次。这使汤一介更深刻地探索人生的问题，生死、善恶这些并不是青年人所能顾及到的涉及内心层面的东西。

很多人觉得哲学这东西太过高深，不比自然科学来得实际，总认为研究哲学是在寻求镜中花、水中月，就像是在茫茫的大海里捞针，或许有目的，却无法实现。的确，哲学研究的道路是崎岖而不专一的。自然科学里不论研究什么，是一种殊途同归的选择，但是哲学不一样，这是站在不同的立场上给出不同理解的学问。很难说一个观点的对错，因为不论是什么观点，在哲学上都会有或多或少的依据。很多人在面对这个问题的时候，他们选择了放弃，放弃了自己对于生命和人性等的重新定位。

汤一介也和大多数人一样，有着很好的选择的机会。但是当他面临抉择的时候，一句话深深地影响了他，那就是从祖父开始留下的家训“事不避难，义不逃责”。他毅然地选择了哲学，这个几代人为之奋斗的事业。他用自己从小锻炼出的深邃的思想和积极的探索，为中国哲学道路增添了几分亮色。

而在他七十七岁的时候，他领受了一项浩如烟海又繁冗复杂的工作，主持编纂《儒藏》。道家有《道藏》，佛家有《佛藏》，千百年来，中国人一直在追求自己的一个文化宝库，一部《儒藏》。明清两朝的时候，就有人试图去努力，但是都因种种原因不了了之。而今汤一介以古稀之年来编纂这个集中华文化之大成，并加以重新阐释、定位的大书，这是怎样的执著。要知道，一部《儒藏》几乎囊括了从古至今儒家学说的全部内容，大约要一亿五千万字才能完成。这样的工作就是交给年轻学者，恐怕也会为此而至两鬓斑白，而汤一介已经是近八十的人，这种生命理想般的追求，恐怕是其他人难以做到更不敢想象的。当初钱钟书八十岁的时候，有人找他翻译作品，他拒绝了，因为在他看来，那是慢性自杀。面对几乎相同的事情，汤一介承担了，所不同的是，这份任务更重。

汤一介的家在北大，他的心也被牢牢地拴在北大。在这里，他结识了钟爱的夫人。他的夫人乐黛云女士是我国著名的比较文学专家。两位老人从年轻时的相互依偎，到年老时的相互扶持，结下了不解的缘分。特殊时期，两人分别被扣上了“黑帮”和“极右派”的帽子，却又相互鼓励，度过了人生最困难的那段时间。如今已是五十多个春秋，两位老人至今还经常行走在未名湖畔，相扶相牵。

在汤一介最艰难的时期，有乐黛云相伴身边，而他始终难忘的，是自己终于一直做了自己想做的事业。用他的话说“回顾我这一生，没什么值得遗憾了”。这是一个睿智老人的豁达，也是对丰富人生经历、对宇宙万物的洞悉后，一种深刻的体会。编纂《儒藏》的道路还很长，而国内的中青年学者又不能对古代文化有极好的掌握，因此，我们愿意祝福汤先生，希望他福寿绵长。

正道沧桑

雨后的朗润园，显得静谧而深邃。八十岁的汤一介喜欢在这样的时候，坐在湖边静静地沉思，汤一介是中国当代著名的哲学家，他用毕生的努力来成就自己的哲学梦想，然而对于哲学家这三个字，他却格外敏感与珍视。

北京大学图书馆，北大文库，这是汤一介景仰和钟情的地方。

汤一介望着胡适先生的照片，笑道自己并没有和他谈过话，通常胡适先生去他们家是去找他的父亲；而自己也与他的课无缘，只是有幸听过他的演讲。相对而言，汤一介和冯友兰先生的接触比较多，冯先生是他的师辈。

在这个巨大的图书馆里，珍藏着北大历史上著名学者的思想和著作，有胡适、冯友兰，还有汤一介的父亲汤用彤。在汤一介的眼里他们才称得上是真正的哲学家，他们的成就自己难以比肩。冯先生他们也正是运用西方哲学思想来对中国哲学进行研究的那一批学者，对中国哲学的发展起了巨大的推动作用。而在汤一介眼中，也只有冯先生、熊十力以及他的父亲他们才称得上真正的大师，他们的思想与学术是真正值得去研究的。

前辈先贤已经成为历史，2003 年，汤一介已是七十六岁的老人，这一年，他被任命为国家《儒藏》工程的首席科学家、总编纂，这项集录中国历代儒家思想文化经典的浩大工程，要耗时十六年，对于汤一介而言，是不可为而必须为之的梦想。

在汤一介的八十岁寿辰上，他曾讲过，时光倒流五十年，或许他能成为一个哲学家；而现在，他已经七十九岁，已经不能成为一个哲学家了。

汤一介之所以能在如此高龄的时候来担任首席科学家，是源于他的人品、经历、组织能力以及在中国哲学界都有极好的口碑。汤一介担任此重任是自然而然的，北京大学副校长吴志攀如是说。

《儒藏》的编纂还在继续，但是汤一介告诉我们，中国传统文化历史上的三家之中的佛教经典早就编成了《佛藏》，而《大藏经》是中国佛教的经典大成。完成于 1938 年的《汉魏两晋南北朝佛教史》是至今无人超越的现代佛教经典，作者就是汤一介的父亲汤用彤，他用了整整十五年的时间创作完成，在战乱岁月也是几经周折才得以出版。

1918 年，汤用彤远赴美国攻读西方哲学，回国后，却一生致力于国学的研究。汤一介知道，父亲的成就他此生无法达到，已是耄耋之年的他要全力以赴的只能够是《儒藏》。

在汤一介看来，这一个伟大的工程必须由中国人来完成，这是他们义不容辞的责任。当这个工程完成之后，它的意义也不仅仅是局限于中国，《儒藏》的意义是世界性的。日本的一个名叫岛田谦次的学者，也认为孔子的精神文明不仅仅是中国的精神文明，也是全东亚的精神文明。

1927 年，汤一介出生在天津的一个书香门第。十岁那年，父亲汤用彤让他背诵《哀江南赋》，告诫这个喜欢思考的孩子，不要追求功名和安乐。

汤一介没有见过自己的祖父，但他的祖父给这个孩子留下了一句遗训："事不避难，义不逃责"，告诫汤用彤以及汤一介，做事情不要逃避困难，也不要逃避责任；祖父还留下一张拓片，光绪十六年的进士碑的拓片，上面有他的名字。那块进士碑迄今依然搁在孔庙里，只是风化了，上面的字迹已经模糊不清。

每一个家族，都有一种家风。对于汤一介而言，家风的缘起应是从祖父开始，教书、做学问这应该就是汤家的家风了。父亲秉承祖父的家训，一生治学严谨，治学的家训也让汤一介从小就对深奥的哲学萌发了兴趣。

1937 年，北平失陷后，担任北大教授的汤用彤举家来到昆明，在新成立的西南联大继续他的国学教育。十岁对于一个孩子来说，已经是有了清晰的记忆和自己判断是非价值标准的年龄，在动荡、耻辱、奔波中，汤一介用诗写下了关于哲学的思考：

> 谁带给我一阵欢乐
> 难道死亡是痛苦
> 谁不信春天死了　来的不是夏日
> 谁不信母亲生我
> 在世界上就要增加一座坟

十年之后，汤一介二十岁了。但战争和动荡还没有结束，残酷的现实，磨炼的是一个青年的心志。战乱的环境，让这个青年忧国忧民。而他思考得更多的，却是人生的意义到底在什么地方，难道就仅仅是为了穿衣吃饭，存不存在这样一个更高的要求？而这个要求到底又是什么呢？

1946年底，北平发生了“沈崇事件”。那时的汤一介在北大先修班，沈崇也在那个班，他们是同学，但是彼此并不相识。那年的圣诞节，沈崇在东单广场被美国士兵强奸了。学生们在东单广场静坐、示威、游行，要求美国兵撤出中国。

就在这一年，汤一介写下了《论人为什么活着》，这是深邃古老的哲学命题，这时的汤一介已经坚定自己要成为一个哲学家。

1948年，战争在继续，东北全部和华北大部已经全面解放，国民党的统治已是风雨飘摇，而此时的北京大学当然也无法平静。

在1948年12月的某一天，国民政府发来了很多封电报，催促胡适赶紧到南京去。胡适留下了两封信，一封给当时的秘书长郑天挺，另一封则是给汤用彤。内容则是，胡适要离开北大南下，现在无法与大家告别，北大的事情就委托郑天挺和汤用彤照顾。

17年前，胡适把汤用彤请到北大担任哲学教授，而17年后的1948年，汤用彤却面临着人生中的一次重大抉择。

很快，南京政府也派飞机来接汤用彤等一大批学者，可是他们都没有选择离开，诸如冯友兰、贺麟。虽然他们都是国民党员，但他们都没有走，汤用彤当然也留了下来。

汤用彤选择留下来，在北平继续国学的研究和教育，也就在这一年，汤一介考取了北大哲学系，此后，父子两人再也没有离开北大。

1949年，是一个全新的纪年，是一个让人能够彻底沸腾的年代。1952年，全国高校院系调整，除北大以外的哲学系都被取消了。

汤一介告诉我们，从1949年开始，他们就无法再自称哲学家了。只有马克思、恩格斯、列宁以及斯大林和毛泽东能称得上是哲学家，伟大的哲学家，而他们这些学哲学、教哲学的学者只能称作哲学工作者。哲学工作者的任务就是对哲学思想进行解释，他们只能解释思想。

北京大学，未名湖畔，每天黄昏时分，人们都会看到汤一介和妻子乐黛云相伴散步的身影，他们在这所学校已经生活了整整六十年。汤一介家中放着的一个鼎，便是他们结婚的时候全班同学相赠的。2002 年，他们在瑞典过了他们的金婚纪念。

1952 年，汤一介和乐黛云在北京大学建立了自己温馨的家庭，妻子乐黛云是中国比较文学界的知名学者。

这是一个幸福的知识分子大家庭，秉持治学的家训，但是随后而来的一场风波，却打碎了这个家的温馨与宁静。

乐黛云回忆说，在反右期间她正好生下孩子，而满月之后就被揪了出来，被冠以潜伏得最深的右派，那个时候是 1958 年 2 月。那个时候正值反右已经要过去，而乐黛云时任党支部书记，这样她就成极右派了。

汤一介那个时候正在大兴县乡下劳动，听闻这个消息之后，他很快就赶回来了。汤一介是一个不愿意求人的人，但是他考虑到妻子的身体，孩子还在吃奶，他还是去了，去找当时的江隆基副校长，恳请他能不能让乐黛云稍微晚点再去。最后上面下达了让乐黛云 8 月份再去劳改的决定。

当汤一介再一次回到家的时候，乐先生已经被押解走了。他看见自己的儿子，一个人睡在一张小床上，没有人看管，他很难过，含着眼泪抱着自己的孩子就走。他当时想，人，怎么那么残忍……

和其他家庭相比，这个家庭显然过早进入了不幸，1964 年，七十二岁的汤用彤带着遗憾离去，他最终没有完成一生的追求——《隋唐佛教史》的编著，这个愿望在十五年后由儿子汤一介最终整理完成。当站在父亲墓前告慰父亲的时候，汤一介整整地失去了二十年的时光，也整整困惑了二十年的时光。

“文化大革命”开始的时候，汤一介是“黑帮”，冯友兰先生是“反动权威”，经常一起接受红卫兵们的批斗。“文化大革命”后，汤一介问冯先生，在这样的情况下，为什么还可以站得住？冯先生告诉他，他在心里默默地念六祖慧能的一首佛偈“菩提本无树，明镜亦非台，本来无一物，何处惹尘埃”，他想，你们批吧，没有意义，他根本就不在乎。

曾经的动荡岁月，让汤一介失去了人生的方向，但是在走过之后，他从哲学的制高点，也找到了看待命运的新角度，他必须独立思考，正面地迎接挑战。

早在清代之前，《道藏》和《佛藏》就集典成书，而中华民族文化的精髓《儒藏》，却一直无法完成，明清两代虽有学者提出，但都因工程浩繁，当时的国力无法支撑而告吹。

汤一介介绍，《儒藏》的精华编，一共是要七年才能完成的一部巨著，要出一百本，足有一亿五千万字。而收录儒家的典籍一共有四百六十部，或者还会更多。这是一个很迫切的任务，因为在将来的日子里，对古籍研究和整理的人才会越来越少。

汤一介已经八十岁了，可人们看到的是他忙碌的背影。

乐黛云说，这是一个很大也很伟大的工程，可是她觉得汤一介会因为这个工程而把自己的生命耗尽。汤一介是热爱北大的，近年来，北大文科不再如以前一样可以统领全国，而且还在走下坡路，而汤一介希望这样一个工程可以使北大的文科再振声威。在北大这么多年了，他对于北大的感情是无比深厚的。

关于我的父亲

父亲对我的影响是潜移默化的。

那个时候，父亲已经在他的领域有了很多出色的表现，他是一个真正的哲学家，但是我和父亲的交流很少。在人生经历、在哲学梦想的追求中，父亲对我的影响却是非常大的。如忧国忧民的思想，他在家中常常念《哀江南赋》，表达他对国家衰败的一种感慨与痛惜。他也常常让我诵读，但是并不是强迫我去读它，而是在他的要求下，我也在他的感染下，自己就常常地去读。又如做学问的那种勤奋也是对我产生了巨大的影响。那个时候在北平，20 世纪 30 年代，他一个人住在家中的前院，每晚写作到深夜两三点。他的身体就是在那个时候搞坏的。他日以继夜创作的就是日后的《汉魏两晋南北朝佛教史》。这本书现在大家都当做经典著作来读，因为我父亲的每一个论断都很可靠。胡适先生他们都很推崇这本书，认为这是难以推翻的，季羡林先生讲，这是一个高峰。

虽然父亲很少过问我的学习以及生活，但是他知道我爱好哲学。那个时候，我也去上我父亲的课，主要是西方哲学，我在他的课程上成绩也不错。父亲讲西方哲学讲得很好，他依照西方哲学思维脉络来讲，有着西方哲学的原汁原味的精髓在里面。在他的全年级发布会上，他的学生们，包括汪子嵩、张岂之都来听他的课。

我的父亲给我取这样一个名字，我想他确实包含了一些期望在里面。一介，一介，应该是希望我做一介书生。我的弟弟名叫一玄，父亲在研究魏晋玄学的时候起的名字。可是我辜负了他的期望，我做的远远不及我父亲的成就。一方面我的基础不如他们这一代人，他们往往在私塾读书，有很好的国学基础，而后出国留学，也有很好的外文基础，他们的视野也很广阔，他们去接触了另外的世界；另一方面，可能我自己的领悟力也不够，而我们的时代也没有允许我们去深入研究，在人做学问的黄金时代，就是三十到四十岁之间，我们去搞了运动。

80年代初，我开始授课，开讲就是魏晋玄学，后来出的第一本书也是魏晋玄学的书。父亲想再写一本关于隋唐佛教史的书，但是没有写完就去世了，只有一个稿子，没有最后的定稿。我希望能完成他的这个心愿。父亲有几十本的笔记，全部都是用来补充隋唐佛教史的。开始的时候，我在考虑自己究竟能不能做这个，因为要研究佛教，要把佛教研究好，必须要有好的语言基础，你必须懂得梵文、法文、德文等多种语言，我们后来的这一批学者都缺乏这种能力。我后来还是完成了，我整理了他的稿子，补充了一些材料，把这本书出版了。

希望我所做的一切能告慰父亲。

关于我的哲学人生

我有一个哲学家的梦想，我的一生都在努力追寻这个梦想，并最终拿到了一个哲学家的称号。

我的哲学梦想始于1945年前后。1945年我从重庆南开中学回到云南昆明，那时候就没有上学了。在家中阅读了一些和哲学有关的书籍，例如中国的四书五经，也阅读一些相关的佛经。那个时候就产生了一种情感，想要好好地来了解这样一个哲学的世界。在阅读中国古典哲学的时候，也读了一些西方哲学书籍，诸如斯宾诺莎的《伦理学》等。

其实当时我对文学理论也很感兴趣，因为那时候我没上学，我父亲就让北大教文学批评的钱学熙教授，单独给我教英文。因为他是搞文学批评的，所以那时候我受他一些影响就对英国文学，特别是对英国文学批评有兴趣。

钱先生带着我阅读了一本英文小说，叫做《紫罗兰姑娘》，这本书对我的影响很大。这本书的作者说，有个导演依照这本书拍了一部电影，但是拍完之后这个导演很空虚，虽然这部电影很成功，但是导演却找不到属于自己的意义。在我看来，这是在对于人与人之间的距离进行思考。人与人之间究竟能不能够相互了解，难道人与人之间的距离就如同地球与猎户星之间一样远？这都是哲学上可以思考的问题，或许就是这些类似的哲学命题在促使我去思考与探索。

关于我所写的那一首诗，其实就是对于生命的存在与消逝这个问题的一种考虑，这首诗也不是所谓的诗。当时有一位很著名的诗人叫做林庚，他在《文学评论》杂志中写下了一首诗叫做《生》，写的是人的出生。我在一旁写下了《死》，我当时的感触是，从哲学的角度来看，这是没有觉悟的，你只看到了生，而生是降临，死是归宿。

我当时对于北京大学有着很大的憧憬，很希望自己能够进去读书。

最初其实很想选择西语系，受到那位老师钱先生的影响，我对英国文学很是感兴趣。后来选择哲学，一方面我是觉得我的英文底子不够好；另一方面，我即使学英国文学，倘若对西方哲学只是一知半解的话，很难把英国批评史做好，不如直接学习哲学。

有两位老师到现在都还深有印象。一位是贺麟，贺先生，他教授我们西洋哲学史。他对于西方哲学研究，特别是康德、黑格尔的研究，那是一流的。他对于中国哲学也了解得很不错，特别是王阳明的思想。因为上他的课，也受到了他思想的一些启发。另外还有一个学者叫做洪谦。他也是做西方哲学研究的，而且是维也纳学派。

当时我对于中西方哲学的认识是：中国哲学有一个缺陷，有这样一个思想，它可能也很好，但是就不能把其中包含的道理非常清晰地分析出来，也并不论证。可是西方哲学它都有论证，一个哲学命题一定要论证它为什么这样。所以我开始研究哲学时，就觉得学习逻辑学很重要。我对逻辑学产生了兴趣，我学了三年关于逻辑学的课程，比如形式逻辑、数理逻辑、演绎科学方法论。有位老师对我影响也很大，叫胡世华。我学习三年之后，认识到要尊重中国的哲学，就必须先把西方的哲学学好，把逻辑学学好，才可以真正地把中国自己的哲学脉络理清。

我们原来并没有哲学这个词，当然我们有很多哲学思想，也有很多哲学命题，这是不容置疑的。但是我们国家的哲学并没有成为一个独立的学科，我们只有在学习经学、子学、史学的时候，才会接触到一些与哲学相关的命题。

当日本的学者把西方哲学概念引进，接着传入中国，我们这时候才考虑到西方有哲学这门学科。我们有没有哲学？我们就从经学、子学等这里发掘，然后发现我们也有哲学，我们也有丰富的哲学思想和哲学问题。

到20世纪初期，我们先开始做中国哲学史，为了证明中国有哲学，我们有这个历史，后来才有现代型中国哲学。

我对于我国哲学的产生，如何受到西方哲学的影响，今后应该如何的发展非常关注。我编了一套书叫做《20世纪西方哲学东渐史》，一共有十四本，我们只有了解了我们怎么受到西方的影响，然后才能知道我们该如何建立中国自己的哲学体系。

儒学是中国几大学派中最重要的一支。长期的封建专制统治，把儒学变成了维护统治、控制思想的一种工具，在早期是应该受到批判的。

我有一篇文章《再谈我们为什么要编〈儒藏〉》，我在里面就说到我并不认为儒学的所有东西都是好的，也并不认为它所有内容都是适合现代社会的，这一部分是需要我们重新去进行诠释的。真正地把其中的精髓提炼出来，传承中国的古典儒家文化，让更多的人了解儒学、运用儒学，这是儒学最好的发展。比如说当今的环保生态问题，那是很严重的一个情况，那么中国儒家文化里的天人合一的思维方式能不能对解决这个环保问题有所帮助呢?西方哲学讲究主客二分，就是把人作为主体而自然为客体，人去征服自然。但是中国思维模式不是这样的，存在天离不开人、人离不开天的关系。这是朱熹提出来的，天即人，人亦即天。除了环保问题，又如还有和谐问题，这在古代儒学研究中是一个很大的题目，讲的是对立与统一之间的关系。

虽然我至今没能成为哲学家，但是我却是爱玄想的人，如果有条件我将会把我的也许是有意义，也许是无意义的各种思想写下来，哪怕只是留给我自己看。

关于夫人乐黛云

在解放初期，我和乐黛云相识了。

她送了一本书给我，名叫《绞刑架下的报告》。那是捷克一个共产党员的领袖伏契克写的，他对人充满了爱。他临死以前，留下了给妻子的遗书：我是爱你们的，我也知道你们是爱我的。最后一句说：因为要死了，在我坟墓上放一个安琪儿是对我不公正的，不需要悲哀。这本书对我产生了很大的影响，就是一个人活着不是为自己，你要为别人，如果要为自己，你活着没有太大意义，至少意义很小。

而实际上她最使我记忆深刻的就是，“文化大革命”一开始的时候我就成为“黑帮”。“黑帮”就是每天挂一个大黑牌子劳动。劳动以后，晚上把我们关在北大哲学楼二楼里让我们写检查，总是十一二点钟才放我们回家。乐黛云每天晚上都坐在哲学楼二楼石坎上等着我，她就怕突然某一天把我们带到什么地方，从此以后就找不着了。所以她都是在那儿等，这使我非常感动。

而在后来的日子里，她一直陪伴在我的身边，无论是什么情况，她都没有从我身边走开。那种情感，对于我而言，一言以蔽之，是一种很深切的爱护。

关于乐黛云眼中的汤一介

与汤先生相识，是因为那个时候都是在团委工作，和他接触很多。

那个时候我刚从贵州来到北京，十八岁，很多事物都不了解，对于很多东西也不懂。第一次去天坛就是他陪伴我去的。他当时就给我讲解天坛的结构，讨论斗拱建筑，当时我什么也不明白，只是听他一句一句地给我讲解。我当时就受到了他的吸引，虽然他没有学过建筑，但是了解得这么的透彻，他的知识面很丰富。

后来就在一起讨论唱片。我在贵州的时候，当时是抗日战争的时期，有很多文化方面的进步。在贵阳的时候，西方的音乐唱片有很多，所以对音乐比较喜欢。一谈起音乐，他对那些音乐家，还有那种音乐各种不同类型，以及他们怎么欣赏都是如数家珍一般。所以我觉得这个人很了不起，他学哲学却懂那么多，所以对他印象很好。

那本书确实起了很大的作用，对于我和他之间那份情感的交流而言。

我非常主动地向他表达了我对他的情意。我把一本书《绞刑架下的报告》送给他，我告诉他，我很向往这样一种两个人的感情，完全是心灵的精神上的结合，而不是什么物质上的考虑。虽然我并没有明确地向他表达出来，但是我的意思已经很明显。而后，他也懂得了我的意思。我们彼此都希望能够找到这样的伴侣。

很多熟知他的人都知道他是看上去有些羞涩的青年，其实内心是很柔软的。他无法口头向我表达一些爱意，他的方式总是很哲理化的。一次在农场劳动之后，他拔下地上的小草放入我的口袋，说就把我放进你的口袋里。他很自然地表达这一切。

我们结婚生子，当以为一切都很幸福美好的时候，反右打碎了我们的梦想。

汤先生其实是一个很内向的人，有着自己的一种骄傲感，他从来不向别人恳求什么。但是，这次因为我和孩子，他去找了江隆基副校长，希望能过一段时间再让乐黛云去劳动改造，得到了批准。他对我的关心很多，很多时候都很照顾我的心情。当我从乡下再回来的时候，右派帽子还没有正式地摘掉，有一定的风险，但是他还是带我和孩子去天安门广场观礼了。回来之后引起了很大的争议，但是汤先生依旧不声不响，他就是这样一个忠厚的人。

在“文化大革命”那么一个非常的时期，我们俩依然抱定了在一起的决心，不像很多夫妻，都离婚了，这一点，于我于他，都是很宝贵的，都是很值得珍惜的一种真挚的情感。

他在更多的时候，有着自己的很独特的一种情感上的丰富与细腻，我很庆幸，自己能与这样的一个人相伴终生。

原收入王俊杰主编：《大型文化纪实电视节目丛书——回家》，北京，中国青年出版社，2007

汤一介：思想自由是最重要的

访问：马国川

我讲的都是实事求是，所以符合马克思主义

问：在上世纪70年代末至80年代初期，您在想什么？

汤一介：大概就是想，我们得做点什么事情，因为感觉到1949年以后在哲学研究上问题比较多。我们学习苏联的那一套东西，实际上把马克思主义教条化了，不利于我们中国的健康发展。

问：当时不仅是哲学，文学、历史等学科都受苏联的影响。

汤一介：比起文学、历史来，哲学尤甚。建国后进行院系调整，把全国的哲学系都并到北京大学哲学系来，全国就剩一个哲学系了，还请了两个教哲学的苏联专家，要我们学习苏联，听他们那一套东西，以斯大林的《论辩证唯物主义和历史唯物主义》为最基本的教材。特别是当时苏联有一个日丹诺夫，他关于哲学的观念和哲学史的观念影响了我们，使得我们整个哲学界都是按照苏联的模式来想问题。70年代末邓小平提出改革开放，解放思想，那我们应该做什么？我的一个学生金春峰提出要重新评价唯心主义，因为唯心主义在苏联是被全盘否定的，不仅是错误的而且是反动的，是为反动阶级服务的。

问：文章发表在哪里？

汤一介：好像是在《光明日报》上，大概是1979年或者1980年发表的。那时候我就有一个考虑：怎么才能使哲学研究特别是哲学史的研究突破原来的教条主义的框框？原来的说法是，哲学

史就是唯物主义和唯心主义的斗争史，前者是进步的，后者是反动的。我就想，能不能把哲学史看成人认识的发展史？

问：是人的认识史的发展，而不是两条路线的斗争。

汤一介：既然是人的认识史的发展，不仅唯物主义会提高人的认识能力，唯心主义也可以提高人的认识能力。比如从西方哲学讲，当时都认为黑格尔是唯心主义，可是黑格尔的辩证法被马克思继承了。后来，我就写了一篇文章《论中国传统哲学范畴体系的诸问题》，发表在中国社会科学院权威杂志《中国社会科学》上。文章认为，从范畴的发展史来看，有的范畴是唯物主义提出来的，有的范畴是唯心主义提出来的，常常是唯心主义提出的范畴在哲学史上影响更大。这样从人的认识史的发展来讲，就不好全盘否定唯心主义了。几乎是在我的文章发表的同时，有些老先生也发表了讨论哲学范畴的文章，比如张岱年在《人民日报》发表的文章。

问：大家都在试探着突破禁区。

汤一介：我的文章是 1981 年发表的，当年正好在杭州开一个宋明理学的讨论会，还有国外的学者参加。会议中间我们一部分与会者还开了一个小会，以我发表的那篇文章作为讨论对象，专门讨论范畴问题。

问：就等于在哲学史研究上有了突破。

汤一介：不仅中国哲学史，实际上对中国哲学的研究也有了突破，大家不再限制在所谓的唯物主义、唯心主义斗争的历史上来考虑问题。

问：这是不是有一个时代背景，就是 80 年代初有一个人道主义的讨论？

汤一介：那个还稍微晚一点。人道主义的讨论是纪念马克思逝世一百周年时发生的，是 1983 年。但是当时文学界在这个方面可能也有些讨论，当然我不熟悉文学界的情况。1981 年，我就在北京大学开了一门课，叫做“魏晋玄学与佛教、道教”，这种课在 1949 年以后是很难开出来的。我开这个课非常受欢迎，三次换教室，一次比一次大，最后没有办法，就发听课证上课，外面来听的人很多，当时周一良教授也来听，他可是研究魏晋史的专家。

问：为什么当时那么多人喜欢？

汤一介：因为是一个新的东西，当时没有过。另一方面，那些教条主义的课程很冷淡，这说明，传统哲学的东西只要讲得好一点，符合道理一点，大家还是很愿意听的。其他的课程都有这种情况。到 1983 年，著名的美国罗氏基金会资助我去美国做研究，我就来到哈佛大学费正清研究中心。在哈佛大学，我首先遇到杜维明先生这些现代新儒家。

问：杜维明是海外的新儒家。

汤一介：他在哈佛大学做教授。我原来不是研究儒学的，我是研究魏晋玄学也就是道家思想的，可是出去就碰到这些新儒家。

问：以前知道这些人吗？

汤一介：知道，因为杜维明大概在 1979 年就已经来中国了，他在北京师范大学教书，也常来我家。那个时候我对他们的思想并不了解。到了哈佛，发现他们都讲儒学，我想是不是应该了解他们的思想？现代新儒学这个路子是不是好？新儒学受牟宗三先生的影响非常大。牟先生的一个基本思想就是，中国的“内圣之学”可以开发出符合现代民主政治的“外王之道”，中国“心性之学”能不能经过“良知的坎陷”开出认知的系统？我当时觉得这个路子可能有一点问题。他实际上还是希望从我们自己的思想传统里发掘出西方的民主、科学思想。当然不是说我们一点民主思想没有。但是是不是一定是这样的？我就想是不是可以从一些别的角度考虑。正好那时在加拿大蒙特利尔召开第 17 届世界哲学大会，邀请我去参加这个会。这个会议有几千人参加。

问：这么大规模？

汤一介：很大，会议要分很多组，可是在这之前从来没有中国哲学的讨论组，只有一个东方哲学的讨论组，把中国和印度、日本等都放在一起。我是从哈佛大学直接去的，中国也派了一个代表团去，团长是社科院的副院长汝信。我在中国哲学圆桌会议上作了发言，从另外一个角度考虑中国传统哲学的真善美问题。我认为，中国传统哲学问题可以从三个基本命题发挥出来，一个是“天人合一”，是解决人和自然的关系问题；一个是“知行合一”，是解决人和社会生活的问题；还有一个是“情景合一”，就是人的感情和外在的景物结合才可以产生美。我讲了以后大家热烈鼓掌，反应很好。

问：台湾学者参加了吗？

汤一介：参加了，台湾有一位学者给我提出问题，说你讲的这些东西怎么一句也没有提马克思主义呢？

问：这是将您的军呢。

汤一介：我说，什么叫马克思主义呢？马克思主义就是实事求是。我讲的都是实事求是，所以符合马克思主义。这就把他给顶回去了。大家觉得很有意思。

我们对思想解放起了一定作用

问：您什么时候回国的？

汤一介：我待了半年多就回到国内了，那是1983年秋。第二年暑假，我在夏威夷参加了一次比较哲学会议，从这个会上回来以后，北京大学哲学系的年轻学者已经开始运作成立“中国文化书院”了。他们都是哲学系的助教，包括李中华、魏常海、王守常等人。

问：当时他们还都很年轻。

汤一介：年轻。他们得到了冯友兰先生的支持，张岱年先生也支持，北京大学哲学系的教授们都支持他们。我回来以后，他们就找我，说我们是不是正式把它成立起来。我说当然可以了，他们就让我做院长，同时请冯友兰先生做名誉院长。光用北大的教授也不行，那个时候梁漱溟先生还在世，所以我们也就把梁先生请过来做我们学术委员会的主席。

问：阵容很可观啊。

汤一介：后来，中国文化书院慢慢扩大了，人员也不限制在哲学领域了，任继愈、季羡林、周一良、金克木、吴晓铃等先生都加入进来。有社科院的，北师大的，也有人民大学的。

问：中国文化书院是纯粹的民间学术团体。

汤一介：其实，在稍前一点已经有另外的社团，或者叫学术团体，一个就是《走向未来丛书》，他们主要介绍一些西方的思想，主编金观涛有科学主义的倾向，他是搞科学出身的。

问：他是北大化学系毕业的，最早提出“中国历史的超稳定结构”。

汤一介：他提出这个理论是在1980年之前，出版前就给我看过。我感觉至少是一种新的想法，他将科学方法引入到历史学的研究之中，利用控制论、系统论等科学工具来研究中国历史为什么长期停滞，可是也有些问题不一定能说得通。《走向未来丛书》起了非常大的作用。还有一个学术团体，就是比我们稍晚一点的“文化：中国与世界”，以甘阳为领军人物，他们基本上是宣传西方的人文主义思潮。

问：有人说，你们中国文化书院是坚持传统文化的。

汤一介：这个说法不准确。我们的宗旨是弘扬中国传统文化，介绍海外文化，促进中国文化的现代化。导师中各种思想的人都有，梁漱溟先生是坚持儒家之道的，反对儒学的包遵信也是我们文化书院的导师，还有主张“西体中用”的李泽厚。像我们这种年龄，比较倾向于传统文化的有庞朴，他现在还主张“中体西用”。

问：有人说中国文化书院对于新儒学传入大陆起到了中介的作用，如杜维明的“儒学的第三期发展”论，曾引发了范围广泛的讨论。

汤一介：我们对新儒学进来有一点影响，因为杜维明是我们的导师，还有其他学说跟我们都有关系，如新道家，陈鼓应也是我们的导师。但是我们内部确实思想不一致，包遵信是非常反对新儒学的，我虽然不赞成新儒学，但是我不公开反对它，我觉得应该“和而不同”。

问：对不同的学说都很宽容?

汤一介：从我个人讲，愿意继承蔡元培“兼容并包，学术自由”的思想，各派都可以参加，没有问题。

中国文化书院、“走向未来”、“文化：中国与世界”这三个团体虽然思想有差异，可是关系还是好。虽然我们想法不一样，可是我们并不互相抵制，是合作的状态，目的都是推动中国文化走出原来教条主义的那一套东西。所以我觉得，我们对思想解放起了一定作用。

问：思想解放就是启蒙。

汤一介：同时还有上海的王元化先生，他搞“新启蒙”。不过80年代末期，这三个民间的学术团体都停止了活动。在社团重新登记时，就不让我们中国文化书院登记，但是我们还是努力做些事，开一点学术会议，出一点书，办班就不大可能了。这样停滞了三四年，一直到1993年才得以重新登记。

问：三个学术团体体现了不同的思潮，三股思潮在不同程度上影响了中国当时的文化思想。随着这三个学术团体的活跃，中国大陆在80年代中期出现了“文化热”。

汤一介： 应该说，这三个学术团体对当时的文化启蒙，对文化从原来的教条主义、蒙昧主义中走出来起了比较大的作用。中国文化书院除了出书以外，主要是办班，以函授与假期讲习班的形式研讨、传授学问。当时确实是文化热！我们办了一个中西文化比较研究班，是一个函授带面授的班。一招生就是一万二千人！

问： 今天很难理解这样的一种“文化热”。

汤一介： 甚至西藏都有24个人报名参加。我们出版的书就是教材，我们把书发给学员，同时我们几乎每个月都编一个指导学员自学的小报。

完整的现代化包括政治现代化和文化现代化

问： 也有人把您误认为新儒家的代表。

汤一介： 这可能和我在深圳大学创办国学研究所有关。1982年底或者是1983年初，当时清华大学考虑恢复文科，校长刘达到处征求意见，也问到了我。我就跟他讲，清华大学要恢复文科，就首先恢复原来的清华国学研究院。现在你们有条件，因为冯友兰先生等人还在，把他们都请回来，清华大学的文科一下子就起来了。他觉得我的意见挺好，但是不久他就离任了，清华就办不起来了。那时正好北大和清华帮助深圳建深圳大学，清华的一个副校长到那边当校长，清华的宣传部长罗徵启去做副校长。罗徵启问我愿不愿意去那个地方？我说我不可能全去，你让我在那兼职也许可以，因为我不愿意放弃北大。后来我就在那儿办起来一个国学研究所。

问： 开放前沿倒建成了国学研究所。

汤一介： 1989 年以后国学研究所停顿了，到 21 世纪又重新恢复了。

问： 您如何看待新儒家呢？

汤一介： 我一直不同意牟宗三的思想。我们为什么非得按照西方的模式来考虑我们自己的思想，我们能不能对世界文化有我们自己的特殊贡献呢？我觉得“天人合一”就是一个特殊贡献。所谓“合一”，就是天离不开人，人也离不开天，对于这个自然界，人既要知道它、了解它，你才能够很好地利用它；对天又要有所敬畏，才可以对天尊重，不会随便去破坏它，现在我们的问题是破坏得太多了。

问： 无知者无畏。

汤一介： 对。知天可以很好地利用它，畏天可以很好地保护它，人有保护天、保护自然的责任。所以，我觉得我们不一定非得要按照西方的要求来考虑问题，西方哲学首先是要建一个知识系统，至于这个知识系统能不能实践，他们不大考虑。

问： 在今天，您怎么来评价当年的“文化热”？

汤一介： 大家觉得文化很重要。1985 年我们在深圳开了一个“文化协调会议”，除了北京的学者外，还有上海的王元化、武汉的萧萐父、西安的陈俊民等，清华大学的刘达也来了，同时也请了杜维明参加，还有美国社会科学委员会的主席魏斐德。后来我们发表了一个纪要，认为中国的“四个现代化”是不够的，除了科技现代化、国防现代化、工业现代化、农业现代化，还必须政治现代化和文化现代化，才是一个完整的现代化。

问： 政治现代化这个说法在当时似乎有点犯忌。

汤一介： 对，很犯忌，我们着重讲文化现代化。我们的想法就是，要真正现代化必须是全面现代化，你不能只是一个方面的现代化。其实从清末就要搞什么现代化，每一次现代化被打断的原因之一，就是只是考虑经济，没有考虑文化、政治，所以被打断了，夭折了，做不下去了。

问：这个思想在今天仍然是有现实意义的。也有人批评当时的“文化热”比较浮躁。

汤一介：那是肯定的，本来是有点浮躁嘛，因为一个问题刚开始的时候，不能都很深刻，不能都很正确。90年代开始的“国学热”也不一定都正确。包括现在我们的学术界到底是怎么回事，也很难说。我现在主要是做我自己的事，我也不大参与他们的各种讨论，因为年纪大了，精力有限。

问：80年代的学界、知识界是怎样的一种思想状态？

汤一介：邓小平提出解放思想、改革开放，确实起了很大的作用，如果没有这个，我们文化书院是办不起来的。虽然中间有些波折，比如反对自由化啊，清除精神污染啊，但总体上讲比“文化大革命”以前要好多了，给了我们一个空间可以做点事。

文化的发展应该是在全球意识下的多元化发展

问：但是进入90年代，学术思潮已经发生了极大的变化。90年代后期李泽厚有一个说法，认为80年代是“有思想没学术”，90年代“有学术没思想”。王元化先生反对这个说法。

汤一介：要严格地讲，李泽厚的说法当然不是很全面，可是他也有一点道理。我经过80年代，很多问题并没有深入思考，因为太快了。

问：人们当时就说，“各领风骚三五年”嘛。

汤一介：太快了，可是你要说80年代就一定有多少思想，也不尽然。也没太多的思想，李泽厚本人的思想大多在80年代形成，但他90年代就没有出太多的东西。90年代“有学术无思想”，这种情况确实存在，但学术也不太多，因为90年代经济大潮，“下海”影响太大了，学界更浮躁了，每年出版20万种书，很多是压在书库里。所以并没有多少人在真正做学术——当然也有，可是比较少。80年代主要是提出很多问题来。

问：但是还没有真正解答。

汤一介：90年代在学术上可能稍微注意一点，可是浮躁之风就是90年代开始的，主要是要“下海”，要快，一年要出几本书。再加上我们的教育制度，评职称必须有著作才行，没有著作就不能当教授，而且一本还不行，这使得学术并没有真正地深入下去。

问：90年代您个人主要关注什么？

汤一介：90年代以后，我特别关注整个文化的动向。90年代初，《人民日报》发表了一篇文章说“国学在燕园悄然兴起”。那个时候我就有一个担忧，我就怕把中国传统哲学说得太好了，过分了，容易发生问题。

问：现在来看，您的担心不是多余的。

汤一介：对，我当时对来采访的《中国青年报》和《黑龙江日报》的记者说，文化的发展应该是在全球意识下的多元化发展，文化的发展必须有全球意识、全球观念，不能只看到你自己。

问：那时很多人就说“三十年河东，三十年河西”，认为20世纪就是中国文化的世纪，只有中国文化能救世界。

汤一介：所以我担忧。原来的“西方中心论”不对，现在讲“东方中心论”也不对。“西方中心论”已经不行了，你再搞一个“东方中心论”也不行，搞“中国中心论”就更不行。所以我就发表了几篇文章，我说现在的时代还是文化的多元时代，我们还要认真地汲取西方文化的东西和其他文化的东西。今后的文化发展，应该既是民族的又是世界的，它不仅要解决你自己的问题，也应该考虑解决世界的问题才行。如果仅仅考虑自己，让自己游离于世界文化之外，是没有前途的。

问：几乎在国学热兴起的同时，亨廷顿的《文明的冲突?》风行一时。

汤一介：在中国我是第一个发表文章批评“文明冲突论”的，我用的基本都是孔子的“和而不同”的思想。就是说，文化尽管不同，但可以和谐相处。从80年代起，我写的文章就是讲“天人合一”，也就是“和谐”的问题。钱穆去世前，也是把中国传统文化归结为“天人合一”四个字。那是钱穆的最后一篇文章了，这篇文章并没有完成。所以我写过一篇文章，是《读钱穆先生的中国文化对人类社会可有的贡献》。“合一”是什么意思？就是天人要和谐。我认为中国文化有一个最核心的东西就是讲和谐。天与人要和谐，人与人要和谐，情与景要和谐，不是非得“东风压倒西风”。

问：您这儿讲和谐，他那儿讲冲突。

汤一介：其实那个时候不只我一个人批评“文明冲突论”，很多人都批评。

问：一方面批评“国学热”会出现问题，一方面认为只讲文明冲突、不讲和谐相处也是一个问题。实际上您是“两面作战”的状态。是否可以说，90年代您延续了自己80年代的某些思考？

汤一介：可以这样说吧。世纪末的时候，费孝通提出一个非常重要的观念——“文化自觉”，就是要认识自己文化的来源、文化发展的历史、文化特点和文化的走向，既要反对复古，也要反对全盘西化，或者全盘他化。我觉得，在文化上真正能看得比较清楚的是费孝通，比其他的一些老先生要清醒。

问：90年代还有一个文化现象，就是“后现代主义”的流行。其实，“后现代主义”在80年代已经传进来，但是并没特别流行，可是为什么90年代一开始“后现代主义”特别流行？

汤一介：为什么出现这样的现象？我想，就是要消解文化一元化的倾向。这是一种思潮。文化是多元的，而且是零碎化的，没有中心的。1992年以后国学在学界的悄然兴起，也是要削弱一元文化的思想，所以这两种思潮是冲击一元化思潮的。

问：总是有人想把某些东西定为一尊。

汤一介：定于一尊不行，实际上也没有办法这样定。一元化思潮出来了，也肯定会引起反对的声音出来了。在全球意识观照下的文化多元化发展是大势所趋。

思想自由是最重要的

问：今天的思想界也是很混乱的，您看儒学、国学的影响还是蛮大的，有些人甚至要搞国教，您怎么来看待这些？

汤一介：这当然是走不通的，因为从西方的经验来看，最后是要政教分离的，原来是政教合一的东西，后来走不下去了，必须政教分离，如果政教不分离，宗教要干涉政治的话，人民就没有自由可言了，因为它就会排斥异己，西方它假如真正要坚持自由、民主的话，它不能政教合一。中国的历史经验就是，袁世凯要做政教合一，就不行，没法做，现在要做政教合一，怎么可能？特别是在一个多元化的世界框架下面，要做政教合一显然是行不通的。

问：也是背历史潮流而动的。

汤一介：那是不可能的。但是我觉得提出来有好处，你提出来大家来讨论，来清理我们的思想，看看从西方讲，从中国讲，这个在历史上到底起了什么作用？是好呢还是坏呢？这个也可以讨论。我觉得是行不通的，但是现在也还有一种思潮，在北京大学，原来由我编《儒藏》，我认为它不仅仅是做整理资料的工作，恐怕你还得做点研究还行，光做资料整理不行，我说能不能找一个研究机构做点研究，那就有人反对，有人反对说：五四运动打倒孔家店，孔家店已经打倒了，你搞研究干什么？

我觉得，五四运动确实有非常大的功劳，对中国学术思想甚至社会都有很大好处，但是也不能认为五四运动的所有的主张和口号都是正确的，当时废除汉字是正确的吗？当时要全盘把传统给废除掉都正确吗？不一定都正确。所以得有一个展望未来的观点来考虑这个问题，不要认为凡是历史上曾经有过好作用、积极作用的，一定都是全盘对的，那也不一定。

问：也有人说，我们这套传统文化挺好，这里边就有民主的东西，什么以民为重、以民为本的思想这都有，这个东西就是西方的民主，甚至说就可以拿我们的东西来与西方的民主思想抗衡。

汤一介：并不能认为我们自己的文化是已经把世界上所有好的文化都包含进去了，这是不可能的。西方有他的文化，有他的好处，也有他不足的地方，我们应该互补，这样才真正有文化交流的价值。如果我们都好，我们何必要去吸收其他民族的东西呢？或者我们都糟，我们也没吸收人家的基础。

我是觉得，现在确实是一个多元化的时代，是一个多元互补的时代，你要多考虑人家的长处在什么地方，自己的长处在什么地方才行，而且最好是不同文化之间能够以宽容的心态去看待对方，不要封闭。

问：政治现代化的核心问题，就是民主，是不是这样理解？

汤一介：其实严复原来的说法也有他的道理，他从“体”、“用”的角度来考虑，他批评中体西用说，我们不能牛体马用，体用应是统一的，他认为西方社会是“自由为体，民主为用”。我觉得他对西方的看法有他的独到之处。自由应该是一种精神，民主呢就是怎么来保证自由的实现，因为自由是创造力的源泉，没有自由就没有创造力，所以要思想自由。所以蔡元培他的伟大之处就在于他倡导思想自由的教育思想。思想自由才有创造力，没有思想自由就没有创造力。从哲学讲，哲学的问题都是从怀疑开始的，没有怀疑就没有办法进步。

问：严复非常了不起，作为第一代接触西方世界的人，他对西方世界的认识已经非常深刻了，甚至超过今天的某些人士。

汤一介：他反对中体西用，他认为体用应该是统一的。

问：随着中国的经济实力增强，有些人觉得中国很了不起了，提出“三十年河东，三十年河西”，认为中国文化应该如何如何了……

汤一介：这不行，我早就批评这个了，90 年代我就批评，那时候国学热一出来，我就说，文化的发展应该是在全球意识观照下的多元化发展，应该以整个世界文化发展的趋势来认识、来发展我们自身的文化。因为我当时觉得，有些思潮出来以后，走不好就会走偏了，现在还是偏了。另一方面对传统文化也不能一棒子打死。总之，应该百家争鸣。

问：不能定为一尊。

汤一介：不能定为一尊。如果没有自由，就没有怀疑的权利。学术不能有指导思想，思想自由是最重要的。

原刊于《经济观察报》，2008-03-17

汤一介：
世事苍茫成云烟　六经责我开生面

访问：张思、吴令飞

汤一介，1951年毕业于北京大学哲学系，现任北京大学哲学系教授，兼任中国哲学与文化研究所所长、中国文化书院院长等职。著有《郭象与魏晋玄学》、《魏晋南北朝时期的道教》、《中国传统文化中的儒道释》等书。2004年始，正式主持编纂构思多年的《儒藏》。

对人生意义的追问造就了一位哲学家，对传统文化的忧虑成就了一位大学者。五十载燕园情意切，八十年家国心弥坚，意气少年今何在？笑谈沧桑未名前。耄耋之年的汤先生依然积极进言大学之道，奔走建设文化经典。一部卷帙浩繁的《儒藏》，寄托他晚年的期冀和心血。天人合一，知行合一，情景合一，他是真正的儒者。

哲学之用是无用之大用

问：是什么驱使您从事哲学研究，是兴趣还是一种责任感？

汤一介：我父亲汤用彤也是研究哲学的，抗战前就是北大的教授，是老北大人了。在他影响下，中学时我就看了不少哲学书。中国的有《论语》、《孟子》等，西方哲学的有柏拉图的《理想国》，斯宾诺莎的《伦理学》等。高中时，我开始思考诸如“人活着是为什么”、“什么叫做善”这类的问题。比如斯宾诺莎提出来的

“上帝就是自然（God is nature）”的观念；又比如佛教讲因缘，说所有事物都是因缘和合而成，这些到底有没有道理，都需要自己去寻找答案。自己无法回答的问题，就想看看前人如何解答。另外当时北大哲学系的教授阵容很强，研究中国和西方哲学的教授都有，这也比较吸引我。我是 1947 年进北大，当时除了我父亲之外，还有讲康德的郑昕教授，讲黑格尔的贺麟教授，创造新唯识论的熊十力先生，研究数理逻辑的胡世华教授等。于是我就选择了北大哲学系。

问：您从事哲学研究，特别是儒学研究，关注的是什么？

汤一介：哲学是无用之学，但是无用之学可以有大用。因为它可以给你提供一种思想方法，同时告诉你人类面对的重大问题是什么，让你去考虑。梁启超有一个说法：“学”和“术”不一样，“学”只讲理论，“术”讲的是应用。哲学是讲道理的，对应用关注较少。对于儒家的问题我考虑得比较晚，到 1983 年才有这个转变，在那之前我是比较喜欢道家的思想。我那一年到哈佛，遇到杜维明先生等一些“新儒家”的学者。他们认为传统儒家的“心性之学”能够开发出一套现代的认识论系统来；儒家的“内圣之学”可以开发出适合现代文明的“外王之道”来。这种主张，有将西方的“科学民主”的思想套在中国哲学上的倾向。那时正好召开第 17 届世界哲学大会，他们邀请我在中国哲学讨论组做演讲。我就想是不是可以从另外一个角度来考虑这些问题，即从“真善美”这个角度来考虑中国哲学。我认为“天人合一”的思想是中国哲学中讨论“真”这个问题的一个路子。因为“天人”讲“天”和“人”的关系，“人”怎么对待“天”，当然是认识的问题，是求“真”的问题；而“知行合一”是“善”的问题，因为要实现“善”，就必须去实践，光知道而不去做不能算“善”；“情景合一”是一个“美”的问题。这只是我的一个想法，是不是一定对，是不是最好，这我不敢说。但我觉得这样考虑是有现实意义的。比如“天人合一”的问题对如何处理人和自然的关系就有指导意义。孔子讲“知天”，就是指我们对天要有一定的了解，这我们都知道，但孔子还有一个说法是“畏天”。对于自然界，“知天”就能够去利用它，“畏天”就要对天有所敬畏，不能随意地破坏它。现在的情况恰恰相反，人对自然随意地破坏。所以哲学思想的意义就在于为人类提供思考和解决问题的方法。

儒学面面观：修身、齐家、治国、平天下

问：您之前提到“新儒家”的思想有将西方的“科学”和“民主”概念套在中国哲学上的倾向，而您的“天人合一”、“知行合一”和“情景合一”其实就是在表述认识论、伦理学和美学的基本问题，似乎同样是一种在东西方思想之间建立对话平台的努力。在您看来，东西方的哲学思想之间存在怎样的共识与张力？

汤一介：中西哲学肯定有区别，但也有共同的东西。从共识来说，“真善美”应该说是世界上所有大的文化系统都考虑过的问题。过去我们总是在中国传统文化的语境中讨论问题，其实可以多讨论一些普世性的问题。“真善美”就是个普世性的问题，只是不同文化中表述的方式不太一样。西方哲学家从柏拉图、亚里士多德到康德、黑格尔都在讲“真善美”。亚里士多德的主要著作就是谈“真善美”的问题，康德的三大批判也一样。不过西方哲学考虑“真善美”是要追求一个知识体系完美的合理性，中国讨论“真善美”常常与人生境界联系在一起。从区别来说，“科学”和“民主”是近代人们才开始考虑的问题，是西方对“真善美”问题思考的结晶。这个结晶是好的，但我们也要有自己的思考。

从现实讲，我们经过“文化大革命”发展到现在，相当不容易。过去我们过分强调“斗争”的哲学，将自然界放在敌对的位置上；改革开放后我们又过分要求经济发展和市场经济，无暇顾及自然。这两种力的结合作用使当代中国社会在一定程度上失去了道德价值。

从理想状态看，中国传统无论是道家还是儒家，都讲人和天地万物是一体的，提倡对自然应是敬畏和欣赏的态度。在西方哲学里，“人”与“天”是相互对立的，研究“人”可以不用研究“天”。笛卡尔哲学在这点上就很明显。例如罗素在《西方哲学史》里说西方哲学从希腊思想到基督教思想，都是将思想与外在的世界割裂开来。张世英的《哲学导论》里也讲到，西方哲学从柏拉图时就有“理念世界”和“现实世界”之分，基督教有“天国”和“俗世”，上帝和人类彼此之间无法直接沟通，要靠着“圣子”来重建双方沟通的桥梁。中国人既然讲天人一体，欣赏大自然本应该是很自然的事情，是符合传统的。但是这个传统在这几十年中被破坏得所剩不多了。

总体来说，“斗争”的观念是与中国传统文化不相符的。我们今天提出“和谐社会”的概念代表了一个好的转向。怎么样才能和谐？当然不能永远“斗争”，最后一定是要“和解”的。西方哲学在20世纪有重大的转向，其中之一就是现象学的转向。现象学不认为自我和现象是二分的，而必须统一考虑。特别是过程哲学（process philosophy）认为人就是自然的一部分，人与自然是生命共同体。这种转向是很有意义的。因此，人与人的“和”，人与天的“合”，是一个普世的趋势。

我们现在的社会结构存在很大的问题。儒家讲“修身、齐家、治国、平天下”，“自天子以至庶人，壹是皆以修身为本”。但是其实光靠“修身”并不能完全解决“齐家、治国、平天下”的问题。

自古中国在道德教化方面强调不少，在建立好的政治法律制度方面却建树不多。只有将道德教化和政治法律制度两方面结合起来，才能使国家健康地发展。西方也是摸索了很久才发展起健全的公民意识，建立起好的制度。中世纪时西方是政教合一的，近代才开始政教分离：国家政权管政治法律，教会管道德。“恺撒的归恺撒，上帝的归上帝”。比如哈佛大学可以有教堂，学生可以做礼拜，但是学校的校政不受教会干预。中国也一直在发展自己的政治法律制度：从汉代开始，中国执政者就在以儒家思想为主导的情况下吸收法家思想。中国历代都有法典，但这种法典叫“刑典”更合适，因为其中主要是刑法。法律应该是有权利和义务的关系的，而我们那时的法典在这方面并不完备。《唐六典》算比较全面的，但里面的量刑又是人来操纵的，可以违背，皇帝下个诏书就可以推翻法律，西方则不是这样。这与中国的“人治”的传统有关系。近代以来中国的法也没有很好地建立起来，各种尝试和努力遇到很大阻力，因为中国一直是“人治”的社会。要解决这个问题，首先要改变“人治”的现状。

《儒藏》：从我注六经到六经注我

问： 您编纂《儒藏》是出于什么考虑？

汤一介： 首先，中国从传统上讲是儒、释、道三家并立，但历来既有《佛藏》又有《道藏》，却一直没有《儒藏》。从宋朝开始，历代都有人编纂《佛藏》，到现在《佛藏》有二十多部；《道藏》也是从宋朝就有，现在流传下来最早的是明朝的《正统道藏》。儒家思想在两千多年的历史中一直是中国文化的主导思想，于是我就想是不是可以编《儒藏》。其次，任何一个民族的发展和壮大总是以对自己的历史文化传统充分理解为前提的。并不是所有文化传统都能长期留存的。有些存在一段时期后就消灭了，但是另一些如西方文化传统、印度文化传统、阿拉伯文化传统、中国文化传统等，都有很长历史，并且影响很大，它们更需要珍惜自己的传统。费孝通先生晚年时提出了“文化自觉”的概念，他说，一个民族想要生存发展下去，对自己的文化就要有一种自觉。什么是文化自觉呢？费孝通先生说：“文化自觉意味着生活在一定文化中的人们对其文化有‘自知之明’，明白它的来历、形成过程、所具有的特色和它发展的趋向，既不带任何文化回归的意思或是要‘复古’，也不主张‘全盘西化’或‘全盘他化’。‘自知之明’是为了加强新环境、新时代中文化自主转型的能力，也就是在各种文化针锋交融的时候能够保住自主地位。”所以，我们要为自己的文化找一个“自主性”。文化的融合和吸收是很重要的，历史上中国文化很好地吸收了印度文化，今天中国文化要发展，也要吸收西方文化。但一个民族只有对自己的文化有深刻理解，才有吸收别人文化的能力。没有“自主性”地跟着别人跑，恰如“邯郸学步”，连自己的文化也会丧失掉。因此我们要对我们传统文化中的最重要的部分——儒家思想有一个系统的整理，为后人的研究工作提供方便。

问：您编纂《儒藏》的想法是什么时候开始的呢？现在这个工作开展到什么阶段了？

汤一介：我上世纪 90 年代就有这个想法了，但当时没有做成。到 2003 年，我们向教育部提出了《儒藏》编纂研究项目的申请，2004 年才正式开展工作。我们首先要编纂《儒藏》精华版，预计收入 500 多种书。其中 460 种是我们中国的，主要是收入辛亥革命以前的，辛亥革命以后的将会收录在续集里。此外还要收录来自韩国、日本和越南的文本。这些国家受儒家思想影响比较大，他们的学者也愿意与我们合作。所以这是韩国、日本、越南和中国合作的一个项目。国内参与此书编纂的除了北大还有南开大学、清华大学、北师大、首师大、山东大学、吉林大学以及中国社科院等，差不多有二十五六个单位，一共有300多人参加。目前已经出了四本正式出版物，有两本是关于《论语》的，一本关于出土文物的，还有一本关于文集的。

问：要对各种文献进行校勘编纂，工作量一定很大吧？

汤一介：刚才我们讲到编纂《儒藏》的两个原因，一是有《道藏》、《佛藏》而没有《儒藏》，这是经典文本的缺失，也是我们的责任；二是儒家思想是中国历史文化中的主导思想，我们要保护这个文化宝藏。另外，我们知道《佛藏》编了很多种，从宋朝到现在为止，不算藏文的，单汉文佛藏就有二十多种。而我们学者现在研究佛教最常用的却是日本人在大正年间编的《大正藏》。因为它的特点在于是排印版，有校勘记，有断句，用起来方便。我们希望最后做出来的《儒藏》一定也要是排印版，有标点，有校勘记，最后有电子版。我们没有做影印本，因为影印本虽然做起来方便，却不能电子化，用起来不方便。儒家思想本来就是从我们这里发源传到别国的，我们应该做这个工作。这些年来我们常常讲反思和批判，对于经典，已经遗忘得太久，如果今天国人再不做《儒藏》，以后别人做了，我们又欠历史一个债。

可是现在编纂的进度不快，现在国内学风不好，不少学者急功近利。但编纂经典急不得，快了必定容易出错。《论语》据日本人统计有3 000种注解，在注《论语》的书里，同一本书还会有好几个版本，我们需要在不同版本之间筛选。这是很耗时的工作。现在交来的稿子不少质量不行，需要返工，进度就更慢了。这个与我们的学术评估体系也有关系，“校点”往往不能作为科研成果，学者就缺乏积极性。这也是我很苦恼的问题。一共460部的书，我们现在收到大约是 176 部稿子，里面还有相当数量是需要作很大修改的。我们真正审查稿子的人只有五六个，这使我们的工作更加艰巨。其实 2004 年召集参与者就费了不少时间，工作是从 2005 年才正式开始的。虽然存在这么多问题，但是为了后人研究的方便，我们一定要做下去。

问：《儒藏》的选择标准是什么？

汤一介：准备出版的《儒藏》有两个版本：精华本和大全本。精华本的选择标准是儒家经典中比较有影响的书，大全本则尽可能将儒家更多的著作都收进去——当然也不可能全部收入，大概 5 000本就可以了——其他的作存目。在选择版本过程中，我们用比较好的版本做底本，其他本子作校勘。在版本的选择方面我们的条件不错，因为北大图书馆藏书很丰富，我们与国家图书馆的关系也很好，用书比较方便。我们尽量使用较好的版本，有时候一些版本国内没有，就从日本等地方引进。

问：我们也希望汤先生的工作能够顺利开展。这个工作是很有意义的。

汤一介：我现在 80 岁了，思想不如年轻时那样敏锐了，做些资料整理的工作可能会更好一些。现在看书速度比较慢，时间也少。这个工作死板，只要花工夫就可以做好，对我自己来说，要创立新的学说就很难了。所以我提出一些东西却没有做下去，比如中国解释学的问题。这是在北大 90 周年校庆时提出来的。我们都知道，西方解释学历史悠久，它起源于对《圣经》的解释，作为哲学研究则是从 19 世纪施莱尔马赫和狄尔泰才开始的。其实中国注释经典的历史也非常长，《圣经》的注释历史也就一千多年，而中国对经典的注释有两千多年。对《春秋》、《易经》等的注释都从公元前就开始了；韩非有《解老》、《喻老》，从公元前两三百年就有了。我想能不能将这个工作总结一下，发展出中国自己的解释学来。中国哲学有个特点：很多学问都是从对经典的注疏中体现的。朱熹注疏《论语》、《大学》，王夫之作《周易内传》、《周易外传》，他们都是通过对经典的解读来体现其哲学思想的，这是一个传统。我们注经有那么长的历史，却一直没有系统地总结出解释体系。

要发展中国解释学，我认为需要具备三个条件。首先，要对我国注疏经典的传统做一个历史性的梳理，第二要很好地了解西方解释学的发展和现状。西方解释学是一种哲学，同时也形成解释思潮，文学、宗教学、社会学都会用解释学的方法。我们要认真研究西方解释学如何在各个领域里应用，第三就是用西方的解释学来解释中国的文化，看它们哪方面能解释，哪些解释不了，如此就可以发现中西方解释学的区别。比如我的博士生甘祥满用西方的解释学来分析黄侃的《论语义疏》，效果不错。我们必须从这三个条件入手，才有可能创造真正的中国解释学，否则要么跟风西方，要么只能恪守传统解释四书五经的方法。而后者不成系统，不是一种哲学理论，只是一种方法——训诂学、文字学或考据的方法——而已。我的另一个研究生，现在已经是深圳大学的教授，也在做这个工作。西方解释学和中国解释学当然一定有相通之处，但中国解释学自身的特点在哪里是需要研究的。我只写了四五篇文章，没有继续做下去，就留给我的学生做了。

问：纵观您的哲学研究旨趣，我们发现您对经典有一种持续的关怀，但似乎又不拘泥于注解经典。正如您说的中国治学的传统一样，在注经典中应有自己的思想。用陆九渊的话来说就是从“我注六经”到“六经注我”。您认为您的学术关注主要在什么方面？有没有一个线索或者核心？

汤一介：我有一本书叫做《我的哲学之路》，比较系统地表达了我的学术历程。解放后比较长时间，我们都无法做认真的研究。

当时教条主义盛行，苏联哲学被视为权威，即使老一代的哲学家，像冯友兰他们也都按照苏联的要求来做。严格意义上的学术研究只有在20世纪80年代改革开放以后才有可能。当时的首要问题是如何摆脱三十几年教条主义的束缚。以前唯心主义是完全被否定的，我和我的学生们就从考虑该如何评价唯心主义开始哲学工作。我主张是否可以从认识史的角度，而不是阶级斗争的角度来考虑哲学史。研究认识史就要从哲学范畴发展的过程来考虑。一个哲学范畴，最初可能是从唯心主义的立场提出来的，后人用唯物主义的立场来解释，唯物主义的解释不够完满，就会有人从唯心主义立场再加以解释，这个范畴就不断深化了。中国哲学中的“道”的观念就是如此。孔子讲“道”，老子也讲“道”，不过是从不同角度讲的。到魏晋南北朝时就从“有”和“无”的角度来解释，就将“道”更深化发展了。从认识史和范畴发展的角度看，唯物主义有贡献，唯心主义也有贡献。

1983年，我去了哈佛，就开始考虑“真善美”的问题。当时在会上的发言得到了一些学者的认同。回来我就写了两篇文章，就是“真善美”那篇，以及《再论中国传统哲学的真善美问题》。在《再论中国传统哲学的真善美问题》中，我将中国的老子、庄子、孔子与西方的谢林、康德、黑格尔进行比较。认为西方哲学的目标是要建立知识体系，而中国的哲学讨论的是人生境界的问题。而我自己并没有建立一个哲学体系的野心，当时比利时鲁汶大学有个研究生写了一篇文章，名字是《汤一介为什么不说他自己是哲学家?》(笑)。

后来，看到余英时提出西方讲“外在超越”，即自我超越需要外力的帮助，例如基督教的上帝等；而中国的超越是内在的，靠自己。我就又开始考虑这个问题。其实我读大学时，金岳霖先生就写过一篇论“内在关系”与“外在关系”的文章，我对这个问题就有所考虑，我从余英时提出的问题入手思考中国哲学与西方哲学的区别：中国讲“超凡入圣”，靠的都是自己，儒家讲要自己修身，佛教更是如此，特别是禅宗，“一念觉即佛，一念迷即众生”，靠的是自己内在的觉悟；道家也讲“我命在我不在天”，这与西方很不一样。儒家的思想成为中国的主流思想，但是与西方的宗教是不相同的。中国一直没有成为严格意义的宗教国家，这可能与儒家讲“内在超越”有一定关系。

我就这样不断从新的问题入手进行哲学思考，但是对认识论、人生境界的关注没有变，对东西方对话的关注没有变。1999 年时，我提出了“新轴心时代”的问题。“轴心时代”的说法最早是雅斯贝尔斯提出的。他认为每到文化历史转折的时候，人们都要回顾传统。西方文艺复兴时就要回到古希腊，表面是发思古之幽情，实际上是这个文化体系在经历大转折。当年中国在受到佛教冲击以后，宋明理学就要回到先秦孔孟和六经等儒家传统去；现在我们正受到西方文化的冲击，是否也需要回顾自己的传统，培育“文化自觉”，寻找发展方向，这就是我现在关注和讨论的问题。

北大的精神，“士”的使命

问：在您看来，北大的精神是什么？我们如何传承这些精神？

汤一介：政治和学术是有分别的。不同的规则，适用于不同的领域。任何一个国家，从政治上讲都应有一个指导思想，否则政权无法维持。但是学术必须是自由的，否则创造力就要丧失。毛主席曾经讲过，学术要“百花齐放”、“百家争鸣”。这方面，北大有很好的传统，就是蔡元培先生提出的“兼容并包，学术自由”的思想。我最近写了一篇文章，说北大有三个“宝”。这三个“宝”，集中体现了我们学校的优良传统：

第一个“宝”是燕南园。在1952年时，燕南园几乎集中了当时中国各个领域最重要的学者。文科有中文系的王力，他是汉语史研究的奠基人；哲学系的冯友兰和我父亲都住在燕南园；还有美学家朱光潜、人口学家马寅初、物理学家周培源——他是在爱因斯坦工作室工作过的——以及中国化学的奠基者黄子清。燕南园蕴藏了北大的多少历史啊。我觉得现在燕南园每个院子都应该挂一个牌子，写上曾经住过哪个学者。

北大的第二个“宝”是图书馆。北大图书馆的藏书是十分丰富的，但是北大应该特别注意保存和收购重要学者的书。冯友兰和张岱年的书本来应该在北大，结果被别的学校收购了。国际法学家王铁崖的书也是如此。胡适的书在北大，但是我们没有系统地保存，而是按类分散了。其实每个大学者的藏书都有他的眼光和系统考虑，如果能将其完整地保存下来，就是一笔宝贵的财富。其他图书馆收走书，只要能好好保存，也是很好的，但是北大更应该承担起这个责任。

第三个“宝”是重要学者的著作选集。季羡林先生曾一再和我提起过这个事，就是将北大重要学者的重要著作都系统地编成丛书。例如他特别提到夏曾佑的名字。夏曾佑先生是很重要的历史学者。原来中国治史都是《二十四史》、《二十五史》的那套方法，他是最早用西方的历史学方法来研究中国的历史的。季先生就说，我们应该做这样一个系统，它能从北大说明近代以来中国学术文化变迁的历史，这对于中国的学术史的研究是不可或缺的。

问：您认为当今的公共知识分子与过去相比，与国家或者社会的关系有什么变化吗？您对自己“知识分子”这个身份怎么看？

汤一介：公共知识分子必须要有批判精神，不能向非真理妥协。如果没有批判的意识，就无法推动社会前进。他应该能够看到社会的问题。先秦就有儒生“不治而议”的说法，就是说知识分子并不一定参与治理国家，但是要对社会关怀，对各种问题发表议论，对当局的政策提出批评和建议。这是中国“士人”的品质，某种程度上类似于西方说的“公共知识分子”。现在我们的境况比起上个世纪五六十年代已经好多了，但还是做得不好。公共知识分子是不好做的，但是又一定要有人去做才行。希望到下一代环境会更好一些。至于我自己，我还不够格做一个“公共知识分子”（笑），乐黛云（汤先生的夫人）在这方面可能比我好一些。我还是有很多地方做得不好。

采访手记

访谈在汤一介教授的书房中进行，书房的两面墙从地面到天花板都摆满了书。门口的第一个书架上摆了两本已出版的《儒藏》，厚厚的一册配上深蓝色的封面，格外庄重。

与汤老师面对面坐下后，我们注意到汤老师手里拿着打印出来的采访提纲，上面已用黑色笔迹写了很多字，想必他提前做了不少准备。去之前哲学系办公室的老师特地叮嘱我们：“汤老师心脏不好，别让他说太长时间。”我们一直担心汤老师太累，但他坚持慢条斯理地说，对每一个问题都认真作答。访谈进行了足足两个小时，我们就这样安静地坐了一个下午，融进眼前这位哲学大家娓娓道来的历史岁月。

也许有一天，我们也会这样和下一代人谈起北大的精神，“士”的使命，我们思考的问题，我们经历的苦难和快乐时光。我们相信到了那个时候，北大发展得会更好，我们的国家也会更富强。

原收入《大爱有行》，北京，世界图书出版公司，2008

“和而不同”，中国和平崛起拥抱世界

——专访北京奥运会开闭幕式文化艺术顾问汤一介教授

访问：申剑丽

在北京奥运会盛大的开幕式上，近千名演员顶着一个个白色的方正盒子，紧密排列，顺序变幻，将中国古代四大发明之一的“活字印刷术”生动地展现在观众眼前，其中从古至今不同写法的一个字——“和”，格外引人注意。

和的古体字是“龢”，左边的“龠”表意，是指竹笙，右边的“禾”则表示读音。这个字背后的文化解释是什么，在开幕式上缘何特别突出这个字，带着这些问题，本报专访了北京大学哲学系汤一介教授。

年逾八旬的汤教授见证了近一个世纪的风云变幻，并作为文化顾问，参与了开幕式的筹备。

汤教授对本报称，在中国传统文化特别是儒家文化中具体代表意义的“和”，体现的就是自然界、人与自然、人与社会及人自身的和谐。

“和”作为开幕式的主旨贯穿始终，向世人昭告中国人自古以来崇奉的“和谐文化”，是“人文奥运”理念的集中体现，也与奥运会的主旨“同一个世界，同一个梦想”相吻合。

“我们希望也一直奉行和谐的理念，希望将自己的国家建设成为和谐的国家，希望世界各国人民之间也能沟通对话，和谐共处。”汤教授说。

上下五千年“和”字溯源

问：开幕式上通过“和”的象形变幻，我们想传达给世界的是什么?

汤一介：北京奥运会的主题是“同一个世界，同一个梦想”，“同一个世界”到底是建成怎样的世界呢，应该是和谐的世界；“同一个梦想”又是怎样的梦想呢？全人类共同的梦想，应该是基于整个人类社会和平共处的和谐理念，不断促进全人类的和谐相处。

这样一个思想，从中国传统文化特别是儒家文化中可以溯源，和谐观念是儒家思想的核心价值观，中国最古老的经典《周易》上有一段话，“乾道变化，各正性命，保合太和，乃利贞”，意思是“天道”是不断变化的，所有的事物都能有其适当的位置，保持完满的和谐状态，一切都能顺利发展。

这当中就出现了中国哲学中很重要的词汇“太和”，王夫之（明末清初哲学家）解释为“和之致”，意思是“太和”是和谐的最完满状态，这当中又包含四个层面：

其一是自然界的和谐，古人认为没有人类之前的自然界本真状态是很和谐的，即便有了人类后，如果不破坏这个状态，也仍然是和谐的；其二是人与自然的和谐；其三是人与社会的和谐；其四是人自身的和谐状态，即人的肉体和精神是和谐的。

这种最完满的和谐观，在儒家历代代表人物，如孔子、孟子、朱熹都有其继承和发挥。孔子学说中两个基本理念之一就是“礼之用，和为贵”，认为社会的礼仪制度，其作用在于调节人与人之间的关系，而如何调整呢，和谐最为重要。孔子还有另外一个理念，“和而不同”，认为不同理念、不同想法者，都可以和谐相处，这对处理不同观念、不同国家间的关系非常重要。

不同国家由于宗教、哲学、价值观不同，要达到和谐相处是通过“打仗”呢，还是通过不断的交流对话，相互理解？那自然是后者。这种理念对多元社会尤其重要。

对我们自身而言，上个世纪就提出了构建和谐社会的目标，传统的和谐文化为之提供了理论上的支柱。

此外，“和而不同”的观念也在不断发扬。应该说，现在的世界是不平静的，虽然没有发生世界大战，但局部地区的冲突矛盾不断，美国学者亨廷顿在其著作《文明的冲突与世界秩序的重建》一书中，提出由于不同文明、文化之间的冲突不可避免，导致地区冲突不断发生，他认为现代文明社会的各种矛盾不是由于经济或意识形态，而是由于文明的冲突所引起的。

但儒家的看法恰恰相反，我们认为不同文明之间并不冲突，而是可以通过互相的对话了解达成共识，通过不断的交流了解，很多冲突都可以避免。

问：为什么选择在奥运会这个时机突出展示“和”的理念？

汤一介：应该说，随着我们国家的发展，一些国家对我们的发展有一些疑虑和不同看法。中国是崛起了，但我们是“和平崛起”，他们仍然不甚理解，其实最早说“崛起”的是西方国家，我们在他们说的“崛起”前加上一个限定，“和平崛起”。

当然，由于我们发展得比较好，引起了一些国家的关注和揣测。所以，我们想通过奥运会特别讲出，在自己的国家，我们希望建成和谐社会，而整个世界我们也希望是和谐的世界，并无称霸的意图。我们也希望在不同文化和意识形态的国家间，摒弃冲突，平等对话。

“和”字领衔传统文化复兴

问：有学者评价奥运会是中国发展的一个转折点和重要标志，

那么开幕式着力体现的“和谐文化”是否代表优秀传统文化的重要复兴?

汤一介: 应该说中华民族的复兴有个非常重要的基础，那就是文化的复兴，文化复兴是民族复兴的支柱。对这些我们特别重视，所以强调把奥运会办成“人文奥运”，充分体现人文精神和传统文化中的和谐理念。

但我们并非强加于人，而只是告诉大家我们是这样子。随着奥运会对人文精神的弘扬，也希望我们的国家、我们的政府深化这种和谐理念，让这种理念得到传承，让普通的百姓对政府更加满意，共同建设和谐的社会。

对外关系上我们也希望将这种意愿传达给大家，希望各个国家间和平共处，和谐沟通。

原刊于《21世纪经济报道》，2008-08-22

汤一介：自由是一种创造力

访问：李扬

题记：在北京大学未名湖后湖之滨的朗润园，汤一介先生和夫人乐黛云每天安静地读书、写作、散步，他们已经这样并肩走过了半个多世纪的人生历程，见证了燕园潮起潮落间的变迁。

他们一个是中国哲学史家、《儒藏》总编纂，一个是中国当代比较文学的“拓荒者”，他们年轻时共历风雨比翼双飞，年老时文集被双双列入“大家文丛”。

上世纪80年代初开始，他们在“知天命”之年迎来学术生涯的春天，他的《郭象与魏晋玄学》和《魏晋南北朝时期的道教》成为哲学研究不可绕开的著作；而她本是鲁迅和茅盾研究专家，却毅然“中年变法”，另起炉灶，创建了中国当代比较文学学科。

“事不避难，义不逃责”，从祖父汤霖那里传下的这颇显儒家气概的家风，深深影响了父亲汤用彤一生，也同样影响着汤一介的立身行事。是的，中国哲学，不仅是学问，也是一种人生的践履，这既是一种功夫，也是一种修为，更是一种人生的境界。

四壁是顶天立地的厚木书架，空气中飘散着若有若无的中药香味，步入汤一介先生的家，即刻便有一种心宁神静的感觉。

先生家有两间书房，虽然不是很大，却都四壁环书，晴日里洒满了阳光，他俩常常各据一间。那日我与汤先生在他的书房采访，而腿部不适的乐黛云正在另一间做理疗，每当电话铃响过，不久便能听到隔壁传来乐先生愉快的笑声。

跟乐先生的神采飞扬恰好构成对比，汤先生谦和平静，儒雅从容，我们的谈话从下午一直持续到晚间，从国学的使命到文化的复兴，从《儒藏》的编纂到对学术传统的回顾……对于我的每一个问题，他都会沉思片刻，然后细说从头。

“没有自由就没有创造力”

钱穆先生在回忆好友汤用彤时，曾写道：“锡予之奉长慈幼，家庭雍睦，饮食起居，进退作息，固俨然一纯儒之典型。”这段话也正是汤一介自幼成长环境的一个写照。

汤一介1927年生于天津，在“奉长慈幼，家庭雍睦”的大家庭中自由自在地成长，父亲汤用彤虽然是会通中西的哲学家，却从来不把读书之事强加于子女，“我父亲从来不强迫我读什么书，只适当地指点，看我读《三国演义》，他会建议我还要读《三国志》。”汤一介回忆说，父亲对他的身教多过言传。

受父亲的影响，早在读高中时，汤一介便梦想着自己将来能做一个哲学家，“能通过自己的独立思考，探讨一些宇宙人生的根本问题”。

1947年，20岁的汤一介在北平的《平明日报》上发表了两篇散文：《月亮的颂歌》和《流浪者之歌》。当时汤一介正在北大读书，充满了浪漫和幻想。

那时生活很苦，在食堂吃的是高粱米饭，菜的质量极差，宿舍是七八个人的上下铺，冬天有时没有煤，非常寒冷，但这些都没有影响年轻的汤一介对知识和智慧的吸纳。

然而，进入50年代后，他的这种梦想逐渐消失。从1950年代起，教条主义开始在中国哲学界横行霸道，青年一代既无条件又无可能向哲学家目标迈进。汤一介抛掉了哲学家的梦想，自愿或半自愿地做了“哲学工作者”。“但当时我们不知道，我们接受的实际是前苏联式的教条主义。”汤一介说，“这样的思想紧紧缠绕着我们的头脑至少三十年。”

1957 年，汤一介和乐黛云结婚后的第 6 年，反右运动开始。“那是个没有哲学，也没有哲学家的年代。”汤一介说，“哲学家从事哲学工作要有条件，首先你要能够自由思想，自由创造。不能自由思想，不能自由创造，哲学就变成了死的哲学。自由是一种创造力，没有了自由，你的创造力就没有了。”

“文化大革命”后迎来学术生涯春天

“文化大革命”结束后，汤一介迎来了自己学术生涯的春天。

1981 年春，汤一介在北京大学开选修课“魏晋玄学与佛教、道教”，能容纳 200 人左右的教室里，经常座位紧张，连换三次教室，最后没有办法，学校不得不发“听课证”以解决学生抢座的问题。

“因为这是一个新的东西，当时没有过。那时教条主义的课程受冷淡，而传统哲学的东西只要讲得好一点，符合道理一点，大家很愿意听的。”汤一介回忆道。

他当年的学生、现任深圳大学文学院院长的景海峰，至今还保留着当时的课堂笔记：“老师得戴着麦克风讲课，有时麦克风坏了，几百人的大课堂鸦雀无声，每个人都似乎竖起耳朵听课。”

讲台下的景海峰“如饥似渴”吸取知识，而讲台上的汤一介，正怀着冲破多年学术教条的决心，就像多年后他自己说的：“失去最有创造力的年华后，就像裹过小脚后再把脚放大一样。”

在讲过两轮课后，汤一介将“魏晋玄学与佛教、道教”一课讲义写成《郭象与魏晋玄学》，他尝试把哲学的比较方法运用于中国哲学的研究领域，在方法、观念上进行了一系列“突围”。

接着，他又将“早期道教史”一课修改成《魏晋南北朝时期的道教》，大胆提出要肯定“宗教”和“非理性”对人类社会生活的意义。这些探讨，均是在此前的道教研究中很少讨论到的。

在心灵滞塞、头脑僵固尚未消除的时候，汤一介首先想到要找寻新方法，提出新见解，走出哲学研究的困境。这种荡涤陈规的突围意识，一直伴随他日后的哲学研究之路。

中国文化书院推动“文化热”

季羡林先生曾说：“对中国文化书院的回忆，我却只有甜蜜，只有兴奋，只令人欢欣鼓舞，只令人感到‘柳暗花明又一村’。”

上世纪80年代，拨乱反正，百废待兴，各种新思潮萌动。1984年，以北大哲学系为核心，学界酝酿筹组了民间性的中国文化书院，汤一介任院长。书院宗旨是“继承并阐扬中国文化的优秀传统，促进中国传统文化的现代化”。梁漱溟、冯友兰、张岱年、季羡林、周一良等70多位海内外学者被聘为导师，没有学科之间的分际，也无身份和等级差别，思想分外地开放与活跃。

书院举办了四届反响巨大的“文化系列讲习班”，还举办了数万学员参加的“中外文化比较研究”函授班，蔚为大观。中国文化书院被公认为上世纪80年代文化热的主要推动力量和代表性的一派，对当时的文化启蒙起了比较大的作用。

“当时我比较主张‘兼容并包’，谁都可以讲，我们都欢迎，有很传统的梁漱溟先生，也有冯友兰先生，还有年轻一代的李泽厚，更有激进的全盘否定中国文化传统的包遵信。梁漱溟被批判以后很多年没有公开演讲，他做的第一次公开演讲就是在我们文化书院做的，我们还留了一个录像，那是很不容易的。”汤一介先生回忆说。

正如祖父汤霖传下的家风“事不避难，义不逃责”，作为一名学者，汤一介肩负起这样一个责任，在传承自己文化的过程中使中国文化和中国社会从传统走向现代。

要让《儒藏》成为最权威范本

汤先生家的书架上，在最醒目的三个格子里整齐排列着已出版的33本《儒藏》，藏蓝色封皮，烫金的字，格外悦目。汤先生起身从中抽出一本来，翻开来，指给我看：“这是原文，这是校勘记，哪些地方有问题我们都注解出来，方便大家使用。”

收集儒家典籍是一项卷帙浩繁的工程，明清两代均有学者提出要编纂《儒藏》，却都未能实现。由于并非出身古籍整理专业，汤一介曾形容自己做《儒藏》是“非常小心，战战兢兢”。

汤先生说，《佛藏》一共有二十几种不同的版本，而现在全世界研究佛教用的本子是日本的《大正藏》，为什么？因为它是排印本，有句读，还有校勘记。“所以我做《儒藏》就是做实用的、大家都可以用的，而且是一个比较规范的本子出来。”

《儒藏》，是要集中华文化精髓之大成，将儒家文化瑰宝系统全面地“收藏”。“一个国家、一个民族必须将文化接续下去。更何况，现在做《儒藏》已经有些晚了。”中华书局在新中国成立后整理出版了《二十四史》，那批老先生许多已经故去，没剩下多少了，再过十年八年几乎就没有了，而一些中青年学者的古文功底现在还难以完全承担起这样的工作。在汤先生看来，《儒藏》是一个抢救性工程。

“我希望让我们的《儒藏》成为全世界最权威的范本。”作为一位沉潜、内敛的学者，汤先生这句话有着沉甸甸的分量。

学术双璧

世界汉学大会上，在掌声里结束演讲的汤先生，缓缓从讲台走下来，在一拥而上的媒体包围里，他一边应对递过来的名片一边挪步向观众席，寻找老伴乐黛云，而此刻乐黛云也正被另一群人环绕，她爽朗地笑着起身，拄着根拐杖，跟在汤一介身后，这时两群人合拢成一圈，继续围在他们身边，直至最后目送两位坐进车里离去。

寒风中，乐黛云帮汤一介穿好大衣，戴好围巾。坐进车前，他们一并向搀扶他们的学生连连道谢，乐先生温蔼的笑声，像一缕明媚的阳光穿过那日灰沉厚重的云层。

1949 年，他们在北大相识。解放后，北大成立了新民主主义青年团，文学院有一个团总支，汤一介和乐黛云同时在做团的工作。“我是组织委员，她是宣传委员。后来我们又一起到了团委，我做宣传部长，她做群众文化部长。”两人常在一起工作，一起聊天，渐渐地，他们成了彼此生命中最重要的人。

1952 年 9 月 13 日，乐黛云一毕业，他们就结婚了。自此，他们并肩走过了半个多世纪的人生历程，见证了燕园潮起潮落间的变迁，也亲身经历了风雨的洗礼。

至今，有一个多年的习惯，在他们看来寻常不过，而在外人看来，却是极尽浪漫而奢侈的事——每天午后，他们会一边绕未名湖散步、晒太阳，一边讨论问题。“每天都会有半个钟头到一个钟头讨论问题，最近在讨论我研究的普世价值问题，还讨论她在写的一篇文章，我建议写得再积极一点，她后来接受我的观点。”汤先生笑着说。

当文学遇到哲学，会有冲突吗？乐先生解答了我的疑问：“他最不满意我的是，觉得我这个人做学问不够严谨，但是我的思想比较活跃，常有一些新的想法，往往很快写出来。他常提醒我要好好地推敲，他写文章都是要改好几遍的。但是我的文章都要经他看一遍，他会抓出我很多毛病，哪个地方不确，哪个提法不妥，对我很有裨益。”

现在，汤先生除了忙《儒藏》、写文章，还在整理自己即将出版的10册文集，而乐先生不仅要带博士生、忙她主编的几套丛书，也在整理出版自己的英文文集。他们一个82岁，一个78岁，却不以颐养天年为求，也不以含饴弄孙为乐，而是不遗余力地推动中国文化从传统走向现代。汤先生曾写道：“曾多次设计着改变忙乱的生活。”我问乐先生，现在状态如何？“生活依然忙乱如旧”，乐先生说完哈哈地笑了起来。

伉俪情笃

性格上，汤一介较内向，乐黛云较开朗：汤一介受儒家思想影响大，做事讲究规范、有条理，乐黛云比较喜欢道家，听其自然，做事大而化之。这一张一弛的“儒道互补”，让他们平安度过岁月中的无数坎坷。

因筹办一本“同仁刊物”，乐黛云在1958年被划为右派。划成右派时，她正在坐月子，并不知情。细心的汤一介把校刊全藏了起来，直到她坐满月子的第一天，学校让她去挨批斗，她方才知道，“他这个人是非常能控制的，他一点都不表现出来，可他自己心里就比较受苦”。

在那荒唐岁月里，他是“黑帮”，她是“右派”，不是他被“隔离审查”，就是她在深山“劳动改造”。乐黛云记得，很冷的冬夜，汤一介常被关在一个屋子里写检查，她便坐在哲学系楼门口的台阶上等他出来，“因为我不知道会把他带到哪去，那时常有这种事，审一审不知怎样就关起来，关在不知哪个小屋里”。

他们互为彼此的精神支柱。汤一介被“隔离审查”时，两三周才能回次家，每次回家待半天就又要离开，乐黛云会炒好一罐雪里蕻，送他到未名湖的小桥边。

乐黛云在乡下“劳动改造”时，汤一介会每周写一封信，信封上写“乐黛云同志”，为了这“同志”二字，他被批“划不清界限”。忆及此，乐黛云动情地说：“这是支撑我渡过难关最重要的力量，那时要没有他的信，真会崩溃啊!”

可惜的是，见证了他们信任与爱的那些信件，“文化大革命”中因担心抄家，被埋在槐树街一个院子的葡萄架下，后来却找不到了。

现在，他们过着平静而充实的生活。上午，他们工作或者读书，然后一起散步；午后，会睡一个觉；下午，还可以有三四个小时工作，或是接待各种各样的人。

汤先生喜欢古典音乐，尤好舒伯特、莫扎特。乐先生说：“贝多芬对他来说太重了，现代的新一点的流派马勒什么的，有时我还能欣赏一下，他就不愿意听。”他们也会为看电视而“吵架”。“他不喜欢我看的那些电视剧，说太无聊了，昨天我看《金大班》，他说真难看就走了。最近的《密战》我觉得太简单太幼稚了，他竟看上瘾了。”不过，也会有让他们能一起看到底的，譬如《潜伏》，惊险、有情节，他们都爱看。

“所以我常跟学生说，不一定两个人非得性格那么相同才能够好，有时不一样倒是可以互补一下。”乐先生笑着说。

坚持自身文化“主体性”

问：您一直都很看重国学的历史使命，而且关注中国文化如何由传统走向现代，不久前在国家图书馆的演讲中您特别提到“要警惕国学热中狭隘的民族主义情绪”，您怎么看这种倾向？

汤一介：是的，我提出要在全球化背景下看待中国传统文化，当前在全球化的形式下，脱离整个世界发展的轨道只考虑自己的文化是不可能的。

最早在1992年时出现两股思潮，一股是后现代主义思潮，针对一元化思想倾向而出现，它要消解一元化的思潮，特别是对现代化中间出现的问题而提出的，主张多元化，反对系统化。另一股思潮是1993年，《人民日报》发表《国学在燕园悄然兴起》，这股思潮当时出现，从一个方面讲也是在消解一元化，当时我就担心国学过热，一个是可能走向复古的路子，一个是可能意识形态化，因此我提出必须在全球意识的观照下考虑自身的文化发展。

现在文化上的“欧洲中心论”已经破产，决不能再提出个“中国中心论”来，什么“三十年河东，三十年河西”、“中国文化可以拯救世界”，这不仅是不可能的，而且是十分有害的。对老祖宗给我们留下的文化遗产，必须珍视，但我们并没有为这份文化遗产增添多少光彩，相对于发达国家的学术文化现状，我们虽已取得很大进步，但我国当前也还没有能在学术理论上为人类社会做出划时代的贡献。所以坚持我们自身文化的“主体性”，是必要的，但是必须克服“民族主义”的情绪。

问：在全球化背景下考虑自己的文化应持怎样一种态度？

汤一介：我在清华国学院成立时，说了三句话：坚持我们自身文化的“主体性”，认真吸取其他民族文化优秀的智慧特别是西方优秀文化的智慧，寻求各民族文化中的具有普世价值意义的资源。当前至少有四大传统文化是影响最大的，欧美文化、南亚文化、东亚文化和伊斯兰文化，它们都影响了10亿以上的人口。亨廷顿提出“文明的冲突”，他当时的策略是希望伊斯兰文化和儒家文化发生冲突，让西方可以得到好处，但现在的状况恰恰是西方文化和伊斯兰文化冲突更大。

雅斯贝尔斯认为每一次轴心时代的复苏或者复兴，都会回归到自己的文化传统，并被它重新燃起火焰，他提了三个地方：中国、印度、西方。21世纪，我认为，这三个地方都可能有一个第二次启蒙运动的时期，都有一个要从自己的文化中找到力量来迎接新的3000年。新世纪西方出现的建构性的后现代主义，认为第一次启蒙是“解放自我”，第二次启蒙应该是“尊重他者”，并且认为中国的传统思想恰恰是一个发展的整体主义。我认为如果中国要比较顺利地走过现代化的过程，必须有第一次启蒙才行，这样我们进入后现代的第二次启蒙就比较容易一点。因此我认为要给中国思想一个定位，不夸大我们的思想，也同时看到我们可贡献给人类社会的东西。

问：您多次说，“反本”意味着我们要回到传统中去寻找资源，您觉得今天的中国需要哪些思想资源？

汤一介：反本才能开新，反本是为了开新。任何一个有长期历史文化传统的大的民族，就像一棵大树一样，如果想继续生长，不可能把根子斩断，这样生机就没有了。费孝通晚年提“文化自觉”，即了解自己文化的来源、历史以及特点，了解它的发展趋势，就是说要了解自己的东西，才知道往哪个方向发展。同时，世界的情况变了，不开新就不能适应世界变化。完全恢复古代那一套是不行的，对四书五经也不能迷信，你要注重其中所包含的精神，不一定注重形式。

问：《儒藏》编纂之初您说“现在做《儒藏》带有抢救性质，一方面要抢救老专家的学识，另一方面也要培养新的人才”。知识断代似乎是个突出的问题。

汤一介：《儒藏》不仅是把中国的儒家典籍收录其中，而且把韩国、日本、越南学者用汉语写作的儒学著作也放在里面，大概有400人参加了这个工作。现在看起来我们的基础还有很大问题，送来的稿子有50%是不行的，只能用两种办法，一种请他再修改，一次两次甚至三次再修改，另一种是换人再做。所以我们压力非常大，还是要花大力气培养自己的人才。从2004年起，我们儒藏编纂与研究中心开始招博士生，现在一共30个博士生在我们的儒藏编纂与研究中心里，很多不合格的东西都是他们先审查出来的。因为非常仔细，所以比较慢，到现在出版的只有中国的33本，韩、日、越每个国家只出了1本。今年准备出50本，大概以后每年出50本，总量是330多本。《儒藏》最快也要到2015年才能完成，还可能更长一些。

问：《儒藏》似乎尤其看重实用性这一点？

汤一介：是的。现在我做《儒藏》就是希望为世人提供一种较为可靠、经过整理、便于利用的儒家典籍大丛书。现在看来，已出版的《儒藏》总体质量还是不错的，也是排印本，有标点，而且有校勘记，非常方便大家用。

问：余英时先生认为“中国的学术传统被破坏得太厉害，要重建传统不是很容易的事，但不能不立即下最大的决心，急起直追”。这个问题您怎么看？

汤一介：我想他主要指思想方面，我们没有新思想了，连旧思想都抛掉了。“文化大革命”不但批判传统文化，而且把很多书都烧了。不让年轻人读这些东西，让他们读一点也是为了进行批判。这是个很大的断层。

我常讲冯友兰、陈寅恪、金岳霖、汤用彤、贺麟这一代，他们的幸运在于，十五六岁以前接受了比较系统的国学训练，到了十七八岁以后他们上了几年新式学堂就出国了，在国外待五六年甚至更长。而1949年后，我们没有国学基础了，对外又封闭，没法了解人家的思想。“文化大革命”后，这两个基础也还没有真正补上，现在出来的一批学者，国学基础不如前一代的研究者。所以我们还要培育一批国学基础非常好的、对西学的掌握也比较好的学者。

问： 在研究普世价值之后您下一个要研究的问题会是什么？

汤一介： 最近我编《儒藏》时读了一些儒学的东西，我认为“礼”的问题是个值得研究的问题。一个完整的社会应该有一套道德教化，有一套政治法律制度，这两套能平衡协调，社会就比较稳定。《二十四史》里有各种“志”，刑法志是一个志，礼乐志是另外一个志，婚丧嫁娶都是有“礼”的，“礼”对“法”做了补充。

原刊于《文汇报》，2009-12-07

汤一介：未名湖畔的哲学名宿

访问：刘晨芳

家学人文风的熏染

北京大学校园内，朗润园静谧而祥和，明丽的阳光倾洒在波光粼粼的未名湖上。一幢白色楼房前，笔者摁响了汤一介先生家的门铃。

一进门，乐黛云教授热情地招呼我坐下。在这个书房兼客厅的房间里，环壁皆书，汤先生坐在阳光里。他身着绛红色缎面中式上衣，温和中透着刚健。

自称以学生教授或教授学生的身份听过汤用彤先生的魏晋玄学课程的季羡林，曾经这样描述汤用彤先生："不为物累，待人宽厚，处世公正，蔼然仁者，即之也温。"从汤一介先生的身上能找到其父的遗风：温文儒雅，语速从容。但谈起他大半生为之倾心的哲学来就滔滔不绝："什么是哲学？哲学是追问宇宙人生的根本问题，特别是二者关系的问题。比如印度哲学认为，人之所以为人，是各种因缘和合而成的结果，缘尽消散，宇宙也是因缘和合而成的，也可以消散。各种文化都有不同的表述方式……"

汤一介，1927 年生于天津，在世代宿儒的大家庭中自由自在地成长，父亲汤用彤虽然是学贯中西的哲学家，对子女的教育却是身教多过言传，且没有过多地逼迫孩子们读书。不过，天资聪颖的汤一介受父亲的影响，早在读高中时便梦想着自己将来能做一个哲学家，"能通过自己的独立思考，探讨一些宇宙人生的根本问题”。

20世纪50年代以后，苏联式的教条主义在中国哲学界横行，这种现实距离他哲学家的目标如有渊底云端之杳。汤先生说：“1949年以后的三十年，只有马、恩、列、斯、毛这样的领袖才能称为哲学家，我们只是哲学工作者，只是对领导人的思想进行解释，思想上受到时代的很多约束。上一代人有着深厚的国学基础，对四书五经都是能背诵的。父亲二十岁出国，可以说融通中西。而我们这一代没有打好国学底子，又没有那么长的留学经历，先天后天营养都不足，所以我想大概我也很难成为一个哲学家。”这是汤先生自谦，也是那个时代中国学人共有的缺陷。愤懑之后，汤一介熄灭了哲学家的梦想，自愿或半自愿地做了“哲学工作者”，或者说“马克思主义宣传员”。

破冰研究——“今后不能听别人的，得用自己的脑袋考虑问题”

1980年，经历了“文化大革命”等政治运动的汤一介恢复了在北大讲课的资格，走过那个没有哲学也没有哲学家的年代，汤一介已经不愿再与政治有任何瓜葛，而是要成为一个思想独立的学者。“从事哲学工作首先要能够自由思想，自由创造，否则，哲学就变成了死哲学。”在很多人心灵滞塞、头脑僵固的时候，汤一介决心突出重围，走出哲学研究的困境。

他率先把中国传统哲学作为认识史来思考，综合各家所言，提出了一套中国哲学范畴体系的构想。他继承父亲魏晋玄学的家学，1983年出版了《郭象与魏晋玄学》，打破过去唯心唯物二元对立的思维模式，认为讲哲学历史的时候应着力发掘前一个哲学家解决和留下的问题，找到哲学自身发展的内在逻辑。他提出，并不是说唯心的都是错的、反动的，有些推动历史进程的观点也是唯心主义者提出的。此书虽没有完全摆脱唯心唯物论的束缚，但从某种意义上可以说算是一个破冰的研究。多年后，汤先生风趣地回忆当时如饥似渴的研究："失去最有创造力的年华后，就像女人裹过小脚后再把脚放大一样。"

1981 年春，汤一介在北京大学开选修课"魏晋玄学与佛教、道教"。那是一个对知识渴求的年代，经常座位紧张，学校往往要发听课证才能解决学生抢座的问题。

学术的春天来临之后，他收获了金秋的硕果。其《郭象与魏晋玄学》和《魏晋南北朝时期的道教》成为研究中国哲学绕不开的著作。

1984 年，以北大哲学系为核心，学界酝酿筹组了民间性的中国文化书院，汤一介任院长，书院宗旨是"继承并阐扬中国文化的优良传统，促进中国传统文化的现代化"。梁漱溟、冯友兰、张岱年、季羡林、周一良等七十多位海内外学者被聘为导师。书院没有学科之间的分际，导师也无身份和等级差别，思想开放活跃。

书院举办了四届反响巨大的"文化系列讲习班"，还举办了数万学员参加的"中外文化比较研究"函授班，场面蔚为壮观。中国文化书院被公认为 20 世纪 80 年代文化热的主要推动力量和具有代表性的一派，对当时的文化启蒙起了比较大的作用。

东西对话——留住中华文化根脉，铸造大同社会理想

1983 年，汤一介赴美在哈佛大学访学半年时间，正赶上第 17 届世界哲学大会在加拿大蒙特利尔召开，这次大会首次设立了中国哲学圆桌会议。汤一介赴会，在此遇到了杜维明等一批现代新儒家。当时新儒家，特别是牟宗三有个基本思想，认为儒家的

“内圣”可以开发出适应现代民主政治的“外王”之道。汤一介就想，能否从另一个路子思考中国哲学，所以他在会上提出儒学第三期发展的可能性，即用三个命题套西方的真善美：儒家的“天人合一”是真，“知行合一”是善，“情境合一”是美。他认为真善美是人类永恒的追求，儒家的这几个中心理念都没有失去现代意义，而理应有进一步发展的可能性。他的发言由杜维明先生翻译之后，全场掌声雷动，经久不息。他清新的立论扣人心弦，把充满思辨气氛的哲学大会推向了高潮。

到了20世纪90年代，汤一介开始关注文化问题，这始于他批判亨廷顿《文明的冲突?》中说的“我认为新世界的冲突的根源，将不再是侧重意识形态或经济，而文化将是截然分隔人类和引起冲突的主要根源”的观点。

早已习惯“用自己的脑子来思考问题”的汤一介指出，中国讲君子和而不同，小人同而不和。不同的文化可以不同，但可以和谐相处，他用“和而不同”的思想来批判亨廷顿的文化冲突论。

怎样实现文化共处呢？汤先生认为唯一的途径就是对话。只有这样才能取得共识，取得互相理解，达到相互尊重。不同民族都面临人类共同的主题：生存、发展、生死、幸福等。所有的问题中又都有各自特殊的观点，比如印度的涅槃，西方的天堂，中国的“三不朽”（人虽然要死，如果立德、立功、立言就能不朽）境界。基督教讲博爱；孔子讲仁爱；佛教讲慈悲，与众生同乐同苦。每一种文化里面都有特殊的价值——爱。这种共同的东西就是普世价值。

1993年芝加哥世界宗教大会，《全球伦理宣言》把“己所不欲，勿施于人”作为金律。普世价值是共性，以此作为基础，沟通起来就容易，不排斥别的文化，自己的特殊价值也就容易被接受。

所以，近年汤先生在长期考虑儒家文化的特殊意义的过程中总结了三句话：第一，我们应该坚持自身文化的主体意识，一个没有文化自主性的民族终将被消灭或被同化。费孝通先生曾经提出“文化自觉”，让我们对文化的来源、特点、历史、走向等有个非常清晰的了解，既不能复古也不能全盘西化。第二，认真吸收其他民族的优秀文化成果，特别是西方文化，因为我们正要步入现代化。第三，要寻求不同民族中具有的普世价值意义的资源。每个文化都有一些普世价值，把这些资源整合起来，便于对话和互相尊重。

汤一介引用了费孝通的一句话：“各美其美，美人之美，美美与共，天下大同。”也许这正是他内心最深处的理想。

主编《儒藏》——卷帙浩繁之工，筚路蓝缕之举

2003年，七十六岁高龄的汤一介先生发起并主持《儒藏》工程，一年间组织二十多所高校两三百位学者投入此项工程，工程第一部分是编纂共有五百种、九千七百多卷、一亿五千万字的《儒藏》精华本，第二部分是将五千部、十亿字的儒家典籍收入《儒藏》大全本。

汤先生坦言，之所以提出要编纂《儒藏》，是因为受了一件事的刺激——佛经大部分是我们从印度翻译过来的，但现在中国通用的二十多种佛藏却是日本人编的！原因是他们的本子是“排印本”，有断句，可以全文检索。

“这个项目牵扯文史哲、图书馆、考古等专业知识，能干这个活的人并不多。现在做《儒藏》已经有些晚了，做《二十四史》的那批老先生大都已经故去，老专家没剩下几个了，再过十年八年几乎没有了，会出现人才断层。现在做《儒藏》带有抢救性质，

一方面要抢救这些老专家的学识，另一方面也要抢救书，还要培养新的人才。

“目前儒家典籍多以影印本形式出版，我们也要编写一个排印本，带校勘记、可以全文检索的本子，我希望《儒藏》能成为全世界最权威的范本。”编纂《儒藏》、创建中国解释学是汤先生的夙愿。这两者是紧密相连的。其功德在于，前者将儒家文化精髓系统地保存和收藏，后者是将其进行开发和利用。汤先生说编纂《儒藏》不是为了装点门面，而是为了继往开来，让中华文化走向世界，并为人们提供可以了解和利用的儒典大文库。

“现在没有产生大师的外在社会条件”

问：有人说真正意义上的中国哲学研究还没有起步，您怎么看?

汤一介：“哲”字有，“学”字有，但是我们没有把二者联系起来。哲学是由黄遵宪介绍到中国的，初来中国时有争论，直到20世纪才有《中国哲学史》，把孔孟都说了什么介绍了一遍。胡适到美国受西方影响，写了《中国哲学史》，用西方的体系来套中国的哲学，当然也起了一定的作用。后来冯友兰也写了《中国哲学史》，用西方的思想、中国的材料讲中国哲学，借助别人的话语理清自己的东西，当然也是很大的进步。这个过程是必要的，现在更多的是要用自己的话语来解释自己的哲学。我们走过的路不是错了，是需要过程。

问：请您谈谈中国文化在全球化背景下的机遇和挑战。

汤一介：全球化趋势出现以后，经济逐渐连成一体，科技也没有了国界，这样的情况之下，人类面临的各种问题越来越复杂。

科技、经济可以一体化，但是文化不可以，因为它有一个源和流的关系问题。如果把传统的文化看成是一条大河，开始会很细小，奔流过程中因接纳支流，水流就会越来越多。21 世纪，文化的多元趋势越来越明显。西方殖民体系瓦解，西方中心论开始消解，各个民族要独立，文化当然也要独立，在这种独立中我们要把自己的文化作为根基。

问：您一直都很看重国学的历史使命，而且关注中国文化如何由传统走向现代。不久前在国家图书馆的演讲中您特别提到“要警惕国学热中狭隘的民族主义情绪”，您怎么看这种倾向？

汤一介：我提出要在全球化背景下来看待中国传统文化的问题，当前在全球化的形式下，脱离整个世界发展的轨道只考虑自己的文化是不可能的。我担心国学过热，一个是可能走向复古的路子，一个是可能意识形态化，因此我提出必须在全球意识的观照下考虑自身的文化发展。现在文化上的“欧洲中心论”已经破产，也决不能再提出个“中国中心论”来。什么“三十年河东，三十年河西”、“中国文化可以拯救世界”，这种说法不仅是不可能的，而且是有害的。对老祖宗给我们留下的文化遗产，必须珍视，但我们并没有为这份文化遗产增添多少光彩，相对于发达国家的学术文化现状，我们虽已取得很大进步，但我们当前也还没有在学术理论上为人类社会做出划时代的贡献。所以坚持我们自身文化的“主体性”是必要的，但是必须克服“民族主义”的情绪。

问：在全球化背景下考虑自己的文化应持怎样一种态度？

汤一介：首先要坚持我们自身文化的“主体性”。其次要认真吸取其他民族文化优秀的智慧，特别是西方优秀文化的智慧。还有就是要寻求各民族文化中具有普世价值意义的资源。我认为要给中国思想一个定位，不夸大我们的思想，同时也看到我们可贡献给人类社会的东西。

问：中国的学术传统被破坏得太厉害，要重建传统不是件很容易的事，比起父辈都有一大截的差距，您认为学人的知识断层能续补上吗？中国文化能与传统文化接上吗？

汤一介：冯友兰、陈寅恪、汤用彤这一代人的幸运在于，十五六岁以前接受了比较系统的国学训练，到了十七八岁以后他们上了几年新式学堂就出国了，在国外待五六年甚至更长时间。而1949年后，我们没有国学基础了，对外又封闭，没法了解人家的思想。“文化大革命”后，这两个基础也还没有真正补上，现在出来的一批学者，国学基础不如前一代的研究者。所以我们还要培育一批国学基础非常好的、对西学的掌握也比较好的学者。

现在没有产生大师的外在社会条件，同时也没有哪个人有那么高的道德境界，因此我就有“第二个轴心时代”的提法。虽说培养出大师级的人物可能是百年以后的事情，现在早点提出来，还是很重要的。

原刊于《名人传记》，2010（2）

不断提出问题 推动思想进步

——访北京大学汤一介教授

访问：褚国飞

哲学要能提出一些问题

问： 20 世纪 80 年代，您率先把中国传统哲学作为认识史来思考，并以真善美概念为基础，集各家所言，建构出一套中国哲学理论体系。此后，您强调了“天人合一”、“和而不同”、“新轴心时代”、“中国现代哲学的‘接着讲’”等一系列问题，推动了文化界对传统哲学的讨论。您能向我们介绍一下这些问题提出的背景吗？

汤一介： 哲学是干什么的？我想哲学就是要能提出一些问题来，这样才可以有新思想。当然，我不敢自称是哲学家，但我很关注哲学问题。从 80 年代初开始，我考虑如何破除教条主义的马克思主义哲学这个问题。此前 30 年间，我们受教条主义的影响，比如当时认为唯物主义是进步的，唯心主义是反动的，这些说法有很大的片面性。但如何解决这个问题，从哪里开始呢？马克思主义本身是个伟大的哲学，这个毫无疑问，但教条主义化的马克思主义就有问题了。当时我们从这样一个角度考虑，哲学史是人类认识史的发展，它是通过一些重要范畴的不断提出而逐渐深化的。比如柏拉图用“Being”这个开展一套理论，孔子用“仁”来开展一套学说。所以，应该从人类认识史来研究哲学，既然从人类认识史来研究哲学，那么每一代哲学家都提出新的概念来，这些新的概念并不一定都是唯物主义提出的，有的是唯心主义提出的，所以人类认识史是两者不断促进的，而不是两军对垒的。在这一大背景下，从 1981 年开始，我就提出中国哲学范畴问题，最早我们还出版了范畴问题讨论集，开了两三次会，作为突破口，把原来两军对垒问题消解掉。这是第一阶段。

中国哲学中的真、善、美问题

1983 年我去了美国，在哈佛大学碰到的主要是现代新儒家这一支，从熊十力、牟宗三到杜维明。牟宗三先生认为中国的内圣之学可以开发出来适应现代民主政治的外王之道；心性学说可以开出科学的认识论体系。对此我不十分认同，我觉得这两个命题可能都有问题，并思考可否从另一种思路来思考中国的哲学问题，当然，我这种想法也是受到西方哲学的影响，因为古希腊哲学讲真、善、美，但中国哲学明确讲真、善、美问题的很少，可是从总体上看中国哲学又不能说没有研究真、善、美的问题。当时正赶上第 17 届世界哲学大会的召开，于是我在会上的发言谈了儒学第三期发展的可能性问题。我认为，也许中国“天人合一”的思想是解决一个“真”的问题，因为“天人合一”是讲人与外在世界的关系，人和天两者是互动、不能分开的；第二个就是“知行合一”，这个是“善”的问题，因为中国从《尚书》开始就讲“非知之艰，行之惟艰”，从儒家思想一直到王阳明思想，在讨论“知行合一”关系问题，而且主要把它看成是首先问题；那么，“情景合一”应该是个美的问题，美感是怎么产生的？美感是在人的内在情感与外界接触以后才有的，比如孔子听韶乐可以三月不知肉味，他的情感就与音乐结合在一起了。于是，我想是否可以用这三个命题来考虑中国哲学，现在不少人都觉得这有点道理，这是从中国哲学角度对真、善、美问题的思考。

我这篇文章 1984 年在《中国社会科学》上发表，随后我又写了《再论中国传统哲学的真善美问题》，发表在《中国社会科学》

1990年第3期，我把中国的三位哲学家与德国的三大哲学家的不同看法做了比较：孔子、老子与庄子和康德、谢林与黑格尔，并得出结论：西方哲学家对真、善、美问题的研究，基本上是希望建立一个完整的知识系统；而中国哲学家无论是老子、庄子还是孔子，他们讲真、善、美主要是从提高人的精神境界这个角度考虑问题的。于是我又思考，如果不仅仅从儒家角度考虑，而是从儒释道总体上考虑（当然，儒家是主体），是否还可以提出一些想法，特别是对我们今天社会有意义的想法？我就从真善美问题上发挥出一个想法，通过儒释道三家与西方哲学的比较，我发现两者有明显的不同，我们的哲学以内在超越为特征，比如，儒家讲成圣、成贤靠道德修养；佛家特别是中国禅宗讲“一念觉即佛，一念迷即众生”；道家也一样，特别是庄子讲“心斋坐忘”，认为要把自己的身心忘掉，才能达到“同于大通”的超越境界。但是西方不同，从柏拉图开始，他认为理念世界与现实世界是两个不同的世界，没法打通；一直到笛卡尔仍然认为思想和物质两者是独立的二元，研究一个可以不研究另一个；特别是西方基督教，认为人想超越，一定得依靠上帝，要忏悔，靠上帝拯救，只有借助外力才可以。所以西方哲学是外在超越型的哲学，不过现在西方哲学在这个问题上有很大变化，比如现象学，等等。

当然不是说我们完全没有外在超越，他们完全没有内在超越，中国也有外在超越型的哲学，比如墨子，他认为“人”需要人格化的“天”来帮助才行，但我们传统哲学主流是讲内在超越。对此，我就思考，有没有可能把两大不同的文化系统、内在超越与外在超越两个系统的哲学整合成一个互补的系统。但这个问题我没有继续再做下去。据我了解，上海社科院与华东师大有的教授对这个问题有兴趣，但这个问题太困难了，不太好做。

不同文化可以共存

在“真、善、美”这个问题后，由于亨廷顿提出“文明冲突论”，我就暂放下哲学问题的研究，转而考虑文化问题。从中国传统文化这个角度考虑，我认为可以提出与他相对应的命题来，因此我提出了“文明共存”的观点。不同的文化为什么能“共存”？我们与印度有个非常好的例子，佛教是1世纪传入中国的，并没有因为思想文化的原因，与中国文化发生严重的冲突。中印两种文化在接触时没有打过仗，而且往往是形成互补的格局，所以中国传统哲学讲文明是可以共存的。从唐朝开始，儒释道三家都提倡三教归一，三教可以形成一个统一的局面，所以我提出一个与亨廷顿相对立的“文明共存论”。因此，1993年以后，我研究文化问题，特别是针对西方“文明冲突论”来做这个问题。

另外关于中国哲学本身我还提出了中国现代哲学的三个接着讲的问题，这是在1998年、1999年。因为中国哲学要发展，不能照着讲，要接着讲。这个接着讲的问题是冯友兰先生首先提出的。他认为他的新理学不是照着宋明理学讲，而是接着宋明理学讲，那么我们现在面临的局势是，中国哲学要发展的不仅是接着宋明理学讲，而且至少有三个向度：一个是接着中国传统哲学讲，包括宋明理学；二是要接着马克思主义讲，因为马克思主义毕竟是来自西方的，我们要接着讲，把它中国化，就像我们把印度佛教中国化一样；第三个就是接着西方哲学讲，这一点也不是不可能的。

中国有悠久、丰富的经典解释传统

从20世纪末以来，我主要讨论了三个问题。一是创建中国解释学的问题，这是在北京大学成立100周年时提出来的，为什么提出这个问题？因为西方解释学已经成为一种颇有影响的思潮，不仅用来解释哲学，文学、社会学甚至艺术学都可以用解释学来解释。那么中国有没有自己的解释学？我认为虽然还没有真正的解释学，但却有长久而丰富的经典解释传统。西方解释学成为真正解释学，也是在 19 世纪末由施莱尔马赫、狄尔泰他们完成的，当然解释经典的传统在西方也是很早的，主要是解释《圣经》。中国虽然没有系统的解释学，在历史上还没有成为独立、系统的学科，但解释经典的历史是很长的。比如《左传》解释《春秋》，那是在公元前 300 多年前甚至在前 400 年，这比西方解释《圣经》要早；《易传》解释《易经》，那是在公元前 300 年，也很早；对老子《道德经》的解释也是在公元前 200 多年开始的。所以我们有解释经典的历史传统，但没有形成独立的学科，没有把它形成解释哲学体系。那我们能不能根据中国材料，参照西方解释学，来形成独特的中国解释学？如今，山东大学的《中国诠释学》已经出了 6 辑，都在研究这个问题。我为此写了 5 篇文章讨论这个问题。

中国文化必须在坚持自身文化的主体性中“复兴”

我大概是 1999 年在费孝通主持的一次会上提出“新轴心时代”这一想法的，西方学者稍早一点已提出了这一问题。雅斯贝尔斯提出“轴心时代”，认为公元前 500 年前后，在古希腊、印度、中国、古犹太和古波斯几乎同时出现一批思想家，而且彼此之间没有接触，孔子、老子不知道柏拉图、苏格拉底，他们也不知道我们。那个时代这批思想家几乎是在互不影响下独立发展的，为什么？从世界大发展的角度讲，当时世界正经历着大发展：中国是春秋战国大发展的时代，印度的佛教是在与婆罗门教争斗、反对婆罗门教的等级制度这一过程中发展而来的，希腊哲学的繁荣背景也正逢希腊城邦制特别是早期民主思想的出现。所以雅斯贝尔斯有一段话说，它们都是独立发展出来的，可是在以后的 2 000 多年中逐渐互相影响，而每一次文化新的飞跃，都回到它的起点，然后“重燃火焰”。这期间文化的复兴，特别是中国、印度和西方文化的复兴，都是回到原点。从历史看确实如此，比如，欧洲的文艺复兴回到古希腊，中国宋明理学回到先秦孔孟的儒学。

如今的世界又有一个非常大的变化，这就是“全球化”的出现。“轴心时代”的各种文化没有互相影响，现在彼此间影响越来越大，这是否会出现世界大转变，是否会产生新的思想家，是否预示新的“轴心时代”的到来呢？从中国的形势上看，我们国学的复兴还是很初步的，可是苗头已经逐渐出来，现在不仅是大学里有国学院的成立，中小学生也在背诵古书，社会上有些社区也在讲，它逐渐渗透到社会各个阶层。比如，北新桥街道就在孔庙办了讲习班，是针对市民的，我也去讲过。北京大学也办了讲学班，是针对企业家的。这一潮流，也影响着我国的高层领导人。胡锦涛总书记在十七大报告中提出：“弘扬中华文化，建设中华民族共有精神家园”，将对有力推动中华文化的发展产生重大影响。我们还应注意到，中国一批知识分子在深入研究中国自身文化传统的同时，对当今世界文化发展的总趋势有较深的了解。我认为，中国文化必须在坚持自身文化的主体性中“复兴”，必须在吸收其他各民族文化特别是西方先进文化中的优秀成果中“复兴”，必须在努力寻求我们民族文化中具有“普遍价值”意义的资源中“复兴”。因此，我们期待着和各国的学者一起为建设全球化形势下文化上的“新轴心时代”的早日到来而努力。

印度也一样，上世纪中期开始，他们提出要复兴印度教并将之立为国教。印度原来是英国殖民地，他们认为要复兴首先必须得把自己的文化树立起来。这种想法早在甘地时期就提出了，其后人民党明确提出印度教应该成为指导宗教、文学、艺术等的指导思想。西方也是如此，最近有一本书《欧洲梦》就指出他们不必走美国的道路，不要过奢侈的生活，提倡只要过一种比较安康幸福的生活就可以了。特别要看到西方的后现代主义，因为现代化的社会已经发展了二三百年，现在问题很多，由此而出现了后现代主义，目的就是解构现代性。

中国社会是个“礼法合治”的社会

问：儒学在中国历史上起过很大作用，而且也一直是中国软实力的重要资源，对整个世界有很强的吸引力。现代新儒学学说是如何适应当代社会，应该如何正确认识其社会角色并发挥作用?

汤一介：我在《论儒学复兴》这篇文章中重点谈了这个问题。对儒学的研究可以有三个向度，一是政统的儒学，二是道统的儒学，三是学统的儒学。现在我们可以重点来发展学统的儒学。因为政统儒学的负面影响是比较多的，比如说等级制，三纲六纪，可以研究它，但不需要过多发挥它，因此我不赞成把儒学政治意识形态化。另外道统儒学，如果道统的思想过强，也就是派性过强，就会容易排斥其他学说。现在是多元化的世界，文化处于多元化的世界，不仅面对世界各民族各国家要讲多元化，甚至面对中国自身的56个民族也要考虑文化多元化的问题，所以要和其他各个民族的文化共同发展才可以，不共同发展就会引起麻烦。所以费孝通先生有一个思想很有意思：“多元一体”。中国是个多元一体的国家，我们是一个国家，但是有56个民族，如何和平相处，我们要帮助、扶持一些少数民族的文化，要和他们平等对话，共同发展。这和世界形势一样，西方文化是强势文化，应该帮助发展中国家，如非洲等地，而不能继续掠夺，不能把西方的“价值观”强加于人，这样是不行的。

要重视学统，因为在儒家的思想里，一些思想有很多空间可以发挥，比如“天人合一”的思想，这对解决人和自然的矛盾会提供非常有意义的资源，为什么建构性的后现代主义提出人与自然是生命共同体。又比如“和而不同”的思想，可以消解文明冲突论。在不同的民族文化之间，文化可以有不同，但应该而且能够和平共处。不同可以和平共处，要同就没有意思了，一个大花园里只有一种花朵并不一定好看，多种多样的花配合在一起不是更好看吗？所以中国“和而不同”的思想，对解决不同文化之间可能引起的冲突矛盾是很有意义的。亨廷顿的文明冲突有两个想法，第一，他认为在不同民族之间会有文明的冲突，他认为现在是西方文化面对儒家文化和伊斯兰文化的挑战。他说他们应该让儒家文化和伊斯兰文化冲突，他们受益，这是他的一个构想。那么现在不是这个状况，反而是西方与伊斯兰的冲突越来越严重，我们与伊斯兰冲突不是很大。他的第二个构想，就是要把发展中国家想办法纳入他们可以控制的国际组织中间，那就完全受他们控制了。我认为，他的两个想法都是错误的。对于仅仅有利于西方的国际组织，我们应逐步改造它，使之有利于全人类。现在看来，也许“金砖四国”可以起一些作用。所以我觉得，在儒家思想里，有很多有待我们发掘、发挥的东西，像“天人合一”、“和而不同”的思想等。

现在我在考虑另一个问题，即“依法治国”的问题。其实中国传统是个“礼法合治”的社会，因为从最早的五经看，有《礼记》、《周礼》、《仪礼》，如果看《二十四史》（不仅是《二十四史》），其中的“志”，“刑”和“礼”是分为两“志”的，正如贾谊《陈政事疏》中所说：“夫礼者禁于将然之前，而法者禁于已然之后。”当时治理国家是用这两套：刑法和礼乐，所以中国常把自己也称为“礼乐之邦”。因为礼不仅仅是起着道德教化的作用，也带有制度性质，我们传统的婚丧嫁娶都有规定的制度，因此我想研究这个问题。我招收了一个博士后，专门让他研究“礼法合治”，看看它对我们今天的社会还有没有一点意义。前几天和我们学校的一位副校长谈，他是法学教授，现在是校领导，他也认为这个问题可以研究，很重要。我说这样吧，这个题目虽是我研究的一个题目，我那位博士后也是北大法学博士，我说你也来参加，他说好啊。这虽然是句玩笑话，但我不断想问题，希望能提出一些新问题来考虑，我不一定能解决得很好，但不断提出一些新问题也总有点意义吧。

现代“儒学”应从学理上发挥作用

问：儒家思想资源是非常多的，但如何把这些资源转化得切实些，而有益于现实社会?

汤一介：“儒学”必须要让它面向现实，而“儒学”本来就是要求“治国平天下”的，但主要应从学理上（即其“学统”）发挥作用，所以我现在正在考虑的一个问题是和政治法律有关的“礼法合治”问题。还有前一阵研究的问题，是马克斯·韦伯提出的“新教伦理与资本主义精神”的问题。我想，是不是儒家伦理对中国现代企业家也有一定的意义?于是我就写了一篇论文：《儒家伦理与中国现代企业家（儒商）精神》，已发表在《江汉论坛》2009年第1期上。我的想法是，虽然我们不能认为儒家都好，但是我们要发掘它的有积极意义的而且适合现代社会要求的东西。马克斯·韦伯是很有眼光的，他认为西方资本主义的发展除了工业化等原因之外，还有西方基督教的发展，卡尔文教对近代资本主义的发展有着重要的意义。他认为资本主义用新教伦理如何使资本主义有一个精神支柱呢?他说，资本家一定要不断赚钱，但要用最理性的方法来赚钱，这是资本家的一种天职，它可以增进上帝的荣耀，因为卡尔文教是一种宗教。那我可不可以用类似的思路来考虑问题?中国现代企业家，是可以用最合理的方法不断赚钱为手段，以增进社会的福祉和他个人精神境界的提高为目的，我想这可能是符合儒家精神的，因为孔子讲过，“富与贵，人之所欲也，不以其道取之，不处也”，也就是说富与贵，虽然是人们希望得到的，但不符合道义得到它，我不做。这是儒家的精神。《周易》中有一句话，“何以聚人？曰财”。怎样把老百姓聚集在一起要钱财，聚集老百姓是目的，钱是手段。所以说我们古代和西方不一样，他们是增加上帝的荣耀，我们是为社会的福祉和个人精神境界的提高。因此，我觉得我们应该做一本像马克斯·韦伯《新教伦理与资本主义精神》那么有分量的《儒家伦理与中国现代企业家精神》出来，这样影响就大了，但要做一个有体系的理论的著作是很不容易的，需要大家的参与。

希望《儒藏》至少在100年内为世界通用

问：您主持的《儒藏》工程从2004年正式实施，来自中国、韩国、日本和越南等国的近400名学者参与了这一工程。请问您当初提出要做这个大工程的原因是什么，在这几年的编纂工作中遇到的最大困难是什么，您对《儒藏》的最大期望是什么？

汤一介：当时最早提出这一想法的原因是在中国历史上有儒释道三家，现在已经有《佛藏》、《道藏》，但一直没有《儒藏》，明清两代学者都提出过要编《儒藏》，但是工程太大，都没有能实行，明朝做了《永乐大典》，清朝做了《四库全书》，已经很了不起了。那现在我们中华民族要复兴，是否应该考虑做《儒藏》？从儒释道三家讲，儒学在历史上是我国社会的主流文化，是应该做的时候了。北京大学是在2002年提出来的，实际上在1990年我就提出过。当时有个企业家，想支持我做，但是后来他这个企业没有发展好，一下子垮台了，所以没有做。一隔就是十多年，2002年提出来，作为一个课题。后来，在2003年作为教育部的一个重大项目，2003年12月31日才把项目批给我们，正式启动是2004

年。后来我想，光因历史上没有《儒藏》，就来编一部《儒藏》虽也是一个理由，但是更深层的理由是刚才说的，儒家思想里有相当多的对我国今后发展很有意义的思想资源，我们要把材料准备好，不然好多东西不知道，对研究不利，所以我想给大家准备一套材料，让大家来研究它。还有一个想法，我喜欢自己的国家。《佛藏》从宋朝起一直到现在，至少编了 20 多种，但现在通用的是日本人编的《大正藏》。所以我想我们应该编出一本让世界通用的《儒藏》。有记者问我，“你觉得你的《儒藏》怎么样”，我说我要把它做好，至少 100 年可以通用。

但现在困难还是很大的，原因就是我们国家的学风并不好，有不少学者做学问不太认真，特别是经济对学术的冲击太大，所以给我们的稿子，送到我们这里来常常质量上有问题。“北京大学儒藏编纂与研究中心”工作班子总共才十多个人，业务专业人员不到 10 个人，当然还有三四个是行政人员。来的稿子，往往是不合格的，到我们这，相当部分要退稿，要他们修改，有的甚至根本不行，我们要重新找人做，所以对我们压力很大，时间也是浪费，这是学风的影响。还有经济上的，我们的经费不足也是个问题。2009 年，我们本来打算出 50 本，但只出了 30 多本。本来希望到 2015 年可以全部出完，330 本能出齐。但现在速度慢很多，有些我可以做的做，有些是无能为力的，但我们要求首先保证质量，慢就慢一点，一个不合格的稿子也不放过。为解决以上两大困难，我想和一些企业家谈谈请他们给些支持，如果我们经费比较多，学风更好一些，工程可以顺利一些，质量更高，速度可以更快一些。

原刊于《中国社会科学报》，2010－04－22

国学大师汤一介先生访谈录

访问：康香阁

汤先生在想什么？在做什么？

问：汤先生，您好！2003年春节我拜访过您。当时您给我题写了三句话："下学上达，知常曰明，转识成智"，这第一句出自儒家的经典著作《论语》，第二句出自道家的经典著作《老子》，第三句选自佛教唯识宗的经典著作《成唯识论》，我知道您是在鼓励我奋发学习，我也知道我终生不可能达到如此境界，但我内心充满了感激之情。转眼间8年了，今天有机会能面对面采访您，我感到非常荣幸。为做好这次采访，我阅读了您的《郭象与魏晋玄学》、《早期道教史》、《当代学者自选文库：汤一介卷》、《我的哲学之路》、《在非有非无之间》、《昔不至今》、《佛教与中国文化》、《和而不同》、《儒学十论及外五篇》等多部著作，我还通过中国期刊网数据库查阅了您的150篇文章，做了一些准备。我过去采访名家，一般是按历史发展的顺序提问，今天，我想倒过来谈，就是说，我们先谈您现在正在想什么问题？正在做什么研究？如果时间允许，我们再谈谈您过去的治学经历如何？

汤一介：好，这样的提问很特别。我现在想什么问题，做什么研究，还没有公开谈过，跟您谈是第一次，也是独家发表吧。去年12月4号，北京大学批准我们成立儒家研究院，这是长期以来我想做的一件事情。从我们国家来看，在高校里边，教育部在四川大学设有一个道家道教研究基地，在中国人民大学设有一个佛教研究基地。教育部还没有在哪个大学设立一个专门研究儒学的基地。如果我要把这个儒学研究基地放在北京大学，北京大学就要有一个机构来做这件事情。上世纪 90 年代我就提出来要建立这样一个基地，但北京大学在人文学科方面的思想也是各种各样的，特别是五四运动的发源地是在北京大学，是当时批判儒学的地方。所以，有人认为建立一个儒学研究院与北京大学的传统不相吻合。其实不然，五四时期是想把中国传统中糟粕的东西去掉，并不是要抛弃整个传统。

问：确实像有些学者所说，北京大学是中国激进主义产生的摇篮。五四时期，以陈独秀、李大钊为代表的激进派和以胡适为代表的改良派联合起来举起“打倒孔家店”的大旗，批判传统儒家思想，提倡西方的科学与民主。您现在要在北京大学建立一个研究传统文化的儒家研究院，有这样的基础吗？

汤一介：应该说有了这样一个基础。一是我们已经完成了 9 卷本的《中国儒学史》，准备到明年五四再推向社会，二是 330 本的《儒藏》（精华编）已出版了 36 本。成立儒学研究院，就是要把北京大学文科各系研究儒学的力量整合起来，加强研究队伍的力量。儒学研究院是一个开放的平台，通过这个平台，还可以加强与校外、国内外的儒学研究机构进行学术交流。我办儒学研究院的目标和宗旨有五句话：“放眼世界文化潮流，传承儒学思想精粹，阐释儒学特殊理念，寻求儒学普遍价值，创构儒学新型体系。”

问：您如何来实现这样的目标和宗旨，就是说，您首先要开展哪些具体研究工作？

汤一介：我制定了一个 10 年规划，大概分三个大的方面。

第一个方面，就是《儒藏》（精华编）的编纂工作。一是要把整个《儒藏》（精华编）编完，现在才出版了 36 本，一共是 330 本，这是一个很大的工程。这个工作是属于基础性工作，是为后人研究儒家思想提供一个可靠的文献材料基础。有的记者问我，你编纂《儒藏》的标准是什么？我说我的标准是，我编了《儒藏》之后一百年不会有人来超过我的，而且世界上通行的儒学研究的本子就是我这个本子。二是要编一部《儒藏总目提要》，就像《四库全书总目提要》一样。《儒藏》（精华编）只有 330 本，但儒学的著作很多，我们正在编《儒学总目》，但《儒学总目提要》需要下一步来做。《儒学总目》我们是按中国传统的经、史、子、集四部分类法来编辑，仅经部这一部分就收录儒家的著作 14 000 种，现在《儒学总目》中"经部"著作我们是编完了，但史部、子部、集部中的儒家著作还没有编。

问：请您解释一下《儒藏》（精华编）和《儒藏总目提要》之间的关系。

汤一介：刚才讲了，《儒藏》（精华编）只收几百部儒家经典著作，可是儒家典籍很多，难于全部收录进来。那么，你要了解儒学著作的整体情况，就可以通过《儒藏总目提要》来了解它，这项工作的第一步《儒藏总目》正在进行中。现在的情况是《儒藏》（精华编）在编，《儒藏总目》在编，但《儒藏总目提要》还没有编，有了总目才能编提要。这是儒学研究院 10 年规划要开展的第一个方面的基础性工作。

问：第二个方面的研究要做哪些工作？

汤一介：第二个方面，就是这 10 年要为儒学的研究规划解决三个比较大的研究课题：

第一个规划的题目是编一套《中国经学史》，我们已完成的《中国儒学史》是讲儒家的思想史。可是，中国有一个文化传统就是讲六经，即《易》、《书》、《诗》、《礼》、《乐》、《春秋》，《乐经》散失了，传下来的只有五经。中国的历代学者，特别是儒家学者，都离不开原始的经典，因为原始经典记载着夏商周三代的文化，不仅包括思想文化，而且包括制度文化和器物性的文化。当然，儒家经典最初是五经，到后来逐渐扩大到十三经。我想从五经到十三经，历代都有各种注解和研究，我们能不能通过对中国传统经典历代注解的研究，为构建中国的诠释学打下基础。因为西方有西方的诠释学，西方的诠释学基本是从解释《圣经》发展出来的，中国的诠释学应该是从五经的诠释开始做起。如果我们把它研究好了，可以做出一部中国的解释学。现在西方的解释学，也翻译成诠释学，是一个非常流行的学问。无论哲学、宗教、历史、文学、艺术的研究等都要利用诠释学，而且现在中国对经典的解释也多是用西方的解释学。其实我们对经典的解释有非常丰富的资源，而且比西方解释经典的历史要早。比如《左传》解释《春秋》，是在公元前三四百年，那时还没有《圣经》。《系辞》解释《易经》是在公元前二三百年，也比西方早。如果我们做一个很好的研究和梳理，会对建立中国的诠释学做好基础工程。现在诠释学研究很热门，山东大学已经出版了 6 辑《中国诠释学》，但提出创建中国诠释学我最早，我是 1998 年开始提出的，我写了 6 篇这方面的文章。撰写《中国经学史》是儒学研究院的第一个规划，它和《中国儒学史》一样，也是出版 9 卷本。

第二个研究规划的课题，就是要编写一套《中国儒释道三教关系史》。从中国历史上看，虽然儒释道是三家，而且它们之间的思想也不大相同，可是并没有因为思想不同而发生冲突，它们之间有辩论、有问难，没有因为宗教打仗。从历史上看，宗教战争是很多的，十字军东征 14 次，就是基督教跟伊斯兰教打仗，打了 200 年，也没打出一个结果来。现在世界上，除了政治和经济的原因，宗教、文化也是导致发生冲突的一个原因，例如中东地区基督教和伊斯兰打，美国帮助以色列跟巴勒斯坦打。以色列是犹太教国家，基督教前身就是犹太教。现在美国有些政客还想打伊朗，伊朗也是一个伊斯兰国家。所以宗教冲突在历史上是有的，现在也有。假如我做好了一部《中国儒释道三教关系史》，就说明一个问题，宗教虽然不同，但可以共处。不仅能够共处，而且能够在互相影响和互相讨论当中大家共同发展。比如佛教，从印度来，到唐朝，佛教就中国化了。佛教吸收了儒家的思想、道家的思想，变成中国式的佛教了，就和印度佛教不相同了。特别是唐朝以后，我们常常提出叫“三教归一”，或者叫“万善同归”等。假如我做好了这样一个榜样，就告诉世界说，中国曾是这样一个状况，可以因为思想不同，而不发生矛盾、冲突、战争，为“文明共存”作出理论上的贡献。（康香阁：这样做就有了世界借鉴意义。）对，有世界意义。美国哈佛大学的学者亨廷顿提出“文明的冲突”，我提出“文明的共存”。为什么我提出“文明的共存”，因为中国历史上有这样成功的例子。

问：第三个规划课题是开展哪方面的研究？

汤一介：第三个规划是做一个大题目，就是儒学与马克思主义。为什么要做这个题目呢？我是考虑到印度佛教传入中国，被中国文化吸收了，特别是到宋明时期，佛教已成为中国文化的一个部分，而且这个部分还影响到了朝鲜半岛、日本、越南等，可以说，这些国家的佛教不是直接从印度传过去的，是从中国传过去的。而印度佛教恰恰是在八九世纪衰落了，它原来的婆罗门教兴盛起来了（现在叫印度教），婆罗门教取代了佛教在印度的地位，据说，现在印度佛教徒只有二三百万人。现在印度的国教是印度教，甘地就是印度教，印度的国大党就是以印度教立起来的。在文化发展过程中，佛教在印度衰落了，可是在中国兴盛起来了。中国在唐朝形成了好多佛教宗派，比如天台宗、华严宗、禅宗等。到十三四世纪，佛教在印度基本湮灭了，所以，文化有的时候往往有一个异地发展的问题。佛教在中国兴盛的地方有两个：一个是中国内地，一个是中国西藏。藏传佛教和汉传佛教是吸收了印度两个大的派别，就是显宗和密宗。我们是否可设想，马克思主义在中国，把它变成中国的马克思主义，不是西方的马克思主义，更不是列宁、斯大林的马克思主义。

马克思主义和中国故有文化就和唐朝的佛教禅宗一样，这里就有一个源和流的问题，就是说文化有个源和流的问题。那么，中国文化从夏商周三代起是个源头，流传下来。它在流动的过程中间，其他文化不断地加入，比如佛教的加入，其实，在唐朝基督教（景教）也进来了，但没有得到发展，到明朝基督教又进来，就是利玛窦他们进来了。当然，近百年来西方文化进入中国，影响非常大。长期来看，中国文化自身是个源，其他文化的加入都还是个流，它是源和流的关系。那么，中国自身的文化有个源头，马克思主义是汇入，就和印度的佛教进来一样。这个问题做好了，就可以树立起我们文化的主体性，就是说我们的文化是以我们中国的文化为主体，而不是以外来文化为主体。

以上确立的这三个课题，就是要解决这三大问题。这需要花费 10 年的时间，当然不是我一个人做，好多人一起做，比如 9 卷本的《中国儒学史》就是有好多人来做。

问：这三个大课题都是站在世界意义的角度来开展学术研究，意义重大。请您谈谈儒学研究院第三个方面问题要做的工作。

汤一介：第三个方面规划就是面向现实的问题来做。也分三个课题，第一个题目是研究和谐社会与儒学关系。我们现在讲和谐社会，那么，在中国传统文化中间，儒家思想中的“和谐”观念非常有价值，我们可以研究和谐社会与传统文化，特别是与儒家的关系，也包括研究生态问题，生态问题又和中国传统文化中“天人合一”思想有关系。第二个题目是研究中国社会的刑礼合治问题。现在我们讲依法治国，这当然是对的。可是，从中国历史上看，治国的方法是两个：一个是法，叫刑法；一个是礼，叫礼法。你看《二十四史》，都有刑志和礼志。礼志也叫礼乐志，或者叫乐志。治理社会，除了刑的方面，还有一个礼的方面。你看《礼记》，它对人们的生活都有一个规则，比如婚丧嫁娶有一个规则，父亲对儿子有一个规则，儿子对父亲也有一个规则。这个规则并不是在刑法里边规定的，是社会规定的，是约定俗成的。汉代贾谊就讲过，礼是防患于未然，就是不要让坏事发生；刑是治理已经发生的坏事。我想做中国传统上的礼法是如何相配合的这方面的研究，有哪些借鉴的地方。第三个题目是研究儒家伦理与中国现代企业家精神问题。我们现在有很多企业家，企业家如何来经营他的企业？西方有一本讨论西方资本主义精神的重要著作，就是马克斯·韦伯写的《新教伦理与资本主义精神》，他是讲基督教的伦理，特别是新教（改革后的基督教）与资本主义精神，这本书在西方影响非常大。因为西方资本主义的迅速发展，除了有政治、经济、工业化的原因，还有一个思想上的原因，就是基督教伦理的原因。在我的那本《儒学十论及外五篇》中有一篇《儒家伦理与中国现代企业家精神》就讲了这个问题。儒家伦理能不能对现代的企业家的精神构建有意义呢？因为我们现在的企业家没有精神，他们有的甚至胡作非为，让他有个精神才行。如果我做一本《儒家伦理与中国现代企业家精神》，不仅要使企业家关注企业经营管理方面的问题，还要让他们知道，如何利用中国文化资源来使自己的企业经营有一个精神支柱。也就是说企业家一定要赚钱，但要用理性的手段去赚钱，赚钱只是手段，增进社会的福祉和个人精神境界的提高才是目的。关于解决现实的问题，我就谈这三个大的研究项目。

问：儒学研究院作为一个教研机构，招什么样的学生？

汤一介：只招收研究生，不招本科生，主要是研究课题。让研究生参与到我们的课题中来，硕博是连读的。在硕士阶段两年，主要是两门课程。一门课程是学习训诂学、文字学、音韵学、考据学等，这是研究儒学必须具备的基本功，再一个就是你必须掌握一门外语，主要是英语。因为你培养出来的学生将来要能与世界学术界进行交流，你不懂英语就听不懂人家讲什么东西。这两年就是这两门课程，其他课我不要，也不要你写论文，你把课程学好。如果学不好，两年以后可以淘汰一批，学得好的，到博士阶段再写论文。

问：儒学研究院成立后，规模有多大？

汤一介：现在的规模还不会太大，儒学研究院首先是作为一个平台，通过这个平台，把儒藏编纂与研究中心、北京大学哲学系中国哲学史研究室、中国哲学与文化研究所整合在一起，共同做课题、带研究生、开设儒学课程。下学期就准备开“中国儒学史”，请9个分册的主编，每人讲两个星期。每个主编就把自己研究的这一段的中国儒学史问题讲清楚。原来我们没有开设过“中国儒学史”这门课，现在我们有条件开设这门课。北京大学儒学研究院不是一个封闭的实体，是一个开放的机构。

问：在您制定的儒学研究院的目标和宗旨当中，第一条就是“放眼世界文化潮流”，如何加强与世界交流？

汤一介：开展与世界各国的交流与对话，是儒学研究院的一项重要工作。现在整个世界是连成一体的，你单独的发展是不可能的，一定要和世界各国进行学术文化上的交流。我现在办了两个讲座，一个是蔡元培讲座，已办了10年；另一个是以我父亲汤用彤名字命名的讲座，已办了11年。每年一次，每次邀请一两个国外学者来讲学，我能否再做10年，不知道，但我把它开拓了。

问：上面谈的都是由您主持，集体合作研究的大项目，您还有自己具体的研究项目吗？

汤一介：你提得很深入，当然有。除了上面谈的所有的问题我都要参与外，下一步我也考虑自己研究的问题，我自己最重要的研究问题就是“礼法合治”。社会是由礼法合起来治理的，中国讲伦理道德，它不仅仅是一种观念，它把这种思想观念变成了制度。像《礼记》里边规定，怎样做才叫做父对子的慈，儿子怎样对待父亲才叫做孝，它是一种制度。当然，今天的社会跟古代不一样，我并不是说古代的那些制度今天都可以用，但是父慈子孝，相对的权利和义务要让它协调才行。所以，我就提倡在社会上建立起一种责任伦理，都互相有责任。父亲对儿子有责任，儿子对父亲有责任。现在有《人权公约》等，我觉得将来应该有《责任公约》，在人与人之间应该有公约，在民族与民族之间的关系上有公约，应该怎么样处理？国家与国家的关系应该怎么样？都有一个责任，互相都要负责。我认为，有一个责任伦理很好，这是我最近想做的一项研究。

另外，我还有两件事情正在做。第一件事情是编辑《汤一介集》。我出版的各种著作大大小小有二十五六本，我发表的文章大概有三四百篇。我跟中国人民大学出版社签订了一个3年的合同。就是出版10卷本的《汤一介集》。他们已出版了几个专集，一个是《吴晗全集》，一个是《饶宗颐二十世纪学术文集》。《汤一介集》就是要把我过去的著作全都编起来。“我想我已经83岁多了，往84岁走了，我可以把我过去的东西整理一下，自己也可以作点反思。比如，你拿的这本2009年出版的《儒学十论及外五篇》，编入《汤一介集》后就可能变成《儒学十五论及外十篇》了，就是把《儒学十论及外五篇》出版以后，我又写的关于研究儒学的文章补充进去，比如，我后来又写了关于儒学的孝，儒家的忧患意识这些文章收进去，这本书不到20万字，再出就可以达到25万字。有些书要扩充补写，像这本《佛教与中国文化》，书中所缺的内容也要扩充，如天台宗，我只写了它的历史，较少写它的思想；华严宗我只写了它的十玄门哲学思想，它的整个哲学思想没有讲；禅宗的思想我讲了，但禅宗的历史我又没有讲，我要做一些修改，把这些缺的部分都补齐。其他方面，比如，我讲文化问题，从批亨廷顿开始，我一直讲了很多文化问题，过去“选集”没有编进去，这次我要把它有选择地编进去。

第二件事情是为我父亲再编辑一个完整版本的《汤用彤全集》。2000年，河北人民出版社为我父亲出版了《汤用彤全集》七卷本，限于当时条件，还有很多东西没有编进去，大概还可以补出三本，准备再出一个完整版本的《汤用彤全集》。

我想，今后10年要做的工作就是这些。可以用五句话概括：一是把《儒藏》（精华编）编好，二是把儒学研究院想要做的三大课题做好，三是把和现实有关的课题做好，四是把研究生带好，五是把和国外的学术交流做好。

问：汤先生，刚才请您谈了您近10年的规划和现在正在做的研究工作，我们还可以倒回去谈一点您过去的治学情况吗？

汤一介：可以。

问：如果我们往回谈，就该谈《儒藏》的编纂与研究了？

汤一介：好，再往前推，就是编《儒藏》，为什么编《儒藏》？我刚才讲了一点。其实在1990年我就提出来要编《儒藏》。那个时候有个企业家叫范业强，他提出来要支持我编《儒藏》，后来他那个企业没有搞好，垮台了，所以没有钱来支持我做这个事情，那是1990年的事，所以我一直想编《儒藏》。

在历史上，有《佛藏》，有《道藏》，就是没有《儒藏》。中国的《佛藏》从宋朝开始编纂，到现在已累积有20多部佛教文献集成。《道藏》也从宋朝才开始编，现在留下来的是明朝的《道藏》。当时，《佛藏》、《道藏》的编纂是靠寺院经济支持做起来的，儒家不是一个宗教派别，它没有寺院经济，应该由国家来做。明朝的学者已经提出来编纂《儒藏》，没有实行，当时编了一个《永乐大典》。清朝的学者也提出来做，也没有实行，当时编了《四库全书》。现在我们应该做，得到了教育部的支持。做这个工作不太容易，我们不仅是把中国的儒家文献典籍包含在内，而且联合日本、韩国和越南等国家的学者一起做，就是把这些国家用汉文写作的儒家典籍也包含在内。在早期，日本、韩国、越南的典籍很多都是用汉文写作的。

问：这样看来，您主持编纂的《儒藏》不仅仅限于中国儒家文化，而且是面向世界，同样会具有世界意义。《儒藏》编纂工作进展顺利吗？遇到了哪些困难？

汤一介：对，有世界意义，所以我们没叫《中华儒藏》。不像我们国家20世纪80年代编的《佛藏》叫《中华佛藏》，《道藏》叫《中华道藏》。

《儒藏》编纂遇到的问题，一个是人才奇缺问题，真正能做这项工作的学者并不太多，再加上真正能做的学者，别的事情又太多，不可能集中力量用来做《儒藏》。我原来想快一些，现在看来可能快不了，原计划《儒藏》（精华编）到2015年完成，从现在看来大概要到2020年才能完成。现在我们已经组织了一支400来人的学者队伍，包括中国、日本、越南和韩国的学者。可是，我们在北京大学设立的儒藏编纂与研究中心，只有十二三个专职人员。这十二三个人要面对400来人送来的稿件，我们要对稿件逐一进行审查，其中50％以上的稿件是不合格的或是不可用的，或者我们花大力气修改，或者退给作者请他自己修改，这是非常麻烦的一件事情。

你们也知道，现在的学风不好，有些送来的稿件校勘、标点不太认真。人才奇缺，加上学风不好，导致《儒藏》进度比较慢，现在我着急的就是这个。我的做法是：第一是保证质量，不能保证质量，出版是没有意义的。我从三个方面来保证质量，第一个是选本。就是你拿什么本子作为底本，这很重要。比如一部书，王弼注的本子《周易注》，原来用的本子是台湾的无求备斋本，是宋本，可我们发现《四部丛刊》的本子也是宋本，后来我拿这两个本一对，我觉得《四部丛刊》本比无求备斋本更好，原因是我发现无求备斋本错的地方很多，而《四部丛刊》本子很多都没有错，这样就可以省了大量的校勘记。因为，我们是用一个本子作底本，再用两三个本子作校勘本，校正底本的错误。如果你要选择好的底本，就要对这个版本的源流作一考察才行。第二个是标点和分段要正确，一定要审查好，不能有标点错误，日本的《大正藏》虽然全世界都在用它，它没有标点，但有断句，断句错误太多，影响理解。第三是校勘记要简明，不能繁琐。因为每一本书历史上的注释很多，都是那么大的一本书，你要再作复杂的校勘是没法做下去的。

《儒藏》编纂遇到的第二个问题是资金问题。我现在拿到的钱只有2 000多万，可是要完成《儒藏》(精华编）这个工程需要5 000万才可以。现在有的书编好了，资金不到位，就难于及时出版，所以《儒藏》出版得比较慢。当然我想，经费不够，我可以募集一点，另外，将来国家总也得兜着，书编好了总不能不出吧。

《儒藏》真正开始做是在2004年。2002年的11月，我第一次向学校正式提出编纂《儒藏》工程，学校同意。2003年就向教育部申请，2003年12月31日教育部给了我一个批文，同意立项。所以，真正开始做是在2004年，花了一年的时间做组织工作，就是找人、找地方等。做到现在已出版了36本，以后每年能出三四十本，到2020年就可以完成了。

汤先生为什么反对称自己为大师

问：汤先生，您是中国当今健在的最顶尖的大学者之一，中央电视台、报刊和各大媒体都是这么来介绍您，但您多次提出反对称您为大师，为什么？

汤一介：你知道，我一向不把自己称为哲学家，而且我一向反对用大师这个称号。不管是中央电视台、凤凰台，一介绍我，就说我是什么国学大师、哲学大师。一开头我就讲我不是大师，现在没有大师。原因是我们没有提出一套理论，让世界上都承认。你现在研究学问往往用的还是西方的理论，你说我们谁的理论拿到国外去，大家都可以承认，没有，所以没有大师。为什么没有大师？我写了两篇文章，一篇是《自由是一种创造力》，只有允许自由思想、自由写作才可以创造，没有自由你怎么创造呢？还有一篇是《学术上不能有指导思想》，有指导思想就阻碍了百家争鸣，你要百家争鸣就不能有指导思想。一个在《南方周末》发表了，一个是在《南方都市报》发表了，在北京不容易发表。

问：如果按您定义的标准，确实没有大师，但我们认为您是中国当今最有学问的大家之一，这是大家对您学术成就的肯定和敬仰，所以，大家还是发自内心称您为大师，把您作为我们学习的榜样。尽管您自己不承认，但大家还是愿意这么尊称您。

汤一介：我说现在没有大师，是因为还没有一个思想的理论体系被大家普遍接受，还没有出过一本影响世界的划时代的著作，比如，还没有出过像《新教伦理与资本主义精神》这样的著作，它已影响了西方世界上百年。20 世纪后半叶，我们为什么没有出现大师，为什么没有出现 20 世纪三四十年代那样的一批有创建的“哲学家”。对我来说，我想除了自己的天分不够，社会环境也没有创造产生“哲学家”的条件。没有“思想自由”，把思想禁锢在一个框框里边，怎么能产生大师，怎么能产生划时代的著作？哲学思想的发展往往是由“异端”突破，而开创新的局面。必须允许对主流思想的质疑，甚至颠覆性的质疑，才可以打破束缚人们思想的条条框框，从而推动哲学的发展。

问：20 世纪 90 年代，就有国外的研究生研究您的思想，请介绍一下。

汤一介：比利时鲁汶大学有个研究生写的毕业论文叫做《汤一介为什么不说他自己是哲学家?》，她是用比利时文写的，我也不懂比利时文。1997 年夏，我访问比利时鲁汶大学时候，接受了她两个多钟头的访谈。我告诉她：这个问题得由中国近半个世纪的历史来回答。1949 年后，中国知识分子有个普遍的看法，那就是只有马克思、恩格斯、列宁、斯大林、毛泽东这样的领袖人物才可以被称为哲学家，我们只是哲学工作者，我们只能解释他们的哲学思想，我怎么能称自己是哲学家。这样的思想影响了我们的头脑至少 30 年。虽然我不是哲学家，但我的特点是，我是不断地在考虑哲学问题。从上世纪 80 年代初开始，我就思考着怎样破除马克思主义的教条主义。因为我们的马克思主义，实际上是苏联的教条主义。教条主义在哲学上的基本影响就是日丹诺夫的三个报告。这三个报告主要是讲，哲学史就是唯物主义和唯心主义斗争的历史。这个观点是错误的，所以我们要考虑怎样突破这个问题。因为哲学史并不是唯物主义和唯心主义斗争的历史，它是哲学思想不断交替的历史。比如，从西方看，柏拉图提出一个理念来，叫“Being”，我们翻译成“存在”，或者“存有”。大家说它是唯心论，可恰恰是这个理念一直到现在大家还在讨论，你说它的影响多大。哲学史常常是前一个哲学家提出一个观念来，这个观念不管是唯物主义者提出的，还是唯心主义者提出的，它都影响到了后来的哲学家。为什么出来了康德呢？因为经验主义哲学家休谟在因果关系问题上没有解释清楚，那么，康德接着休谟进行研究，要把它解释清楚。哲学研究往往是后一个哲学家接着来解决前一个哲学家没有解决的问题。中国也是如此。比如，王弼解释《周易》，他是用思辨的方法，这和汉朝是用象数方法解释《周易》又完全不一样。因为象数方法的研究，你不从思辨的角度，不从本体论的角度就解释不清楚。按原先的看法，王弼是唯心主义者，照列宁、斯大林的那些说法，凡是唯心主义的就是反动的，都是阻碍哲学发展的。其实不是这样，恰恰是唯心主义把哲学发展了，当然，唯物主义也可以发展。我们开始考虑怎么破除呢？在 1981 年，中国社会科学院机关刊物《中国社会科学》发表了我的一篇论文，叫《论中国传统哲学范畴体系的诸问题》，那我就想从范畴的角度突破唯物主义和唯心主义一定是两军对垒的、进步和反动的、你死我活的斗争模式。实际情况不是这样的，它们很可能是朋友，很可能是前后继承的关系。

问：对哲学问题展开大的思考，仅靠写几篇文章恐怕还不够深入，除了《论中国传统哲学范畴体系的诸问题》一文外，您还做了哪些进一步的研究？

汤一介：你说的对。我开始考虑哲学问题，是针对从 1949 年到 1979 年这 30 年，这 30 年我们是用苏联模式来讲哲学，根深蒂固，仅靠写出几篇文章是不够的，所以我又写了《郭象与魏晋玄学》一书，做更深入的研究。从 1980 年开始，到 1983 年差不多写了 3 年的时间。这本书的目的就是要进一步破除唯物主义和唯心主义两军对垒的模式。同时，又把我父亲的有关隋唐佛教史没发表的一些稿子整理出来，为什么要整理这些稿子？因为这些稿子里头已经非常强调佛教宗派的建立，就是天台宗、华严宗、禅宗是怎么建立起来的。他在 1954 年得了脑溢血，到 1964 年去世。他在生病的 10 年间，搜集了大量资料，写了 20 本笔记，都是要解决中国佛教宗派的建立问题。他认为中国佛教的宗派不同于印度的佛教宗派。这个时期，我的兴趣完全是在考虑佛教和道家思想、魏晋玄学的关系问题。

探索中国传统哲学中的真善美

问：您本来是做佛教道家研究的，为什么在 1983 年又开辟了儒学研究领域，而且儒学研究成为您终身最主要的研究课题？

汤一介：确实像你说的那样，在 1983 年之前，我的兴趣完全是在研究佛教和道家思想、魏晋玄学的关系问题，对儒家思想并不感兴趣。1983 年去哈佛大学做访问学者，正好杜维明在那里，他是新儒家的代表人物。他在哈佛大学讲一门中国文化通史的课程，就是文理科学生都可以听的课，这门课基本是讲儒家思想。我从这儿开始接触儒家思想，我首先是看新儒家代表人物牟宗三的书。牟宗三有两个基本观点：一个是内圣之学可以开出适应现代民主政治的外王之道来，这是他的基本观点；一个是心性之学可以开出认识论的体系来。他是从王阳明的良知学说来发挥的。他这两者是想从儒家思想本身开发出西方的科学和民主思想，是从另外一个角度讲认识论的问题，也可以。但当时，我认为这条路可能有问题。因此我考虑，能不能从另一个角度考察中国传统哲学问题的价值，不必要求它开出科学与民主来，但它仍有价值。那个时候我也是受西方的影响，我考虑如果从真善美这个角度来建构中国传统哲学的概念体系或者更有意义。

真善美是西方哲学概念，是希腊哲学家提出来的，特别是亚里士多德讲得非常清楚。他有三本书，一本叫《形而上学》，原来叫第一哲学，讲真的问题；一本是《伦理学》，讲善的问题；还有一本《诗学》(文艺理论),讲美的问题。他用这三本书讲真善美的问题。在中国,你要说哪一本书里把真善美这三个概念同时提出来,还没有这样的书。我想,难道中国不讲真善美吗?那么讲真的问题,是个什么问题呢?就是人怎么正确认识世界。子贡有一段话说:“夫子之言性与天道,不可得而闻”。显然是说,性与天道是当时的一个大问题。性是人性的问题,天道就是天的问题。所以中国非常早地就考虑天和人的关系问题。在郭店竹简里边有一条,就是对六经的解释,就是讲《书经》是什么,《诗经》是什么,讲到《易经》的时候,说:“《易》,所以会天道、人道也。”意思是说《易经》这部书是讲天道和人道关系的书。这是公元前300年前对《易经》的解释。所以天人关系问题一直是中国哲学的一个最基本问题。那么,人怎么来认识天,天和人到底是个什么关系,我认为这是讨论真的问题,我就是从天人关系的角度讲真的问题。怎么真实地来了解人和宇宙的关系,现在西方已经有非常大的变化,因为从现象学开始,它就认为,认识事物主体和客体是统一的,不可能是没有主体的客体,你是有了主体,客体对你才有意义。如果你不去认识这个客体,客体对主体是没有意义的。有一个过程哲学家叫怀德海,他认为,人和自然是一个生命共同体。其实,中国讲“天人合一”就是讲人和宇宙是一个生命共同体。接着过程哲学再讲的,是创构性的后现代主义者柯布,他是接着怀德海讲,他认为要破除西方的二元对立的思想,就是要讲人和宇宙是一个生命共同体。

我从“知行合一”讲善的问题。“知行合一”一词是王阳明明确提出来的,但中国讲知行关系是非常早的,《尚书·说命中》说:“非知之艰,行之惟艰。”就是在讨论这个问题。中国古代讨论知行问题,最后都是归结到道德问题上去了,归结到伦理问题上去了。王阳明讲知行问题,就是归结到道德,这是一个路向问题。当然，讲知行问题，确实也可以从认识论的角度讲，但是在那个方面我们没有怎么发展，我们从道德方面发展得比较多。从儒家思想来讲，你判断善恶是非，不仅是知的问题，还要表现在你的身体力行上。程颐有两句“涵养须用敬，进学在致知”。前一句是说德性修养问题，后一句是说学问取得问题，在儒学中这两者是不能分开的。所以，道德问题在中国特别重要，尤其是宋明时期，讲道德讲得比较多，以至到后来一直再讲。

我认为“情景合一”是讲美的问题。它的意思是说好的文艺作品是“情”和“景”结合的产物，情和景结合起来才有美感的产生。中国历史上讲情和景合一的人很多，从南北朝的《文心雕龙》一直到王夫之、王国维，特别是王夫之的“情景一合，自得妙语”，是说情景一结合，自然就有美妙的语言表现出来。

不管是知行合一，还是情景合一，它们都是以“天人合一”做基础的，它们是“天人合一”派生出来的两个命题。所以，在中国哲学里，真善美是可以统一在“天人合一”上面的。“天人合一”相当由于讨论真的问题，“知行合一”是讲善的问题，“情景合一”是讲美的问题。而中国哲学的特点是把它作为一个统一体来考虑的，它的基础是天人合一。1983 年，我正在哈佛大学做访问学者期间，恰好这一年要在加拿大蒙特利尔召开有数千人参加的第 17 届世界哲学大会，我提交的大会论文是《关于儒家思想第三期发展可能性的探讨》，在大会特设的“中国哲学圆桌会议”上我就讲了这样一个思想，大家觉得很新鲜。因为我是从大陆过去的，是第一次参加这样的大型国际会议。当时除了我之外，还有中国社科院汝信带着一个代表团参加会议，他们没有在会上发言。我是从哈佛大学去讲的。当时我们内地和台湾的关系还非常紧张，我讲完之后，台湾有一个学者就给我提出意见，他说，我听你的讲演里边没有一句马克思主义，为什么？在 1983 年那个时候，国内政治环境还不太宽松，我们说话还是很小心，我知道他想将我的军，好像是说你的观点和内地的指导思想不一致。我跟他说，马克思主义最根本的一条就是实事求是，这是邓小平讲的，你说我讲的哪一条不是实事求是，把他顶回去了，大家一起给我鼓掌，所以，从那儿我才开始研究儒家。

这是 1983 年做的一件事，受到海外他们研究儒家思想的一定影响，他们在研究，我们也可以研究。我想我们的研究不一定要跟他们一样，我们应该走我们自己的路子。

创办中国文化书院，传播中国传统文化

问：现在我们再谈点您在 20 世纪 80 年代做的一些工作，在 1984 年底，您创办了中国文化书院，在传播中华文化方面产生了很好影响，一直至今，请您谈谈这方面的工作。

汤一介：1984 年从夏威夷开完比较哲学会议回国之后，我们就办起了中国文化书院。提出办中国文化书院，并不是我先提出来的，是我们哲学系的几位青年教师提出来的，那个时候我算是中年教师，冯友兰和张岱年他们算是老年教师。这几位青年教师有李中华、魏常海、王守常等，他们就请冯友兰和张岱年两先生写了封信给胡耀邦，胡耀邦给批了，只有两个“酌办”，斟酌的来办理。那个时候我还在国外开会。胡耀邦的批件转给了田纪云、胡启立、何东昌，现在在中国文化书院工作的人都不太清楚这件事了。1984 年 9 月我从夏威夷开会回来，10 月份我们就开会，既然批了就办吧。这个时候大家让我做院长，冯友兰先生做名誉院长，梁漱溟先生做学术委员会主席。既然胡耀邦批了，田纪云、胡启立他们就要过问这件事，当时高教部部长何东昌管这个事情，他就委托主管文科的副部长彭佩云找我，而且同时找北京大学管

文科的一位副校长一起去谈这件事。当时我们的想法就是要办成一个实体，可以办在北京大学。但是一讨论，这位副校长不同意办成实体，只同意办成一个虚体。我说不行，必须办成实体，就没有谈成。回来后，我们说干脆自己办，不办在北京大学。正式把中国文化书院这个机构办起来的时间是 1984 年的 12 月，我们是在王府井大街东厂胡同的中国社科院科学近代史研究所开的会，就把梁漱溟、冯友兰许多老先生都请去了，办了起来，也注册了。当时我们是注册在马克思主义教学研究会的下面，叫中国文化书院。我们当时也没有资金，也没有地方，就是有人。而且，从年龄最大的梁漱溟开始一直到下面一大批人，大家都支持这件事。在那个会上，任继愈先生就提出来，“文化大革命”的时候，我们在江西培养工农兵学员就办过一些草棚大学。既然草棚大学可以办起来，我们为什么不能办呢？没地方，我们可以找一些地方，不一定要盖什么楼。第一次讲习班是在 1985 年 1 月，然后不断地办讲习班。1987 年是最大的一期，我们办的是一期中外比较哲学研究班，一招生 12 000 人，包括西藏都有 24 个人，学员来自各行各业。我们还办了环保班，环保应该是我们最早注意的，也是在 1987 年办的，和环保局合办，一下子招了 6 000 人。还办了法制班，也是最早的，跟北京宣武区、崇文区配合，训练这两个区的和法律有关的干部等，我们办了好多班。

问：作为中国文化书院的院长，您要承担大量的管理工作，会不会影响您的学术研究？

汤一介：虽然我当院长，我也没有停止我自己的研究。在 1983 年出版《郭象与魏晋玄学》之后，我接着又写了一本《魏晋南北朝时期的道教》，1987 年完成交给出版社，1989 年出版。当然，我确实把相当大的力量投入到中国文化书院的工作。在办班的同时，还出了好多书。比如，办中外比较文学班，出版了 14 本教材。办环保班也出了十几本。当时中国还没有文化年鉴，我们编了一本《中国文化年鉴》，在大陆没法出版，我们就拿到台湾出版。这是80年代大概做的一些事情。

可是后来碰到了“六四政治风波”，就出现了一些麻烦。因为那个时候我在香山饭店组织各国学者合开一个国际会议，那个会正好是在5月20日召开，我是组织者，所以我没有参加什么游行，只是签名，没有具体行动。之后，社团重新登记，就不让我们登记了。中国很多事情就是这样，你不给登记我们自己照样干，我们相继召开了梁漱溟、汤用彤、张申府学术会议，举办了中国和日本如何走向近代的学术讨论会，还出了一些书。等到1993年才让我们重新登记，关闭了我们4年。

在全球意识下，发展中国民族文化

问：20世纪90年代，您又开始了中外文化问题的研究，连续发表了一系列文章。是何原因促使您开始关注中外文化问题的？

汤一介：在1992年的时候，我自己观察到两个现象，一个现象就是在1989年以后，《光明日报》发表了一篇文章《多元化就是自由化》，它实际上是在学术文化上鼓吹一元化的倾向。就是我们后来常讲的要有一个什么指导思想，我觉得这与“百家争鸣”的思想相违背，在全球化的时代，你根本不可能做到一元化。你想一元化，除非像美国一样，行使帝国主义霸权，把其他思想消灭掉才行，那是不可能的事情。美国打到现在也不能把伊斯兰消灭掉，伊斯兰有10亿多人口。正好在1993年美国哈佛大学教授亨廷顿提出了“文明的冲突”问题。我就研究文化问题，提倡文化要多元化，只能多元化，不能一元化。从世界的格局讲不可能一元化，中国在这种世界格局下面，怎么能一元化呢？《黑龙江日报》

访问了我，我讲的题目是《全球意识观照下的中国文化》，就是要反对一元化的倾向。另一现象是在 1992 年《人民日报》发表了一篇文章，登了一大版，题目是《国学在燕园悄然兴起》，而且据说发给中央政治局委员看。我看到了这篇文章，当然也提倡要弘扬国学。可是我已经感觉到另一个问题，如果你过分强调国学的话，就会出现一个危险，就会出现民族主义的倾向，所以在《黑龙江日报》上我也讲了这个问题。到后来，我一直在反对什么东风压倒西风、西风压倒东风，我觉得这是错误的。过去是西风压倒东风当然是错误的，"欧洲中心论"已经垮台了，不行了。你现在绝不能再变成一个中国中心论，不能提出"中国文化可以拯救一切"这样的口号。对人类来讲，任何文化里边都有其特殊价值。但是，所有的文化，具有长久历史的大文化都有普世价值，中国文化中间有普世价值，西方文化中间有普世价值，印度文化中间有普世价值。你如果不承认普世价值，人类就没法沟通。关于普世价值的问题我讲得很早，但我在报纸上公开提出来是去年，我在《文汇报》上发表了一篇讲普世价值的问题，但它改了一个提法，叫"共通价值"，我说你可以改，但你要把它的英文"universal value"给注出来，它实际上还是普世价值。这篇文章后来在《中国儒学》重新发表，又恢复到"普世价值"的提法。

一方面我反对全盘西化，一方面我也确实反对狭隘的民族主义。狭隘的民族主义是不行的，特别是现在，你要提出"中国文化可以拯救世界"，你是挨打的，你没有这个力量，也没有这个可能性。而且"西方中心论"已经不行了，你再提出一个"中国中心论"，这不是自找麻烦吗！这是我在 20 世纪 90 年代以后，一直到现在所关注的文化问题，就是不能讲一元化，要讲多元化，不能走民族主义的道路，必须走在全球意识下面如何发展自己的文化的道路。我们办儒学研究院的目标和宗旨有五句话："放眼世界文化潮流，传承儒学思想精粹，阐释儒学特殊理念，寻求儒学普遍价值，创构儒学新型体系。”就是反映了我的文化思想。

问：儒学研究院具体什么时候成立，能告诉我吗？

汤一介：我准备在6月29号开一个成立大会，我会在成立大会上讲讲儒学研究院的宗旨和目标。它不仅仅是一个成立大会，而且是一个中国经学史的讨论会。因为我们下一步的工作就要做《中国经学史》的撰写工作，我们把全国的一些学者请来，大家讨论中国经学史到底如何做，可以说，这半年时间我是在做准备工作，找人、找钱、找地方等。现在我的身体不太好，医生让我全休三个月，从4月份开始到6月份应该全休，大部分事情我已交给下面的人来做，因为跟你原来有约，不能失约。所以我今天接受你的采访，而且是第一次发布我最近正在思考什么问题，正在做哪些研究工作。

原刊于《邯郸学院学报》，2010（2）

汤一介：否定普世价值无法建设现代社会

访问：李怀宇

数年来，汤一介先生全身心主持《儒藏》编纂与研究工程。如今算是有了阶段性的成果，正式出版了43大本包括87种著作的《儒藏》精华编，还出版了一套《中国儒学史》，共达四百多万字。汤一介先生谦虚地说："这离《儒藏》精华编的总量330大本还是相差很远。"

1990年，汤一介63岁时就想做这个工程。在他看来，中国已经有《佛藏》、《道藏》，可是一直没有《儒藏》，但是明清两代有些学者就提出要做《儒藏》，最终没有实行。中国传统"儒、释、道"三家并称，儒家作为主流思想反而没有集大成的著作，似乎和中国传统文化的地位不相称。汤一介说："一个学者到了晚年的时候，要出非常多新的思想有点困难。因此我考虑做一些带有资料性又有用的东西，就选择了《儒藏》工作。同时，我有机会更多地接触儒家的著作。"《儒藏》编纂与研究工程2003年12月31日由教育部批准立项，汤一介任首席专家，由他带领中国、日本、韩国、越南近四百名学者参加这项大工程。

近年，汤一介发表了许多关于儒家的文章，几乎每篇文章都有对儒家的新认识。当代"新儒家"提倡"内圣外王"中的"内圣"之学可以开出适合现代民主政治的"外王"之道，汤一介就认为这是对"内圣外王"之道的作用有所夸大。"新儒家"认为"知行合一"中，王阳明的"致良知"思想可能会发展出中国的认识论的体系，汤一介觉得这一点也是很困难的。

儒家思想里的普世价值

问：在21世纪，儒家的经典在中国的意义何在？

汤一介：我前一段写过几篇文章讨论普世价值的问题，因为有一些人反对普世价值的这个提法。我认为，现在讲自由、民主、人权具有普世价值的意义，我觉得是对的。但是，我想，各个民族文化中应该都有普世价值意义的因素，那么，儒家思想中间到底有没有普世价值的因素呢？我从这个问题开始考虑，我就写了一些文章，讲中国儒家思想里面的普世价值。1993年，在美国芝加哥开的世界宗教大会发表了一个全球伦理宣言，就认为“己所不欲，勿施于人”是道德金律，等于承认“己所不欲，勿施于人”具有普世价值，这当然是儒家思想。

问：这就像西方的一句名言所说：“我不同意你的说法，但我誓死捍卫你说话的自由”，东西方一些哲理有相连的地方？

汤一介：对，我后来也发现，在佛教、基督教的经典里，都有类似于“己所不欲，勿施于人”的说法。

问：在您的读书时代，胡适写过一篇文章讲“自由主义是什么”，他提出一个观点，中国古代虽然没有“自由”的说法，但是孔子的“为仁由己”就是“自由”的另外一个说法，中国传统文化里面跟自由民主的说法虽然不是很相同，但是它们的内涵是非常相近的。

汤一介：“自由”是西方近代启蒙运动以后特别重视的一个问题了，它是根据“人权”的观念中应有之义。因为有人权的观念，“自由”才显得特别重要，那就是“四大自由”了。它主要讲的是社会的问题，因为人权问题是社会问题。“为仁由己”是讲个人修养的问题，当然个人修养也非常重要，但是它并不是要解决整个社会问题的一个命题。

问：在《儒藏》中，中国古代的思想有没有与当下提出的普世价值思想相通的？

汤一介：对。《儒藏》中的儒家著作所包含的思想中间确有某些对今天人类社会具有普世价值意义的思想资源，如“天人合一”的思想。天人合一的思想，是讨论如何认识人和自然之间的关系。当今环境污染十分严重，所以我们就特别重视“天人合一”的思想，也就是说要调整好“人”和“自然”的关系。其实不仅我们重视“天人合一”的思想，现在西方也提出来类似于我们的这种思想，比方说过程哲学和近日出现的建构性的后现代主义等。

后现代主义有一个发展的过程，原来的后现代主义是“解构的后现代主义”，就是把现代性进行解构，现代社会到底有哪些问题？要把它揭露出来。这是有重要意义的，可是发展到现在，有的主张后现代主义的学者提出来，光是揭露现代社会的问题是不够的，恐怕还应该建构一个能有助于人类社会和谐发展的后现代社会的学说。他们的后现代社会理论根据的是在上世纪二三十年代西方已经流行的“过程哲学”即 process philosophy，过程哲学的主要人物就是怀德海，他提出的主要思想“人和自然是一个生命共同体”，这个思想跟“天人合一”是非常接近的。建构性的后现代主义就是来源于怀德海的思想，后现代不仅只是“解构性的后现代”，而且是一个建构性的后现代，根据怀德海的哲学，他们就提出一套宇宙观，叫做“整体有机的宇宙观”，这和《易经》的思想有相同的地方。而且，他们还提出一个口号：第一次启蒙运动是“解放个人”，那么，现在我们应该接着第一次启蒙运动进行第二次启蒙运动，就是“关心他者”，这就是人和他人之间的问题了，而不是个人的问题，是一个社会问题了。

这样一个问题恰恰也跟儒家思想有若干的关系，先秦儒家，特别讲的一个观念就是“礼”，礼是讲人和人之间的关系。孔子有一句话说“克己复礼”，费孝通的解释很有意义。他认为“克己”是讲你自己的修养，“礼”是讲你和他人的关系，你个人修养不管怎么好，都要进入社会，就有一个和他人的关系。那么，他人关系的问题，就是“礼”的问题了，所以在先秦的时候，讲“礼”都是讲人与人之间的一种相对应的关系。现在西方也有人注意到“礼”的意义，夏威夷大学的安乐哲（Roger T. Ames）就注意到，他有一本书叫《通过孔子而思》，认为不仅仅要了解中国的著作，还要从里面看到对今天社会有帮助的东西，他认为“礼”就有帮助，因为儒家是从社会的观念来定义“人”的，不是从个人的观念来定义“人”，是从关系来定义，就是从“父慈子孝”等的关系来讲人，不是就个人讲“人”。

问：您发现中国儒家经典中其实某些具有“普世价值”意义的因素。那么，您认为当下一些人对“普世价值”的批评是基于什么样的考虑？

汤一介：他们认为西方讲的“人权”这些思想不符合当前中国政治要求，所以就反对了。我们应该承认西方近代的“自由”、“民主”、“人权”等具有“普世价值”的意义，否定这些观念具有“普遍价值”的意义，就无法把我们的社会建设成完整意义的现代社会。但是我们中国文化中也有“普世价值”，印度文化中也有“普世价值”，因为我们都是人，人所面对的问题，常常有很多相同的。比方说，人对自然的问题，人对社会的问题，人对人自己的问题，这是大家都遇到的。既然大家都遇到这些问题，都想解决这些问题，路子可能不完全一样，但是往往达到一个高度、一个目的的话，可能又趋同了。比方“爱”的问题，爱人，就是爱别人，这是在各种宗教中都存在的。基督教讲“博爱”，佛教讲“慈悲”，中国儒家讲“仁者爱人”，都是讲人要有爱别人的心，或者是要求。这是因为都是人，都遇到一些共同的问题，解决这些问题时，都可能包含着有意义的、有价值的因素，这些有意义、有价值的因素在不同的民族文化中间，可能有相同的地方，也许出发点不一样，也许寻求的道路不一样，可是达到的目的是一样的。

“东亚模式”和“西方模式”互补

问：当时不仅是西方人，也有很多的东方学者对这种儒家思想浪潮进行了批评，甚至是抨击，您怎么看这种现象？

汤一介：东亚的经济发展，首先是日本，在上世纪 60 年代末、70 年代他们的经济发展开始非常快，“四小龙”是到七八十年代才发展起来的。当时一些研究汉学的学者，包括这些国家的领导人，比方说新加坡的李光耀、韩国的金大中，他们也都主张“儒家思想”对东方经济的复苏有正面的影响。我想这个是有道理的，他们的经济为什么能够复苏得比较快呢？就是中国是讲究集体的，或者家族的，要照顾各方面的关系，用这种力量来发展经济，那是有它的好处的。但是我想，恐怕不能将中西文化对立起来考虑，在今天这个全球化的形势下面，很可能西方的那种经济发展的模式还是占主导地位的。

像东方的这种模式，可以说，它可以纠正或者补充西方模式的不足，不能说它已经取代了西方的模式而得到发展。其实无论看日本、韩国或者新加坡这些地方，还是大量地用着西方经济的经营管理模式，而中国儒家的思想观念，或者说在某种程度上可以纠正西方社会中发生的问题，并不是要代替它，儒家思想支持的经济模式是一种完全不同于西方发展模式的经济体系。所以到上世纪 90 年代发生亚洲风暴，东亚的经济发展认识有了变化，因此过分地认为，东方的经济已经摆脱西方经济的那种路子，那也会出问题。当时有个辩论，说有“东亚模式”，而西方的是“西方模式”。我想这两个模式应该互补，可能有利于社会更好地发展。但总的来说西方在经济上的经营管理模式及经济思想仍然是我们应该学习的。

问：在学术界有“新儒家”的说法，像唐君毅、牟宗三先生是“新儒家”的一代代表性人物，现在参与《儒藏》工程的杜维明先生也被学界认为是当代“新儒家”的代表性人物，您怎么看“新儒家”的提法与他们的一些学说？

汤一介：因为原来在宋明儒学已经叫“新儒家”了，所以我们现在定义的“新儒家”是从熊十力开始的，我们把它叫做“现代新儒家”，这些新儒家对中国儒学的思想有很大的意义。虽然熊十力本人并不懂得外语，也不大了解西方的社会或者哲学思想，但是他非常聪明，而张东荪的西方哲学搞得很不错，熊十力跟张东荪的关系非常好，常常跟张东荪聊天，张东荪就告诉他一些西方的文化包括怀德海的过程哲学。“现代新儒家”从熊十力做第一代，到唐君毅、牟宗三做第二代，杜维明做第三代，对中国文化研究发展有相当正面影响。原因是他们逐渐更加了解西方，熊十力并不排斥西方的思想，牟宗三就更重视中国哲学和康德哲学之间的关系，唐君毅重视和黑格尔哲学的关系。到第三代杜维明，他们的视野就更加宽阔了，他们跟世界各种思想文化进行交流的机会就更多了。这跟唐君毅、牟宗三还不一样，他们主要还是在香港地区，并不是在全世界到处走，杜维明是在全世界到处走，更宽阔。因此我们应该肯定他们对中国儒学的发展有非常重要的启迪意义。

但是儒学在现代中国，并不仅仅是这一支，还有其他的儒学家。比方说，贺麟先生是讲心学，学术界称他的学说为“新心学”，是走王阳明的这个路线，他是留学德国的，更多地吸收西方基督教的一些思想，来加强儒学的理念。比方说，他也很重视“礼”的意义，他认为西方像基督教也是非常重视“礼”的，中国叫“礼乐之邦”，那么西方的音乐也是很发达的，而中国的六经，后来《乐经》失传了，可是我们还有讲“乐”的，比方《礼记》其中有一篇《乐记》。贺麟先生特别重视“乐”的意义，他的《儒家思想的新开展》一文，应该受到重视。冯友兰先生是新理学的代表，又是一支，在大陆的影响也是非常大的。有的学者也在尝试着开创新的路子。我都赞成。

问：近年来发生过好几个新闻，当中几位“新儒家”学者被人家认为在个人道德上是“说一套做一套”。您认为这是不是有值得探讨的地方？

汤一介：毕竟是现代社会，所以私人的问题就不便过多地去讨论，应该把它相对地分开来考虑，而且不必求全责备，因为人无完人，从历史上看，哪一个人可说是百分之百的正确、一点错误都没有？现实没有这样的人。

问：《儒藏》这么庞大的工程，资金来源是哪里？

汤一介：一些由教育部给我们，北京大学也给我们，同时我们也从社会募集一些资金，像社会的一些企业家给我们提供一些资助，我们都很欢迎。

问：这么大的一个工程会不会让外人说闲话，就是和官方非常亲密，会不会有这样的说法？

汤一介：当然可能有这样的说法，我也听到过一些说法，但是我自己的出发点是，我认为任何一个民族要复兴的话，必须找到自己文化的根。西方有一位大学者雅斯贝尔斯，提出“轴心时代”的思想。他认为在公元前500年前后，在世界不同的地方，出现了非常伟大的思想家，比方在古希腊出现了苏格拉底、柏拉图，在印度就出现了释迦牟尼，在中国出现老子、孔子这样的思想家，但是他们之间没有互相影响，以后两千多年来，人类文明的发展都是靠他们来推动的，当然他们之间就慢慢互相有影响了，形成了人类文明的宝库。因此，每一次文化的复兴，往往都要回归去考查自己文化的源头。比方说，文艺复兴就回到古希腊，考查它的文化源头，而中国的宋明理学就回到先秦，返回到“六经”，就是孔孟的思想。那么，今天中华民族要复兴的话，就要考查自己的文化源头，所以我认为当前中国文化，应该有个“反本开新”，就是要返回到自己文化的源头，找到文化发展的根子，那么才能“开新”，“开新”必须“反本”，但是“反本”是为了“开新”，“反本”更重要的是为了“开新”，不能不“反本”就“开新”，不找自己文化的根子想开出一个新的东西来，那是根本不可能的。现在，我觉得我们正处在这样的一个历史阶段，就是要很好地了解自己的文化源头是怎么发展过来的，把这个作为创建新文化的起点。如果割断了这个根子，自己就没有生命力。因此，编纂《儒藏》就是为从源头上研究儒学及其历代的发展准备一系统的儒家思想的大文化库提供基础。

原刊于《时代周报》，2011-06-27

不要把儒家“意识形态化”
——专访北京大学儒学研究院院长、中华孔子学会会长汤一介

访问：章剑锋

“有许多人认为我是反孔非儒的。在许多方面，我对那经过长期发展的儒教的批判是很严厉的。”新文化运动的先驱人物之一、北京大学的前校长胡适曾这样说道。

世事何其难料。

五四运动中健将林立、旗手迭出的北京大学，如今却成了儒学复兴的一个重镇。距今不过91年时间，“孔家店”又重新挂牌开张了——继2000年成立国学研究院之后，2010年夏天，北大又成立了儒学研究院。主张文化多元共存的中国儒学大家汤一介先生成为首任院长。他有幸一反先贤辈们的旧有的去儒化路径，在83岁的古稀高龄为儒学的再度滥觞磨砥刻砺，披挂上阵。

我们这个访问，自汤先生履任时开始邀约，直到朗润园荷塘残败、万木萧疏，为深冬笼罩，才得以进行。某种程度上而言，他的繁忙，也可以视作历史文化的承担者的身影在现实世界里的存在。在这纷扰的当下，他正带领一批学者为重新确认在历史上曾是中国主流文化的儒家思想寻求更多新的诠释与新的方向。

不是“复古”而是“创新”

问：为什么会成立一个专门的儒学研究院？

汤一介：2002 年，我当时提出了编纂《儒藏》，教育部就批准了，相应地在北大成立了一个机构，叫儒藏编纂与研究中心，光搞编纂不行，得要搞研究，而搞研究就得有大课题。60 多年了，从我们国家来讲，在人文社科方面，对人类文化研究没有出现震撼世界的有重大意义的理论，所以我还是继续向学校提出，是不是成立一个研究院，专门搞研究，而且这个机构主要是搭一个研究的平台，应该能做一些理论上的突破。

有人反对这个事，原因就是北大是五四运动的发祥地，当时是打倒孔家店，那么你现在又在北大成立儒学院，是不是要否定北大作为新文化运动的旗手这样一个形象呢？反对最激烈的是中文系一位教授。我认为这是对建立儒学研究院的误解。任何民族都不能人为地割断其历史文化。我们建立儒学研究院不是为了“复古”，而是为了“创新”，是希望把我们这个有 5 000 年文化传统的文化复兴起来，实现由传统走向现代的转变。从文化上说，要“反本开新”，“反本”是要了解我们自身文化的真精神，“开新”是要适应人类社会发展的新形势而更新自身文化。“反本”才能“开新”，“反本”更重要的是为了“开新”。

问：那您怎么评价五四运动这样一段历史？

汤一介：我们从我国近代历史上看五四运动，它对中国社会是一次启蒙，意义是重大的。现在有人全盘否定它的意义，我觉得是非常错误的。你必须承认它对中国社会的进步有非常大的作用，我们近二三百年为什么发展得比较慢？不能说我们原来的制度和支撑我们原来制度的那些理论、理念，没有非常致命的弱点，不能不承认这个事实。所以五四运动那么冲一下，甚至是冲得过分一点，那也是必须肯定的。因为我们从鸦片战争开始总是挨打，国势一天不如一天，那当然我们有一些知识分子就会考虑到，为什么人家会比我们强呢？我们为什么会积贫积弱呢？一定是有它的问题所在。所以就觉得过去的都是不好的，就需要全盘否定它，有这样的情况也可以理解。

问：这样一段历史是否真让中国人丢掉了自己的出处，抹掉了身上的文化印痕？我看那时候比较极端的像胡适就提出来要全盘西化。

汤一介：我们也不能说那个时候只有一种思潮，别的思想还是存在的，一些维护中国传统文化的思想还是有的，像梁启超、梁漱溟，还有 1935 年有 10 个学者发表《中国本位的文化建设宣言》。到抗战中间，像冯友兰也还都是想怎么来振兴中国文化的，从这个角度看，五四运动以来在我国一直有不同的思潮，不过就是有的思潮力量非常大，有的力量不太大。

问：现在重新把儒学翻出来，那岂不是绕了一个大弯，又折回去了？这能说是把断掉的传统重新接续起来么？

汤一介：可以这样讲。一个方面，是绕了一个很大的弯，另一方面讲，五四是可取的，五四那一段时间中国空前活跃，从 20 年代后期到三四十年代，为中国人文学科留下一些东西的，也就是那一段。也许这个大弯是必要的。因此才有王国维、陈寅恪，还是留下了一些东西给我们。后来的“文化大革命”，“破四旧”，企图全盘否定传统文化，可是（传统的东西）也没完全断掉，有些传统社会中的糟粕反而发展得更厉害了。有很大的问题，好的断了，坏的反而发展了。把一些寺庙也毁了，书也烧了，可是发展到极致是什么东西？是一句顶一万句，个人崇拜和个人迷信已经达到极点了，历史上还没有这样严重的状况。它一方面否定了一些东西，一方面又把中国传统中很不好的东西发挥到极致，有这两面的问题存在。它不是没有原因，那时有人讲“无法无天”，怎么能“无法无天”呢？总得有法吧，有规则、有规矩吧。没有天，这不就把自然界全部搞乱了嘛。所以“文化大革命”对中国社会的摧毁非常非常大。

《人权公约》和《责任公约》

问：那您认为儒学会有一个复兴的机会吗?

汤一介：儒学是可以有一个复兴的机遇，这是由于经过了西学100来年的冲击，使得我们有些知识分子在反省自身的文化传统中，逐渐知道儒学哪些是可以继承和发挥的，哪些是应该扬弃的，这应该归功于西学的冲击，不然我们还不大容易知道我们自己的文化缺点在什么地方。现在世界又进入一个经济全球化、科技一体化的时代，在这个时代，就更需要反省自己的问题，所以费孝通讲“文化自觉”，必须系统地了解文化的来源和文化发展历史，它的优、缺点以及今后的走向，应该在建设现代化的社会实践中自己去了解它。

我们现在首先还是要解决一个现代化的问题。但是现代化不仅仅是经济、科技问题，还有精神世界的问题。现在我们的社会确实没什么信仰和理想。社会太注重钱和权了。最近我注意到先秦这个“礼”，我觉得还是有它可取的东西的。《礼记》中的《坊记》说“君子礼以坊德，刑以坊淫”，礼是防止道德的堕落的，刑是防止做坏事、扰乱社会。贾谊讲礼是防患于未然，法是已经发生了罪恶，就要受到惩处。现在是不是可以注意研究一下传统社会里有一个“礼法合治”的问题?你从《汉书》来看，它的刑法志和礼乐志是两个志，都是把它们作为制度来看的。

中国社会里头，在过去“礼”是一种制度，不仅仅是道德规范和观念的问题。我们现在学西方，当然是很重要的。他们的法，我们是搬过来了，但我们把“礼”全丢了，不行。还应该考虑怎么建立起来这个“礼”。现在社会常有乱象发生，是无序的，今天立一个法，明天立一个法，都是解决具体问题的，根本问题没有解决。人的信仰、人的精神世界问题没有解决，那怎么行?

问：也就是说，儒学中的一些思想是可以用来解决现世的问题的，它可以在不同时代和社会里面找到自己的位置，发挥一些作用?

汤一介：现在不仅中国，西方有些学者也已经看到中国文化中有普世价值意义的思想资源了。比如法国有一位 81 岁的学者，他说西方以人文主义为基础的人权观念发展那么长时间，也有好多问题没有解决，他说我们能不能从中国思想里得到一些启发?他提了三个问题，一个就是天人合一的观念，一个就是远神近人的观念，一个就是四海之内皆兄弟的观念。

他第一个观念的意思就是人权问题可以解决人的自由权利是不能被剥夺的，这样才能发挥人的智慧才能，但是人还有对自然的关系的问题，权利不能大到去破坏自然、摧毁自然，这是不行的。人没有这种权利，没有毁灭这个地球的权利。远神主义是说，宗教有一种整体主义的思想，可不可以用远神近人的思想来补充，因为上帝创造了世界，很美好，之后谁来管它啊?人就要负责来管它。可是上帝把世界创造好了，人没有很好地管这个世界，老破坏它，所以中国这种远神近人的观念是不是有点儿意义?就是神已经做好了，必须由人来负责任才行。四海之内皆兄弟，是一种天下观思想，现在每个国家都是在考虑自己国家的利益，然而中国儒家文化的传统是追求“天下大同”。没有一个天下观，没有一个人类整体的想法，是不行的。儒家认为，修身、齐家、治国、平天下，它的目标是“天下大同”。

我们也曾跟法国学者讨论过，现在可不可以在《人权公约》的同时，提出一个《责任公约》?如果有一个《责任公约》，就是要互相负责任，也许更好一点。他们也注意到了儒家这个“礼”，就是孔子讲的“礼”，先秦的这个“礼”，有一个方面就是讲人和人有个对应的关系，父慈子孝、君义臣忠、兄友弟恭、夫义妇听，这都是不可分割的一对，你既有权利，又应该有责任和义务才可以，这一点比较好。

如果说儒学还有好的地方，就是它对人与自然的关系提供了一些可以利用的思想资源吧。可以对这种思想资源做点现代的诠释，发挥一下。

问：现在植根全球的孔子学院，算不算是一个儒学复兴并重新进入官方话语系统的象征？有助于中国的崛起？

汤一介：我反对“崛起”这两个字，这两个字让人害怕。你说和平发展不就完了嘛。2003 年之前，我有很多时间去国外，在那里，没有多少人了解中国，特别是对中国的文化，除了少数汉学家。因此设立一些孔子学院，让外国人了解一下中国文化和历史，当然应该有积极的作用。

但是我也去过好几个孔子学院，去看看，有的地方也去讲讲。他们的反应不一样，韩国觉得孔子学院设不设没关系，他们说我们懂中国语言的人已经很多了，你们要做的话就讲中国文化，不要仅仅是语言。像北欧，我参加了那一片 4 个国家的汉学会议，他们有的地方像斯德哥尔摩大学的孔子学院，作用大一些，发挥好一点，奥地利的孔子学院活动开展得比较好，有的地方也没有太多活动（因为虽然中国把它建起来了，可是我们也没有太多的财力去做太多的事情，还需要跟他们合作才行，如果他们当地多投点资金，就可以多开展一点活动），有的孔子学院无非就是打太极，功夫，舞蹈，书法，语言，当然这都必要，但不够。应该告诉他们中国的历史是什么样子的，我们还有儒家、道家，还有不同于印度佛教的中国佛教，（孔子学院）要更中国化一点才行。德国歌德学院并没建这么多，少很多很多，他们办得也不错，我们的孔子学院现在差不多300个了。

孔子学院建设好了应该能起作用，但能不能建设好我不知道。

和谐为体，中庸为用

问：儒家的东西得到重扬，是不是可以推进中国的软实力建设?

汤一介：我写文章从来不用“崛起”、“软实力”这种词，有些人写了软实力的书，让我作序，我拒绝了。我觉得那都是由西方传过来的东西，我就是搞学术的，我不掺和。孔子学院请过我，现在要把五经翻译成八国文字，我是他们的五经翻译学术委员会的成员。这个东西我也不大感兴趣，学者还是做学问。太多参与，不好说话。

我觉得学术就归学术，比较好。儒家，我不主张它意识形态化，最好把它看成一种学术去讨论，讨论到大家都觉得这个不错了，作为一种精神自然就接受了。

问：您以前讲过，并不赞同“政治化的儒学”，虽然历史上这是一种现实，却是值得批评的。问题是，为什么几千年间，杰出人物无数，历史却唯独选择了孔子他们那个群体的一套东西?

汤一介：孔子应该讲是一个很特殊的人物，光从《论语》上看，他讲的非常深奥的大道理并不多，都很平实，但意义深远，需要人们用一生的时间来领会，来身体力行。如果我们注意在《礼记》中孔子的话，在《孝经》中孔子的话，先秦留下的很多材料，都说是孔子说的，翻开都是孔子曰或子曰，特别我们最近出土的文献也发现一些东西，比如孔子论诗，对这些材料都应重视。但是，这是需要认真分辨的，看看哪些真是孔子说的，哪些是后人加在孔子身上的。

孔子本来是人，很人性化的。在先秦，还没有把他树立到后来那种样子。墨子的弟子就说，像孔子这样有学问、有道德的人，应该做王啊，为什么没有做王啊？我看，如果孔子做了“王”，也就没有孔子了。后来专制王朝的时候，皇帝就把他自己变成一个内圣外王，已经是王了，他是圣王啊，对不对？而且是奉天承运，皇帝是天子，那么这个天子就应该有一个天子之师，就是国师，这就把孔子抬到至圣先师至上至高的地位了。树立起这样一个形象，把孔子更加意识形态化了。我认为，这对孔子并不好。

在中国历史上，政治化的儒学确实对中国社会的发展有一定的正面影响，我们一个改朝换代，有的比较好的就是三四百年，那么长的时间，它大体上为什么可以稳定呢？我想不能说儒学一点作用也没有。任何专制社会，都需要一套教化来维持它的统治，当时就是利用儒家的思想，当然也利用道教和别的，主要是利用儒家多一点。西方也是一样，中世纪也是个专制社会。它用什么做教化的？就是基督教，他们是要维持神权统治或王权统治，中国就用儒家。当然政治化的儒家是会使儒家可贵的精神有所丧失，而起着负面的作用。

问：在那个时候，是不是儒家的东西更加适合中国社会的现实？

汤一介：儒家有一个观念被他们利用，就是天下观念，而不是一个国家观念。皇帝是天子，管的是天下，儒家的天下观适应它的大一统的要求。《大学》讲修身、齐家、治国、平天下，平天下是最高要求，这个对他们来讲是非常重要的。这个思想当然更早了，《尧典》就讲“协和万邦”，当时那么多诸侯邦国，甚至部落，他就是要协和万邦成为一个共同体。中国自秦汉以来是一个大一统的国家，儒学比较适合这个要求。以前中国有这么个特点，以专制为体、教化为用。

现代社会，起作用的是天赋人权，目的就是使每个人的才能、智慧得到充分发挥，这样就有自由经济、自由市场、自由思想，那么谁来保证这个自由得到发挥呢？它是由民主制度来保证的。所以严复讲西方社会是“自由为体、民主为用”，我认为这不是西方社会特有，是人类社会特有，人类社会要进入现代社会就应该是这样。我们能不能设想在现代社会之后，有个后现代社会？我曾讨论过这个问题。假如前现代社会是以“专制为体、教化为用”，现代社会是“自由为体、民主为用”，后现代社会可不可以是“和谐为体、中庸为用”的一个社会？这当然是构想，要做大量的理论研究和社会实践才能成立。我想最好是放开了让大家来讨论人类社会发展问题，什么问题都应该让大家充分讨论。

问：以儒家为代表的传统文化的再发掘与重振，有没有可能弥补我们这个社会的某种后天的文化弱势心理？我们看起来应该还是一个文化弱国，这与传统文化的失势是不是有一定的关系？传统文化在多大程度上并且如何决定着一个国家的文化地位与感召力、吸引力？

汤一介：你说得对，我国现在还是一个文化弱国。我们的人文学科、社会学科的理论大体上都是搬用西方的，自然科学理论也一样。中华人民共和国已经建国60年了，理应在各种学科中都有我们创造的重大理论，但是到现在我们还没有创造震撼世界的理论。我认为，这是由于我们在很长一段时间把传统丢掉了，没有自信了。自然科学我不懂，不能说什么，但是人文学科在我们的儒家文化中不能说没有可以继承的东西。因此，我们首先应该恢复自信心，相信我们的文化中，特别是儒家文化中有可以为世界各民族接受的价值。这样，我们才可以和其他国家特别是西方各国平等对话，共同为人类社会的健康合理发展作出贡献。

原刊于《南风窗·双周刊》，2011（2）

汤一介专访：
思骋寰宇界　岁砺金玉心

回顾获奖感受
“设置奖项是对价值理性的重视”

现代社会工具理性特别发展，但工具理性是一把双刃剑，如果缺少价值理性的指导，就会走上一条危险的轨道。现代社会中的很多问题，都是人们在丧失人文价值底线的情况下，将他人、将自然视作工具的思维方式所造成的恶果。

“这个奖项对我个人继续为人文社会科学事业努力终身来说，是一个鼓励。”回忆起两个月前，在中国人民大学75周年校庆日前夕收到吴玉章基金会来信时的情景，八十五岁高龄的汤一介教授平静地说，“我的第一反应是，有资格获得这个奖项的老学者其实很多。不过能够在第一届获奖，是一件很高兴的事情。”

而更令汤老欣慰的，是设立“吴玉章人文社会科学终身成就奖”所传达出的信息。

“向来，我们国家对于理工科是比较重视的，设置了好几个自然科学方面的奖项，但缺少一个足够分量的人文社科方面的奖项。”吴玉章人文社会科学奖是对于成果的奖励，而增设的终身成就奖是对于学者个人的奖励。“两方面奖励，比较全面，体现出的是对人文社会科学重要性的认识和重视。”

获奖后，汤老曾在多个场合提到人文社会科学背后的价值理性问题。“自启蒙运动以来，人类一直推崇理性精神。理性有两个相互联系的不同方面，一个是以自然科学为基础的工具理性，另一个则是以人文精神为基础的价值理性。现代社会工具理性特别发展，但工具理性是一把双刃剑，如果缺少价值理性的指导，就会走上一条危险的轨道。现代社会中的很多问题，都是人们在丧失人文价值底线的情况下，将他人、将自然视作工具的思维方式所造成的恶果。”

汤老认为，对人文社会科学的重视，就是对价值理性的倡导。而在沉甸甸的奖杯和对人文精神、价值理性深刻理解的背后，是汤老在哲学道路上走过的六十多个春秋。

追忆青年时光
从心灵之问到赤子之心

进入大学之前我就喜欢思考“人活着的价值是什么”、“人到底需不需要有一种宗教信仰”一类的问题……我试图寻求答案，解答问题。而哲学提供给我一条通向真理的可能路径。

汤老的祖父汤霖是清光绪年间进士，父亲则是会通中西、熔铸古今的国学大师汤用彤先生。汤老在少年时代感受过北平宅第里的富足优渥，也经历过日寇入侵后迁居西南的颠沛流离。

在变故与转折中，家学的耳濡目染却不曾中断。1947 年，汤老考入北京大学学习哲学。“进入大学之前我就喜欢思考‘人活着的价值是什么’、‘人到底需不需要有一种宗教信仰’一类的问题。一些阅读对我走上哲学道路的影响也很大。比如法国作家纪德的小说《窄门》，让我思索，人是如何处理与他人和上帝关系的？还有《庄子·逍遥游》中提到的‘无有之乡’，究竟是一种怎样的境界？我试图寻求答案，解答问题。而哲学提供给我一条通向真理的可能路径。”

在北大哲学系，汤老开始接受学院化的哲学训练。“对我影响比较大的几门课程是形式逻辑、数理逻辑和演绎科学方法论，这类课程很锻炼我的思维逻辑性。”汤老父亲在欧洲哲学课堂上的系统讲授也给他带来了与在家熏陶完全不同的体验。汤老回忆说，自己求知欲很强，爱好也非常广泛，“还选修过英语授课的外国文学课程，克服了很多困难”。

这段学习经历成为汤老之后学术研究的基石。比如，体系化的西方哲学让汤老意识到中国传统哲学“得出结论很快，但论证过程不清晰，逻辑性不够严密”的弱点。三十年后，在汤教授重启中国哲学研究的时候，昔日积淀下的方法与脉络使他格外受用。

1949 年，北平和平解放，北京大学由新政权接管。建国伊始，青年知识分子接触到陌生的马克思主义哲学。面对这种新的主义，哲学系师生态度迥异。汤老回忆说，在 50 年代初的“思想改造”过程中，这群最热爱思考的人爆发了激烈争论。“确实有不少人对于马列主义非常抵触。但是当毛主席站在天安门城楼上宣布‘中国人民站起来了’，我感觉在马列主义的指导下，中国人民总算找到了一条可以摆脱帝国主义压迫的道路，非常振奋。建国初期，种种阴暗的社会现象很快就消失了，人们明显地感觉到自己生活在一个新世界里。”年轻的汤老感到，人们此前所探索的真理此刻已在眼前，“接受马列主义是一件自然的事情”。1949 年 11 月，汤老加入中国共产党，“在学生里算是积极分子”。

毕业后的汤老被组织安排到中共北京市委党校任教，以一名坚定的理论工作者的身份传播和发扬马克思主义，直到 1956 年调回北大，先是作为父亲汤用彤的助手，后来开始自己发表文章。“那个年代形成了这样一种观点，就是只有政治领袖才有资格成为‘哲学家’，哲学学者只能被称作‘哲学工作者’。”那时，汤老作为

“哲学工作者”的任务有两个：一是解释伟大领袖的思想；二是用“哲学家”的思想去解释历史和现实，多是进行“唯物或唯心”、“进步或反动”一类的定性分析。

如今的汤老用历史的眼光审视着那段时光。“在接受马列主义的过程中，我也进行过思考，提出过问题，但总体来说是比较自然地放弃了自己的很多观点。不幸的是，当时中国学者接触到的所谓‘马克思主义’，是斯大林的马克思主义，不是真正的马克思主义。”沉浸于美好幻象中的学者们更没有意识到，在“自觉或不自觉”地停止独立思考而接纳了这种教条僵化的指导思想后，中国的人文社会科学就走上了通向深渊的道路。时代大潮里的汤一介教授也未能免于受难。

回忆动乱年代
在迷茫中顿悟独立意识的价值

今天看来，作为哲学学者，保持独立的意识和思考的习惯非常重要。恩格斯就曾在《反杜林论》中指出，再完整的体系也不可能解释一切问题。因为自然界是不断发展的，人类社会也是不断发展的，我们不可能用一个理论把一切完全把握住，所以不能止步不前。如果非要构建能解决一切问题的体系，那就只能通过不合理的幻想，用自己的虚构填补空白，成为一个观念论者。这本身也是违背马克思主义的。

“文化大革命”前夕，北大哲学系就存在着一些思想上的纷争。汤老回忆说：“一派的代表人物是党总支书记聂元梓，批判北京大学办学方向有问题，有康生等人幕后支持；还有一派以前任书记为代表，得到了时任校长陆平和北京市委的支持。我当时担任哲学系下面党支部的书记，认为这种矛盾和斗争没有太大意义，就下乡参加‘四清运动’去了。”后来中央在邓小平同志的主持下定下结论，压制了聂元梓对北京大学的批判。表面上重归太平，汤教授又回到北大。

然而回到北大的汤老发现，尽管有了结论，但由于两派分立，思想根本无法统一。就在此时，“文化大革命”爆发，《炮打司令部——我的一张大字报》公开贴出。原先支持北大的北京市委被打倒，北大哲学系成为运动漩涡的中心，既是火药库，也是重灾区。由于曾按要求发表过在斗争中倾向校长陆平的文章，汤老沦为陆平校长的陪斗。后来，汤老同众多北大教员一起，被下放到鲤鱼洲劳动。“我比较低调随和，能批的批了，要认错的也认错了，和挨斗的时候比，下放的生活已经舒服很多。”

1972年，汤老被召回北大，教授工农兵学员。由于在教学方面有所专长，不久被任命为“教改组”组长。“当时的想法比较单纯，想着能够重新教书，挺高兴的。但在授课的过程中感觉到，哲学系只讲授毛主席著作、阅读‘老三篇’和《毛主席语录》怎么够呢？于是我和其他同志大体上依据列宁的《唯批》编了一本《认识论》的提纲。工农兵学员们写文章的水平不行，我又提出起码要加学一点逻辑，使学员受到一点基本的让文章合乎逻辑的训练。当时有些干部仍在接受审查，未得解放，教学人手紧缺，所以也做一些解放干部的努力。”然而，在“批判右倾回潮”运动中，有人指责汤老的这些主张是“轻视毛主席著作学习”，于是汤老再次遭受批判。

而此时，一波新的政治任务又将汤老从面临下放批斗的境地中解救出来。1973年秋，汤老被安排进入“两校大批判组”，为中央部署“批林批孔”运动的一号文件《林彪与孔孟之道》搜集资料。学者们虽然恢复了工作，但仍被要求写作为斗争运动服务的文章，静心从事真正的学术研究更是天方夜谭。“当时我觉得，也不知道将来会怎么样，反正毛主席说了，要你做你就做，好好做就得了。”

汤老曾评价道，自己在那个时代所写的文章并无多少学术价值。“如果说还有点什么作用，可以说它们反映了当时极左思潮在我国学术界的影响多么深刻，可以和同时代的类似论文一起作为总结极左思潮危害学术研究的材料。”每每谈起“文化大革命”，汤老都唏嘘不已。“‘文革’把我们这一代人最好的时光浪费掉了。‘文革’结束的时候，我已经五十岁，思维最活跃的年龄已经过去了。”然而对于汤老来说，最大的遗憾还不止于此。“如果没有‘文革’和极左教条主义的束缚，中国一定会出现一两代有重大影响的哲学大家。政治运动对于哲学研究完全是一场灾难。”

遥望革命激情冲天的岁月，汤老总结说：“今天看来，作为哲学学者，保持独立的意识和思考的习惯非常重要。恩格斯就曾在《反杜林论》中指出，再完整的体系也不可能解释一切问题。因为自然界是不断发展的，人类社会也是不断发展的，我们不可能用一个理论把一切完全把握住，所以不能止步不前。如果非要构建能解决一切问题的体系，那就只能通过不合理的幻想，用自己的虚构填补空白，成为一个观念论者。这本身也是违背了马克思主义的。”

“从前，我信毛主席，他的话句句是真理。但‘四人帮’倒台后，我意识到不能盲目，要坚持思考。只有经过认真、独立判断得出的结果才是可信的。”信仰坍塌，思想重建。汤老坦言，理解那今天看来的天经地义，他用去了三十年的时光。1978 年，“文化大革命”种种遗留问题结案。1980 年，汤老终于走上了真正属于自己的讲台。大彻大悟之后，汤老最有影响的学术成果接连诞生，而他本人在哲学领域的声望也渐趋显赫。

置身繁荣思潮
提出新概念，表述新观点

哲学史是人类认识的发展史，不能简单地把它定义为唯物主义与唯心主义的斗争史。

无条件地、糊里糊涂地否定普世价值，是无知的表现。

中国人民大学出版社即将出版的《汤一介集》收录了汤老治学以来发表的作品，从中可以透视出一条回归本真、回归自我的路径。80年代初，“十年动乱”在中国思想界留下的阴霾渐渐散去，但如何为中国哲学研究开辟一条新的道路，成为汤老思考的问题。“在我看来，哲学史是人类认识的发展史，不能简单地把它定义为唯物主义与唯心主义的斗争史。研究哲学史，就要把它和人的认识史联系起来。”这样，汤老把研究的目光投向范畴问题，这成为他撰写摆脱“违心、应景和教条式”文章的起点。“为什么要讲哲学的范畴问题？因为在哲学发展的历史上，也许有的范畴首先是由唯心主义提出来的，被大家接受之后得以普遍化。谈范畴问题，能够反映出哲学史与认识史的紧密关联。”1981年，《论中国传统哲学范畴体系的诸问题》刊登在了权威期刊《中国社会科学》上，引起诸多学者对于认识史与范畴的讨论。

“当时连续召开了三次围绕‘中国哲学史的范畴’的讨论会，学者们意识到这是一个非常重要的问题，也提出了各种各样的新看法。”不过在汤老看来，那篇开拓性的文章还是留下了一些遗憾。“受长期意识形态化思维的影响，文中还残留着唯物主义与唯心主义斗争的痕迹，这也说明从过去的教条主义中解放出来是多么不容易。”

无论如何，哲学研究的禁区被打破了。1984年，中国文化书院的成立，见证了80年代中国学术思潮多样化的高歌猛进。作为书院的首任院长，汤老对当年的情景依然记忆犹新："当时集中了一批老的、年轻的哲学家，梁漱溟、张岱年、冯友兰都在其中。我们致力于推动中国文化现代化，必须经过现代的解释，中国传统文化才有意义，才能从前现代走向现代。后来很多西方的流派也参与到这个进程中，比如现象学、解释学，甚至包括当时特别热的尼采哲学和存在主义。"1985年，中国文化书院与同期全国乃至世界各地的民间学术团体共同提出了一个大胆的概念：在"四个现代化"以外，中国还需要政治现代化和文化现代化。"中国有这样好的时期，实现现代化非常重要，但是仅仅实现'四个现代化'是不够的。"评价今日中国在政治现代化与文化现代化上所取得的进步，汤老言简意赅："当然有所前进，但是还不足。"

80年代末期，中国的思想启蒙遭遇停滞，包括《新启蒙》在内的一系列杂志被迫停刊，中国文化书院等民间社团也相继停止活动。如今二十余年过去，汤老反思着启蒙在中国的艰难历程。"其实启蒙在中国没有中断，我不同意所谓'救亡压倒启蒙'的提法。恰恰相反，正因为有了启蒙，中国才走上了革命道路。正是'救亡'，才深化了'启蒙'。但是后来革命讲得多了，光搞革命了，启蒙思想反而不讲了。"对于中国启蒙的未来走向，对于自由、人权、民主，汤老都表达了自己的看法："西方在现代化的过程中暴露出了很多弊病。比如自由，帝国主义讲的自由是他自己的自由，没有别人的。比如人权，人权很重要，但是不负责任的人权是很危险的。我认为联合国除了《人权公约》，还应该制定一个《责任公约》，要对别人负责、对自然负责，否则社会就坏了。所以如果在中国的启蒙进程中，可以比较快地顺利实现现代化，然后利用前现代的资源，可能比西方更早地进入后现代，避免现代化的弊端。"

90年代以来，对于诸如此类的当代文化问题，汤老的思考一直没有停止。“我想的问题很多，提出的问题也很多。”这其中，有对亨廷顿《文明的冲突?》的批判文章，有与国外几乎同时提出的“新轴心时代”概念，也有开创性的中国解释学的构建。不过汤老最频繁提及的，还是他对于文化多元化的思考。为了提倡多元化，他曾冒过不小的政治风险。“《光明日报》刊登过一篇文章，叫做《多元化就是自由化》，等于给多元化扣上了一个自由化的帽子，这是很严重的。所以后来我发表了不同意见，去讲90年代后现代主义在中国的流行。其实后现代主义就是主张多元化的，这也从另一个角度说明一元化不行。”时至今日，他仍然坚持着当时的观点：“文化绝对不能单一化，它一定是多元化的。如果把它一元化成为一个统一的思想，人类文化就发展不了了。所以，在学术上，我一贯主张要百家争鸣，反对一元化的指导思想。”

在对多元化的坚定倡导与坚持中，汤老也努力做着把中国传统哲学引向世界的工作，并试图寻求其在世界文化背景下的闪光。“每个民族都有好的东西，都有可以发掘的具有普世价值的东西。但必须对‘普世价值’和‘普世主义’加以区分。‘普世主义’认为只有他们西方的价值观才是唯一有价值的，这是错误的；而‘普世价值’的内涵是，每个民族的文化中都有能够被其他民族共同接纳的观念。”说到这里，汤老的语速变得急促而激烈：“无条件地、糊里糊涂地否定普世价值，是无知的表现。”

学术充实晚年
诲人不倦，笔耕不辍

我最具有创造力的时光已经过去。八十多岁，想再创造新的理论已经不可能了。我的三十岁、四十岁、五十岁，都没有了。

更深入地思考一些重要的哲学问题，对我来说可能已经有些困难了。但我至少可以通过资料的整理和编辑，为大家留下些可靠的、可以利用的文字。

在80年代的自由开拓和90年代的全球化突进中，汤老以思维为时代记注。尽管成就斐然，但回顾起自己的学术生涯，他的语气中仍不乏感慨与遗憾：“我最具有创造力的时光已经过去。八十多岁，想再创造新的理论已经不可能了。我的三十岁、四十岁、五十岁，都没有了。”

谈起眼下正在进行的学术研究，汤老也诉说了他的期望。“更深入地思考一些重要的哲学问题，对我来说可能已经有些困难了。但我至少可以通过资料的整理和编辑，为大家留下些可靠的、可以利用的文字。”

2004年，汤教授发起的《儒藏》编纂项目正式启动，而当时的他也已经七十六岁高龄。历代的儒家典籍浩繁无比，仅目前进行的工程第一部分《儒藏》精华本的编纂工作，就将收录儒学文献五百余种，共编为三百三十册，计两亿多字。对于工程的目的，汤老有着更深层的考量：“培养人才也是一个重要的方面”。“原本很有功底的学者都相继去世，整理古籍的先生都不在了，所以我招了大量博士生，现在留在我身边的九个，从2004年到现在，已经基本具备一定水平，可以找出很多专家的错误。”

2012年，汤老主编的作为《儒藏》阶段性成果的《中国儒学史》，获颁北京市第十二届哲学社会科学优秀成果奖特等奖。而他目前还正开展着“中国经学史”、“三教关系史”以及“儒学与马克思主义”等多个专题的研究。“经学是我们文化的源头。研究了它的发展线索，才可以看到中国文化到底是什么。”“儒释道三教关系是一个中国特色的问题。世界上所有的宗教都发生过战争，只有在中国这三教没有，这是为什么？你可以做出个样子来告诉大家，宗教信仰不同，并不意味着冲突和战争。”“怎样处理中国传统文化与马克思主义的关系是中国当下的重要理论课题，这个问题必须解决才行。从佛教的中国化我们就可以看出，文化是可以异地发展的，那么也许将来马克思主义也可以在中国发展，成为中国的马克思主义。”字句铿锵，汤老的聚焦所在不离中国哲学，不离中国文化。然而，面对年岁已高的现实，也面对着诸多后起学者，汤老坦言：“文化的问题也不是一天两天就能解决的，不是我这一代可以解决的，也不一定是你们那一代就可以解决的。它还是在不断地发展，留给子孙后代。”

原刊于《青年人大》，2012-11-28

文化多元化趋势

——访汤一介、乐黛云教授

整理：臧策

问：汤老师，您将目前对传统文化研究中的各种观点归纳为五派——反传统派、五四运动派、早期启蒙派、现代儒学派、回归原典派，并且认为每一派都有其道理，而您又不完全同意其中的任何一派，那么您的观点是什么呢？

汤一介：我这种态度的本身，就代表了我的观点，即文化发展应走多元化的道路。从历史上看，文化呈多元化发展的时期，则是文化的繁荣时期。反过来讲，如果我们的文化要走向繁荣，就必然要多元化。

问：您是研究哲学的，从哲学的角度来谈谈好吗？

汤一介：从哲学上讲，事物本身即是多元的。可从宏观的角度看，也可从微观的角度看；从现象上看是一个层次，从本质上看又是一个层次；从时间上看是一个方面，从空间上看又是一个方面，而从时空结合上看，就又是一个方面。不同的角度，不同的层次，不同的方面，自然会得出不同的结论，然而不能说哪种一定是正确的，哪种一定是不正确的。真正的哲学问题，是永远不会得到最终答案的。如果得到了最后的答案，那就意味着真理的终止。我们只有促进文化的多元化，才不至结束真理。

问：乐老师，您是著名的比较文学学者，如何看这一问题呢？

乐黛云：文化的发展，正如《共产党宣言》中早就预言的那样，随着社会的发展与进步，随着各民族的“互相往来”，文化的互相碰撞，民族的片面性和局限性日益成为不可能。文化大一统的局面，正在日趋崩溃。在当今社会，任何一种理论、一种权威，都无法再维持绝对的统治地位。多元化是文化发展的必由之路，也是比较文学这一学科存在、发展的前提。

问：从中国历史上看，文化的多元化发展，最后总是被文化的一元化所代替。比如先秦时期诸子百家的文化多元化发展，最后还是被“独尊儒术”的大一统垄断了。那么今后中国文化的多元化所面临的问题与前景将是怎样的呢?

汤一介：是的，在中国历史上，文化呈多元化发展的时期，主要有两个。一个是先秦时期，一个是近代的五四运动时期。先秦的各家各派对人生境界有着不同的追求，对治国安邦有着不同的方略。五四时期，几乎世界上所有派别的学说，如实用主义、新实在论、尼采哲学、生命哲学、无政府主义、马克思主义等，都涌到了中国。文化是呈多元化发展的。历史上的这两个时期，也正是思想最活跃、文化最繁荣、最具生命力的时期。

目前，马克思主义也面临多元化问题。在当今世界，马克思主义存在着法国学派、苏联学派等，不一而足，是呈多元化发展的。在不同的马克思主义中间，马克思主义才能得以发展。在近代破除欧洲中心论之后，“全球意识”日趋形成。如果中国不愿游离于世界文化潮流之外，就应顺应多元化的发展趋势。

乐黛云：随着科学的进步，交通与传播手段的高度发达，各民族的接触与交往越来越频繁，地球似乎变小了。同时，像生态平衡、能源危机、环境污染等一系列问题，也成为了整个人类所面临的共同问题。这些正是形成“全球意识”的前提。中国经过长期的封闭与隔绝，现在特别需要以世界文化为背景和参照系，来重新估价自己，重新认识自己，彻底摆脱大一统的僵化格局。中国文化的进步将在这重新估价与认识中完成，从而走向更高的阶段。

原刊于《天津日报》，1988-09-21

汤一介、乐黛云获加荣誉博士学位

斯义宁

本刊讯　我校哲学系教授汤一介和比较文学研究所所长、中文系教授乐黛云于五月三十一日在加拿大麦克玛斯特大学被分别授予荣誉哲学博士和荣誉文学博士学位。

在授予学位的仪式上，麦克玛斯特大学校长艾尔文·A·李教授高度评价了这对学者夫妇的渊博学识、精深造诣以及对加拿大人民的友好情谊。他指出，学术委员会经过认真考虑并听取了有关专家的意见，决定授予汤一介荣誉哲学博士学位，表彰他“对道教和道家研究的杰出贡献”，授予乐黛云荣誉文学博士学位，表彰她“对中国文学的深邃理解和卓有成就地向加拿大人民进行了生动翔实的介绍”。接着，乐黛云教授代表丈夫汤一介和她本人用英文发表了热情洋溢的演讲。

据了解，汤一介教授是自洪谦教授之后我校第二位获得国外荣誉博士学位的哲学教授；乐黛云教授是自朱光潜、朱德熙和曹靖华教授之后第四位获得国外荣誉博士学位的文学教授。

原刊于《北京大学校刊》，1990-07-20

闲情寄趣

——记汤一介、乐黛云夫妇

李兆汝

汤一介和乐黛云都是北京大学名教授。在北大读书时他们是相差一届的同学。1949 年夏天，他们共同在北大共青团工作，共同的志趣将他们拴在了一起。

汤一介在哲学系任教，研究中国古代哲学，尤其对魏晋哲学最为精通，代表作是《郭象与魏晋玄学》；乐黛云任教于中文系，是蜚声中外的比较文学专家，著有《比较文学与中国现代文学》、《比较文学原理》等。中国哲学史是传统显学，比较文学是当代时髦学科，他们夫妇二人各为一方重镇，但往还酬答，“教学相长”。汤先生的很多西方知识从乐先生而来，而乐先生呢，许多古代的东西从汤先生处得到。他们互相影响，互相熏陶，互相补充，成为很和谐的一对文章知己与伉俪。他们都爱读小说，都喜欢《庄子》。乐先生看了许多注释后不满意，就去找汤先生，总能得到圆满的、比较有启发的答复。这种互补不仅表现在专业上，也渗透在其他的阅读中。现在新的报刊太多，一个人很难看得完。于是就分工，每人看自己喜欢的一部分。读完后补充、交流、讨论，事半功倍。当然有时候也因为观点不同像孩子似的争吵。对此，汤先生很“委屈”地说：“我可不敢跟她吵。”乐先生就爽朗地笑了：“谁说的？有时候我也让他。”这些小争吵就像“盐”，使他们的生活更有味道；也像“涟漪”，使他们的生活更有情致。

“《浮生六记》中有闲情寄趣篇，最有意思。夫妻二人总应有空闲的时间。”汤先生说。他们都特别忙，但忙里偷闲，每天半小时的散步无疑是十分宝贵的。那么，在这样的“闲暇”中他们谈些什么呢？“我们谈孙子。”汤先生、乐先生同时自豪地答道。他们在美国的孙子才四岁，却已得了“读书奖”，聪明过人。这，大概也是继承了他们的家风吧。

他们也看电视，一起看，边看边聊边评论。不爱看不符合史实的电视剧的汤先生却爱读武侠小说，完全不费脑筋，可以作为一种休息，乐先生常取笑他。汤先生则反唇相讥：“杨振宁也喜欢看。”其实何止一个杨振宁？“千古文人侠客梦”，爱看武侠的知识分子多着呢。

在音乐方面，汤先生自称保守，听来听去总是“老三篇”：贝多芬的《第九交响曲》、舒伯特的《小夜曲》、德沃夏克的《新世纪交响曲》。百听不厌。乐先生的兴趣则比较广泛，她认为：“人应该不断地接受新的东西，不能脱离时代的发展与进步。”因此，“我老开拓他的视野。”发现了比较动听的新的乐曲，她就不断地放给汤先生听，比如一些美国乡村音乐，听多了汤先生也就喜欢上了。在绘画上他们有共同的爱好：都欣赏前期印象主义以前的作品，往后的不太喜欢。当然，达利、毕加索等几位大师他们还是很喜欢的。在这方面，同中又体现了他们的不同：汤先生仍然是执著于几个他特别喜欢的画家，“守旧”，只买莫奈的画册，“一百美元也买”。乐先生则比较广泛，对各流派、各画家都能有所了解和欣赏，并“不断开拓新的范围”。但乐先生很赞赏汤先生：“在同一问题上，他总是比我钻研得深，我不如他。”“哪里哪里。”汤先生不承认，谦逊地笑了。

其实，深与博难分高下，二者结合才是海洋。从这个意义上看，汤先生、乐先生这对文章知己体现了人生的完美与和谐。

原刊于《光明日报》，1993-12-31

汤一介、乐黛云：爱情之树常青

汤一介，北京大学哲学系教授；乐黛云，北京大学比较文学研究所所长。夫妇俩一位是中国当代著名哲学家，一位是中国当代著名文学理论家。两个老北大，一文一哲，几十年生活之路是如何“闯荡”过来的?

1949年下半年，祖国刚解放，他们俩一同在北大读书，当时汤一介任校团委宣传部长，乐黛云任群众文化部长，一来二去就认识了。他们俩一个读哲学，一个读中文。后来俩人互相有了好感，就在一起走，当时大家都反对学生谈恋爱，看见他们俩亲亲热热，就老提意见。有一次开团员代表大会时，他们俩提出来，恋爱并不会影响工作，相反倒能促进学习与工作。“结果我们俩胜利了。所以，北大建国后学生谈恋爱还是从我们俩开始的呢!”说起这一点，乐黛云很自豪。1952年，他们毕业后，汤一介被分配到北京市委宣传部，乐黛云留在中文系任教，两人就结了婚。

1957年，反右大风一刮起来，乐黛云就被打成了右派，那会儿他们的女儿三岁多一点儿。当时乐黛云觉得中文系的年轻人没有发表作品的阵地，就办了一个“同仁刊物”，结果被认为是“反革命小集团”，和其他几个支部书记一起成了右派头子，齐刷刷地。这下可好，他们俩成了敌我矛盾了。“当时的情况很严重，许多夫妻都受不了那个压力而离婚了，可我却认为，乐黛云绝对不是右派，她倒是一个少共布尔什维克。结果给了我一个严重警告。她到乡下劳动，我给她写信仍称‘同志’，有人就批判我‘丧失立场’。”汤一介豁达幽默地边笑边说。但他也没逃得了政治风雨，几年后，“文化大革命”中他被打成了“黑帮”。批斗汤一介时，他手里举个很大很重的木牌子，他当时只有一个念头：这牌子绝对不能从手上掉下去，一旦摔下去砸死了人，那真成了“反革命”了。

在那个疯狂的年代里，知识分子的命运就像是船漂在大海之上。“文化大革命”后期，江青组织了“梁效”大批判写作组，把汤一介又“网罗”了进去，还有周一良等许多名教授，叫他们写大批判文章。毛泽东逝世后，把他们又都关起来了。中国知识分子几十年的沉浮与挣扎，他们亲身体会了。他们的两个儿女因此都学了理科，为的是离意识形态远一点，别再像父母亲那样天天提心吊胆。

汤一介在50年代就打下了十分扎实的马列哲学的底子，经过了政治风云的变幻，他转而研究中国哲学了。他们俩现在各有各的书房，各坐拥一座书城。“他对我帮助很大。我是念现代文学出身，古代的底子太薄，他就常笑我，说我的文章写得过于浪漫主义，而他对新东西看得不多，外语又没我好，我就常给他提供新信息。我们‘合作’得很愉快。”乐黛云半开起玩笑说。他们俩有时候也争论，汤一介研究儒家，乐黛云认为中国传统文化对妇女的压迫，他没有具体体会，老认为孔子伟大、正确。但汤一介对她也有一个小小的不满，因为乐黛云做饭特别好，可近五六年来，他再也没有品尝她做佳肴的口福，因为她也太忙了。“因此，我一肚子怨言，都没法说出口。”汤一介委屈地抱怨说。汤一介在生活上关注得少，乐黛云每次从国外回来，都要带给他一个小礼物。他属兔，所以她就送他小兔子，在书架上，各个国家的兔子，有几十只。“可他却从来不会想到这个。”乐黛云说。

“不，这个她可说错了。我从来不送她小东西，送她的可全都是大件。电脑我送了她一套，电子琴也送了她一套。我今年准备送她一个新电脑和电传，因为我刚得了一万元稿费。我送她可从来不送小东西。”

“他都送我有用的，可有时候我觉得没用的小东西更好玩，更有情趣，这一点他却想不到。”乐黛云反驳说。

“也许这就是浪漫派和务实派的区别吧！”汤一介说完，大家都笑了。

原刊于《中华英才》，1994（2）

著名学者汤一介、乐黛云

邱华栋

坐拥书城的中国学坛“双璧星”汤一介和乐黛云教授的生活是按分钟来规划和利用的，他们俩搭档在学海里遨游，以情为舟已几十年了，成为海内外瞩目的学者夫妻，为人所称道。哲学家汤一介说：“中国文化博大精深，在21世纪中国文化肯定会纳入人类文化现代化发展的总潮流。但中国传统文化有很多不适合现代社会节奏之处。虽然美国学者亨廷顿站在西方中心论的观点上说，下个世纪人类面临的将是西方文化与儒家文化和阿拉伯文化的冲突，可我却想，为什么不能是人类文化走向融合并向多元一体化发展？所以我的任务便是把以外在超越为特征的西方学说与以内在超越为特征的中国学说结合起来，形成一个更高层次的文化体系，这也是人类文化的前途与命运。”

作为比较文学专家的乐黛云认为：“现在，整个世界的文化发展是在全球意识下的多元发展，欧洲中心论已经开始破除了，所以，文学的研究必须有一个全球意识，否则就会被封闭在整个文化之外，对世界没有贡献，因而，在世界背景下来了解本民族文学的发展是很重要的，这也是我搞比较文学的前提、原因和背景，从世界范围内看，国际比较文学研究也非常活跃，我打算再干15年。”

汤一介

湖北黄梅县人。1927年生于天津。1951年毕业于北京大学哲学系。1990年获加拿大麦克玛斯特大学荣誉哲学博士学位。现任北大哲学系教授、博士生导师、中国哲学与文化研究所所长；兼任中国文化书院院长、国际中国哲学会驻中国代表。为中国当代著名哲学家。

著有：《郭象与魏晋玄学》、《魏晋南北朝时期的道教》、《中国传统文化中的儒道释》、《儒道释与内在超越问题》、《中国文化研究年鉴》、《中国宗教：过去与现在》。正在进行的有：《我的学思历程》、《中国哲学史》、《20世纪西方哲学东渐史》等。

乐黛云

生于1931年，毕业于北京大学中文系，现任该系教授，北京大学比较文学研究所所长，并任国际比较文学学会副会长。

著有：《比较文学原理》、《比较文学与中国现代文学》、《中国小说中的知识分子》（英文版）、《面向风暴》（英文版）。主编有《世界诗学大辞典》等近三十种。正在进行的有：《我的学思历程》、《中西诗学对话》，以及将《世界诗学大辞典》中有关中国诗学的辞条译成英文。曾任美国哈佛大学博士后访问学者、美国伯克利加州大学等多所大学客座教授。为中国当代著名文学理论家。

原刊于《中华工商时报》，1994-04-30

汤一介、乐黛云：
“学术上不能有指导思想”

访问：李宇宁

汤一介、乐黛云小传

汤一介，1927年生于天津，1951年毕业于北京大学哲学系。北京大学哲学系教授，中国哲学与文化研究所名誉所长，中国文化书院创院院长。著有《郭象与魏晋玄学》、《魏晋南北朝时期的道教》、《中国传统文化中的儒道释》、《儒道释与内在超越问题》等。

乐黛云，1931年生于贵州，1952年毕业于北京大学中文系。北京大学中文系现代文学与比较文学教授，中国比较文学学会会长。著有《比较文学原理》、《比较文学与中国现代文学》、《跨文化之桥》等。

北京大学朗润园一幢古朴的房子里，汤一介和乐黛云夫妇每天安静地读书写作。半个多世纪以来，夫妇俩与北京大学结下不解之缘。在这里，他们见证这所大学在潮起潮落间的变迁，更亲身经历了风吹雨打的洗礼。回忆中，有笑声，也有泪影，更多的是对大学精神和学术风气的思考。

汤一介理性，乐黛云感性，张弛之间形成有趣的组合。两人的谈话风格迥然不同，乐黛云健谈，但在访谈中主动让丈夫多讲一点，只在适当的时候补充。汤一介刚刚度过了80岁生日，他说：“我一生走过来也不大容易，很多运动。80岁时我讲了三点：第一点，我做一个哲学家的基础不够，中外基础都不够，我虽然考虑一些问题，但所有这些问题我都没有做完。第二点，做中国哲学一定要对西方哲学有非常好的了解，才能做好，因为这样才有一个很好的参照系，特别是现在这样一个全球化的时代。第三点，我现在做《儒藏》，对我也是一个考验，因为我原来是做哲学的，不是做古籍整理的，所以我现在是非常小心，战战兢兢地来做。"

回忆北京大学当年的学风，胡适、汤用彤、冯友兰、金岳霖、沈从文一代的风采恍如隔世。再结合当下的学风，汤一介有感而发："他们的基础比我们后来的好得多。像我父亲这一代人，小时候读私塾，背了四书五经的，然后又到国外去待了五年六年甚至更长的时间，对西方当时的学术思想都非常清楚，这两方面基础比我们好得多。我们没有原来背四书五经的国学基础，因为我们是新式学堂出来的，也没有机会到国外去，我们这一代包括下一代再下一代都没有机会，而现在出去留学的人可以在国外待五六年甚至更长时间，但是他们国学基础并不好。你研究外国的东西研究得再好，也不会比外国人自己研究得更好，可是研究中国的东西，基础又不够，大师还是出不来。"

夫妇俩都多次到海外学术交流，也十分关注海外学者。汤一介说起从杨联陞到余英时、林毓生、张灏、杜维明等学者，交往的故事中，依稀有老北大的做派。

乐黛云介绍现在夫妇俩的生活习惯：上午做工作，然后一起散步，下午接待各种各样的人。现在，她还在北外招了三个研究生。汤一介则致力于《儒藏》的工作。

"革命是太痛快的事情了"

汤一介 1927 年生于天津，其父汤用彤为著名学者，曾任北京大学副校长。1947 年，汤一介进入北京大学哲学系。乐黛云 1931 年生于贵州，1948 年进入北京大学中文系。1948 年北平围城，乐黛云接受地下党外围组织的任务，到沈从文家劝说其留下来；汤一介对国民党深恶痛绝，不愿南下，汤用彤一家最后都留下来了。

问：您是比乐黛云老师先一年进了北京大学？

汤一介：实际上我是早了两年进北大，因为 1946 年先进北大先修班，1947 年进了北大哲学系。我当时在学习的同时也参加学生运动，"沈崇事件"是发生在我在先修班的时候，是 1946 年底。先修班有个国文课，两个班合并上课，沈崇是跟我一个班上课。但是我不认识她，她也不会认识我。

问："沈崇事件"在当时是怎么回事？

汤一介：她是北大的学生。应该说，"沈崇事件"是大规模的学生运动的导火线。她被美国兵强奸了，因为她是我们北大四院的学生，我们就非常气愤，动员起来向美国抗议，当然是地下党组织的，没有问题。我们开始游行，慢慢地各个学校都参加了。那些美国兵是驻扎在东单广场那一带，我们就集中在东单广场，要求美国兵撤出中国。本来没有大规模的学生运动，就是从那开始大规模运动了。我们四院的学生就把美国的国歌变成了反对美国的歌曲了。那是 1946 年 12 月底。1947 年元旦的时候，胡适给我父亲写了一封信，他要到南京去，说"沈崇事件"已经决定由法律来解决。这封信正好是我看到了，因为我父亲当然不会给我看这封信，我偷看以后，赶紧找了一个会拍照的同学拍下来，所以这封信就保存下来。(笑) 后来我写了一篇短文登在《群言》上。

问：西南联大复校以后，北京大学回到北平，学风上跟抗战前的传统有没有断？

汤一介：从北京大学的阵容来讲，复校以后，就是新聘了一些学者进来。老北大的底子没有变，而且北大扩大了，工学院进来了，农学院也进来了，原来北大只有文理法医，后来变成六大学院，这是傅斯年先生好大喜功（大笑），把北大弄得很大很大。北大假如保持那个状态的话，当然现在在世界上是一个学科相当齐全的大学。当时他们本来想把钱学森请来做工学院的院长，由胡适联系请他来，但是他遇到阻碍，没有马上回来，后来院系调整把工学院弄走了。

问：在 1947 年的时候，学界"左"倾的思想严重吗？

汤一介：应该讲，从联大的时候已经开始了。八年抗战看起来还是相当长的，从联大教授队伍来看，就有些分化。因为抗战是跟"建国"联系起来的，国民党提的也是"建国"，所以也有一部分教授参加了国民党，另外一部分教授参加了共产党或者参加了民盟。参加国民党的有冯友兰先生、贺麟先生，他们都是当时联大的当权派，还有一些人像闻一多、吴晗参加了民盟，当然大部分学者也不是倾向于哪一派，像我父亲就是既不愿意参加国民党，也不愿意参加共产党，就是单纯的学者。梁漱溟从重庆来找我父亲，他们从小就是同学了，劝他参加民盟，我父亲说："不行，我是学者，不参加党派。"（笑）那时候也有一大批学者是不参加党派的。1947 年打内战了，分化当然更多。这当然也影响到学风了，因为国民党是非常腐败的，像我们这些学生很多都是反对国民党的，或者参加地下组织，或者同情共产党，像我的同班同学有的 1948 年就到解放区去了，有的一解放之后就参加南下工作团，最后剩下我们 3 个人毕业了，其他人都走了。但是从研究学问的思路来说，基本上还是原来北大的传统。

问：那还是体现蔡元培先生讲的"兼容并包"，左中右都可以容纳？

汤一介：对，而且学术比较自由。当时胡适可以讲，贺麟也可以讲。贺麟是训导长，是国民党党员，但是他还是很爱护学生，学生被抓了，他常常要到中南海李宗仁的行辕找他，把学生救出来。

问：汤先生读到大二的时候，乐老师从贵州一路飞奔到北大来的？

乐黛云：（笑）我考取了好几个大学，可是我就是想读北大。我父亲不愿意我来，他以为将来的局面是以长江为界，南北分治嘛，在南京的中央大学，回家方便一点。当时北京是快要围城的时候，我母亲还是比较支持我。

问：那时候是对北大向往呢，还是对解放区向往？

乐黛云：我就是对革命向往。（汤一介大笑）觉得国民党太糟，因为过去受到国民党很多气。比如我们家自己住的房子，每年要去交税，那些官僚凶得不得了。我父亲是教员，脾气不好，特别不愿意跟这些官僚打交道。我记得我是高一吧，让我去交这些税，特别受那些官僚的气，所以对他们特别反感。后来我父亲说："你就当是到动物园一样，动物园那些猴子、狮子对你吼，你不能对它们吼。"（大笑）所以那时候觉得革他们命是太痛快的事情了！

问：您从贵州来北京还经过很多周折？

乐黛云：对，很不容易，那时候没有飞机，铁路也没有通。家里也穷，我搭那种运盐的"黄鱼"车，从贵阳到柳州，从柳州坐火车过来的。我们到了武汉，北大就有一个新生接待处，接待我们的人叫程贤策，从武汉到上海，再从上海坐船到津沽，北大开车去接我们。程贤策是一个非常进步的人，一路教我们唱延安《解放区的天》那些歌，也没有人管。所以一到北京前门车站，我们看到城墙，就唱起延安的歌。一路唱到学校，觉得特别高兴，像解放了。（笑）

问：1948 年的时候，战局已经变化了？

汤一介：1948年初，毛主席就讲：战争已经转折了。但是我觉得尽管在这种形势下，北大的学风还是保存，至少我自己感觉到，我们非常自由，学什么都可以。我选的课非常杂，这让我一生受益很大。

问：在北大哲学系时，您还听了许多其他系老师的课？

汤一介：除了哲学系的课以外，可以选中文系的课，当时中文系杨振声开一门"欧洲文学名著选读"，用英文从荷马史诗一直讲到莎士比亚，我们就一段一段地读。一定要学外国文学，而且是读外文本，使得我对外文和外国文学有一点了解。我还选了梁思成的"中国建筑史"，他在清华，但是在北大开一门课。我觉得这个建筑史非常有意思，我当然对建筑艺术知道得非常少，我是偶然看到了一本营造学社出版的杂志，讲的中国建筑很有艺术特色，就想听听这个课。当时大一国文正好是废名教，我记得非常清楚就是讲鲁迅的《狂人日记》和陶渊明，我想是他最得意的时候（笑），他也讲他自己的《桥》里的一段，作为一个散文的范例。那时候在北大是非常自由的，愿意选什么课就选什么课，而且这些教授基本上都开基础课，都是一流的教授。我觉得在北大做学问是一个非常好的地方，即使在那个情况下，如果你愿意好好学，是可以学好的。

问：在围城的时候，胡适请许多学者南下时，乐老师是不是做了好几位教授的思想工作？

乐黛云：也没有好几个。反正那时候我算是民主青年同盟的，那是地下党的外围组织。那时候给我们几个任务，一个任务就是校对，像毛主席的文章；另外一个任务是去调查东交民巷到国会街有哪些古迹，是绝对不能炮击的，我画了一个图，标起来，交上去；还有一个任务，因为那时候沈从文跟我的关系很好，当时我进北大是考英文系的，据说沈从文看了我的那篇作文，让我到中文系读。所以专门派我到沈从文家里去，跟他讲：不要走，不会有什么很大的危险。我现在想起来觉得很可笑，我一个十七八岁的小孩子，保证他以后绝对没有问题？（笑）还跟他讲：你的好朋友丁玲就是在解放区，她来了一定会关照你的。结果后来恰恰这个出问题。我印象中他的夫人特别漂亮，对他也特别好。

问：沈从文怎么说？

乐黛云：他笑一笑，说："好吧，我再想一想。"最后决定不走，应该不是我的工作，他自己想清楚了。（笑）没想到后来丁玲对他那样冷酷无情。大概丁玲也是怕人家提这一段事情，因为搞不清楚她跟特务什么关系。

汤一介：那时候我们家也是可以走的。

问：您的父亲当时是什么态度？

汤一介：1948 年底快围城的时候，地下党来找我，问我父亲愿不愿意去解放区。我去问我父亲，我父亲讲："我不能看到共产党要胜利了，就往胜利的方向去。我可以不走，但是我不愿意去共产党那边。"当时胡适不是给我们飞机票嘛，我们全家都可以走了，我父亲并不是完全没有考虑要走，因为我记得他让我母亲去准备了两口箱子，装了东西放在中央研究院历史语言研究所的里面。当然，我是不会走的，因为我当时已经对国民党非常反感了。我的哥哥、我的妹妹都在抗日战争中的昆明死掉了。我母亲觉得，如果他们走了，把我留在这儿，就等于丢了三个孩子了，就说："我们不走吧。"我父亲本来就动摇，他也不一定想走，就留下来了。我估计他不想走，但是他跟胡适、傅斯年的关系都非常好，所以胡适、傅斯年动员，他也是动摇。（笑）后来他生病，就是因为批判胡适，因为胡适当然对他影响很大。

问：当时您和胡适接触多吗？

汤一介：我没有上过他的课，只听过他的演讲。我们住在中央研究院历史语言研究所的房子，傅斯年也住在里面，胡适住在我们旁边东厂胡同一号的房子，两个门都通着，他有时候过来找我父亲。

问：当时胡适在当时学界的口碑到底怎么样?

汤一介：从左派学生看，当然觉得他帮国民党说话，而且批评学生运动。但是当时他有些主张我觉得还是有意义的，他觉得国民党不应该在北京大学，党不应该在学校里!（笑）在纪念五四运动70周年的时候，中国文化书院开一个会，有位教授在会上讲了一句话：“当时胡适敢说国民党不要在北京大学里。”

乐黛云：我们当时对胡适的印象相当好。1948年暑假以后我入学，“反饥饿”已经过去了，当时搞学生运动就是“争温饱”，比较温和一点。我们从远处来，都没有钱，到了冬天，吃饭也成问题，穿衣服连棉袄都没有，后来我们一两百人就在校内游行，游行到胡适办公的地方，胡适亲自出来接见我们，他说：大家都很辛苦，我一定帮你们想办法。后来给我们每人一件棉袄，最低的伙食费也给我们包下来了。所以当时我们对他的印象还很不错，他很和气，他穿个黑颜色的大棉袍，对人很温和的，好像很有亲和力的感觉。我父亲当年考北大英文系，笔试考过了，面试是胡适亲自给他面试的，他说：你的英文口音太重了，念的英文不像英文，你补习两年再来考。所以我父亲一直在北大旁听。

在革命浪潮中的爱情

1952年9月13日，乐黛云大学一毕业就和汤一介结婚，请了还没有离校的同班学生参加他们的新式婚礼。在婚礼上，乐黛云发表了一番充满革命豪情的讲话。第二天，汤用彤宴请亲朋，汤一介和乐黛云并没有参加，他们觉得这是和资产阶级划清界限的第一步。

问：您二位是怎么认识的？

乐黛云：我跟他没有一起上过课，可是那时候政治活动还是比较多，当时共青团有一个文学院总支，他是组织委员，我是宣传委员。后来第二年我们到了共青团的团委会，我们又升了一级，那是管全校的了。

汤一介：那时候就变成我做宣传部长，她做群众文化部长。

问：谈恋爱是在什么时候？

乐黛云：那就是在总支的时候。（大笑）

汤一介：我觉得关系更密切的时候可能跟抗美援朝有关系。当时朝鲜那边打起来，因为我们都是团干部了，团中央号召团员干部参军，我们就带头组织了好几个同学给团中央书记写了一封信，说我们要参军打美国佬。我们是爱国主义非常强的青年，这时候关系就更接近了。她是做北大抗美援朝的小报编辑，每天要出小报，我是组织学生队伍到街头去宣传。（笑）我的办公室离她的办公室并不远，我常常跑到编小报的办公室去看她。她是很忙很忙，没多少时间理我。（大笑）

乐黛云：你这说得不太准确，我觉得更早一点。就是1950年的五六月间，派我代表北京学生到捷克去开世界学生大会。当然我们原来相处就比较好的，去之前就促进了我们关系的发展。我过两天要走了，有一天晚上他带了他家里的很多唱片，就在我们总支办公室放了柴可夫斯基的音乐。我们都很喜欢，听了一夜，听到天亮的时候，我们当时在红楼靠街的一面，就听见手推车卖东西的声音，才知道天亮了。我们什么都没说，反正是听了一夜的音乐。我不知道他怎么样，我已经有以心相许的感觉。（汤一介大笑）

后来到了捷克，领导要我们留下，去上莫斯科大学，我的俄文还可以，可是他们怎么说，我也不愿意留，当然一方面我是怕在那个地方老是搞政治，另外觉得有那么一个人在那儿等我，我怎么能不回去呢？

汤一介：我也怕你不回来！（大笑）

乐黛云：所以比抗美援朝要早一点。不是因为政治性的抗美援朝，这里面有很多个人的东西，个人的爱好，爱好文学，喜欢诗。

汤一介：而且俄国的小说对我们影响很大。《绞索套在脖子上的报告》对我影响最大了，是她介绍我看的，写得非常感人的一本书。

乐黛云：主人公最动人的话就是："人们，我爱你们，可是你们一定要警惕啊！"

问：后来结婚的时候乐老师毕业了没有？

乐黛云：毕业没多久我就结婚了。（大笑）

汤一介：是 1952 年，当时我已经毕业一年了。

乐黛云：当时的想法就是所有的同学都来参加我的婚礼，大家毕业后还没走散。

汤一介：她希望她班上的同学都能参加她的婚礼。（笑）我们是 9 月 13 日结婚的，这个日子并不好，因为林彪是 9 月 13 日掉下去的。（笑）

问：婚礼是在哪儿举行的？

乐黛云：在院子里，大家吃点糖，吃点水果。

汤一介：她在会上发表的讲话，应该说是非常糟糕的。（笑）

乐黛云：那时候很革命嘛，我的"左倾幼稚病"特别严重，什么都以革命为上。我说：我最重要的是要和你们这个资产阶级家庭划清界限，我到了你们家，一定不会被资产阶级腐蚀的。他父亲脾气挺好的，什么话也没说，他妈妈也是，他们脾气好得不得了。一般人都觉得这个媳妇怎么这么野？他们没有，他妈妈一

直对我都很好。但是第二天他们家觉得长子结婚应该请亲朋，就在一个比较好的餐馆请了两桌客，可是我们俩就是不去。(笑)

汤一介：因为我的婚礼都没有亲朋参加，所以这一次就请亲朋去。

乐黛云：当时我们觉得不去，就是划清界限的第一步，如果去了就是投降。后来对这件事情我一直非常后悔，很不应该，很伤老人的心。他们很看重这些东西，可是我们一点不体会他们的感情。这是很不对的。太傻了！

"解放后就再没出过哲学家"

汤一介 1951 年毕业后，分配到北京市委党校做教员，1956 年调回北京大学哲学系。乐黛云 1952 年毕业后留校。1957 年反右运动中，乐黛云被划为右派，汤一介坚信乐黛云不是右派，受到严重警告。

问：您父亲汤用彤先生后来生病是因为批判胡适运动？

汤一介：他脑溢血主要是因为《人民日报》开批判胡适的会。那是 1954 年夏秋吧，（组织）找他去，而且要他发言。我没有参加，是听张岱年先生讲：他当时很激动。我估计他心情一定很矛盾，他又非批判胡适不可。他心里还是有想法，所以脑溢血了。他喝了酒，送他回家以后，当天晚上就神志不清了，有接近一个月的时间处在昏迷状态。但是学校和政府对他还是不错的，当时校长马寅初对他很关心，去找卫生部长，所以当时找了苏联专家，帮着在协和医院给他治病。治了一个多月后，他就苏醒了，之后就半身不遂了，这对他也有好处，就是 1954 年以后的活动，他全没有参加了。(大笑) 因为他是政协委员，又是人大代表，这些会他都不出席了，学校的活动他也不参加了，就挂一个副校长的名字，待在家里。我记得他病的过程中，除了到医院，只出外三次：一次是熊十力从上海到北京来，因为他跟熊十力关系很好，去民族饭店看过一次熊十力；另外一次是陈毅在政协礼堂开新闻招待会，请他去，他跟陈毅谈了一段话，那是我陪他；第三次是 1963 年他身体好一点，到天安门可以看放烟花，我和孩子陪他去，刚一上天安门就碰见总理，总理一下就认出他："你怎么跑来了？"我父亲说："我现在好一点，来看看。"总理说："主席在这儿，我带你去看主席吧。"毛主席问他："你身体怎么样？"我父亲说："好一点。"主席说："你身体不好，就写短文吧，不要写长文。"我们说："好好好。"就完了。1964 年初，他的身体又坏了，就住在医院里，就去世了。所以基本上没有参加政治运动，对他有好处。

问：当时北大哲学系有一批大师级的人物？

汤一介：对，解放以后，党认为搞哲学的都是搞唯心主义的，把全国的哲学系都合并到北京大学了，我们当时有 20 多个教授，有冯友兰、金岳霖、熊十力、周辅成、贺麟，都是"资产阶级唯心主义学者"吧。（笑）开始让大家学习马列主义、毛泽东思想，而且请了胡绳、艾思奇来讲课，还请苏联专家来讲课，这些教授跟我们的学生一起听他们的课。

问：乐老师留校后在北大中文系的工作怎么样？

乐黛云：从学生时代起我就很喜欢现代文学，我的老师就是王瑶，我是他的助教。我当时去找他："我要跟你学现代文学。"他很反对："为什么要学现代文学？现代文学是很不好学的，你说哪个作家有点缺点有点毛病，他马上就跳起来跟你争论，所以很难写现代文学史。"他那时候正在写现代文学史。

问：当时为什么王瑶先生自己选择研究现代文学史？

乐黛云：这就很有意思。他原来是研究中古文学的，魏晋南北朝时期的，做得不错，写了好几本书。他对我说："你最好是学古典的，古代的人不会从棺材里爬起来，跟你说你评论他评得很不对。”（笑）我后来就反问他：“你怎么放下中古文学来做现代文学?”他也没说话，笑一下。我就跟他学现代文学，也没有再深谈这个问题了。

汤一介：我觉得是分配给他的，要他做。因为我记得后来周一良讲他自己，周一良也是研究魏晋南北朝的历史的，非常有成绩，大家都说他将来可以成为“陈寅恪第二”。可是一来就让他搞世界历史去了，因为他的外文非常好，等于把他原来的基础丢掉。所以都是分配任务，并不是他的专长。在这一点上，解放后对人才的爱惜是非常差的，没有爱惜这一批知识分子，而且都把他们看成是资产阶级知识分子，都是需要改造、批判的，从而使中国的学术有一个非常长时间的断层。从冯友兰开始，要不是 80 年代以后他搞了一点东西，他后面就没有什么东西了。朱光潜早年的东西比他晚年好得多了。曹禺这些作家越来越不行。这是一个大问题，可是我们觉悟都是非常晚的。我们都是在“文化大革命”以后才觉悟，不能再那么干了，再干就越干越糟了。

问：您读哲学系的时候是想成为哲学家，后来成为哲学工作者了?

汤一介：当时冯友兰自己也是这么说，不是我一个人这么说，你看他的《三松堂自序》就是这样讲：只能成为哲学工作者。因为我们只能解释马恩列斯包括毛的思想，或者用他们的思想来解释历史的问题和现实的问题，我们不能有我们自己独特的思想。冯友兰很痛苦的就是：他老想有一点独特的思想，为这还挨批判。不仅我没有成为哲学家，几乎解放以后就没有再出哲学家了。金岳霖先生思想也左了，他认为逻辑也有阶级性，这么一推，数学也有阶级性了，后来他也没有大的成果出来。这批知识分子都很可惜，三四十年代的精英几乎毁掉了。

问： 1957年反右的时候，乐老师被打成右派了。

乐黛云： 打成右派是挺怪的事。当时在中文系留下来的年轻人都是党培养出来的，因为刊物上都要大名人的文章，年轻人的文章发表机会很少，我们就说自己办一个刊物。我那时候还是中文系教员的党支部书记，所以很多人觉得党支部书记来办刊物绝对没有问题。我们8个人办一个刊物，那时候是1957年5月，办不起来，没有钱了，要去募捐。我第一个去找王瑶，王瑶这个人是特别敏感的，而且非常聪明，他说："你不要出刊物了，一出就会变成一个反对党的刊物。"我说："怎么会？我们这儿都是党员哪！"那时候反右还没有起来，还在"百花齐放，百家争鸣"的气氛里。一直到11月，"深挖细找"把我们这个集团挖出来，其实这个刊物也没有成型，就开了两次会，讨论的文章中有一篇是研究生党支部书记的毕业论文：对于毛泽东在延安文艺座谈会上讲话的再探讨，他的意思并不是对毛泽东讲话有什么意见。我那时候是写一篇提倡浪漫主义的文章。后来我们变成了"反革命小集团"。因为我是"头"呀，就变成极右派了，"双开"：开除党籍，开除公职。

问： 汤先生有没有受到处分？

汤一介： 我受到严重警告。

乐黛云： 划不清界限。他打电话给中文系党总支说："乐黛云绝对不是右派！"他就是搞不通，我原来挺左，怎么会变成右派了呢？后来我下放了，他多次写信，称我是"乐黛云同志"，让人家看见了，就告上来了，他还是那么写，后来说他又划不清界限，又受到批判。

"文化大革命"发挥了传统里面最坏的东西

"文化大革命"后，汤一介被打成"黑帮分子"，关在哲学楼，乐黛云每天晚上坐在哲学楼楼梯上等他回家。1973 年，著名的“梁效”写作班子成立，汤一介受邀加入，在其中搞资料工作，后来也写了一些文章。回顾这段历史，汤一介说：“我觉得我错了，我是认账的。”

问：“梁效”是怎么回事？

汤一介：1973 年，“梁效”就是“两校”：北大和清华。其中有冯友兰、周一良、林庚、魏建功、吴小如和我……

乐黛云：反正有点名气、有点才气的都给弄进去了。

汤一介：都是学问不错的人，才找去的。怎么起来的呢？就是清华先编了一个《林彪与孔孟之道》的材料，送给毛主席，毛主席说：这个不行，他们不懂孔孟之道，你们去找北京大学的人来做吧。党委书记就奉命找我们，说：毛主席要你们去编《林彪与孔孟之道》的材料。从我个人讲，我当然很高兴，是毛主席的命令。再加上我有些个人考虑，“文化大革命”开始我就是“黑帮”，挨了一两年批判。1973 年正好在“反右倾”回潮。学校招了一批工农兵学员，当时我在管他们的学习，就觉得过去我们只让工农兵学员学毛选是不行的，可以学点逻辑，又和一些教员编了一个《认识论》提纲。“反右倾”回潮就说我是右倾回潮：你怎么要离开毛泽东思想来写一些东西？大字报就出来，正好那时候毛主席说你们去编那个东西，我就正好躲过“反右倾”回潮这个关了。我就很高兴地参加了“梁效”。

乐黛云：那时候还有一些人想参加呢，想向里挤。

问：在里面做什么？

汤一介：我们开始就编《林彪与孔孟之道》，1974 年中央一号文件就是《林彪与孔孟之道》。我在这个资料上多出些力，还有一些人主要是写批判文章的。后来我也参与写文章。《林彪与孔孟之道》作为文件发了之后，全国就掀起批判林彪与孔孟的高潮。我和周一良都负责编，常常要我们去讲解这个材料。当时我觉得听毛主席的话还是好嘛。我们这一批知识分子傻就傻在觉得毛总是对的，我们一定是错的。编完之后就要我们编《林彪与孔孟之道》之二，但是这材料编好了之后没有公开。我们到林彪住的地方去，林彪的藏书很多，有7万多册，让我们去看他的藏书里面有什么问题。（笑）我做了比较多的资料。

那时候长沙马王堆出土，江青就找我们，她说：这批东西要做注解，要印大字本，因为毛主席要看。所以后来我们又做了一段时间马王堆的材料的注解，同时写一些批判文章。当时是两部分人，一部分人主要是写批判文章的，一部分人主要搞资料的，我主要搞资料，但是也写了些文章。

我觉得我错了，我今天还是认账的。但是这里头的问题非常复杂，因为跟毛主席有直接的关系。当然我自己觉悟不高，没有看清楚这里头的问题，而且又长期受党的教育，觉得毛主席一定是正确的。所以毛主席逝世后，我头一个想到的问题就是：今后我听谁的？得了一个结论：今后只能听自己的。不能听别人的，听别人的，你犯了错误还不知道怎么办呢。说也说不清楚。

问：周一良先生后来在《毕竟是书生》里也谈到类似的意思。

汤一介：对，周一良后来跟我讲：这个书名是《毕竟是书生》，下面应该还有一句："书生上了毛主席的当"。我觉得周一良讲的是实在的话。他确是一个书生，跟我一样是书生，我们上了毛主席的当。

问：胡适先生当年说在哈佛有两个读书的种子，一个是周一良，一个是杨联陞，后来一个回国，一个留在美国。

汤一介：周一良的外文基础非常好，因为他父亲是个大资本家，家庭的英文、日文教师培养他的英文和日文。他是哈佛的博士，（"文化大革命"）糟蹋了这样一个人才。

问：汤先生在“梁效”的时候，乐老师在哪里？

乐黛云：我在中文系，下放回来以后他们不让我再向学生“放毒”，不能教书，让我在资料室。我就替那些讲诗、讲古文的老师做注释。他们有些人古典文学的基础不是太好，我的古典文学的基础也不是太好，倒是有两年的时间重新打下古文的基础，要翻各种书，不能注解错了。后来“四清”又下乡去了一段时间。他在“梁效”的时候，我带着工农兵学员到处走，到《河北日报》、《北京日报》去实习，到草棚大学，都是胡搞，也没有图书馆，也没有实验室，还带学生到井冈山去写革命故事。从 1971 年起，我一共带了三届工农兵学员。

问：在“文化大革命”里，有没有产生怀疑的思想？

汤一介：不能说没有。

乐黛云：可是开始的时候，我们很拥护“文化大革命”，他也是“黑帮”，我也是“右派”，可是我们觉得毛主席的话很对。毛主席说那些高层干部：你们做那么多坏事，老百姓整你们一下有什么关系啊？我们觉得毛主席是要下决心改革社会上的问题。

汤一介：当时的思想可以说非常混乱。“文化大革命”整个当然是错误的，现在有一个说法是“文化大革命”“破四旧”，把传统的东西都破掉了，这是一面。但是“文化大革命”是把传统中最坏的东西发挥了，就是绝对的个人崇拜。“万寿无疆”这些东西都是对皇帝讲的，皇帝讲的是金口玉言，所以有“毛主席的一句顶一万句”这个说法，这都是过去的专制社会中最坏的一方面，都在“文化大革命”中间表现出来。它是一面“破四旧”，一面把原来旧的最坏的保存下来。我们常常只是看到它“破四旧”的一面，没有看到它把旧的坏的东西发挥了这一面。“文化大革命”一面把我们的传统打断了，一面又对传统的坏的东西发挥了，某些东西一直延续到现在。

问：现在电视里依然充斥着帝王戏。

汤一介：怎么能希望出一个好皇帝来拯救世界呢？这是完全错误的。要改政治制度才有希望。对毛泽东的崇拜就像封建社会对皇帝的崇拜，而且在封建社会还有一些敢说话的人，可是"文化大革命"谁敢说话？说不好就打死了，国家主席刘少奇也不行，这在过去封建社会也是非常少有的。

在东西文化间探寻学术之道

"文化大革命"结束后，汤一介经过一年多的检查，恢复了教学和研究。1981 年，乐黛云到哈佛大学做博士后访问学者，致力于比较文学的研究。1983 年，汤一介第一次出国到哈佛大学做访问学者，与海外学者交流中国哲学研究。近三十年来，汤一介和乐黛云夫妇在哲学和比较文学领域成就斐然。

问："文化大革命"结束后，您怎么恢复哲学的学术研究？

汤一介："文化大革命"结束以后，我们在"梁效"受过一段批判，把我们集中起来做检查，搞了一年多。到 1978 年才把我们解放了。解放出来以后，开始让我们做资料工作，我们就编中国哲学史教学资料，做注解。当然做注解也有好处，要弄清楚那些话怎么讲。一直做到 1980 年，我自己觉得过去哲学教学的教条主义必须打破，我们一直是学习苏联的教科书的体系。怎么打破呢？我就觉得可以从研究哲学的范畴开始，打破原来把哲学看作阶级斗争的历史，所以我当时就写了一篇《论中国传统哲学范畴体系的诸问题》。这时候正好要在杭州开一个中国哲学讨论会，我就把这篇文章带过去，大家都觉得很好。文章发表以后，产生了不小影响。从这开始，就要破除过去马克思主义的教条主义，可以说是对过去哲学教学和研究的教条主义有所冲击和突破。

正好是 1983 年我第一次出国，在哈佛大学做访问学者。那时候正好要开第 17 届世界哲学大会，设立了一个中国哲学的讨论组，邀请我去参加。我接触到现代新儒家，我觉得新儒家的路子可能不太对，特别牟宗三他们认为“内圣”之学可以开出现代民主政治的“外王”之道来，我觉得这个方向可能是错误的，不大可能从我们传统的儒家哲学里开出民主政治来。所以我作了一个演讲，谈儒学第三期发展的可能性，我是从真善美这三个角度来讨论问题，也许我们可以从“天人合一”、“知行合一”、“情景合一”的角度来考虑中国哲学的真善美问题。这个演讲当时大家都觉得不错。

回来以后，我就写了《论中国传统哲学的真善美问题》和《再论中国传统哲学的真善美问题》，我把孔子和康德作比较，老子和黑格尔作比较，庄子和谢林作比较。中西哲学有一个非常大的不同，就是西方哲学家都想建立一个知识的体系，而中国哲学家的思考是追求一种人生境界，找到一个安身立命的境界。

后来我考虑的问题就是受余英时启发，余英时提出中国哲学和西方哲学有一个不同，西方哲学是外在超越，我们是内在超越。我觉得他这个想法不错，西方的外在超越是容易建立政治法律制度的，中国哲学讲心性之学，是靠个人的修养。现在我编《儒藏》，我都是一步一步在思考问题，但是我都没有把这些问题彻底做好。因为要花很大的力气，中国哲学的知识要比我现在好得多才能做，现在时间已经没有了。

问：乐老师是 1981 年到美国去做学术访问?

乐黛云：我当时去做哈佛燕京的访问学者，当时不让我们俩一起出国，怕两个人一起出去就不回来了。

汤一介：其实我们留在国外有几次机会。我自己的想法，要做一个真正研究中国的学者，必须在中国。像杨联陞先生如果在国内可能就糟蹋掉了，但国内的环境如果不是那么糟的话，他会取得更大的成绩。

乐黛云： 他很难过，跟他聊天，他就是眼泪汪汪的。

汤一介： 他说，他是跟着"老毛子"，为外国人在工作。

乐黛云： 他老是围着人家的研究计划转，人家需要什么，他研究什么，很难按照自己的意愿去做。

问： 乐老师怎么开始关注比较文学？

乐黛云： 我是 1978 年开始教留学生班，是欧美的学生，我给他们讲现代文学史，不能光讲鲁迅、《金光大道》，总得讲讲老舍、徐志摩吧，讲了一些当时不能讲的作家。后来我看到鲁迅、茅盾、郭沫若都很受尼采的影响，我觉得非常奇怪，我们一向是骂尼采的，就研究为什么会这样，所以写了《尼采与中国现代文学》，几个大师都受到尼采的影响，特别是鲁迅，"托尼学说，魏晋文章"。后来哈佛燕京来面试的学者看到这篇文章，觉得写得特别有意思，而且是一个新的领域。那时候我的英语并不好，结结巴巴的，后来还是去了。

问： 在哈佛感受那种学术气氛对后来的比较文学研究影响有多大？

乐黛云： 影响非常大。我一去就扎到哈佛的比较文学系，最早的比较文学就是在哈佛办起来的。我非常辛苦地学比较文学，又觉得很快乐。

汤一介： 有一个非常偶然的现象，我现在看我父亲在哈佛大学研究院的成绩单，他选的第一门课就是比较文学。

问： 从晚清开始，中国的学术很自然地要受外来思想的影响。

乐黛云： 从林纾开始，林纾是一个不懂外语的人，他翻译了 300 多本小说，而这些小说就给中国开辟了一种新的视野，除了我们传统小说以外，还有这样的小说，那是非常大的影响。如果中国文化不经过外国的碰撞的话，不可能真正发展。就像佛教对中国传统起了很大的作用一样。比较文学现在的定义就是跨文化的文学研究。

汤一介：我们的哲学是在西方哲学影响下才成为独立的学科的。因为我们原来没有哲学，我们有经史子集，哲学是包含在这些里面，分离成为独立学科是因为西方的影响。黛云现在做的是中国对西方的影响，我做的是西方对中国的影响。

问：当年在老北大的时候，东西方的不同学术都在那里讨论研究。

汤一介：不仅是西方的不同流派可以进来，中国的不同流派也可以进来。什么学术都可以在这里讲，才是真正的兼容并包、学术自由的空气。政治上可以有指导思想，但是学术上不能有指导思想，如果有指导思想就没有办法发展学术了。

原刊于《南方都市报》，2007-05-16，后收入李怀玉编：《访问历史》，桂林，广西师范大学出版社，2007

汤一介、乐黛云：同行在未名湖畔

李拓、田莉莉

动荡岁月的相濡以沫

乐黛云从北大毕业的那一年就与汤一介结了婚。在随后的几十年里，二人相互扶持，相濡以沫，哪怕遇到暴风骤雨，依然执著相守，从不离弃。

1957 年，乐黛云被划为极右派并被开除公职和党籍，第二年被下放到北京远郊劳动改造，直到 1962 年底才回到北大。在此期间，汤一介每周都给乐黛云写一封信，信中始终称呼乐黛云为“同志”以表明他对妻子的充分信任。为此，汤一介当时受到了批评，还得了一个“与右派老婆划不清界限”的警告，但他不为所动，始终是乐黛云的坚强后盾。

乐黛云回忆起这段往事的时候动情地说：“当时我刚生完孩子就让我下乡，但老汤始终相信我不是右派，这个信心他是非常足的。这也是支撑我渡过这个难关最重要的力量。”

而“文化大革命”开始以后，汤一介却被打成了“黑帮走资派”，这时，乐黛云也成为汤一介坚定的精神支柱。这期间，汤老每天被关在北大哲学楼遭受批斗、写检讨，乐黛云就每天坐在哲学楼门口的石阶上等，一直等到汤老从楼里出来然后一起回家，经常一等就等到晚上十一、十二点钟。

乐黛云说起这段经历的时候，言语中仍充满了关切之情：“我当时很担心，因为‘文化大革命’的时候很乱，不知道什么时候就被人带走了，带到哪去也不知道，我当时就很怕他被带走。”至今每当两位老人漫步到哲学楼前看到门口的那块石阶时，心中都会生出无限的感慨。

近20年的相濡以沫，两位老人的感情愈加深厚、真挚，也显得愈发弥足珍贵。

学术上的“中西合璧”

汤一介与乐黛云都出身于书香门第，各自的家学都颇为深厚。不同的是，汤一介的家学主要是国学方面的，乐黛云则由于父亲的影响而更喜爱外国文学。两人的结合可称得上是“中西合璧”。

汤家有句家训叫做“事不避难，义不逃责”，是由汤一介在清朝光绪年间做过进士的祖父汤霖提出来的，后来汤一介的父亲、著名国学大师汤用彤先生又将这句家训传给了汤一介。正是在这句家训的激励下，已经步入耄耋之年的汤一介义不容辞地接受了主持编纂《儒藏》这项浩大工程的艰巨任务。

在谈到这项他倾注了很多心血的大业时，汤先生说，在对中国传统文化典籍的收藏、整理中，已经有了《道藏》、《佛藏》，就是没有《儒藏》。明清两代有学者曾经想做这件事情，但最终都没有实行，因为工作量太大了。

为了使《儒藏》成为全世界通用的版本，汤老决定《儒藏》采用标点排印本，并加入校勘记，还要比较出一部典籍不同版本之间的优劣，遴选出更好的版本，以方便读者阅读。

当然，在这项浩大的工程中遇到困难是在所难免的，汤一介说，这目前主要体现在人才、资金、组织经验三个方面。但汤老也提出通过《儒藏》的编纂能取得以下几个方面的成果：一是相关的成书能够尽快问世；二是培养出一批研究古籍的人才；三是能够积累大型工程的组织经验。

除了《儒藏》，汤一介对于当今中国文化的发展还提出了三个“接着讲”的观点，即接着中国传统文化讲、接着西方文化讲和接着马克思主义讲，既注重对传统的传承，也注重与西方文化的交流，同时也关注在马克思主义影响下中国文化所产生出来的一些新的东西。

乐黛云先生是中国比较文学的拓荒者，不过她最初的研究方向是中国现代文学。后来在上世纪 70 年代一个很偶然的机会，乐黛云承担了北大一个留学生班的中国现代文学课的教学任务。通过 3 年的教学，她开辟出比较文学这个全新的研究领域。

北大比较文学与比较文化研究所所长严绍璗教授这样评价乐黛云对中国比较文学发展的作用和影响：“我可以这样说，中国比较文学 30 年间发展成今天这样的规模和这样的气势，乐黛云教授具有擎旗之功……我也可以肯定地说，30 年间没有了乐黛云教授参与的中国比较文学，一定就不是今天展现于世界学术界的这种生动活泼的现状了。”乐黛云目前虽然已经退休，但她仍担任着中国比较文学学会会长的职务。

乐黛云不仅对中国比较文学这门学科的创立和发展有“擎旗之功”，而且她也密切关注着当下的新生事物和前沿性的理论问题。她始终赞同费孝通先生所提倡的“文化自觉”的观点，强调不同文化的多元之美，反对文化霸权主义与文化保守主义。由此，乐黛云也认为比较文学应该一方面取消殖民的心态，另一方面应该取消被殖民的心态，倡导不同文化之间应进行对话而非对立。

乐黛云不仅是抱持着这样的观点，而且身体力行地进行了实践。1997 年在荷兰举行的第十五届国际比较文学家大会上，乐黛云代表中国向大会提请第十六届大会在中国本土举行。当时中国是与南非进行竞争，虽然不像申办奥运会那样轰动，但也有着很重要的意义，因为之前所有的“国际比较文学家大会”绝大多数都是在欧美国家举行的。当时乐黛云的提案遭到了诸多反对，并且由于南非原来是荷兰的殖民地，因此这就典型地表现出一种殖民主义心态和“西方文化中心论”。虽然乐黛云与北大另一位比较文学学者孟华教授做了很多努力去争取，但最终还是不敌南非。

“当时我们还是没有经验。”乐黛云在谈到这次申请过程时还是觉得略微有些遗憾。不过后来在南非的这次大会上经过乐黛云、孟华教授等人的共同努力，终于争取到了2004年第十七届大会在中国香港举行。时任国际比较文学学会会长的日本学者川本皓嗣先生在南非大会后专程访问了中国，其间他曾提到：“我特别要感谢乐黛云教授和孟华教授，这两位女士在为中国举办第十七届世界大会的工作过程中表现出的勇气和决心，表现出的理智和聪明，使我们十分感动。”

忙碌而快乐的晚年生活

不同的专业造就了汤一介与乐黛云不同的性格。汤一介比较内向、严谨，而乐黛云则更加外向、达观。乐黛云更愿意接触各种新生事物，她对电脑的使用十分熟练，汤老则基本上不用电脑，乐黛云也因此笑言“他这个人很保守”。不过也有一个小小的例外：两年前两位老人共同推出了一本名为《同行在未名湖畔的两只小鸟》的随笔集，这个富于浪漫主义色彩的书名却是由一向老成持重的汤老起的。

两位老人风风雨雨走过了50余载，彼此之间的深厚感情自不必说，但由于他们各自研究的领域不同，而且这两个领域还时常会发生一些碰撞，因此他们在学术上既有互补，也经常就某些具体问题发生争论。在采访中就青年人应该怎样读书以“修身养性”

的问题，汤老侧重强调青年人要系统地阅读经典、多了解传统文化，乐黛云则认为青年人不能光泡在书斋里死啃书本，还要开阔眼界，多接触社会，光读几本古书是不能做到真正的“修身养性”的。两位老人就此问题产生了一些有趣的争论，汤老开玩笑地将乐黛云的观点“断章取义”地说成“不要阅读经典”。

尽管偶有争论，但这样的争论反而更能促进两位老人在学术上的进步并加深彼此之间的感情，而且正如两位老人都很赞同的“和而不同”的观念，“和”在他们的生活当中始终是主旋律。在采访中就笔者的提问，乐黛云总是让汤老先说，她笑称自己是“夫唱妇随”。而且经过那段近 20 年的动荡岁月，他们都深感时不我待，认为现在的青年人赶上了好时候，有非常充裕的时间和很多的机遇，不像他们自己，一个 70 多岁才开始做《儒藏》，一个 50 岁才开始接触比较文学。两位老人为此都深感自己最有创造力的年代已经没有了，因此，他们希望当今的青年人要珍惜现在的大好年华，抓住机遇，为社会的发展做出自己应有的贡献。

两位老人如今都已年逾古稀，汤老今年已是 80 岁高寿，但两位老人目前仍然都非常忙。由于要编纂《儒藏》，本来已经退休的汤老又被告知不能退了。乐黛云更是笑言“自己现在比退休之前还要忙”，从他们最近的日程安排当中便可得知确实如此：从 4 月份到 6 月份这 3 个月的时间内，他们要先后赶赴深圳、香港、瑞典和杭州参加各种各样的学术活动。

虽然两位老人至今都很繁忙，但他们却乐在其中。他们都很喜欢古典音乐，而他们人生最大的乐趣，同时也是最自由自在的时间，莫过于同行在未名湖畔之时。它既承载着两位老人的过去，也是他们当下生活的缩影，正如汤一介在《同行在未名湖畔的两只小鸟》的前言当中写的：“未名湖畔的两只小鸟，是普普通通、飞不高、也飞不远的一对。他们喜欢自由，却常常身陷牢笼；他们向往逍遥，但总有俗事缠身！现在，小鸟已变成老鸟，但他们依旧在绕湖同行。他们不过是两只小鸟，始终同行在未名湖畔。”

原刊于《参考消息·北京参考》，2007-07-19

汤一介、乐黛云：未名湖畔学界双璧

汤一介，著名哲学家。现任北京大学哲学系资深教授，博士生导师，北京大学儒藏编纂与研究中心主任，中国文化书院创院院长。

乐黛云，现任北京大学现代文学和比较文学教授，博士生导师，跨文化研究中心主任，北京外国语大学文学院教授，中国比较文学学会会长。

未名湖畔的两只小鸟，是普普通通、飞不高、也飞不远的一对。他们喜欢自由，却常常身陷牢笼；他们向往逍遥，但总有俗事缠身！现在，小鸟已变成老鸟，但他们依旧在绕湖同行。他们不过是两只小鸟，始终同行在未名湖畔。

——汤一介：《〈同行在未名湖畔的两只小鸟〉序》

"事不避难，义不逃责"

【解说】1927年，汤一介出生于天津。汤家是一个学识渊博的书香门第，汤一介的祖父汤霖是清光绪十六年的进士，父亲汤用彤是和陈寅恪、吴宓齐名的国学大师，从小接受传统文化熏陶的汤一介，祖父和父亲处世治学的态度对他的一生影响深远。

晓虹：您的父亲汤用彤先生是一位国学大师，他对您走上今天的学术道路有什么影响呢？

汤一介：我想如果谈我的父亲，可能要从我的祖父谈起。因为我祖父是光绪十六年的进士，后来也做官，但是都是不大的官。

他主要的事业还是教学，他教了一些学生。他曾经给我父亲留下了两句话“事不避难，义不逃责”，就是面对困难的事情，不要逃避它；合乎道义的事情，要担负起责任来。

我父亲在这个方面对我的影响是比较大的，因为它是我祖父留给我父亲的话，所以我父亲也把这样的要求留给我。我想举一点例子来说明这个问题，比方说“事不避难”。从中国哲学史的研究领域来看，佛教传入中国，在其他写中国哲学史（的书）里，这个方面都没有打通，都遇到了一个难关。到底佛教传入中国对中国文化有什么影响？起了什么作用？都没有把这个问题解决好。他把这个问题基本上应该说是打通了，所以其他的学者都认为他是使中国哲学史可以比较完整写下来（的人）。从汉到魏晋南北朝、到隋唐，佛教到底有什么影响，这是他的贡献。他的贡献可以说是把这段中国哲学史的空白基本上填补了。

这本来是一个难题，他花了 15 年的时间写《中国佛教史》，但是没有写完，只写了《汉魏两晋南北朝佛教史》，而《隋唐佛教史》只是一个史本，这个史稿是我帮他整理和出版的。

另外他的一大贡献就是，西方学者（包括某些中国学者，如张东荪）常常认为中国没有本体论哲学，但是他专门研究魏晋玄学，提出来有一种中国式的本体论，跟西方的本体论哲学是不同的本体论。所以现在的魏晋玄学已经成为大家非常关注的一种学问，而且近年来的研究成果已有很大的进步。所以，我觉得他这种“事不避难”的精神影响了我。

“义不逃责”，北京大学从昆明搬到北京来的时候，是跟清华、南开分别搬迁的。当时胡适在美国，傅斯年作为代理校长在重庆，可是学校本身是在昆明。谁管昆明这一摊子呢？当时傅斯年就请我父亲来帮他管这一摊子，怎么样（把学校）从昆明搬到北平来。那时他虽然刚 50 多岁，但身体不好（高血压），可是他担当起这个任务，主要的工作是聘任教授……因为他没有做过这种行政工作，他做的都是学术工作，即使是担任系主任、文学院长（的时候），也是学术工作，行政工作他没有做过。解放后他原来是校委员会主席，（那时候）没有校长，他就做校委员会主席。后来，派马寅初先生来做校长，我父亲就做了副校长。到 1952 年，学校从沙滩搬到燕园来，分工让他做什么呢？管基建和财务。他完全不懂基建和财务，但是也一直管了两年，直到他生病为止。他这种“义不逃责”的精神对我也有些影响。

筑建魏晋玄学的理论构想

【解说】汤一介子承父业，和父亲汤用彤共同筑建了魏晋玄学的理论构想，这被看做是汤一介重要的学术成就之一。

汤一介：在 80 年代以前，在北大我也教哲学，教的是中国哲学。那个时候我们几乎完全是用苏联的模式来进行教学的，是一种教条主义的模式，完全没有创造性、没有个性。80 年代开始，我就考虑自己是不是应该有一个不同的路子来研究学问。当时我就想我要从什么方面来突破呢？我认为可以从魏晋玄学这个方面来突破。

我的突破可以说对我父亲的魏晋玄学有一点补充。因为他没有写完这本书，我的突破就是从这些方面突破。魏晋玄学家一代一代地传下来，每一个玄学家都会留下来一些他没有解决的问题，因而，下面的一个哲学家来解决（之前）的问题。（但是）他又留下来新的问题，又要后面的人帮他解决，所以这样哲学才有前进，我们才可以找出魏晋玄学的内在逻辑，发展理路，所以，我就选择了这样一个角度来考虑魏晋玄学的发展。

对魏晋玄学的研究，在 1949 年后，我可以说是最早的，1981

年讲这门课，1983年出版《郭象与魏晋玄学》，这是最早的研究魏晋玄学的一本书。现在写的人就更多了，所以这门学问就越来越在中国受到重视。

我对西方文化并不排斥

【解说】受传统家庭氛围的影响，汤一介性格儒雅平和，内敛沉静，但这似乎和他开放自由的治学心态并不矛盾。他深谙中国传统文化的精髓，却又对西方文学和哲学以及西方古典音乐情有独钟。

汤一介：虽然很多人说我是儒家，实际上我是很喜欢西方哲学的，特别是西方文学。我受西方文学的影响应该讲比受中国文学的影响要更大一些。俄国的托尔斯泰这些（作家）对我的影响非常大，在年轻的时候就定型了，还有法国的纪德（1947年诺贝尔文学奖得主）对我的影响也是非常大的。

我喜欢听西方古典音乐，现代的我不喜欢听，但是我也并不喜欢京戏，因为我不知道该怎样欣赏。我最喜欢西方古典音乐。我也很喜欢西方的建筑，欧洲大部分的国家我都去过。有时候我也喜欢旅游，我刚从武夷山回来。国外的我也去了很多地方……有的时候到欧洲去旅游，有的时候到北欧，有的时候到北美、澳洲去看看各个地方。因此，我对国外的东西并不排斥，而且有的我还是很爱好的。

我不是一个杰出的哲学家

【解说】或许正是这种开放的心态和兼收并蓄的治学思路，让汤一介不断提出“和而不同”、“普遍和谐”、“内在超越”、“中国解释学”、“新轴心时代”等一系列新问题，从而推动了文化界对传统哲学的大讨论。

晓虹：在我们访谈的开始时，您说到了一段话，您说因为完成不了那种构建一个完美的哲学体系的愿望（转而去编纂《儒藏》），在您的心目中，一个完美的哲学体系应该是什么样子的？

汤一介：用“完美的哲学体系”这个词本身就有点问题。我认为任何哲学体系都只能是相对地完美，不可能绝对地完美，都会留下一些它没有解决的问题。因为我在上大学的时候，很想成为一个哲学家，可是解放后有一个说法，只有马克思、列宁、恩格斯和毛泽东才能叫做“哲学家”，我们这些做哲学的人只能叫“哲学工作者”。为什么我们只能叫“哲学工作者”呢？因为我们的工作是解释那些领袖的思想，是用那些领袖的思想来解释历史和现实社会的。在1949年一直到“文化大革命”这么长时间，我深受这种思想的影响，我觉得我自己就是一个哲学工作者，我的任务就是解释这些领袖的思想。我要用他们的思想来解释历史，来解释社会生活。

这样的一个思想已经影响了我30年，要从这个思想全盘解放出来是相当困难的……

虽然我不可能成为一个很出色的哲学家，但是我还可以提出一些哲学的问题来，让大家来讨论、来考虑。首先，我提出了美学、哲学范畴的问题。接着，1983年我提出“真、善、美”的问题，我认为可以用能不能用“天人合一”、“知行合一”和“情景合一”来说明中国对真、善、美的看法。后来我受到美国余英时的影响，他提出了一个“内在超越”的问题，认为中国哲学是一种“内在超越”的哲学，西方哲学是“外在超越”的哲学。我受他影响，我就研究“内在超越”的问题，因为他开了一个头，后来我就研究儒家“内在超越”的问题，道家“内在超越”的问题，还有中国佛教禅宗“内在超越”的问题。

此后，我不断地提出一些问题来。后来到90年代，主要是美国学者亨廷顿提出“文明冲突论”，我就想到“和而不同”的问题，是不是孔子的这一思想可以为“文明共存”，为多元文化提供某些思想资源？再后来我是讲“新轴心时代”的问题，再后来我就讲中国现代哲学的三个“接着讲”，就是说对哲学不能“照着讲”必须“接着讲”。

第一个是怎么样接着中国传统哲学讲；第二个是怎么样接着西方哲学来讲；第三个是怎么样接着马克思主义哲学来讲。必须“接着讲”，不能照着他们来讲。完全照着他们讲，一是不一定适合当今中国的社会，另外一个，这个学术就不能得到发展。讲“新轴心时代”三个“接着讲”。现在我考虑的是文化中的“普遍价值”的问题。

所以，我虽然不能成为一个很杰出的哲学家，但是我多少可以提出一些哲学问题，让大家来考虑。

自由是一种创造力

【解说】汤一介提出哲学问题，同时也在生活中实践着自己的研究，“和而不同”是他的思考，也是他的处世之道。在他看来，自由是一种创造力。

汤一介：当然我这个人是比较平和的，不大在乎名利，也并不想做官赚钱，这些欲望都没有。而且我也很少去批评别人，当然，对我的学生有一些问题，我会跟他们讨论，给他们建议。

有一个问题可以说明我的情况，1984年建立中国文化书院，中国文化书院在当时可以说是第一个建立的民间学术团体……当时在初建的时候，有冯友兰先生、有张岱年先生，他们都是支持办中国文化书院的。

1984年我从美国开会回到中国，要正式成立中国文化书院，大家就希望我做院长。我的想法是如果建立这样一个学术团体，一定应该像蔡元培先生一样，是“兼容并包”的。所以我找的参加的学者是各种各样的学者，有像梁漱溟先生这样的学者，当然冯友兰先生他们都参与了。也有李泽厚、庞朴这样的学者，还有“全盘反传统”的，如包遵信等，我都请他们来参加。为什么呢？我觉得学术是天下之公器，你只有是兼容并包的，能够有很自由的讨论环境的学术团体，这样才真正能够推动中国学术的发展。因此，我和所有这些学者相处都很好。

我当然有我的看法，看法不一样，没关系，我们可以一起讨论。例如我跟李泽厚、庞朴在某些问题的看法上也不一样。而且像杜维明先生也是我们文化书院的导师，我们也请他来，因为我对现代新儒家也有我的看法，但我们都是好朋友。可能每个人都有他的长处，所有这些人的长处就可以补足我的一些缺陷。不可能有一个学者什么问题都比别人强，绝不可能，我从来不认为我自己的学问是比别人有多强的，所以我现在非常反对说“大师”。

我不是大师

【解说】汤一介很反感被称作大师。在他看来，这个时代缺乏产生大师的条件。他曾经感慨上个世纪后半叶之后，中国再也没有大师。在他看来，只有两个人是自己非常欣赏的。

晓虹：您对“大师”这个称呼这么反感，所以说您绝对是把自己和这两个字分清楚的？

汤一介：对，我自己从来不说我是大师，而且我觉得我没有资格当大师，而且自上个世纪后半叶到现在为止，我也没看到一个真正可以称得起“大师”的学者。我所比较欣赏的，在 1949 年以后有两个学者，一个是费孝通，特别是费孝通晚年，他并不高调，他比较低调。但是他提出的三个思想：多元一体、文化自觉、文明共存，我觉得对中国讲应该有很大的影响。第二个我比较佩服的学者是华东师大的，也是已经去世的教授叫冯契。他是一个马克思主义者，但是他这个马克思主义者有他非常鲜明的特点。他希望把马克思主义和中国传统哲学，特别是中国儒家思想，还有西方所谓的“分析哲学”，把它们结合在一起。他认为中国哲学的根本问题是“性与天道”的问题。

晓虹：大师是必须得要时代才能创造的吗？

汤一介：对，因为你的思想要定于一尊（旧指思想、学术、道德等以一个最有权威的人做唯一的标准）的话，很难产生大师。必须有自由思想，才可以产生大师。因为相当长的一个阶段我们是学习苏联的“全盘苏化”。我有一个想法，政治上也许可以有一个指导思想，也应该允许讨论。但是，学术上不能有指导思想，应该是百家争鸣，这样学术才会真正得到发展。因为自由是一种真正的创造力。

《儒藏》：一百年都不能替代的典藏

【解说】在汤一介先生的书架上，整齐排列着已出版的 33 本《儒藏》，藏蓝色封皮，烫金的字，格外悦目。作为这部集中华儒家文化精髓的浩淼工程的总编纂，汤一介坦言责任重大。

汤一介：我快到 80 岁的时候，就提出了编《儒藏》，为什么我要提出编《儒藏》呢？因为过去有《佛藏》、《道藏》，一直没有《儒藏》。明清两代的学者都曾经提出要编，但是这个工程太浩大，没有实行……

从 2002 年我提出编纂《儒藏》，2003 年教育部批准，2004 年我们开始实施了。经过了五六年，我们才出版了 33 本，要全部完成《儒藏》的精华编，一共是 330 本。为什么我要做这个，还有一个非常重要的想法，就是现在《佛藏》，各种各样版本的《佛藏》有 20 多种，但是，现在世界研究佛学的学者通用的是日本的《大正藏》，“大正”是日本皇帝的年号。为什么大多学者都用《大正藏》？因为《大正藏》是个排印本，它有句读，而且有校勘记，所以大家用起来比较方便。而其他《佛藏》大部分都是影印本，影印本是没有句读的，也没有多少校勘记，所以用起来不方便。我们做《儒藏》不是用影印办法，我们大体是找一个很好的本子作为底本，再找两三个本子作为校本，作出简明的校勘记，然后把它做成排印本，加上通用的标点，让大家容易读，容易利用它，而且可以做电子版。我们既然做了，就希望大家都用我们这个版本，这是中国人自己编的版本。

我算是编纂首席专家，在我组织下面差不多有 400 人，400 人而且不完全是中国学者，有韩国学者、有日本学者、有越南学者……组织这样大的一个队伍，而且是带有一定的跨国性质的大工程，我不敢说是头一个，至少是非常少有的。因此，我觉得这方面我也是受父亲影响，应该“义不逃责”！既然儒学在中国历史上曾经起过那么大的作用，而且是中国文化的主流，那我们就不应该没有《儒藏》，只有《佛藏》和《道藏》，那不行。我们要编纂的《儒藏》是一个可信的、可用的，是一个比较规范的、可以传世的版本，至少在一百年内让各国学者都可以利用它来作研究。

【字幕】乐黛云，现任北京大学现代文学和比较文学教授，博士生导师，跨文化研究中心主任，北京外国语大学文学院教授，中国比较文学学会会长。曾任北京大学比较文学与比较文化研究所所长、国际比较文学学会副主席、全国外国文学学会理事、现代文学学会理事。

乐黛云：我有八分之一的苗族血统

【解说】和乐黛云先生对话，节奏显然要快了很多，这位时时都将笑意写在脸上的学者，思维敏捷，快言快语，风格和汤一介先生形成了鲜明的对比。

晓虹：据说您是有苗族血统的，而且汤先生说这和您现在开朗的性格也有关系，是这样的吗？

乐黛云：我想可能有一点关系，苗族血统大概只有八分之一，就因为我的祖母是苗族血统，所以可能有一点。你知道苗族是很喜欢唱歌、跳舞的，而且是很开朗的，谈情说爱都是很公开的。所以当然也有一点影响了，从小我周围都有很多苗族和仲家族，仲家族也是和苗族差不多的，所以总会受到一些影响。不是像有些大家闺秀那么拘束，或者说非常讲究规范的，不太是那样的。

晓虹：您的家族当时在贵州的时候也是一个大族，在印象当中，一个大家族的姑娘总是要讲究“大门不出、二门不迈”的。

乐黛云：我可不是那样。（笑）

从小就受到西方文学的熏陶

【解说】乐黛云，1931 年生于贵州，她的父亲是贵州大学的英文教授，在当地是一个开风气之先的人物。乐黛云从小受父亲的影响，接触了大量的西方文学作品，并且在气质、性格乃至未来选择大学的问题上，都深刻地留有父亲的印迹。

乐黛云：我父亲很年轻就到北大来，他当时考英语系，没有考上，是胡适给他面试的。他对这一点念念不忘，老说胡适太严格了，说他英语读音有贵州腔，所以不能要他。

当时因为家里比较有钱，（就）在北大旁听了四年……他在北大的时候，正好是 1924 年、1925 年，就是把溥仪赶出故宫的时候，所以当时他每天都去旧货摊上，看看那些太监拿出来卖的东西，他买了好多件很好的古玩，还有一件敦煌的残卷。因为他喜欢英文，喜欢西方文学，也受了很多特别是浪漫主义的感染……他从北大回贵阳后是当地最开明的，也算是一个很出名的人物。他教英语，拿了一个 stick，人家就给我形容，跟我说你父亲那时候可了不得了，穿着西装，拿一个 stick，还开舞会。这都是开风气之先的，在贵阳那个闭塞的环境下，是从来没有的。我从小就在他那个氛围里长大，所以并没有觉得有什么条条框框压迫之类。

从我很小的时候，大概从初中开始就念了很多拜伦、雪莱这样的一些人的诗，特别喜欢，而且也受他们的影响。我的中学时代正是云、贵、川大后方文化十分繁荣的时期。我受到的影响是多方面的，也不光是苗族血统的问题，要不就成了血统论了……我们那时候可以听各种音乐会，有古典音乐欣赏，为了学英语口语，常常去参加英文礼拜，所以我觉得没有太多条条框框，反而是在一个非常开放的环境下面成长起来。

乐黛云：那时候我一心一意要革命

【解说】年轻时代的乐黛云，积极进步，充满了革命激情，当时的北大成了她展示才华最好的舞台。

乐黛云：那个时候我就是一心一意要革命，要上北京大学。北大是最革命的、最开放的、最能培养自由思想的。对于北大那些人从胡适到鲁迅，到陈西滢我都非常崇拜，所以我特别想到北大来学西方文学。而且我父亲要进北京大学没有进成，只是一个旁听生，是一辈子的遗憾。

其实他也很希望我能来北大，可是那个时候正好是1948年秋，北京已经很危急了，所以他也很担心我。那时，家里也没有很多钱，我同时还考上中央政治大学，中央政治大学不单是提供所有的学费、衣食住行，（还有）零花钱，可以一分钱都不花，所以那个时候他就很希望我去。而且他怀着一种幻想认为会南北分治、划长江为界。如果是在南京的话，还可以经常见面，还可以回家，如果到了北京以后就更回不去了，永远见不了了，所以他有这个想法。

晓虹：那您到了北大，当时还是兵荒马乱的，您害怕吗？

乐黛云：对，形势是很紧张，但我一点都不害怕。那时候我记得北大的迎新工作组到前门火车站去接我们，一大卡车人，大家唱着革命歌曲进城，高兴得不得了，根本没有什么害怕的感觉。

晓虹：您怎么胆子这么大呢？

乐黛云：当时不是我一个人，大家都是这样的。进城的时候，学生都非常兴奋，唱着"解放区的天是明朗的天"，在大街上就唱着走。也没有人敢怎么样。因为那个时候已经有过很多运动，如"反饥饿、反迫害"运动等，学生运动非常红火。我来的时候城墙上面还有"反饥饿、反迫害"的旧迹。那是一个很兴奋、很高昂的时候，不觉得有什么害怕的，甚至后来围城，听到炮声隆隆也觉得特别好。

晓虹：那您到了学校之后，都做了一些什么呢？我知道您当时和汤先生都是团里面很进步的学生干部。

乐黛云：那是后来了，刚刚到学校的时候是1948年，那时候我还不是干部。1948年开始做"面粉银行"，那个时候因为学生都没有钱，可是物价高涨。今天买了一袋面，明天就只能买半袋了，所以“学生自治会”办了一个“面粉银行”。就是说学生可以把钱交给这个银行，这个银行马上给你买成面粉。第二天或者第三天涨价以后，你还是有这么多面粉，这是一个很大的福利。当时我也参与这个工作，去买面粉或者收钱等。

晓虹：您还做过这个呢。

乐黛云：这个做得非常有意思，而且很高兴。然后就参加读书会，读一些艾思奇的《大众哲学》，每个礼拜三次。然后还参加跳舞，对外国民间的土风舞非常喜欢，对新疆的那些舞蹈也很喜欢，大概就是这样的一些生活。后来，1949 年 2 月迎接解放后，才到青年团工作。已经是二年级了，二年级就从宣武门的北大四院搬到沙滩红楼那边去了。

晓虹：那您到了北大之后，当时可供您选择的是什么样的专业呢？

乐黛云：当时没有什么可选择的，我报名的时候就报的是西语系，因为我喜欢西方文学。

晓虹：就是因为从小受到的这种影响以及接触？

乐黛云：对，从小看的就是这类书。那时候还特别喜欢俄国文学，屠格涅夫的作品，对革命女性是非常崇拜的。我没有选择，我报的是西语系，可是后来在录取的时候，据说是沈从文先生看到我的一篇入学的文章，觉得这个小孩可以让她参加写作，参加中文系，就把我取到了中文系，所以无所谓选择，那就上中文系。

乐黛云：我劝沈从文留下来

晓虹：关于沈从文先生，据我看到的一些报道，当时有一些老师要撤离到台湾的时候，是派您去劝沈从文先生留下的，那个过程是什么样的？

乐黛云：那个时候我已经参加地下组织了，是民主青年同盟的成员。那时大家都帮着做一些工作。我们还被派去调查哪些地方不能炮击，给解放军传过去，如说什么地方有什么样的建筑，东交民巷使馆区，故宫附近的街道等。我们还被分配去动员一些教授，希望他们留下来，说共产党政府对他们一定是很好的。我就是被分配到了沈从文家。因为沈从文教我的大一国文，而且他也比较喜欢我，所以我就去了。去了我就劝他，可是我觉得当时我的劝说根本没有什么理论，也没有说服力。

晓虹：您当时怎么劝他的？

乐黛云：我当时就说我们一定保证你不会遇到危险的事情，共产党绝对不会对你采取什么粗暴行为。其实那时候我心里说我凭什么保证，我根本什么都不知道。

晓虹：那时候实际上对自己说的这些话也是有怀疑的吗？

乐黛云：没有怀疑，可是觉得有些空洞。因为只能说这几句，你还能说什么呢？可是沈先生就是笑而不答，好像说你一个小丫头怎么说这样的大话，凭什么说呢？我当时觉得他就是这种感觉。

晓虹：如果现在让您再回过头来有这样一个机会去劝他的话，您觉得什么样的条件能够打动他？

乐黛云：这个就很难说了，因为从他后来的遭遇来说，可能我就根本不应该劝他。因为后来他的写作和教学完全停止了，甚至自杀过一次，没有成功。生活对他的迫害一定是很严重的，精神上的、心理上的压抑一定使他非常痛苦。所以他后来决定停笔创作，只做服装史，专门研究中国古代的服装，我想他的心情一定是很郁闷的。现在如果历史重演的话，也许我就不会劝他了，这是我现在的看法，应该让他更自由地选择。

晓虹：不要有一些外力去作用。

乐黛云：对。

晓虹：个人意志的自由。

乐黛云：对，他愿意怎么样就怎么样，应该这样比较好。而且我劝他也没有什么太多道理，也没有真正能打动人心的东西。

晓虹：这也是您当时的一个经历？

乐黛云：也是在执行一个组织任务吧，既然派你去，你就得好好执行这个任务，就是这个观念。

晓虹：您年轻的时候，真的觉得您特别地革命，特别地积极。

乐黛云：对，这个是肯定的。

选择比较文学是机缘巧合

【解说】乐黛云选择比较文学学科，有人认为是受了她的公公汤用彤先生的影响，汤老先生当年在哈佛选的第一门课正是白璧德讲授的比较文学，而实际上，这完全是一个美丽的误会，但也许恰恰是冥冥中的机缘巧合。

晓虹：那您是怎么样走到比较文学的学习和研究上去的？

乐黛云：因为原来我就比较喜欢西方文学，而且我也喜欢中国的古诗词，两样我都很喜欢。可是后来走到这个比较文学的路，那是一个机缘。人的运气有时候会时来运转，或者说你接受一个东西、选择一个东西是有一定的机缘巧合的。

1978年，北京大学第一次接收欧美留学生，要给他们开现代文学课。我被派去给他们讲现代文学。当时为什么让我去给他们上课呢？我想可能是有两点理由，一是因为中文系教师的英文都不是科班出身，我也一样讲不好。但我爸爸是教英语的，我自己也喜欢英语，所以还能讲一点点，当然也是很差劲的，但可以简单地沟通一下。

第二点就是我这个人胆子大，跟外国人接触就接触吧，好多人还是很怕，因为1978年嘛，那时候还是很玄乎的，你要是跟人家讲错了话，讲课出了问题怎么办？大家都很担心。可是我觉得反正总得有人去，我注意一点就行了，所以就去了。

去了之后，给这些外国学生讲课，都是欧洲、美国、加拿大来的，有二十几个人。总不能只讲鲁迅和《金光大道》吧，多少总得给人讲讲现代文学最基本的东西，所以我就讲了老舍、讲了曹禺、讲了巴金，这在当时都是不能讲的。可是那些我都讲，讲了以后就感觉到这些作家受外国文学的影响相当深。不管鲁迅也好、曹禺也好、老舍也好，都是受西方文学很深刻的影响。

晓虹：现在媒体都把您称作是中国比较文学的“拓荒者”。

乐黛云：其实，这都不是个人的功劳。20世纪初从王国维开始，中国文学就是在中西文化交融的基础上发展起来的。1931年，清华大学请了英国剑桥大学文学系的系主任理查兹来开了比较文学课，而且出版了一本讲义，题目就是“比较文学”。朱光潜、宗白华、钱钟书等都是用比较文学的观点来研究文学的，虽然不一定把比较文学这个词提得那么响亮。所以不能说到80年代以后再重新开始比较文学，什么拓荒、奠基，我觉得都是不实之词。我自己并没有什么太多贡献，无非是把1949年来几十年不提的东西，重新提起头来。

晓虹：那么咱们中国比较文学发展的这种现状是什么样子呢？

乐黛云：比较文学现在发展得非常快。什么叫比较文学？并不一定要局限在“比较”二字上，比较文学是一种跨文学、跨文化的文学研究。它首先是跨学科、跨文化的，要不然它就不是比较文学而是国别文学了；但它同时必须是文学研究，如果不是文学研究，只讲跨文学、跨学科，那就太广泛了。所以这样就开辟了一个新的文学研究的层面。从世界来看，如果说比较文学第一个阶段是以“影响研究”为主，如法国文学对西班牙文学的影响等。第二个阶段是以“平行研究”为主，比方说同一个主题在不同民族文化里有不同的表现。我们目前处于第三阶段，就是跨文化、跨学科的文学研究的阶段。这个阶段，中国起了很大作用，将来还要起更大的作用。

晓虹：您的公公汤用彤先生在哈佛大学时也是对比较文学感兴趣的，您有没有受到他的一些影响呢？

乐黛云：恐怕是没有。因为那个时候，他在世的时候还不太清楚他这一段历史。这是后来研究他，慢慢才发现的。他始终是一个哲学家，而且他是一位能把中、印、欧三种文化都融会贯通的哲学家。在北大讲课的，能够讲欧洲哲学、中国哲学和印度哲学的恐怕只有他。

学术双璧

【解说】汤一介家学渊源，古文基础深厚，而乐黛云则因为外语好，思想活跃，容易接受新思想和新信息。这种知识结构的差异，让他们在学术研究上相得益彰，比翼齐飞。

问：汤先生研究的是哲学，您研究的是比较文学，他有没有和您在学术或者研究上有一些互补，或者是帮助的地方？

乐黛云：我觉得这种地方还是相当多的。例如我较多接触一些当前西方的理论思潮，他没有时间和机会看很多这方面的东西。我常常把一些西方的新的思维方式跟他探讨，这对他和我都有帮助。比方说最近他对建构性的后现代主义很感兴趣，他觉得作为其基础的过程哲学有了新的发展，这个问题最早就是我们一起讨论的。

我呢，我做学问常常凭灵感，不是很严谨，想起来就写。我的文章都经过他看一下，他常常给我挑出来很多毛病，这个地方不准确，那个地方注释不对，或者是哲学上讲不通。现在做比较文学也会牵扯到很多哲学问题，如讲到不同文化的交流什么，就会有很多不同的想法。我写文章，也会讲到中国的传统文化能够对世界文学做哪些贡献这样的题目，他就对我帮助很大。他有时候会告诉我应该怎么讲，或者是告诉我一些新的资料，从哪方面讲，可能更好一些。他常常从我的文章里挑出很多的毛病。他的文章我挑不出毛病，所以我根本不看，不太去看他的文章。(笑)

【解说】这是一对在各自学术领域都卓有建树的大家。如今他们最爱做的事情，就是到未名湖畔散步、看书、晒太阳、讨论问题。如果从1949年汤一介在北大第一次见到乐黛云算起，这个习惯已经持续了半个多世纪。在60年的风雨历程中，他们相扶相携，患难与共。在下集访谈中，我们将为您带来汤一介和乐黛云的爱情人生。

原收入腾讯新闻频道主编：《大师访谈录》，
长沙，湖南人民出版社，2010

经济全球化背景下的文化问题
——汤一介、乐黛云讲演及访问

汤一介，1927年生，湖北黄梅人。北京大学教授，曾任北京大学中国哲学与文化研究所所长，中国文化书院院长。1951年毕业于北京大学哲学系，1990年获加拿大麦克玛斯特大学荣誉哲学博士学位。主要研究魏晋南北朝的学术思想、中国传统哲学和中国文化问题，著有《郭象与魏晋玄学》、《中国传统文化中的儒道释》、《儒道释与内在超越问题》等。

乐黛云，1931年生，贵州贵阳人。北京大学教授，曾任中国比较文学学会会长。1952年北京大学中文系毕业后留校任教，1981年赴美，先后在哈佛大学和伯克利加州大学从事学术研究，1990年获加拿大麦克玛斯特大学荣誉文学博士学位。主要从事比较文学和文化交流等方面的研究，著有《跨文化之桥》、《茅盾论中国现代文学》、《透过历史的烟尘》等。

汤一介：从新轴心时代到接着西方哲学讲

今天我想讲两个问题：第一个是关于新轴心时代的问题。第二个，我想讲一讲我们中国学者能不能接着西方哲学讲，冯友兰先生有本著作叫《新理学》，他认为《新理学》不是照着宋明理学讲，而是接着宋明理学讲的，那么有没有可能我们不仅接着我们自己的传统哲学讲，而且也能接着西方哲学讲？

大家都知道，德国哲学家雅斯贝尔斯首先提出了“轴心时代”

的观念，他认为在公元前500年前后，世界上不同地区都出现了非常重要的、伟大的思想家：在中国他主要提到了老子和孔子，在印度是释迦牟尼，在希腊是柏拉图、亚里士多德，另外还有犹太教的先知、波斯的哲学家，等等。他认为这些哲学家考虑的是宇宙、人生的根本问题，提出了很重要的见解，并且在2000多年的历史中成为了人类的精神宝库。雅斯贝尔斯说：

> 人类一直靠轴心期所产生、思考和创造的一切而生存。每一次新的飞跃都回顾这一时期，并被它重燃火焰。自那以后，情况就是这样。轴心期潜力的苏醒和对轴心期潜力的回忆，或曰复兴，总是提供了精神动力。对这一开端的复归是中国、印度和西方不断发生的事情。

这样一段话从历史上看，是可以得到印证的。比如欧洲的文艺复兴就是把它的目光投向古希腊，使欧洲文明重新发出了光辉，对人类产生了非常大的贡献。从中国来看，中国受到佛教文化的冲击有好几百年的历史，但是到了宋明时期，我们又通过回溯到先秦的孔孟而产生了新儒学。那么，我们是否可以问一个问题：进入21世纪以后，从世界的范围看，可不可能出现一个新的“轴心时代”?

我想从中国的情况来看，这种可能性是有的。我们都知道，1949年以后由于“左”的教条主义的干扰，中国的传统文化被打断了，造成了文化上的断层。今天如果我们想使中华民族得以复兴，那么就一定要回顾自身文化的发展情况。因为任何一个民族的发展都必须植根于自身的文化，如果它不能甚至把自身的文化斩断了，就很可能导致被同化或者被灭亡。因此，我们需要回顾自身文化的发展，找回自身文化的根子，并且在自身文化的基础上来迎接一个新的时代。一个民族自身的文化根子培育得越好，它吸收外来文化的能力也就越强，所以我想进入21世纪，我们会有可能出现一个新的轴心时代。当然，它和公元前5世纪前后有所不同，具体我认为有三点：

第一，新轴心时代是跨文化的。原来的轴心时代是在互相没有影响的状况下独立发展起来的，而新轴心时代是思想文化互相影响。第二次世界大战以后，由于殖民体系的瓦解，欧洲中心论也有所消融，那些取得独立的民族国家很注重对自己文化的认同。比如马来西亚独立以后，首先要解决的就是语言问题，它原来使用英语，但现在就要把马来语定为国语；以色列建国以后也要恢复使用原来的语言，把希伯来语作为通用语言。所以现在各种不同的文化都是在互相影响、互相交融中生存的，一个不受影响的文化是无法生存下去的。

第二，新轴心时代是跨学科的。200年以前的学科分得非常明显，物理学就是物理学、化学就是化学，但现在不一样：有物理化学、有化学物理学、有生物化学、有生物物理学……它们都是跨学科的。人文科学、社会科学也都是这样跨学科的，新轴心时代不仅是一个跨文化的时代，而且是跨学科的时代。

第三，新轴心时代是精英文化与大众文化的交融。原来的轴心时代的哲学家们的思想一直影响到现在，但这一百多年来哲学流派却是不断变换的，一种学术思潮最多能稳定二三十年。在思想变化这么快的时代，我想很可能出现精英文化和大众文化的交融。比如于丹，很多人都反对她，我不反对于丹，我认为这是精英文化怎么向大众文化转化的问题。大家批评于丹说她这儿讲错那儿讲错了，我认为告诉她错了就可以了，但这并不能否定精英文化向大众文化的这种转化。精英文化应该向大众文化转化，应该和大众文化相交融，因为时代变得太快了，你怎么样影响这个社会，这是非常重要的问题。

我之前提到，冯友兰先生的《新理学》不是照着宋明理学讲，而是接着宋明理学讲，这是有道理的。因为冯先生的《新理学》是吸收了西方哲学的思想来发展宋明理学的，他把柏拉图共相和殊相的问题、新实在论的潜存问题引入到他的哲学中。不仅冯友兰先生，20世纪三四十年代的一批学者都在这个方面作出了很多贡献，比如熊十力先生、贺麟先生、金岳霖先生等，他们都是接着中国传统哲学讲的大师。但是我们能不能接着西方传统哲学讲？并且，有没有可能把西方哲学在我们中国进行发展？我认为是有这种可能的。

历史上中国有两次大的外来思想输入：印度佛教文化的输入和西方文化的输入。印度佛教的输入经过了三个阶段。第一个阶段就是印度佛教进入中国的初期，它是附会于中国思想的。比方说佛教讲的“五蕴”，我们一开始不知道是什么，就用“五行”来解释它，这完全是一种曲解，但当时就是这么做的。到了第二个阶段，由于交流的增多，两种文化的差异也就越来越清楚，于是就发生了矛盾和冲突，但是中印之间也在进行相互吸收。第三个阶段就是隋唐时期，这时出现了中国化的佛教宗派，最明显的是禅宗，它把儒家的思想和道家的思想加入到佛教里面，把印度禅变成了中国禅。印度禅和中国禅有一个明显的区别：印度禅主“静”，把静看成是最重要的；中国禅主“觉”，就是觉悟，它不需要坐禅，不需要念经，所以他说“一念觉即佛，一念迷即众生”，你一个念头觉悟了你就成了佛了，你一念头迷惑了你就成了众生了。在印度佛教里面，修炼是不会倒转的，你往上升就往上升了，不会倒转下来，而中国是会倒转的，你一念迷就又变成众生了。中国禅不仅有禅宗，还有华严宗。大家都知道，印度佛教中《般若经》最先进入中国，《般若经》讲要破除一切东西，破除到最后就产生了一个问题：你破除到最后，佛性还有没有呢？如果没有佛性，人怎么成佛呢？到了隋唐的时候，这个佛性问题就和人的本心联系起来了，而关于人的心性问题本来就是我们先秦儒家讨论的一个非常重要的话题，所以华严宗通过讨论心性问题，又引进了我们的传统思想，使它变成了中国化的华严宗。当然天台宗也是这样，我不具体展开了。在这里我还想说明一点：印度佛教进入中国以后，由于加入了中国的因素而成为中国化的佛教，与此同时，印度本土佛教逐渐衰弱，甚至将要灭亡，这是文化异地发展得很好的例子。

我们再来看西方文化，特别是西方哲学的冲击。本来中国没有“哲学”这个词，这个词是日本人西周（Nishi Amane）创造出来的，他把“哲”和“学”两个字联系起来变成“哲学”，相当于西方的 philosophy，后来黄遵宪把它带到中国，为中国学者所普遍接受。中国原来的哲学思想、哲学问题等大部分是包含在经学和子学里面的，经过了许多学者的努力，把它从经学和子学中剥离出来，成为现在的这个中国哲学。其实西方哲学进入到中国，我们首先要面对的问题就是哲学史的写法，比较早的就是谢无量的哲学史，后来是胡适的哲学史、冯友兰的哲学史，我们要通过这个方式来表明中国是有哲学的。但是到了 20 世纪三四十年代又出现了吸收西方哲学的新的中国哲学，我把它叫做现代型的中国哲学，比如冯友兰先生、金岳霖先生的那些哲学就是新中国哲学。在这里，我想讨论的问题就是：我们能不能把西方哲学的流派变成中国化的哲学流派?

我举两个例子，一个是我们一些学者正在做的工作——创建中国诠释学，还有一个是马克思主义的例子。

大家都知道，诠释学虽然是一个哲学上的东西，但实际上各个学科都在使用诠释理论。所谓诠释是什么？诠释就是要把思想、把它的意义给揭示出来。据深圳大学景海峰教授的总结，现在海内外有四派不同的人在讲中国诠释学。最早的是在美国的一个华裔学者傅伟勋，他的诠释学叫做“创造诠释学”。“创造诠释学”把哲学思想、哲学命题分了五个层次来揭示它的意义，基本上第一个层次是作者的原意，第二个层次是引申的意义，最后的层次是潜在的意义，他就是要通过这样一层一层的诠释来揭示一种思想的意义。另外一位就是美国夏威夷大学的成中英教授，他在做“本体诠释学”，这个是要揭示哲学的本体意义。成中英教授把西方的本体诠释学叫做“对本体”，就是把本体学作为一个对象来对待，而中国的本体诠释学叫做“自本体”，就是自己对自己来诠释，这是他做的本体诠释学。还有一位台湾学者黄俊杰，他做的是个案研究，把孟子作为对象来进行诠释。再有一个就是我，我主要对先秦的诠释的类型进行分析，我认为在先秦我们对经典的诠释就至少有四种不同的路径：最早是《左传》诠释《春秋》，比如《春秋》里“郑伯克段于鄢”六个字，《左传》就用七百多字来诠释它，这种诠释路径叫做历史事件型的诠释；第二种是《易传》，特别是《系辞传》对《易经》的诠释，它是对一种哲学整体性进行的诠释，我们可以把它叫做哲学整体性的诠释；第三种是韩非对老子的解释，我们把它叫做政治运作型的诠释，他对老子的解释就是用他的思想——“法、术、势”来解释；第四种路径是《墨经》中《经说》对经的解释，这个后来发展成中国的词典。我现在就在想，如果我们对中国诠释的历史进行一个很好的梳理的话，我们是不是就可以总结出一些有价值的东西补充到西方哲学史里面？这就是我们现在努力在做的，用中国的材料来讲诠释理论的例子。

关于马克思主义的例子，我主要举华东师范大学的冯契教授来说，我认为他是一位有创造性的马克思主义者，他能够把马克思主义中国化。冯先生有一本书叫做《智慧说三篇》，导言一开头就讲，本篇主旨基于实践认识过程的辩证法，特别是如何通过

“转识成智”的飞跃，获得性与天道的认识。这里面有三个问题，他的这个哲学要解决什么问题？他明确提出来是性与天道的问题，这是中国哲学的问题，实际上就是一个天人关系的问题。冯契认为，他这个哲学不是要解决西方哲学的问题，而是要解决中国哲学的问题。第二，这个东西怎么来实现？他说要通过“转识成智”的飞跃。“转识成智”是佛教的话，意思是要把知识变成一种智慧。知识一般是通过分析的办法取得的，那么智慧呢？冯契说要通过直觉，你必须有直觉的飞跃才能变成智慧，所谓智慧就是要达到一种境界。中国哲学和西方哲学很大的不同在于，西方哲学是要建构一个知识体系，而中国哲学则是要追求一种人生境界。冯契就是要通过“转识成智”来实现这个飞跃。这个飞跃在什么基础上实现？他认为是要在实践的认识过程和辩证法当中实现。冯契先生说一种哲学理论，它要化为方法、化为德性，就是说理论必须成为一种解释问题的方法，同时还要成为人的一种德性。理论要变成一种方法，这个是马克思主义的内容，但是理论成为德性，这是中国哲学的问题，冯契先生就是希望把理论、方法、德性都放在一起，所以说他希望做一个中国化的马克思主义者——他是一个马克思主义者，但是他要解决的是中国哲学的问题。

乐黛云：经济全球化时代的新人文精神

非常高兴和大家见面，今天我要讲的题目是“经济全球化时代的新人文精神”，我想分三个问题跟大家一起讨论：首先讲什么是人文精神；第二个讲为什么今天要特别提出新人文精神；第三个是中国文化在21世纪的新人文精神里能够作出什么样的贡献、有什么样的地位。

什么是人文精神？这个词本来是拉丁文，在15、16世纪开始得到广泛的应用，到了16、17世纪文艺复兴以后，它有了好几种不同的含义：一个就是人性，比如人文主义；另外一个是人道主义；还有一个是人本思想。但它们都强调对人性、人的尊严和人的价值的重视，都在研究如何提高人的地位、了解人的本质，它们的重点大部分都落在保证个人的自由发展上，以此来和中世纪神学统治对人的压抑抗衡。就中国而言，中国人早在《周易》就讲人文了："观乎天文，以察时变，观乎人文，以化成天下。"那人文是什么意思呢？人文是要使人能够化解各种各样的矛盾，是要培育人的德性，拥有一个和谐的天地社会。可见中国和西方的人文精神都是在强调对人的重视。但是有一点很不同：西方强调的是个人无限的、自由的发展，中国则特别强调刚柔交错、文明以止。中国人认为人文就是文明要停止的那个地方，人应该对自己有所控制，不能无限制发挥个人的自由或者愿望，只有知道什么地方应该停止才能有一个和谐的社会。所以中国的人文精神跟西方的人文精神是从同一种精神、同一种关注发展起来的，可是它们有不同的方式。

到了18、19世纪以后，人类从农业社会发展到工业社会，马克思认为机器代替了人的劳动，这样人就有大量的时间来发扬自己的个性、做自己愿意做的事情，我们应该达到一种个性的解放。可是事实却恰恰相反，到了19、20世纪，人不仅没有从繁重的劳动里面解放出来，反而被紧紧捆在机械的劳动里面。所以大家可以看到，18世纪要求个性解放的浪漫主义慢慢过渡到了对现实的不满、怀旧的情绪。在这样的状况下面，又有人提倡人文精神。20世纪30年代，哈佛大学比较文学系的第一任系主任白璧德就希望通过借鉴中国的思想，来发扬新人文主义。白璧德反对那种完全没有限制的浪漫主义和完全超乎伦理的客观的科学主义，他希望把西方人文主义和东方人文主义结合在一起。比如他认为人应该自己规范自己，应该克己复礼、中庸自律。但是白璧德的新人文主义并没有真正得到实现。20 世纪末以后，西方社会文化的危机更加严重，很多思想家因此都在反思极端个人主义、极端自由主义带来的危害。他们想了很多的方法来改变这样一种状况，有人主张回到希腊重新考察自己，有人主张以中国作为“他者”来重新衡量自己。比如说法国的一位学者弗朗索瓦·于连，他认为西方并不是为研究中国而研究中国，而是把中国作为一个镜子，作为一个他者来更好地审视他们自己。还有一种情况是直接向非西方的文化吸收养料，比如法国比较文学大师巴柔，他认为中国“和而不同”的思想应该成为重要的伦理资源，使我们能在第三个千年实现差别共存与相互尊重。此外，还有一种是由罗马大学的尼兹教授提出来的，他认为比较文学是一种非殖民化的学科，它使得西方人来检查自己的心态，看看自己对殖民地文学、对殖民地人民是否有优越感，是否有一种优越于别的文化之上的心态。而对于第三世界的人来说，就要看看自己怎样摆脱崇拜西方、崇拜殖民文化的这样一种心态，要重新来衡量自己的文化，找出自己文化的特色。

我们可以看到，西方学界正在寻找各种途径向非西方文化靠拢，追求西方和非西方的和谐的共处。这样就创造了一种相互交流的有利条件，西方文化和非西方文化现在有一个很好的时机，结合起来解决很多世界性的问题。

有一个美国人写了本《欧洲梦》，他把欧洲梦和美国梦对比起来讲，美国梦和欧洲梦的区别并不是地缘的区别，而是不同的时空里不同思维方式和生存方式的区别。美国梦主要是指每一个人都拥有不受限制的精力来追求财富、积累财富。在美国梦里面，首先是私有财产被看做通向个人自由的通行证。一个人拥有的财产越多，就越能具备自主权和流动性，就越能不依靠和受惠于他人，就越不臣服于环境。其次，财富带来一种排他性。财产是自我和他人之间的边界，个人的财富是成功的标志。所以美国梦笼罩的人们不惜一切代价追求消费、纵容每一种欲望，他们崇尚以最大的自由去争取最多的财富。从哲学的角度来看，美国梦代表了自由主义、个人主义、平民主义、实用主义、竞争主义和征服主义，集中起来就是人人可以通过自己的努力获得个人成功。《欧洲梦》的作者莱富金认为美国梦是不可能实现的，美国梦坚持个人利益的最大化，所以缺乏普遍有效性，因为不存在一个可以让每一个人都获得成功的社会，因此在逻辑上美国梦只是有些人的梦，而不是所有人的梦。从本质来讲，美国梦就是粉碎他人的梦想来成就自己的梦想，就是损害世界的梦想来实现美国的梦想。而欧洲梦是一个新的历史观，它是一个基于生活质量，而不是个人财富的无限积累的文明。所谓生活质量，首先是生活要有所保障，其次是公民个人要有主观的幸福感。欧洲梦的第一原则就是把人类的生产、消费和自然的能力联系在一起，反对过分追求。第二是要有个人的自我修养，要有精神生活的提升。欧洲梦以北欧福利国家作为生活理想的典范，它认为自由并不是你想做什么就做什么，而是你可以进入到更多的情境、更多的共同体，拥有更多的选择权利。所谓欧洲梦的两大支柱——多元文化主义和全球生态意识——就是要把人性从物质主义的牢笼里面解放出来，成就新的人性，这也就是我们刚才说的新人文主义的一个方面。欧洲梦还有一个网络经济的特点，网络经济和市场经济不同，市场经济追求自身利益的最大化，而网络经济则强调互利双赢。作者认为美国梦和欧洲梦的伦理基础也是不一样的，美国梦以洛克关于保护私有财产、保护个人自由权利的思想为核心，欧洲梦则是以康德的人权思想作为哲学基础。

当然，所谓欧洲梦是一个正在发展的、刚刚成形的一种思想，我们既不知道它是否绝对正确，也不知道它能否发展下去，但是这种高瞻远瞩的思想对我们依然是很有启发的。在我看来，欧洲梦依然信奉一种地区的保护主义，因为它的基础是高度福利的国家，欧洲梦的最大考验是移民问题。大家都知道，欧洲的生育率是很低的，可是他们的老年人越来越多，只有依靠大量的移民才能保证经济的正常发展。但是移民也要分享他们的福利，如果不能同等地对待移民就不符合欧洲梦。另外还有移民的文化认同与融入问题，这些都给欧洲梦带来许多挑战。

那么，在新人文精神上，我们中国能够作出什么样的贡献?《欧洲梦》的作者莱富金认为在未来世界的文化建构中，中国会占有很重要的地位。中国文化十分强调教育，费孝通先生认为中国文化最主要的特点就是对祖先的崇拜和对子女的培养。所以莱富金认为最能和欧洲梦合拍的就是中国文化。因此他认为中国最应该和欧洲联合、并肩作战，共同寻找一种对更高的个人使命的渴望。还有一个就是在逐渐疏离冷淡的社会里面，欧洲梦特别强调寻找共同体的意识，莱富金认为中国的青年人也应该有这样的要求。我看了这本书觉得他对中国的很多现实情况并不了解，但是他这种良好的愿望对我们还是很有启发性的。

我们说一个人在日益物质化的世界里面寻求更高的个人使命，逐渐从疏离冷淡的社会里面寻找新的温暖群体，这就是 21 世纪应该形成的新人文精神。在这个新的时代，中国和欧洲都梦想一个每个人的权利都获得尊重、文化的差异受到欢迎、人类能够生活在安定与和谐之中的社会。为此人类需要不断开发新的理念，这一点上，中国和欧洲会找到更多更深层的共通之处，所以世界将它的目光投向了欧盟和中国。人们在问，拥有悠久历史的中国文化能为欧洲梦真正发展成为全人类的世界梦想贡献什么？尽管作出断言还为时尚早，这是非常值得我们讨论的问题。

问：请问汤先生如何看待儒学复兴的问题？有人认为中国现在儒学还没有真正复兴，您赞同这个观点吗？

汤一介：现在大家对儒学到底怎么复兴有各种各样的看法。有一种看法认为，儒学最好变成儒教，而且最好由我们国家实行政教合一的体制来做，这是蒋庆他们的主张；还有一种认为儒学在五四以后就已经被批判掉了，现在复兴儒学就是历史的倒退。当然中间还有许多不同的想法，比方说从熊十力一直发展到杜维明先生的现代新儒学，特别是牟宗三先生主张"老内圣开出新外王"，他认为从儒学里是可以发展出现代的科学与民主的。我的看法是，可不可以从三个角度来考虑儒学：一个是政治化的儒学，这和我们传统的专制社会有千丝万缕的联系；还有一个是道统的儒学，任何学说都有它的传统，儒学也有儒学自己的传统；第三个就是儒学的学术传统，我觉得儒学复兴的应该是它的学术传统，从学术传统方面来考虑哪些是我们能够继承并且应该给它以现代诠释的，哪些是我们必须否定的。

在我们当前民族复兴的时期，当然要重视我们自己的学说，这是没有问题的，但是到底是要复兴哪一些、怎么复兴，确实需要很好的考虑。这种复兴还有一点要注意，就是绝对不能排斥其他民族的文化，排斥其他的民族文化是死路一条，我就是这样一些简单的想法。

问：最近我看到《南方都市报》连续做了好几期关于文艺复兴的大讨论，但是我不知道这个复兴到底应该复兴到什么地方去，是复兴到传统儒学还是欧洲梦？欧洲梦给我的感觉就是一个乌托邦，如果真这么复兴的话，会不会导致一种文化大革命？我想我们是不是把文化看得太高了，文化真的能解决社会中出现的这么多问题吗？

乐黛云：你说得很有道理，如果用欧洲梦解决政治经济问题的话当然可能是乌托邦，因为这在中国目前是很难实现的。可是你可以把它看成一种新的人文精神，它能够帮助我们认识人性、认识人应该怎么生活，提供给我们一种新的人生观、新的世界观，我觉得这是非常有用的。现在我们所追求的是人身心的内外和谐，就像最近发生的韩国23岁的青年枪杀了32个和他无冤无仇的学生，这就是不和谐。他找不到一种生活的方式，找不到一个精神的寄托，所以像欧洲梦这样的新人文精神，就是关注你对人生追求什么，当你追求不到的时候怎么办，它提倡更多地追求一种精神生活，我想这些是可以缓解社会中的实际问题的，所以很难说它是一个乌托邦。

原收入《尔听斯聪》，杭州，浙江大学出版社，2012

在平等交流中求同存异，在理解对话中追求创新

——汤一介、乐黛云教授访谈录

访问：胡娟、沈健、刘昊

问：两位都有丰富的跨文化交流经历，请问您二位如何看待中国人文学科的国际影响力呢？

乐黛云：国外比较关注的是中国的古代文化，如儒家思想、道家思想、宋明理学等。西方人研究中国的文化，希望了解中国学者是如何看待自己的文化的，所以对研究中国古代哲学、历史、文学的学者很看重。

然而，中国当代人文学科的新成果受到的关注比较少，国际上对中国当代文史哲学者所做的事情了解得很少，评价也不高。他们甚至认为，当代中国的学术研究都是在马克思主义指导下取得的，而马克思主义首先是欧洲的产物，中国是从苏联学来的，新的成果都是在此指导下取得的，因此，跳不出这个框架。另一方面，我们对马克思的研究又不够深入，对西方马克思主义研究前沿并不很了解。比如，西方学者对马克思主义有哪些新看法，产生了哪些新认识，接受了什么，扬弃了什么，我们对此都没有认真研究，缺乏深入了解。这些都导致了国际学术界对中国人文学科现状的重视不够。

相反，对于当代的中国文史哲研究，国外对长期旅居国外的中国学者的成果更为认可。比如现代文学，国际上比较认可的是李欧梵、王德威、夏志清等，他们很早就到国外去了。西方人认

为他们的成果与西方的观点比较一致，比较能够理解和接受。在中国，他们也比较被看重。由于他们兼具中西方的背景，可以从不同的文化视角来进行中国文史哲研究，所以会有新的看法，不会是完全守旧的，有些新的看法还是应该被尊重的。

可是，如果我们自己也觉得只有外来的和尚会念经，中国人自己做不出什么好的东西，这就很不正常了。现在，无论是我们所产出的研究成果还是我们的自信，都还非常不够，以至于撒切尔夫人说："中国不可能成为超级大国，因为中国没有那种可以用来推进自己的权力，进而削弱我们西方国家的具有'传染性'的学说。今天中国出口的是电视机，而不是思想观念。"这种情形是很不乐观的。真正地走出去，并不是我们大声齐呼要走出去，或者拿很多钱去印书、去出版作品，而是如何使我们的学说、我们的思想对外国人有吸引力。

问：您认为当代中国人文学科的国际影响力不够，主要原因是研究成果的质量不高，是这样吗？

汤一介：对，我们做得不够，研究得不够。比如，马克思主义对中国的影响到底在什么地方？它的主流是什么？马克思主义作为指导思想到底是怎么指导的？怎么样算是指导？我们对这些问题都没有弄得很清楚。

乐黛云：马克思主义是最根本的指导思想，它本身也是发展的，可是，我们现在对马克思主义在当代的发展、对西方的新观点等并不是很了解，也没有与中国实际联系起来进行讨论。以前我开过一门课，在比较文学中讲马克思主义文论在东方和西方的不同影响、不同发展、不同创造。后来，我就没有再讲这门课，因为研究这个问题很不容易，你需要看很多的书，要和人家有很多的讨论，而且又有很多的辩难。现在大家都怕研究困难的问题，都是挑那些容易的讲，比如马克思曾经说过什么，当时是怎样的情况，中国有什么反应，这从历史的角度讲很容易，但要从理论上深入就很难。然而，不从理论上深入，中国人文社会科学就很难走出国门，产生国际影响。

不过，现在有一个好的办法就是把中国古代文化加以现代诠释，这个是很受欢迎的。比如，汤先生讲中国儒家的真、善、美思想，就很受欢迎。他一直在努力把古代文化现代化，进行现代化的诠释，而且吸收国外的思想补充完善中国古代文化研究。这个研究思路比较正确，只是很难扩展开。

问：您认为现在很多研究不够深入的原因部分是因为人们不敢触碰太深刻的东西，这样也导致了人文学科研究的整体状况不太尽如人意。汤先生，您赞成乐老师的看法吗？

汤一介：乐教授说国外注重的是中国传统文化，而不是现代文化。对此，我有一个特别的例子可以说明。马王堆帛书的出土、竹简的出土、清华收藏竹简等，国外是非常重视的，一下子就轰动了，甚至很多是国外学者首先在研究。他们非常重视中国的历史文化传统，能够接受中国儒释道三家的一些思想，也注意到了现代一些学者研究儒释道的成果。

问：那么，如何提高我国人文学科的国际影响力呢？

乐黛云：最关键的是要有自己的研究成果，要能够说服自己、说服别人，能够站得住脚，理论要有创新。文史哲研究总是会涉及意识形态，涉及人的思想、人的灵魂这些问题。只有破除一些条条框框的限制，文史哲才可以发展。根据我们自己的经验，在国外开讲座，如果讲的是真实的、真正有研究的、有价值的东西，大家会感兴趣的。如果不是这样的话，的确会很困难。

汤一介：就拿哲学来讲，我们现在提倡国学，其中有两种倾向值得注意：一种倾向是极力摆脱马克思主义的影响，把马克思主义放到一边，只去研究国学；另一种倾向认为中国传统文化都是前现代的东西，对现代社会特别是对建设社会主义是没有什么意义的。我觉得这两种倾向都是片面的。马克思主义作为一种学说是真正有价值的，特别在经济学方面是有它的价值的，有些思想和中国传统文化也比较接近。比如说，中国传统儒家哲学和马克思主义都是一种实践的哲学，马克思主义主张实践，儒家主张知行合一，这是一个可以结合的地方：它们都是理想主义的，马克思主义有一个理想——共产主义社会，中国有大同社会的理想，不管是共产主义，还是大同世界，都追求理想社会；马克思主义认为人是社会关系的总和，中国讲礼，即人是在社会关系中存在的人，父慈子孝、君义臣忠、兄友弟恭等，都是在一种社会关系里存在，不是讲抽象的个人，而是在讲人处在社会关系之中。

在哲学方面，我们用的很多理论还是西方的理论，比如说诠释学的理论。现在，我们的经典诠释使用的基本上都是西方经典诠释的框架，不仅哲学，还有社会学、文学、历史学、宗教学等，这些方面的解释框架也都是西方的。其实，在经典解释方面，我们有比西方更悠久的历史，我们从战国时期就有《左传》解释《春秋》，是在公元前400年到前300年。西方的解释学虽然在古希腊时有亚里士多德解释柏拉图的思想，但并不占重要地位。西方真正对经典的诠释是从诠释《圣经》开始的，已经在公元200年之后了，比我们晚了约四五百年的时间。我们有非常丰富的解释经典的历史，《儒藏总目》中对五经的解释就有一万四千种书。但是，我们自己没有把中国的经典诠释总结提炼出来，而19世纪末20世纪初狄尔泰等把西方的经典诠释总结提炼成为一门单独的学科，所以现在我们只能用西方的东西。

现在西方流行着两种学说，一种是现象学，一种是后现代主义。我们在找中国有没有现象学的理论，是用西方的现象学来找中国的理论里面有没有这样的成分，所以还是用西方的框架。有人认为郭象思想是现象学的，有人讲佛教中的般若是现象学的，等等，都是用西方的框架。我们也是用西方的框架来讲后现代主义。所以说，在哲学理论上我们没有创新，甚至还不如 20 世纪三四十年代，那时冯友兰在哥伦比亚大学讲中国哲学小史，至今外国人还在读他的著作，而我们现在写的中国哲学史外国人根本不看。外国人研究中国哲学家，也只研究像冯友兰、梁漱溟这样的人，不太研究 50 年代以后培养出来的学者。为什么没有人研究？因为我们没有理论创新，在哲学上没有什么特别创新的东西，基本上是在用西方的框架，这如何能走出去？

我有这样一种观点，文化有个源和流的关系。中国文化有五千年的历史，源远流长，可以拿长江做个比喻，长江发源后流到四川境内嘉陵江就进来了，流到湖北汉江进来了，到了下游黄浦江又进来了，长江就是这样一步步壮大起来的。文化也是这样不断地发展的。最早是继承夏商周三代的文化，在春秋战国的时候，不同地域的文化百家争鸣，齐鲁文化是一支，三晋文化是一支，巴蜀文化是一支，吴越文化是一支，荆楚文化是一支。比如屈原的赋和诗经的风格是不一样的，它是在荆楚地区发展起来的，不是在中原地区发展起来的。到了汉朝的时候，西汉末年东汉时佛教传进来了，对中国的冲击很大，使中国文化有了一个很大的扩展。据《隋书·经籍志》记载，当时在民间，佛教经典的流传十百倍于儒经，可是最后呢？最后是佛教中国化了，变成中国的东西了，佛教是流而不是源。佛教现在就是中国的佛教，中国有佛教徒一两亿人；而在印度，佛教在八九世纪就已经衰落了，没有什么太大的影响了，现在印度 10 亿多人口中，信佛教的只有 400 多万人，比中国少得多。如果没有汉传佛教、藏传佛教，佛教的经典就大部分失传了。当今，西方文化对中国文化来讲依然是流而不是源，我们应该把它们融合到中国文化中来，变成中国自己的东西。原来是儒释道三家，现在是儒释道马（克思）四家，需要研究清楚它们之间的关系，如何共同地融合成中国文化。这个是非常大的问题，只有研究好这个问题，我们的研究成果才能“走出去”。

社会科学也是这样，我对社会科学不大了解，这里只举个法学的例子，这方面有一些接触。我们现在基本上用的是西方的法学，但其实古代中国的社会治理方式有两套，一套是用礼，一套是用法。《礼记》就讲君子“礼以坊德”，用礼来防备道德的败坏；“刑以坊淫”，就是用刑来防范社会的混乱。这是两套治理国家的办法。《汉书》中刑法志是一个志，礼乐志是一个志，它们作为制度性的方法共同治理国家。可是，今天我们完全学习西方那一套，只有法，没有礼。然而，西方有基督教，进行了道德规定，中国没有统一的宗教，礼没有了，各种规矩都没有了，怎么能把国家治理好呢？那么，我们是否可以从中国传统礼与法的关系来考虑治理国家的制度呢？现在很少有法学家研究这些问题。

另外，我们应该把中国文化中具有普世价值的东西介绍出去。我并不反对自由、民主、人权，自由、民主、人权是很好的，可是现在西方把这些价值用坏了，越用越坏。中国的普世价值其实也有越用越坏的，礼仪在先秦本来只是讲父慈子孝、君义臣忠，不讲“三纲”，到了汉朝才讲“三纲”。一个思想本来是很好的，可是后来没用好。我们需要把普世价值（universal value）与普遍主义（universalism）区分开来，普世价值在各民族文化中都有，而普遍主义是西方某些学者、某些政治家鼓吹的，认为只有西方的东西才具有普遍价值。在历史上，他们曾认为基督教把印度征服了之后，就应该是唯一的宗教，这个思想延续下来，就是普遍主义的思想。我们需要进行深入的研究，有创新性的理论，思想自由，兼容并蓄，这样才能“走出去”。

问：汤先生和乐先生刚才讲得特别好，人文社会科学要走出去，要求实事求是，要讲真话，不能受太多意识形态的干扰。但是，除了意识形态的干扰，还有个问题就是我们的理论创造性不够，没有创新性的理论。出现这种情况的原因，是不是因为东西方的思维方式有比较大的差别？比如，法国的德里达就认为中国没有哲学，中国的学者在这方面一直为自己辩护。但是，从某种意义上说，其实是不用辩护的，西方的学术体系和思维体系本来和我们就不一样，称为哲学的东西是理论的思辨或者逻辑的思辨。而中国的儒家经典，本来就与西方的体系不同。

汤一介：这是一个非常大的问题。我曾经在《论中国传统哲学的真善美问题》和《再论中国传统哲学的真善美问题》两篇文章中，把中西哲学做了一个比较。从哲学的角度讲，它们是两种不同的模式：西方哲学是一个非常严密的知识系统，从亚里士多德开始就是这样做的。通过非常严密的论证建立起一个严密的知识体系。中国哲学是追求人生境界，讲人怎么样成圣成贤，是一种人生境界的学说，而非刻意要建立一个知识体系。它主要是从怎么做人的角度来考虑问题的。儒家注重修身的功夫。讲修身、齐家、治国、平天下，“壹是皆以修身为本”，它不是要建立一种非常完整的知识体系，而是要建立一种提高自己境界或提高社会境界的学说。所以，我认为，中国哲学是以内在超越为特征的哲学，靠自己的修养摆脱自我的限制和环境的限制，靠自己的能力成圣成贤。道教后来讲“我命在我不在天”，我的命靠自己，不是靠天，不是靠外在的力量帮助。西方哲学则相反，最后是上帝的拯救，是外在超越的哲学。外在超越有一个非常大的好处，就是它有一个标准，能提出“法律面前人人平等”这样的客观指导理念，而东方哲学就很难得出这个结论。

这两个不同的哲学体系，我曾经设想能不能互补，如果能够互补是一件好事。现在有一种趋势，就是建构性的后现代主义逐渐往中国哲学这方面靠拢，我不大知道其未来如何发展。但是，从人类社会的发展讲，前面的某些思想是不是会对后现代有所裨益？因此，这两种不同的模式都有其存在的价值，问题是如何互鉴互补。

问：能不能这样认为，如果这两种模式是互补的，那么我们的哲学模式“走出去”就更容易一些，会更容易被接受；如果是相互排斥的，那么就有个排异反应，外国人就不容易接受，走出去就更加困难？

汤一介：对我们过去的哲学思想，比如我讲的内在超越、注重提高精神境界，我们不能仅仅停留在介绍古代哲学思想的程度上，应该在这个基础上加以发挥和创造，让我们自己的文化真正地向前推一步。发展是在已有基础上创新，在创新中发现我们的文化哪方面弱，就去学习其他文化的精华。不排斥别人，不排斥自由、民主、人权，但是可以给自由、民主、人权一些新的解释，而且这个解释要和中国传统哲学有关。联合国有个《人权公约》很好，但还不够，我们能不能再提出个《责任公约》呢？中国传统文化讲求责任与权利匹配，自由、权利应是负责任的才行。再比如中国文化讲君义臣忠，君主必须是讲道义的，臣子才有忠的义务，如果你不是讲道义的，我就没有做忠臣的义务。权利和义务应该是相互对应的关系，有了一个《人权公约》，再有一个《责任公约》是不是会更好一些呢？

西方的启蒙运动是非常好的，康德讲启蒙运动最重要的精神就是理性。但是，理性实际上有两个相互联系的方面，一个是工具理性，一个是价值理性。现在，科学万能的工具理性得到了充分的发展，自然界是我们的工具，人也是我们的工具，所有的东西都成了我们的工具，但人文价值理性却被边缘化了，这两者就无法平衡了。这两方面需要结合起来考虑，片面地发展某一个方面，就会影响另外一个方面，这些问题都是西方存在的问题。“走出去”必须依靠我们自己的理论创新。我们的人文学者中有许多不错的专家，但缺少真正的思想家，只有我们独创的思想家才可以影响世界。

问：现在中国政府非常重视文化“走出去”，也有一些鼓励措施。比如，鼓励出版社把中国当代的一些很好的作品翻译成英文，通过和国外的出版社合作推出去；再比如，在国外设立孔子学院，把中国的文化、中国的人文社会科学介绍出去。这些都是国家举措，学者的看法褒贬不一，您怎么看？

汤一介：在国外设立孔子学院是很有意义的，可以把汉语推广或者中国功夫等作为中国文化“走出去”的切入点。但是，中国的文化精神到底是什么？中国传统文化的核心价值到底是什么？跟现在我们讲的社会主义核心价值到底有什么关系？这才是最重要、最需要搞清楚的。关于中国古代的核心价值，管子提出了“礼义廉耻，国之四维；四维不张，国乃灭亡”。什么是一个国家的核心价值？就是“礼、义、廉、耻”，这是立国之本。儒家认为什么是核心价值呢？“仁、义、礼、智、信”，这叫“五德”或“五常”，就是我们古代的核心价值。我们古代的核心价值跟现在的核心价值有没有关系呢？要不要接轨呢？还是我们把古代的核心价值全抛弃掉，创立一套新的完全不同于古代的核心价值呢？这些都是可以研究的问题，国家需要首先把这个问题研究清楚。

问：现在世界各国都非常重视文化推广和文化交流，也都非常注重“走出去”，比如美国就通过商品的方式或者其他的方式来推广市场经济和商品文化，您觉得其他国家在“走出去”方面有哪些经验值得我们借鉴？

汤一介：其他国家都在做，德国有歌德学院，英国有英国文化委员会，我们设孔子学院也是必要的，但是，孔子学院仅做汉语推广是不够的，要把中国精神传达出去，比如，中国精神到底是什么？中国文化精神是什么？五千年以来是怎么发展起来的？到今天大概是怎么样？孔子学院在有些国家办得比较好，比如巴黎远郊的阿尔德瓦大学的孔子学院、维也纳大学的孔子学院就办得很好。孔子学院只教汉语是不够的，应该多教些中国文化。

乐黛云：有的孔子学院比较活跃，经常组织讲座、展览或者其他一些活动，像法国的孔子学院，给大家讲授中国古代文化，而且教古代汉语。大家也特别感兴趣，觉得古代汉语挺有意思。所以有特色就比较好。

问：乐先生对于国家在推动哲学社会科学“走出去”方面怎么看呢？刚才汤先生表示国家应该发挥积极的作用，发挥作用的形式可以多样，而且要提高发挥作用的质量和层次，不知道乐先生有没有观点补充？

乐黛云：我是觉得国家重视文化建设是一件好事，不过，文化建设需要“润物细无声”，如果是运动式的、一哄而上的，反而不容易做好。有时，你过于着急，别人会有所顾忌，“中国提升软实力要干什么？用文化征服我们，要文化统治、文化殖民吗?”外国人就会有这种反应。我经常接触到一些外国人，他们一听到我们讲文化大繁荣大发展，就想，是不是要进行文化侵略了，要进行文化控制了，是不是要灌输意识形态了。所以要“润物细无声”，要慢慢地、细细地、没有什么声音地渗透进去才好，否则会适得其反。

我们要研究中国文化过去是怎么样影响外国的，过去国外的人是怎么接受中国文化的影响的。这是有不同阶段的：

新中国成立前，国外的中国研究被称为汉学，西方人研究汉学主要是出于意识形态控制的考虑，别人要把东西灌输给你、征服你，进行文化征服和文化侵略。另外还有两种：一种是玩赏性的、猎奇的，觉得这个东西很好玩，而且越怪越好；还有一种是知识性的，就是研究知识，比如高本汉，就是研究中国语言有什么特点，没有什么别的目的。

进入第二阶段之后，就变成中国学了。汉学是第一阶段，中国学是第二阶段，他们研究中国是为他们的国家服务的，意识形态色彩非常明显。以费正清为首，用他们的文化“冲击”我们，然后我们“反应”，在冲击和反应的过程中把西方的观念灌输给中国。当然，如果中国的东西对他们有利、有益，他们也吸收。

现在应该是第三阶段。第三阶段不一样，一些有见识的外国人想要从中国文化中找到一些有用的、能够解决当今世界难题的东西。几次中欧高层论坛就是如此，2010 年在巴黎召开了第一次中欧高层论坛，他们讨论中国文化，特别强调“天下”体制，而不是帝国体制。“天下”和帝国是不一样的，从“天下”和帝国的不同点出发，结果也是不一样的。中国的“天下”体制可以使得矛盾不那么尖锐、激烈，这可以弥补帝国体制的一些缺陷。“天下”这个问题在西方大学里也被热烈讨论过，很有影响，这就是中国人文学科“走出去”了。不是我们主动走过去，不是我们给他们灌输什么，而是他们感觉有需要，自己来寻找、来吸取。再比如感情问题，中国讲“道始于情”，情是很重要的，“亲亲为大”，是从亲情出发而不是从利益来考虑的。现在有人开始研究李泽厚的思想，因为他就提出中国的哲学是以情为本的，以情为本产生了很多不同的东西，和西方以功利为主不一样，对西方很有借鉴意义。再比如，讨论到中国哲学是从关系出发的，而西方是以个体来发展的，中国重视家庭，认为父子兄弟是最根本的社会细胞，中国文化最基本的基因是尊重祖先、培育优秀的后代，这是我们中国传统很重要的一条，这对于解决西方的问题、解决中国的问题都有好处。

第三阶段实际上是要从中国的文化中寻找一些具有普世价值的东西，这些价值能够解决当前世界的一些难题，对他们有启发、有作用。今年举办的文化论坛、中欧高层论坛、中美高层论坛，都在讨论如何从中国的普世价值中吸收一些新的东西、好的东西，来解决世界范围内遇到的共同问题。比如自然灾害的问题、人与自然的关系问题、人与人的关系问题、人的发展问题，这些共同关注的问题，仅靠一种文化是不能解决的。所以，现在讲在全球化的多元文化里面如何保持不同文化的特点，而不是变成一个大熔炉，变成一个合金，特点没有了是很可怕的。一定要保持不同的特色，强调差异，尊重不同民族文化的差异。有差异才能够碰撞出火花，才能够解决面临的共同问题。我们要“走出去”的话，需要注意这一点。我们要尊重其他文化的特点，不是用我们的文化去塑造人家的文化，这是过去西方中心主义失败的教训。西方学者像斯皮瓦格也提出，不应该随便磨灭别人的文化特色，把它们掩盖起来，把它们削平了，把世界文化变成一个同质的东西，最后是很可怕的一种景象。

一位非常有名的思想家说过，20 世纪是要寻找共同的利益、共同的观念，21 世纪是要尊重差别，从差别中来寻求我们怎么样互相共存，以差别为基础形成一种文化的共同体，解决面临的共同问题。要走出去，需要先了解人家在考虑什么问题，在关注什么问题，最热衷于什么问题，否则，你就不能参与到这个对话中去。大家讨论得很热烈，可是你不知道人家在关心什么，你就参与不进去，参与不进去的话，你就被排斥在外了，也就谈不上“走出去”了。

我们需要从一开始就关注这个问题，关注跨文化对话，不同的文化怎么进行对话。比如《跨文化对话丛书》已经出版了十年，一年出三期中文版、一期法文版。通过这样一个平台展开交流，每期有一个重点，中国和法国的学者就某个话题进行对话，比如复杂性思维等话题，这是一种很有意义的方式。《远近丛书》也是以类似的形式进行文化对话，但是讨论比较民间的话题，每期一个主题，分别由一位中国学者和一位法国学者就这个主题发表自己的看法。比如说“夜”，中国人和法国人是怎么对待“夜”的；比如说“味”，中国人和法国人对于“味”的感觉肯定不一样，其引申义也不一样。

我觉得促进跨文化交流的方式要多种多样，一点点做，深入做下去，做个三年、五年总是会有结果的。政府重视这个问题非常好，可是不能要求大家很快出成果，如果一哄而上，那就适得其反了。

问：这些是“走出去”非常好的形式。

乐黛云：对，我们要有多种多样的形式，孔子学院可以教语言，也可以教文化，更可以教手工、中国书法、中国绘画等。我的一个学生在巴黎附近的一个孔子学院开办了一个刺绣班，教孩子们学中国刺绣等，中国人做东西要拿个图片，像做个花鞋要剪一个花样，在上面做刺绣，这一类的中国图案就在慢慢地熏陶着他们。

不少国家在中国设有机构，像法国的东亚研究所，每个月有一个讲座，把他们国家最好的汉学家请来讲中国文化，这也是一种交流。他们也讲法国思想的研究，每个月有讲座，请不同领域的人参加。德国、法国、美国的新闻机构还不断地出版刊物。比如有个刊物叫《交流》，一个月一期，广泛地发，非常注重生活内容，有时候讲食谱，如好吃的蛋糕怎么做，让大家容易接受，就产生了影响。

问：两位先生在跨文化交流方面做了很多的事情，这些都是

“走出去”非常好的范例。您觉得“走出去”需要注意些什么？

乐黛云：跨文化交流是一项非常有意义的事业，不要单方面地考虑我们如何“走出去”，要考虑到双方，双方的对话，双方的交流，而不说宣扬“软实力”，不是去耀武扬威。所以，我觉得要强调用什么样的心态走出去，千万不要觉得现在我们中国经济发达了、有钱了，就到处撒钱，要到处让别人对我们赞赏崇拜，这样的心态会被人家抵触。其实，软实力别的国家也在做，特别是美国，可是他们做了却不讲是软实力，我们却老是讲加强软实力，老是放在嘴边，人家听起来就会很反感。现在讲多元文化的全球共存，要保持各自的特点，然后共同解决遇到的一些问题，共同发扬自己的特色。

汤一介：现在，我们提出来打通“中西马”，就是把中国文化、西方文化、马克思主义文化打通。这需要有一个立足点。伽达默尔曾提出“广义对话论”，认为在对话中主即是客、客亦是主，主客双方之间平等对话，彼此只有在平等的基础上进行对话，对话才能得以顺利进行。

乐黛云：对话首先是要听对方说什么，然后融会贯通。过去说打通思想，打通思想就是我打你通，把我的思想灌输给你，你接受了，好像这个对话就完成了。这不是伽达默尔所说的广义对话。广义对话是两个人相互说服，你听了我的有所改变，我听了你的也有所改变，然后有一个新的发展，这个才是有意义、有价值的对话。如果交流后，你还是坚持你的，我还是坚持我的，没有什么改变，没有什么发展，就没有意义了。

最后，还有一点要补充，对话不一定是面对面的，还有一种“共鸣”式的对话。在《中学西渐丛书》中，讲了中国文化怎样走向世界，如何影响了像伏尔泰、莱布尼兹、庞德等这些人，他们不一定懂汉语，对中国文化也不一定有系统的知识，但他们看了一些传教士的翻译和介绍，就感到有启发，触发了自己的灵感，并将其汇入自己的思想，影响了他们文化的发展。比如庞德，他连汉字都不认识就受了中国文化和中国诗歌的影响，开创了一个新的诗派，创造了意象派诗歌，他自己说这完全是受到了中国诗歌的影响。我们期待的应该是这样的“走出去”。

汤一介：最后想强调的是，我们不要怕外国文化传播到中国来。佛教传入中国，中国的僧人把佛经的主要部分翻译过来了，现在梵文都没有了，大部分经文在中国。目前，我们还没把西方的经典全翻译过来，还缺很多，如柏拉图全集、莱布尼兹全集等。我们不应该赶时髦，应该关注西方文化的根基，把它们了解清楚了才好。

原刊于《中国人民大学学报》，2012（3）

重视哲学史方法论的研究

——读《郭象与魏晋玄学》

金春峰

魏晋玄学是中国哲学发展中一个重要的阶段。经历两汉经学神学几百年的迷信、荒诞、繁琐、干枯、死气沉沉的统治之后，进入魏晋，人们的思想骤然为之得一解放。清新、潇洒、自由，驰骋于玄远、超脱、辩名析理的玄思之境，迅速把中国哲学推进到以本体论为特征的新阶段，留下了丰富的哲学遗产、深刻的思维经验教训、众多的研究课题，吸引人们发掘、思考、剖析、总结。解放以前汤用彤先生著《魏晋玄学论稿》，前驱先路，提纲挈领，对玄学的研究作了极有价值的贡献。比较之下近三十年间，我们的研究却相对落后了，几乎没有专著问世。最近湖北人民出版社出版汤一介同志的《郭象与魏晋玄学》，作为一部以马克思主义为指导的专著，其研究成果，确实令人高兴。

这部著作以郭象为中心，涉及了魏晋玄学的广阔领域，实际上是一部有详有略，既有重点而又兼顾全面，贯穿始终的魏晋玄学哲学史。

本书首先剖析了魏晋玄学产生的社会历史条件，对从两汉至魏晋的思想发展的内在逻辑，作了深入的论述。

魏晋之际由品鉴人物而兴起的名理之学，以刘邵的《人物志》为代表，首先把才性问题的讨论，引向了天人之际的哲学的思辨。从研究情理关系入手，得出了“物无妄然，必由其理”的结论，玄学的哲学本体论特征由此逐渐脱颖而出。才性问题的讨论，又把传统思想的“君道无为”，由君人南面之术，变而为圣人君主应具何种品德的抽象的思辨，提出了圣人应“其质无名”、“平淡无味”才能“成众味”、“齐众名”的命题使一多关系问题，得到了重视和关注。《人物志》一方面推崇尧舜为圣人，一方面又认为圣人应“中庸”、“无为”、“无适无莫”，这又启迪了玄学融儒道为一的新潮流。玄学是如何产生的？这是一个复杂而饶有兴味的问题。过去有一些探讨，但答案极不能令人满意。本书从才性论、《人物志》这条线索从逻辑上所作的发掘，从一个方面提供了比较具体的答案，是可贵的成果。

玄学产生以后，经历了发展、演变的历史过程。本书将玄学的发展划分为四个时期：以王弼、何晏为代表的正始时期；以嵇康、阮籍、向秀为代表的竹林时期；以裴頠、郭象为代表的元康时期。此后，则是东晋时期的玄学，以张湛思想为代表。对这几个时期的玄学思想，本书用三章的篇幅详尽地作了论述。分析了每个阶段及其代表人物的主要思想特点，指明了他们思想发展先后相承的关系，描绘了魏晋玄学按内在逻辑发展的、逐渐深入的完整画面。

佛教传入中国，至魏晋时期，依附于玄学，由魏晋之际的佛道发展成为“佛玄”，至东晋，产生了般若的六家七宗，但仍然是用玄学思想来了解佛教般若学。僧肇作《不真空论》，虽接近般若空宗的原意，也仍然是按玄学讲的，并有所发展。因此，本书又从佛学和玄学的关系这一角度，论述了魏晋玄学的发展变化，分析了“心无义”、“即色义”、“本无义”、“不真空义”的玄学特征，提出了玄学由王弼——郭象——僧肇发展的圆圈。研究玄学与佛学的关系及其相互影响，不仅对了解这一时期玄学与佛学发展的规律具有重要的意义，对研究中外文化思想交流和相互影响的规律，也具有重要意义。本章的研究引出了具有现实意义的结论，是很自然的，更加显示了它的重要。在玄学的研究中，这可以说显示出一个极其重要的领域。

道教是中国本民族的宗教。道教的特点是把人的身体和精神看成具体的实在，主张“肉体成仙”，与玄学的思辨大异其趣。但在玄风的影响下，东晋南朝的道教，亦不能不产生相应的变化。这反映在葛洪所著《抱朴子·内篇》中。葛洪的“玄”，更具有精神实体的特色，但也具有王弼万物本体的形式和特征。本书对玄学与道教的关系，也进行了有意义的探讨。

本书的主要内容是论述郭象的思想。向秀《庄子注》与郭象《庄子注》的关系，学术界久有争论，本书提供了新的材料和看法；接着对郭象的《庄子注》与庄周《庄子》原书的关系，对郭象的《庄子注》与原有《庄子》旧注的关系作了比较和分析；然后剖析了郭象和魏晋玄学建立其哲学体系的方法、郭象哲学体系的逻辑结构、理论思维教训及其内在矛盾；最后对郭象与王弼、张湛的不同特点作了比较，并论述了中国传统哲学的某些特点。全书提出的哲学问题之多，论述范围之广，实际上远远超出了魏晋玄学的范围。

本书的特色是对哲学史方法论问题特别重视，下面着重加以介绍。

首先，是对玄学思想的内在矛盾及其逻辑进展的剖析。

按照马克思主义的逻辑与历史相统一的方法论原则，每一时代的哲学思潮及在其中发展运动和演变的诸哲学思想体系，它的发展演变必然是由内在的矛盾所推动的。它向前发展的轨道表现为逐步深入而又波浪起伏、前后衔接，即按肯定、否定、否定之否定发展的螺旋。哲学史研究的重要任务，就在于揭示这种思想运动发展的规律。在历史唯物主义思想发展史的研究上，普列汉诺夫的《论一元论历史观之发展》曾作出成功的范例。解放以后，我们的许多哲学史论著忽视了这一点，常常按“四大块”的方法构造体系，几乎成了一种模式。把哲学体系分为本体论、认识论、方法论、社会政治思想予以叙述，本来是无可非议的，但流为一种模式，忽视哲学思想由内在矛盾所推动的有机运动和发展，其结果，不仅千篇一律，而且还把哲学由一种能动的活生生的思想发展过程变成了一种僵死的缺乏内在联系的概念堆集或材料罗列。本书力求避免这种缺点，在剖析魏晋玄学的发展时，力求指出贯穿全过程的基本思想矛盾及由此矛盾所引导的全部发展过程的规律性。

本书认为，魏晋玄学发展的逻辑进程是王弼——向秀、裴頠——郭象这样的圆圈。圆圈的起点是王弼。王弼提出“体用一如”、“本末不二”的思想，以“无”作为世界的本体，从而奠定了魏晋玄学的基础。在王弼的思想中，所谓“无”实际是把客观世界一切属性抽空了的最高的抽象概念。王弼把这一没有任何具体内容的抽象存在形式（纯形式）作为客观世界的本体，这是一种唯心主义。王弼企图用“体用一如”来说明无和有、本体和现象的关系，故竭力强调“守母存子”、“崇本举末”，认为本末是不能分割的。然而王弼又有“崇本息末”的说法，在考察儒家和道家思想的对立时，王弼认为儒家是“用其子而弃其母”，道家的特点则是“崇本而息末”。由此他又追求脱离万有而存在的绝对的本体，终于和老子一样，把“道”看成是创造天地万物的精神实体，这就把体和用分割了。这是王弼思想的基本矛盾。作者认为魏晋玄学的发展，就是由这个基本矛盾所引导的。由这个基本矛盾的推动，王弼的思想可向两个方向发展：或者是进一步否定末和有，而强调本体的绝对性；或者是强调末和有与本体的一致性，而较彻底地坚持“体用一如”的原则。按前一个方向发展，这就有竹林时期以嵇康、阮籍为代表的玄学思想；按后一个方向发展，则产生了向秀所倡导的“以儒道为一”的玄学思想。

和流行的观点不同，本书指出：竹林时期，本末有无的问题，直接成为名教与自然的关系问题。在王弼的思想中，名教不仅应当而且必然要反映自然。阮籍特别是嵇康，则认为名教虽然应当反映自然，但并不必然反映自然。在阮、嵇思想中，自然是一和谐有序的整体，社会按照自然的法则发展，应该是“君静于上，臣顺于下”、“无君而庶物定，无臣而万事理”，而现存的“名教”是与自然相矛盾的。为了解决这个矛盾，阮、嵇对名教进行了攻击，同时提出了“越名教而任自然”的主张。

向秀的思想则体现了王弼思想向另一方向的发展。向秀继承了王弼本体论，提出“生化之本”的概念。然而在向秀思想中，这“生化之本”，并非真是一个生化的实体。因为向秀认为，天地万物是“自生”、“自化”的，因此“生化之本”实际是一个空壳。一个空壳如何能成为生化之本呢？这是一个矛盾。裴頠提出“自然而必体有”的思想，指出万物自生以其自身的存在为本体，不需在它以外、高居于它之上的本体，就把向秀的空壳取消了。这解决了向秀思想的矛盾，同时为郭象思想准备了条件。

郭象的思想就是沿着向秀、裴頠的思路前进的。郭象指出：万有存在的根据，不是“无”，也不是“生化之本”，而是物的“自性”。“自性”是自生的，无待的，不需要任何自身以外的条件，于是从裴頠的崇有走向了“独化”，用“独化”彻底地否定了王弼的“无”。但郭象所谓“有”，实际也是指一抽象的存在，同样是一种唯心主义的虚构。故在形式上郭象和王弼是对立的，实际上则殊途同归，回到了王弼的最初的出发点。

经过这样的剖析，呈现给读者的魏晋玄学，就不再是纷然无序而确实是前后相继、逐渐深入、一个环节向另一个环节转化的有机的整体，给人以十分完整深刻的印象。这里有几点我以为是做得好的：1. 它抓住了玄学发展过程中本体方面的矛盾和它的表现形式“名教”与“自然”的矛盾，从矛盾的产生到解决，全部论述都紧紧围绕着这个主题，没有枝节和次要的东西。2. 它揭示了发展过程中的矛盾，没有把极其复杂的玄学发展进程，描述为没有矛盾的平静的进化过程。这些矛盾表现为向秀与阮、嵇思想的矛盾，郭象对裴頠崇有思想的改造等。特别是郭象与裴頠的矛盾，本书指出是唯心论与唯物论的斗争。3. 它揭示了推动哲学的逻辑发展的，归根结底是社会的阶级的矛盾。“有”与“无”以及“名教”与“自然”的矛盾，实质上是门阀士族巩固统治的利益与愿望在哲学上的反映。郭象之成为玄学发展的高峰，正在于郭象较好地解决了这个矛盾，从而为门阀士族的统治找到了最合适的哲学理论形态。这就与脱离历史，甚至认为逻辑进程支配历史的发展的唯心论划清了界限。

关于魏晋时期哲学思想的发展，学术界有诸多不同的看法，汤一介同志的看法是一种新的探索，是否恰好反映了玄学发展的历史实际，还有待讨论和深入研究。但作为一家之言，他所作的尝试，是完全符合马克思主义哲学史的要求的，应该说是成功的。在国内，以前关于玄学的著作中，还没有人作过这样的解剖。

其次，关于郭象哲学体系的逻辑结构及范畴剖析，本书也给人很深的印象。

剖析一个哲学体系的逻辑结构，首先应该确定这个体系由以构成和展开的最基本的概念。对郭象体系来说，这些基本概念，本书指出是“自性”、“无待”、“自然”、“自生”、“无心”、“顺物”、“独化”等。在揭示这些概念的内涵时，本书首先抓住了概念的辩证本性及其转化和运动。以“自然”概念为例，本书揭示了它在郭象体系中所具有的五种含义，而最重要的是“必然”和“偶然”两种意义：一方面郭象认为，“物各有性”，此一事物而如此存在，是由一种必然性决定的。但是“忽尔自生”，“无待”，事物之作为此事物而存在，又是偶然的。不仅如此，郭象对于这个问题的解决，还包含着“认识了必然就是自由”这样一种辩证思想。在郭象看来，事物虽有不同，但只要“物任其性”，“事称其能”，“各当其分”，则“逍遥一也”。就是说万物如能根据自己的性分所及，充分地无限地实现“自性”，都可能得到一种精神上逍遥自由的境界，因此，达到自由的可能性是无限的。然而这种无限的可能性，其实际的实现，却只能依赖纯粹的偶然性。这样，郭象的逍遥就成了主观的幻想，自我精神的麻醉和欺骗。这种必然和偶然的辩证联系，原是混沌地包含在郭象自然概念中的，经过作者的剖析，就清清楚楚，一目了然了。

概念之间的相互联系和推移，对于揭示一个哲学体系的逻辑结构，至为重要。本书在这方面也颇具匠心。以“自生”、“无待”、“自然”三个概念为例，这是郭象用以构造体系的最核心的概念。本书指出，这三个概念从不同方面表明了事物存在的形式。“自生”表明事物发生的形式，“无待”表明事物存在的无条件性，“自然”表明事物的存在是必然和偶然的统一。而“自生”在其中又居于中心环节，正是依靠这个概念，郭象才能把“自性”和“独化”两个概念联系起来。“自生”意谓“非他生”，“非有故”，“非有因”，这就逻辑地得出了“独化”的结论。通过这样的剖析，郭象哲学的逻辑结构，由“造物无物”开始，经过“有”、“自性”、“自生”、“无待”、“自然”、“无心”、“顺物”、“独化”，重又回到了造物无物，清楚地展现了出来。

在剖析逻辑结构的基础上，围绕着概念的矛盾运动，本书还从一般和个别、目的性和能动性、存在和不存在、自由和必然、相对和绝对、根据和条件、本质和现象、现实和超现实八个方面，发掘了郭象哲学在理论思维方面留下的深刻经验教训。例如郭象注意到事物性分的不同，对个别比较强调，并以此为根据否定造物主或本体之无，这是有意义的；但由于不懂得个别与一般的辩证关系，终于由强调个别而把一般和个别相割裂，用偶然性代替必然性，终于不能不陷入神秘主义和不可知论。郭象反对目的论，肯定事物的存在作为一客观的事实，既无外部的目的，也不是内在目的决定的，这无疑是正确而深刻的。但是，社会中人们的活动不是没有目的的，人类不仅可以认识世界，而且可以有目的地改造世界。郭象在反对造物主和目的论中，却把人的任何主观能动性否定了，得出了人们应该“顺性”“安命”的宿命论的结论。如此等等。这样结合实例的深刻而具体的总结，就把哲学史的研究和马克思主义辩证法基本原理的学习结合起来了。这是值得提倡的。

范畴的研究，近年来引起了学术界的广泛兴趣和注意。本书不仅对魏晋玄学及郭象哲学体系的范畴进行了细致的分析，它还从中国哲学史甚至中西哲学史的广阔范围与高度上提出了关于范畴的许多很有启发的成果与见解。如中国传统哲学应包含多少对范畴才足够表明存在的基本样式，才能反映现实世界的各种现象和认识的最一般的、最本质的特性、方面和关系？范畴是否应该成对？如何从范畴的研究深入把握中国古代哲学的特点？等等。这些问题，本书作了某些探索，提供了一家之言，对它的进一步的研究讨论，无疑将会促进中国古代哲学研究的深入。

最后，令人特别感兴趣的是本书提出的关于哲学家建立其哲学体系的方法问题。

通常的哲学史研究，都只着眼于剖析哲学体系的性质、特征、发展等实质内容，很少有人提出构造体系的方法问题并予以探讨。实际上，方法问题的研究具有重要的意义。

汤用彤先生在《魏晋玄学论稿》中，曾深刻指出：“学术，新时代之托始，恒依赖新方法之发现。玄学以玄远为特征，离具体事物而究心抽象原理。其论天道则不拘于构成之质料，而进探本体之存在；其论人事则轻忽有形之粗迹，而专期神理之妙用。具体之迹象，有言有名，抽象之本体，无名无言，而只能以意会之。迹象本体之分，由言意之辨。依言意之辨，普遍推之，而使之为一切论理之准量，实为玄学家所发现之新眼光与新方法。”本书继承和发挥了汤先生这一观点，对王弼、郭象等人建立其体系的方法作了极有意义的剖析和比较。

本书指出，王弼建立其体系的方法是“得意忘言”，这是因为王弼以“无”作为本体，而“无”无形无名，不可言说，这就产生了如何把握本体的问题。如果说根本不能把握，那就无法证明万物“以无为本”，倘说“本体”可说，那么可说的东西就是认识的对象而不可能无形无名，只有解决这个矛盾，王弼才能建立自己的体系。王弼用“得意忘言”这一方法，解决了这一矛盾，从而建立起自己的体系。故王弼首唱“得意忘言”，虽以解《易》、解经，实则无论天道人事之任何方面，悉以之作为立论的方法。

郭象建立自己体系的方法是“寄言出意”。郭象时期，玄学所要解决的重要矛盾是调和儒家和道家两种思想体系的对立。郭象用“寄言出意”的方法注《庄子》，首先撇开了《庄子》的原意，肯定了周礼、名教不可废，接着抒发了内圣外王之道，最后对周礼的肯定变成一个形式而在实质上则宣扬着老、庄的崇尚自然，从而用这一方法齐一儒、道，调和了自然和名教的对立。

郭象的“寄言出意”和王弼的“得意忘言”，作为哲学方法来说，本质上是一致的，但思路不尽相同。王弼贵在得意，以“用不离体”立论；郭象“寄言出意”，重在出意，而以“即用是体”为言。王弼用“得意忘言”证明以无为本，郭象利用“寄言出意”证明造物无物。因此确如本书指出的，一种支配一个时代的有重大影响的新的哲学思潮的产生，首先是由于社会历史条件的变化，但新的哲学方法，往往也是使这种由社会历史动因所产生的思潮，成为系统完备的新学说的重要条件。新的方法不仅表现新哲学思想本身的特征，且对哲学思想的产生提供支点和帮助。新方法的提出，往往越出哲学而深入于史学、文学、艺术领域，使整个意识形态的诸领域，都获一新的面貌。因此从某种意义上说，揭示哲学家建立其哲学体系的方法，对人们将更有启发。

方法问题是否只对魏晋才有意义呢？我曾经有过疑问，这疑问，恐怕也是读者所存在的。本书以儒家和道家为例，对此作了肯定的回答，认为老子的基本哲学命题："道常无为而无不为"，具有内容和方法两方面的意义。就内容言，它的含义是："道法自然"故无为，只有"无为"，才能不受"为"的局限而"无不为"。作为方法来说，它的含义是通过否定以达到肯定。而这实际上是老子建立其哲学体系的基本方法。

董仲舒的体系是"天人感应"的神学目的论。本书认为董仲舒是用天人"相类"、"相副"、"相感"、"相合"、"相属"、"相济"等，即通过把握对立面的统一这一方法来建立其体系的。这种方法对了解汉代以来的医学、天文学、音乐理论等，都可以提供启发和帮助。

照此类推，我想程朱建立自己体系的方法，应该是区分形上、形下。而陆王心学的特征则恰是合知行、心理、形上形下为一。如果确是如此，那么由方法的区别，对二程和陆王两者思想的区别，也许会有更好的理解。

由于对哲学家建立自己体系的方法问题学术界较少探讨，故本书虽然提出了这个问题，但并没有完全解决。例如方法问题的实质是什么？方法是否有时代性，是否也有发展和发展的规律？和西方比较，中国哲学究竟在方法上表现出一些什么样的特征？

中国哲学史上许多大的哲学体系如荀子、王充、张载、王夫之，他们建立自己体系的方法是什么？也并不清楚。然而要求一本著作对这些提供完善的答案是不切实际的。

本书的优点是研究方法的活跃，提出了不少发人深思的见解。不足之处是有些实质问题尚阐述得不够，没有深入展开。如关于玄学的产生，本书从刘邵《人物志》这条线索作了发掘，但对这一极其复杂的问题仅作这样的回答是不全面的，虽然这不是本书的主要任务，但既已提出，就应尽可能考虑到各种因素。除本书提到的外，至少还有：汉代经验论到魏晋理性思想的转变；汉易象数学从反面对玄学思想的刺激与诱导（王弼的“得意忘言”这一方法是直接由批判汉易而提出的）；汉末批判思潮所提出的崇本息末对玄学的继承启示关系等，这些因素在玄学思潮产生中的作用，都是不应忽视的。本书关于玄学的定义，突出了老、庄和本体论这两点，对其理性主义思想的实质则没有论述。在玄学的发展中，嵇康的思想是一重要的环节，但嵇康的思想具有元气生成论的特点，这与玄学本体论的主流如何能够协调？郭象独化论的基本思想是以“无”为零，为不存在，我以为这实际上还是汉代生成论的思想，比之王弼的“以无为本”，在理论思维水平上是一种倒退。那么，它的“高超”理论思维主要表现何在？本书虽然提出了郭象的“有”有一般、普遍的含义，可惜没有展开。儒、道是两种对立的思想体系，郭象的“调和”是否真正达到了“调和”的目的？所谓“不废名教而任自然”，它的思想实质究竟是什么？这些重要问题，本书如能多加论述，就更好了。

哲学史不同于哲学，但它又具有哲学的特征。作为时代精神、智慧和认识成果之精华的凝结，每一时代富有影响的哲学体系，无不是在不同程度上反映出人类认识所具有的生气勃勃的力量。哲学的发展同思想僵化、死板、千篇一律、墨守成规、中庸习气是不相容的。反映哲学的这种特征，一本好的哲学史也应该表现人类精神所固有的追求与探索的热情。汤一介同志的这本著作，许多结论、看法是可以讨论的，但它所表现的追求、探索的热情和勇气，是值得充分肯定的。

原刊于《哲学研究》，1984（9）

傅伟勋教授
对《郭象与魏晋玄学》的评论*

到目前为止，对于郭象的研究较有诠释学创见的，是钱穆教授的《庄老通辨》(该书下卷)、牟宗三教授的《才性与玄理》(第六章)与汤一介教授的《郭象与魏晋玄学》等三书。钱氏提到郭象所用“理”与“自然”等名辞，具有哲学新义，且暗示“后起儒佛两家，无形中沾染郭义者实多”(419 页)。牟著的哲学功力至钜，对于向郭注中的“逍遥”、“天籁”、“养生”、“迹冥”、“天刑”等义所作诠释，极有深意，且主张以向郭为代表的玄学即以“诡辞为用”契接中国佛教的般若一系(194～195 页)。汤氏也注意到魏晋玄学与般若一系的思维相关性，尤其强调僧肇的“真空义”是接着王弼、郭象而发展了玄学，谓：“僧肇的思想虽然是印度佛教般若学来的，但却成为中国哲学的重要组成部分，使魏晋玄学成为由王弼——郭象——僧肇，构成中国传统哲学的一个发展圆圈”(113 页)。

钱、牟、汤三位教授都指出了郭象与般若一系为主的中国早期佛教思想之间的思维关联，但未进一步暗示自老庄经由郭象(以及天台宗为主的大乘佛学)到禅宗的哲理联贯性或理路线索。拙论所将强调的“哲理联贯性线索的诠释学探讨”，不必一一符合实际的哲学思想史发展过程，而是依据我所云“创造的诠释学”

* 选自傅伟勋《老庄、郭象与禅宗——禅道哲理联贯性的诠释学试探》一文。

不得不尝试的一项“批判地继承并创造地发展中国传统思想”的哲学思维工作。创造的诠释学试探，即是传统思想经由辩证的扬弃而获创造性发展的前奏。①

原收入傅伟勋：《从西方哲学到禅佛教》，401～402 页，台北，台湾东大图书公司，1986

① 我在 1974 年开始构想“创造的诠释学”，那年年底（12 月 6 日）曾在哥伦比亚大学教授俱乐部上宣读英文论稿“Creative Hermeneutics：Taoist Metaphysics and Heidegger”，两年后在英文季刊《中国哲学杂志》出版。据说袁保新教授在他有关老子哲学的博士论文中曾引论过拙文，最近在《鹅湖月刊》登过的长篇《老子形上学思想之诠释与重建》也提到。我不久曾撰写一篇《创造的诠释学——中国哲学方法论建构试论之一》，盼在《哲学与文化》月刊登载。

蒙特利尔世界哲学会纪行（节录）

刘述先

对中国哲学的重视

女哲学家田缅尼卡（A. T. Tymieniecka）对此立即有所回应，她是现象学会的会长，曾经在日本、中国香港和台湾举办过国际现象学会。她说西方常常在不知不觉间受惠于东方而不自觉，像莱布尼兹之重视普遍和谐观念即是一个例证。她甚至认为当前的中国哲学比西方哲学幸运，未曾走上西方目前分崩离析的道路。当前的西方至少有三点可以向中国哲学学习：（a）崇尚自然，（b）体证生生，（c）德性实践。但西方文化必须自求多福，浮泛地向东方借一些东西来充门面是不行的，但文化之间的对话则是绝对必要的。当代美国历程神学（Process Theology）大师、现已年逾八十的赫桑教授（Charles Hartshorne）也支持这样的看法。他反对任何决定论的主张，这是扼死了创造性的错误观点。他在精神上与墨家的兼爱有所呼应，而他尤其欣赏中国哲学像孟子那样未把心脑打成两截，思想与感情是不可分割的，计算机不能感，故也不能思，它的运作不能与活生生的人类的行为混为一谈。接着有人代念因故未能到会的芬格雷教授（H. Fingarette）的论文，强调礼与君子修养功夫的重要性。

会议的最高潮由北大的汤一介教授用中文发言，探讨当前第三期儒学发展的可能性，由杜维明教授担任翻译。汤一介认为儒家的中心理念如“天人合一”、“知行合一”、“情景合一”在现代都没有失去意义，理应有更进一步发展的可能性。这一番发言虽然因为通过翻译的缘故而占的时间特长，但出乎意料的清新立论通过实感的方式表达出来紧紧地扣住了观众的心弦，讲完之后全场掌声雷动，历久不息。最后杜维明讲在今日要建构新儒家的哲学人类学，一方面必须建立在传统儒家为己之学的基础上，另一方面又必须与西方的基督教、马克思主义、心理分析的潮流对话，也得酌取现象学、解释学的方法。会议本应在六时结束，结果一直讨论到过了七点钟还有人恋恋不舍，紧跟着还留在会场中的几位讲者问问题，绝不是主事人在事先可以预料得到的现象。在这样的国际哲学会中，各小组的讨论竞争激烈，有少数节目因缺乏听众而临时取消，但有关中国哲学所安排的节目却一直维持了一定的听众，这也是一个异数。

据杜维明告诉我，汤一介本来提议和他合写一篇论文，维明觉得自己思想的背景和他不同，没有答应他的建议。但等到一介的论文完成之后，维明才觉得与他合作写论文并不一定有什么大困难。这次我去哈佛访问时与一介谈，了解他如今正在整理他父亲汤用彤先生的遗稿，并搜集资料希望出熊十力先生的全集；其中熊著《尊闻录》的原版已通过维明的关系在时报出版公司重印出来。汤一介讲完之后，在讨论时间，冯沪祥就开门见山单刀直入，问他所讲的这一套究竟与马克思主义有怎样的关联。汤一介的答复是，在马克思主义和儒家之间至少可以看出三点契合之处：(a) 二者都重实践；(b) 二者都取理想主义的态度；(c) 马克思主义有所谓矛盾统一律，过去毛泽东过分强调斗争，以至产生偏向，如今应该强调和谐，乃和儒家有互相契合之处。沪祥自不满意，认为马克思主义所讲的理想与实践同儒家在实质上完全不同，似难加以牵合。一介又多方解释，都难令沪祥满意。但双方态度平和，绝无剑拔弩张姿态。而沪祥在日前宣读论文批评新马克思主义思想之余，在答复维明询问时，曾肯定儒家与马克思主义之间的对话不只是可能的，而且是无可避免的。就目前的情形看来，大陆、海外、台湾的学者在实质上要思想一致，只怕距离尚远，难以获致协议。但大家共聚一堂，亲切坦诚地互相辩难攻错，没有一点忌讳，这比去年在夏威夷开国际朱子大会又进了一层。从学术竞争交流的角度看来，显然是我们乐于看到的一个可喜的现象。

原收入刘述先：《文化与哲学的探索》，台北，学生书局，1986

迎汤一介教授来新亚书院讲学

郑宗羲

一、简介

欢迎汤一介教授——新亚书院今年的钱宾四先生学术文化讲座学人。

汤教授原籍湖北黄梅县，1927 年生于天津，毕业于北京大学哲学系。1990 年获加拿大麦克玛斯特大学荣誉博士学位。现任北京大学哲学系教授、中国哲学与文化研究所所长。

汤教授学问渊博，著述宏丰，于中国哲学的研究，卓然成家，享誉国际。教研之外，更先后兼任国际中国哲学会主席、中国文化书院院长、中国哲学史学会副会长、中华孔子学会副会长及中国东方文化研究会副理事长等。基于推动中国文化，可谓知行并进，身体力行。心存文化学术，关怀民族时代，实足以表率士林。

这次在新亚书院钱穆学术讲座中，汤教授将为我们作一连三次的讲演：（一）读钱穆先生《中国文化对人类未来可有之贡献》；（二）“辩名析理”——郭象注释《庄子》的方法；（三）从魏晋玄学到唐初重玄学，凡此皆其多年着力研究之课题，学有专精，想必有精彩的阐发与独特的创见。

二、学贵自得的精神

从汤一介教授著作的研究范围来看，很容易给人一种家学渊源的感觉。因为汤教授的父亲汤用彤教授也是民国以降享负盛名的学者，其力作《魏晋玄学论稿》和《汉魏两晋南北朝佛教史》仍是至今研究魏晋玄学与佛学不可不读的经典性著作。但汤教授却非直接子承父学，相反他在追求独立思考的过程中是经历了一段颇为曲折的探索。据汤教授的自述，他年青的时候跟当时中国大多数的知识分子一样，曾一度信服马克思主义的教条主义，以唯物进步、唯心反动的二元框架来分析中国哲学。然而教条主义毕竟不能完全束缚窒息一颗求知心灵的跃动。结果在坚持教学和研究跟意识形态脱钩的努力尝试下，汤教授写出了他阐释精彩、见解独到的《郭象与魏晋玄学》。

书中扣紧魏晋玄学的一个重要课题：如何调和“自然”与“名教”之间的冲突，来追溯整理出整段玄学时期的发展史。汤教授指出王弼企图用“体用一如”的观点来说明“无”（道家的自然）和“有”（儒家的名教）的关系，主张“崇本举末”、“守母存子”以言“圣人体无”、“老不及圣”。但另一方面王弼又因为了避免“弃本适末”、“弃母用子”，遂往往过分强调“体无”的绝对性，倡“崇本息末”之论。因此，王弼哲学思想本身便存在一矛盾，从而启导出往后两种发展的可能。一是进一步强调“体”、“无”，否定“用”、“有”，演为竹林时期嵇康、阮籍“越名教而任自然”的思想；另一是更进一步发挥“体用一如”、“无有一如”，演为向秀“以儒道为一”的想法。而郭象注庄盛言“圣人虽在庙堂之上，然其心无异于山林之中”，则是通过向秀而发展了王弼的哲学，极尽“以无为体”、“诡辞为用”的玄思，可以说是魏晋玄学发展的顶峰。此外，书中还仔细考证了向秀与郭象《庄子注》的异同，一反“向郭二庄，其义一也”的旧说，并提出郭象注庄对庄子旧注的批评以及郭象哲学与庄子哲学的重大差异问题，发前人所未发之新见。汤教授对魏晋玄学的发展史的爬梳虽或仍可有讨论的余地，但不可否认的是，此中实充分反映出他那细腻工巧的架构的思辨性格。

由玄学而涉及道教，汤教授花了很大的工夫认真考订各种道藏中属于魏晋南北朝时期的道教著作，再根据一些比较可靠的材料来撰写《魏晋南北朝时期的道教》一书。全书由较抽象的宗教定义层层析论至较具体的佛道之争及《太平经》的了解问题，成为一部研究道教不可多得的佳作。从摆脱教条到独立思考，《郭象与魏晋玄学》和《魏晋南北朝时期的道教》两书确可谓标志着汤教授回归继承中国传统知识分子不依门傍户、学贵自得的精神。

三、中国哲学的探索

近十余年汤一介教授着力研究中国传统哲学，尤用心于思考儒、道、释三家的共法，以求能对中国哲学的特质有一总体上的掌握。他首先由方法论入手，认为研究中国哲学必须研究中国哲学的概念。早在1981年写的《论中国传统哲学范畴体系的诸问题》一文中，汤教授已提出可以从五方面着手研究中国哲学的概念：（一）分析概念的含义；（二）分析概念的发展：（三）分析哲学家（或哲学派别）的概念范畴体系；（四）分析不同概念的种类，如“天”、“人”、“道”、“器”、“本”、“末”属关系性的概念等；（五）比较中西哲学概念的不同，以避免削足适履的硬套和附会。顺着这种方法，汤教授发掘出传统哲学中三对较基本的概念：即“天”和“人”、“知”和“行”、“情”和“景”。复由这三对概念构成三个可以总括中国哲学特质的基本命题：即“天人合一”、“知行合一”、“情景合一”。这三个基本命题亦正是中国传统哲学对“真”、“善”、“美”的表述。在《再论中国传统哲学的真善美问题》一文中，汤教授再从比较哲学的观点立论说：“中国传统哲学所注重的是追求一种真、善、美的境界，而西方哲学则注重在建立一种论证真、善、美的价值的思想体系。前者可以说是追求一种‘觉悟’，而后者则是对‘知识’的探讨。”这与台、港学者如牟宗三教授将中国哲学定为“生命的学问”；劳思光教授以“引导性哲学”、“认知性哲学”分判中西，实足互相印证发挥。彼此对中国哲学的深刻体会，可谓默逆于心，异地皆同。

架构的思辨是无穷无尽的。对上述三个基本命题的进一步探索，引发出汤教授建构三套相互联系的理论来加深其对中国哲学的透视。此即：（一）普遍和谐观念，这是中国哲学的宇宙人生论；（二）内在超越精神，这是中国哲学的境界修养论；（三）内圣外王之道，这是中国哲学的政治教化论。其中仔细的引证分析当然不是这篇介绍文字所可能述及，详尽的析论可参看汤教授《中国传统文化中的儒道释》、《儒道释与内在超越问题》、*Confucianism*，*Buddhism*，*Daoism*，*Christianity and Chinese Culture* 三书。其实过去研究中国哲学而试图总括体系特色者亦有人在。（例如梁漱溟教授在《东方学术概观》一书中综括儒、道、释三家之共法为：（一）心力向内而不向外；（二）学有志愿真切，有不容已；（三）为学重在亲证离言。）若与这些不同说法相比观，则尤可见汤教授不落前辈学者旧套之可贵，凭其独立工巧的运思，另辟蹊径，胜义迭出，斯其深湛功力之明证也。

四、文化转型的反思

80 年代中期中国大陆掀起了一股文化热，可以说是一个客观的机缘，使汤一介教授从传统哲学的重建整理工作转向思考中国现代化；中西文化的交汇以及转型时期中国文化的发展等问题，且皆发而为甚具启发性的独特见解。依汤教授的看法，中国的现代化不仅是个科学取向和政治制度层面的问题，而且更深层的应是个价值取向和思维方式的文化问题。这也就是说，中国的现代化在理论探讨的层面上必然牵涉到不同文化相遇相交的课题。从考察佛教输入中国的历史经验，汤教授得出不同文化间的交流实存在着双向选择的结论。他更提议在双向选择时，原有文化若要做到既能充分吸收外来文化而同时又能保持自身特性的话，则应采取一种“在非有非无之间”（意即非拒非迎）的态度。至于不同文化交流时总不可免的“误读”，他认为只要误读是一种创造性的解读，那实际上反而可能有助促进文化间的相融。

此外，对于现时正处于转型阶段的中国文化应如何发展的问题，汤教授同样回到历史去寻找解答的启示。通过仔细分析比较在中国历史上先后出现过的三段文化转型时期：春秋战国、魏晋六朝和五四运动以降，可以发现在文化转型时期对传统文化的态度往往并存着三种力量：文化的保守主义、文化的自由主义和文化的激进主义。并且正是这三种力量的互相摩荡而非仅凭激进主义才能推动转型阶段中的文化向前发展。职是之故，历史的经验告诉我们，当前中国文化应走上一条多元发展的路才是正途。关于以上那些独特精辟的见解，可详参汤教授近几年发表在各大学刊上的文章，或他即将编成出版的《转型时期的中国文化发展》一书。

五、在非有非无之间

当汤一介教授将其学术生命贡献给中国文化研究时，中国文化的受用性也同时即在他具体的存在生命中留下了深刻的印记，此即其对“非有非无”一观念的体悟。1995 年汤教授出版他的学思自传，便题为《在非有非无之间》。“非有非无”这观念，原发端于魏晋玄学"本无为体，诡辞为用"的玄理。无而不无，则不沦于无，有而不有，则不滞于有。沦于无则不能成化，滞于有则皆为物累。是故非有非无始能体用两义，无不赅尽。魏晋时期的名士便是据此申言"圣人体无"之浑化和"老庄在有"之不足，阳尊儒圣阴崇道家。后来佛教传入，"非有非无"的创解却是扣紧他自身真实的存在体会。他说："我常常想，很可能所有的人都生活'在非有非无之间'，因为没有一个人可以完全掌握他自己的命运，可以完全随心所欲地作他想作的事，但是他总是能生活下去，企图找回'自我'，认识'自我'，不过由于处境不同，他们的生活样式和追求目标也不同罢了。这就是生活，是真实的而不是虚构的生活。从主观上说，你对你自己的生活道路可以有所选择；但从客观上说，你对你的生活道路又不可能有所选择。所以人应该学会'在自由与不自由之间'生活，'在非有非无之间'找寻'自我'。"斯言美哉！汤教授实在是以其哲学研究与存在体证的水乳交融来为中国文化"为己之学"的传统作了一次活泼生动的见证。

在《在非有非无之间》一书中，汤教授多次提及他父亲与钱穆教授深厚的交谊，并自述年青时首次对中国历史文化发生兴趣，是因读了钱穆教授的《国史大纲》而深受感动。虽然如今时移世易，天人相隔，然因缘际会，今次新亚书院能请得汤教授主讲钱宾四先生学术文化讲座，实在是合适不过。而从这次汤教授拟定为我们所作的三次讲演来看，又或可推见其作心，乃在以其专精之学养向这位曾经影响他的史学大师——钱穆教授作一致敬吧！

附：汤一介教授著作及主编书刊

（甲）著作

《郭象与魏晋玄学》——1983 年，湖北人民出版社；1987 年，

台湾谷风出版社

《魏晋南北朝时期的道教》——1988 年，陕西师范大学出版社；1988 年，台湾东大出版公司

《中国文化传统中的儒道释》——1988 年，中国和平出版社

《儒道释与内在超越问题》——1991 年，江西人民出版社

《在非有非无之间》——1995 年，台湾正中书局

《汤一介学术文化随笔》——1996 年，中国青年出版社

Confucianism，Buddhism，Taoism，Christianity and Chinese Culture——1991，Published by The Council for Research in Value and Philosophy

（乙）主编书刊

《中国宗教：过去与现在》——1992 年，北京大学出版社

《国故新知——中国传统文化的再诠释》——1993 年，北京大学出版社

《论传统与反传统》——1989 年，台湾联经出版社

《二十世纪中国文化论著辑要丛书》——1995 年，中国广播电视出版社

1997 年 3 月 14—19 日

汤一介先生与中国解释学的探索

景海峰

20世纪中国哲学转型的重要标志之一，就是方法论的不断更新与突破。传统的致思方式和注经方法被西方传入的哲学方法论所取代，或经西哲的荡除和挤压之后以某种变形的方式而潜存。五四以后，哲理层面的西学狂飙突进，各种方法论随着西方哲学的介绍和传播而纷至沓来。胡适"拿来"的实用主义的方法，罗素来华开始、随后由"清华学派"继起跟进而衍为风气的逻辑实证主义的方法，冯友兰借以整理中国古代哲学思想的新实在论的方法，由柏格森启迪、经梁漱溟和熊十力掺杂唯识学等传统资源而大加改造过的直觉主义的方法等，均在中国传统哲学的现代转化方面显发过威力。而对20世纪的中国哲学影响最大、最为持久的，当属黑格尔—马克思的辩证法。唯物辩证法自30年代初开始流行，1949年以后更成为官方意识形态的重要哲学基础之一，这一哲学方法影响之深，极大地改变了当代中国人的思维习惯和言说方式，其撼动力之大可以说是无与伦比的。但在相当长的一个时期内，对马克思主义辩证法的理解和运用，陷入了僵化、教条，乃至曲解、践踏的境地。其他方法也渐被漠视，甚至作为辩证法的对立面遭到批判，而后起的一些重要方法则根本没能进入到当代中国哲学的视域。这就使得本应极重方法的当代哲学陷入了方法的极度贫困之中，中国哲学的现代化进程也因此而显得前路茫茫，步履艰难。正是在这种情形下，近二十年来的中国哲学研究，一方面大力拨乱反正，重新理解马克思主义唯物辩证法的普遍意义和指导作用，恢复一个世纪以来方法论探索所积累下来的积极成果；另一方面又大力引进新的西哲方法，对之进行转述、吸纳和消化，使得目前中国哲学的方法论园地又渐有春意，百花含蕾，景象喜人，这将极大地推促中国哲学往后进一步的发展。

一

在近二十年中国哲学方法论的探索与创新的过程中，汤一介先生殚精竭虑，勇于开拓，为此付出巨大努力并作出了重要的贡献。早在80年代初，面对哲圃荒芜、百废待举的局面，汤先生就明确提出："哲学史的研究最终要解决的问题应该是揭示历史上哲学思想发展的逻辑必然性"[①]，因此，研究中国哲学必须要研究中国哲学的概念，从外在的政治标签回到哲学问题自身。他写了《论中国传统哲学范畴体系的诸问题》一文，发表在《中国社会科学》杂志上，引起热烈反响和广泛讨论，揭开了哲学史界持续数年的"范畴研究热"之序幕。在随后的《郭象与魏晋玄学》（1983年）一书中，他又补充和完善了中国哲学概念范畴体系的重要构想。在今天看来，当时的范畴研究虽说是未能脱出黑格尔式辩证方法的窠臼，但在经历了数十年之久的独断论的挟制之后，那是中国哲学在方法论上的一次重要的突围，为新时期哲学的发展打开了一个缺口。在80年代中后期的"文化大讨论"和90年代以来的"国学"研究中，汤先生一直很重视方法论的问题，不论是对中国哲学基本精神和核心命题、儒释道内在超越问题、中外文化交流史特征的探讨，还是对玄学思想、道教史的研究，都把方法放在重要的位置，极力寻求方法论上的突破。他还写了多篇论文，

① 汤一介：《论中国传统哲学范畴体系的诸问题》，载《中国社会科学》，1981（5）。

专门探讨哲学史研究的方法论意义。

进入90年代后期，汤一介先生又开始关注解释学的理论，试图把西方的这一成果运用到对中国经典的现代诠解方面，并且归纳中国经典诠释史的某些特征和规律，以创立中国的“解释学”。近两三年来，他已先后发表了四篇论文，探讨“中国解释学”的创建问题，在学术界引起很大反响。汤先生认为，中国有很长的解释经典的历史传统，有非常丰富的解释经典的文献资源，如何发掘这一传统和有效利用这些资源，是中国哲学在新时代谋求发展的重要课题。而西方解释学的生成背景和发展历程恰能作为一种切近的参照，可以给我们提供一些转化传统的思路和方法上的启迪。只要很好地研究西方解释经典（主要是《圣经》）的历史，以及自施莱尔马赫、狄尔泰等人以来解释学理论的发展情况；对中国注释经典的历史作出系统的梳理，搞清楚各种注释体例的细枝末节和来龙去脉；既有扎实的文字、音韵、训诂等“小学”功夫，又有宏观的比较视野和恰适的理论入路，那么，中国经典的解释问题就可以得出一些系统的说法，创建“中国解释学”就是有可能的。

汤先生分析了中国注经传统中的一些方法，如汉儒的“章句之学”，以纬证经、“辗转牵合”的荒诞比附之法；魏晋玄学家“得意忘言”（王弼）、“辩名析理”（郭象）的证体思辨之法；佛教译经的“格义”之法，以及“音义”、“音训”等。他特别以先秦时代典籍注解的不同方式为例，归纳出了中国古代早期经典诠释的三种路向。一是“历史事件的解释”，以《左传》对《春秋》的注解为代表。它对经文的说明是叙事式的，有完整的情节和过程描述，有对事件的看法和评论，在对“事件的历史”进行诠释的过程中，形成一“叙述的历史”。二是“整体性的哲学解释”，以《系辞》对《易经》的发挥为代表。这一解释包含了哲学本体的观念或对宇宙生成变化的整体性看法，解释者的头脑中已经有了先入为主的架构模式，然后用这个总体性的模式来调度材料，展开诠解。三是“社会政治运作型的解释”，以《韩非子》对《老子》的论说为代表。《解老》篇大多以法家的社会政治观点来解释《老子》，很少涉及形而上的层面；《喻老》篇则更甚，干脆直接用历史故事来说明君主成败、国家兴衰之故，完全是政治功利性的。除了这三种解释模式（历史的、哲学的、政治的）之外，先秦典籍中还可以找出一些其他的有关解释问题的方法，如《墨经》中的《经》与《经说》之关系，就大可作些分析。但就诠解的系统性和对后世的巨大影响而言，显然上述的三种解释模式是最为重要的。

汤一介先生强调，“中国解释学”在目前还仅仅是一个设想，因为中国传统哲学中并无系统化、形态化的解释理论，只是在西方的解释学传入以后，这个研究课题才开始浮现出来。所以，真正的中国解释学理论应该是在充分地了解西方解释学，并运用西方解释学的理论和方法对中国的注经传统作系统的研究，又对中国注释经典的历史和方法进行系统的梳理，比较中西注释经典的同与异，然后归纳出中国传统的特点。在此基础上，才有可能建立具有中国特色的解释学理论，“中国解释学”的成立才是可能的。这显然是一个艰巨而浩大的工程，需要很多人来共同努力。他说：“即使我们不能创造出不同于西方解释学的中国解释学来，至少经过我们对中国解释经典的历史进行一番梳理也是很有意义的，更何况这样做了之后总可以丰富西方解释学的内容吧！”①

二

汤先生对解释学的理解和关注显然是在一般哲学方法论的层

① 汤一介：《再论创建中国解释学问题》，载《中国社会科学》，2000（1）。

面上，这是有其相当道理的。按照帕尔默（R. Palmer）的区分，解释学在西方的发展至少经历了以下六个阶段：一是作为《圣经》注释的理论。从1654年丹恩豪威尔（J. Dannhauer）第一次使用解释学作为书名起，它就表示一种正确解释《圣经》的技术，而主要用于神学方面。二是作为一般文献学方法论。伴随着理性主义的发展，18世纪古典语文学（philology）的出现对《圣经》解释学产生了深远的影响，神学方法和世俗理论在文本的诠解技巧方面趋向一致。三是作为一切语言理解的科学。这是从施莱尔马赫（F. Schleiermacher，1768—1834）开始的，他把解释学第一次界定为"对理解本身的研究"。正像伽达默尔所说的，"只有施莱尔马赫才使解释学作为一门关于理解和解释的一般学说而摆脱了一切教义的偶然因素。……由于把理解建立在对话和人之间的一般相互了解上，从而加深了解释学基础，而这种基础同时丰富了那些建立在解释学基础上的科学体系"①。四是作为精神科学（人文学）的方法论基础。狄尔泰（W. Dilthey，1833—1911）把"历史的意识"和科学的求真从理论上加以调和，试图在一切人文事件相对性的后面找到一种稳固基础，提出符合生命多面性的所谓世界观的类型学说。五是作为"此在"和存在理解的现象学。海德格尔（M. Heidegger）引入了"前理解"的概念，将"理解"和"解释"视为人类存在的基本方式，"解释学于是立刻就与理解的本体论方面联系起来"。伽达默尔（H.-G. Gadamer）进一步把"理解"的本体内涵发展成为系统的"哲学解释学"，使解释学成为今日哲学的核心。六是作为既恢复意义又破坏偶像的解释系统。利科尔（P. Rieueur）接受了神话和符号中解释学的挑战，并反思地将语言、符号和神话背后的实体主题化，既包容后现代哲学怀疑的合

① 伽达默尔：《真理与方法》，洪汉鼎译，718～719页，上海，上海译文出版社，1999。

理性，又试图在语言层面重新恢复解释的信仰。① 这六个阶段差不多容括了西方走出中世纪之后三百多年历史的全部思想进程，具有复杂无比的背景和十分丰富的内涵，如果非常具体地将这些阶段和内容一一对应起来，那么引鉴和吸纳将是十分困难的事，甚至会变得不知所措。所以对当代中国哲学来说，只好将解释学普泛化地理解成为一种哲学途径或者哲学方式，而不得不省略去其中大量的复杂细节。

实际上，解释学的发展已经经历过两次革命性的变革，这就是利科尔所说的“从局部解释学到一般解释学”和“从认识论到本体论”的两度转变。他说：“解释学的近期历史是由两种趋势支配的。第一种趋势是逐步扩大解释学的目标，用这种方法使得各种局部解释学汇合成一门一般的解释学。”与此同时，解释学也发生着“基本性方向的演变”，即由方法论问题逐渐地“从属于基本的本体论”②。解释学的最初领地是语言，即在最平凡的谈话层次上进行解释活动，它赖以存在的基本条件就是语言的多义性。从语言到文本是一个很大的变化，通过问答（对话）形式进行直接解释的条件不再存在，解释变成了凝固的文字形式，在一个有限的领域内进行。早期的《圣经》释义学有着强烈的宗教信仰上的目的性，它的解释取向是如何发现和理解那已假定蕴藏在神圣文本中的上帝的意图。到了文艺复兴以后，在古典学兴趣的刺激下，解释学逸出了圣典的范围，逐渐扩大到世俗领域，形成各式各样的语文学（philology）理解方式。但这两类研究的解释工作均是随

---

① Richard E. Palmer：*Hermeneutics：Interpretation Theory in Schleiermacher，Dithey，Heidegger and Gadamer*，Northwestern University Press，1969. 参见严平：《走向解释学的真理》“附录二”，292～304 页，北京，东方出版社，1998，又可参阅伽达默尔的《诠释学》（1974）一文，见《真理与方法》中译本，“附录”，714～732 页。

② 利科尔：《解释学与人文科学》，陶远华等译，42 页，石家庄，河北人民出版社，1987。

着文本的不同而不同，依赖于文本的特殊性，理解技艺的规则也是零散的。施莱尔马赫完成了解释学的第一次跳跃，他将一般性诠释的课题从对各种不同文本的每一个别的解释活动中分离出来，确认了统一化的问题，把释义学提高到了一门“技艺学”的水平。狄尔泰则进一步深化了这种“技艺”的内涵，把解释的对象不断地从文字形式、从文本的意义和指谓转到文本中所表达的生活经验上，展现出“理解”和“解释”所包含的更为深刻的意义。海德格尔的本体论指向开始了解释学的第二次跳跃，解释学不再是诠言的技巧和方法，甚至不再是对精神科学的思考，而是对精神科学据以建立的本体论基础的说明。所以利科尔说：“他们的贡献不能被看作是对狄尔泰工作的纯粹和简单的延伸；而应该被看作是企图在认识论的研究之下深掘，以揭示其真正本体论的条件。”[①]这是“哥白尼式的变革”，而这一变革在伽达默尔写出了《真理与方法》(1960) 之后，便以哲学解释学的系统形式被稳固下来了。

随着解释学的哲学转向，文本诠释的问题反而越来越不重要，古典释义学的技艺和规则退隐到了历史背景的位置，所谓的“一般解释学”也完全破解了。狄尔泰之后，解释学成为通往哲学思辨的新路，各种隐蔽的形而上系统在解释学领域展开了激烈的角逐，解释的冲突绵延不绝，阵势复杂。利科尔在《弗洛伊德与哲学》(1965) 一书中就已明确指出：“不存在一般的解释学，也不存在解释的普遍准则，只有一些根本不同和相互对立的有关解释原则的理论。解释学领域和解释学本身并非内在一致。”[②] 按照布莱希尔 (J. Bleicher) 的划分，当代解释学大致包含了作为方法的解释学、作为哲学的解释学和作为批判的解释学三类。贝蒂 (E. Bet-

---

① 利科尔：《解释学与人文科学》，陶远华等译，52 页。

② Paul Rieoeur：*Freud and Philosophy*. Translated by Denis Savage，Yale University Press，1970，p. 8.

ti）继承了古典解释学的理路，“从施莱尔马赫直到狄尔泰以及狄尔泰之后的解释学的整个唯心主义传统都被法学史家贝蒂所吸收”[①]。他仍坚持解释学的方法论原则，寻求诠言的功效性，肯定解释具有客观上正确的规则和一般公认的方法；因而否定解释学的本体论转向，与伽达默尔展开了争论。解释学哲学以海德格尔、伽达默尔师徒，以及新教神学家布尔特曼（R. Bultmann）为代表，其中伽达默尔的哲学解释学最为圆熟、影响也最大。作为批判的解释学则是以阿佩尔（K.-O. Apel）和哈贝马斯（J. Habermas）等人为代表的。阿佩尔称自己的学说为“先验解释学”，实际上是综合了康德以来的先验哲学和解释学、语言分析哲学、实用主义等流派的思想。哈贝马斯强调解释学的社会意识形态批判维度，并就此与伽达默尔展开过论战。在三派之外，利科尔另辟新途，表现出更宏大的视野和更强的综合性，他的解释学既有当代法国哲学各种思想线索复杂交织的背景，又和现象学、结构主义、精神分析学等重要思潮形成了深层次的互动。[②]

三

从西方解释学的发展历史和当代解释学的总体状况来反观中国的情形，用比较的眼光将“解释”问题作本土化的梳理，首先碰到的是“中国有没有解释学”的问题。我想汤一介先生在《三论创建中国解释学问题》一文中，对此已经做了很好的回答。他首先把“解释”（注释）、“解释问题”和“解释学”区别开来，这一点是非常重要的。[③] 故而，他在讲“中国解释学”时一再使用

① 伽达默尔：《真理与方法》，洪汉鼎译，720 页。

② Josef Bleieher：*Contemporary Hermeneutics*：*Hermeneutics as Method*，*Philosophy and Critique*. Routledge & Kegan Paul Ltd.，London，1980.

③ 参见汤一介：《三论创建中国解释学问题》，载《中国文化研究》，2000 年夏之卷。

“创建”的概念，这两个字深有意味。既然中国没有解释学，那么接下来的问题便是“中国解释学何以可能”?

如果我们把西方的解释学划分为“前解释学”（《圣经》释义学和古典语文学）、“古典解释学”（施莱尔马赫、狄尔泰）和“当代解释学”这三个时段，那么很明显中国的“解释”观念与系统，以及有关“解释”问题的传统资源，多半只能划归到“前解释学”的形态当中。因此对应这三个不同阶段来思考中国的“解释学”，它所关注的焦点和叙事的策略就应该是不同的。对于西方的“前解释学”，我们完全可以作平行的比较研究，既可以用西方的解释观念和行为来评价中国的解释传统，又可以用中国的解释理念和实践来指点西方解释史的长短。因为从“解释”问题的观念背景和展开方式来讲，两者确有着极其相像的地方，大可参比一番；就资料的丰厚程度而言，中国甚至还在西方之上。而“古典解释学”，即施莱尔马赫以来成为一门技艺的“理解的艺术”，或摆脱了注解的个别性而上升为一般系统的普遍的解释学，在中国却是并不存在的。当然，中国的解释史中也有可以称作“一般”的东西，也有普遍的规律性的原则，但这毕竟不同于施莱尔马赫等人的解释学。我们可以参照西方的模式和框架，从中国的注经传统中梳理出一个一般化的解释系统来；也可以从中国自身的特点出发，总结出一套同样具有形式化特征的解释学说，以与西方相匹敌。但不管是“依他”还是“依自”，古典解释学对我们都将有着巨大的启迪作用。而于“当代解释学”来说，中国传统的“解释”资源与之相去甚远，实在难作比观。所以我们对它可能主要是借鉴和吸收的问题，即如何“拿来”作为一种工具或者方法，运用到对传统的现代诠解和转化之中去。

一种最宽泛的用法，把“理解”就当做是解释学，那么中西解释学的历史便都可以无限地拉长。正像伽达默尔所说的，“如果说只要在任何地方表现出一种真正的理解艺术我们就承认存在解释学，那么解释学如果不是从《伊利亚特》中的涅斯托耳开始，至少也从奥德修开始”。就中国而言，那至少到周宣王时的宋国大夫正考父就已经涉及解释学了。《国语·鲁语》谓：“昔正考父校商之名颂十二篇于周大师，以《那》为首。”这正是在做文本的理解和校雠工作。春秋后，诸子蜂起，相与辩说，考核名实，如火如荼，那更是就“理解”所拓展出的兴盛局面了。但这显然不是我们今天所说的解释学。伽达默尔指出：“这与一种成熟的理解理论相去甚远。这看起来毋宁是解释学问题出现的一般特征，即必须把一些远离我们的东西拉近，克服疏远性，在过去和现在之间建造一座桥梁。因此，解释学作为一种对待世界的一般态度，是在近代才取得它目前的这种形式的。”① 所以，将解释学符号用于中国古代哲学，用于儒家、佛教等，只能是一种权便之称，这些组合概念（中国解释学、儒家解释学、佛教解释学等）决不能和严格意义上的解释学等量齐观、相提并论。但权便的说法并不是不可用，只是在使用的过程之中应当时时注意到它们之间的界限，并且有一个恰如其分的处置，不致发生混淆或者有令人生疑的情形。至于“解释”的问题则无此麻烦，我们可以充分地探讨中国古代有关“解释”的思想和学说，可追根溯源、推之久远，也可形态多姿、一展丰腴。作为历史悠长、文典灿烂，又经学发达、擅长注释的文明形态，中华文化简直就是一部前后相继、代有解人的诠释史。围绕着“解释”的话语，中国传统的资料实在是太丰富了。清人焦循在总结他当时的学界境况时说道：“今学经者众矣，而著书之派有五：一曰通核（主以全经，贯以百氏，协其文辞，揆以道理），二曰据守（信古最深，谓传注之言，坚确不移，

---

① 伽达默尔：《哲学解释学》，夏镇平等译，23页，上海，上海译文出版社，1994。

不求于心，固守其说），三曰校雠，四曰遮拾（指辑佚），五曰丛缀（丛考字句名物）。”（《辨学》，《雕菰楼文集》卷八）试想想看这五派中哪一个是与“解释”无关的？清代是如此，睽诸整个中国学术发展的历史又何尝不是这样呢？

发达的经学和由此繁衍长盛的文字音韵、训诂考据、校勘辑佚、典章目录等学术，并未能生发出一门独立的有关一般“理解”的普遍性的“技艺学”来，这其中的原因固然有很多，但根本上还是因为中国古代学术没有发生像欧洲近代那样的革命性的变革，而始终笼罩在经学的氛围之中。作为柏林大学的神学教授，施莱尔马赫所做的工作虽说和传统的《圣经》释义学之间有着极强的脉络关系，但更为重要的背景却是文艺复兴以来人文主义的觉醒和走出中世纪的浩浩大势。所以施氏所治之神学不是方式的简单变换，而是彻底地与传统解纽，他给释义学所带来的变化是革命性的。解释学不再局限于神学的范围内，甚至不再局限于语文学或文献的范围内，而是引入了理解者的心理状态和精神世界，变成了文本与读者之间的心灵交通，“理解”本身成为一般的原则与学问。狄尔泰直接承继了这个新的方向，把解释学又进一步推延成为整个人文科学研究的方法论，这就和原来的圣典释义没有什么关系了。而中国的“解释”学问，却自始至终是围绕着经典来展开的，从孔子开始是整理编纂六经，直到清末，有关“解释”的工作仍然是依附于经学的。所以随着经学的解体，皮之不存，毛将焉附？“解释”与经学的必然联系才宣告终结。这样，在中国历史上便只有注经方法的不断延伸与积累，而绝无能够脱离经学独立成军的所谓方法学，小学始终是在经学的卵翼之下。就像阿佩尔所说的，这种“解释”工作始终是局限在“历史的和语法的理解”之范围以内的。“显然，这种解释学哲学总是预先假定宗教、哲学和文学传统中的伟大文本都具有不可替代的活生生的意义，关键在于利用语文学批评的所有手段和方法，使这种意义重新在当代世界中展现出来”①。儒家中，重考据的汉学是这样，重义理的宋学又何尝不是如此，佛、道二教从总体上说来也是概莫能外的。

中国古代的“解释”资源，以系附于经典的各式各样的语文学（小学）形式，在传统学术解体之后，迅速地断裂和漂散了；在现代学科形态生成的过程之中，它们又被摘编重组到（汉）语言学、古文献学、（中国）历史学、思想史和文学史当中。当我们今天思考中国的“解释学”问题时，不但此“问题意识”是缘于当代西方学术的刺激而生出，就是所面对的“原料”也已经是经过西学的观念和框架筛拣甚至剪裁过的，早已不是特定历史情境和氛围之中的东西。经学已不复存在，小学实际上也没有了；那么通过“解释”的挖掘和探求，能够“复活”那个已经失落了的文化吗？阿佩尔曾一针见血地指出：“这些非欧洲文化已经并且还将不得不接受欧洲的技术工业生活方式及其科学基础，它们被迫与自身造成间距，被迫与它们的传统相疏远，其彻底程度远胜于我们。它们决不能期望仅仅通过解释学的反思来补偿已经出现的与过去的断裂。对它们来说，从一开始就有必要去获得一个与对它们自身的和外来的传统的解释学反思并存的准客观的、历史—哲学的参照系。这个参照系必须创造可能性，把它们自身的立场整合到世界历史的和人类全球性的语境之中去，这个语境在没有它们的动作的情况下就已经通过欧洲和美国的文明而形成了。”②中国文化的“解释学”资质（特别是它的能力）恰恰是在与自身传统的疏离化过程之中被打散和丢弃的，眼下就像“传统”在流失和已然苍白乏力一样，它“解释”的资本也早已由丰裕变得枯

① 阿佩尔：《哲学的改造》，孙周兴等译，3页，上海，上海译文出版社，1994。

② 同上书，80页。

竭了。面对当下西方解释学的挑战，只是把五四以来的中国哲学再顺势往前推进一步，带入到西方既存的语境当中去？还是彻底地重新“洗牌”，创建真正意义上的“中国解释学”？换言之，是在众多的西学思潮和方法引进之后，再多加上一个解释学，更壮西化之声色？还是别样的“反弹琵琶”，实际是要借解释学来修补与自身传统之间的断裂？这些问题，在我们目前的“解释学”理解和定位当中，可能是更为重要的纽结，它的复杂程度，也许远远超出了人们对解释学的期许或者想象。

四

从中国哲学的现实境遇出发对解释学所作的“理解”和采取的“行动”，可能是仅限于方法论的，但也有可能指向本体。五四以来的中国哲学在很大程度上表现为对科学方法的膜拜和推衍，不但其他人文社会科学的方法受到极大的青睐，就是纯粹自然科学的方法也被不断地提起和尝试着应用。方法对于哲学思考来讲，意味着新的突破和新的面貌；更为重要的是，方法被看做是揭示本质、接近真理的重要前提。所以，每个流派和重要的思想家在建构自己的系统时，总是把方法置于显赫的位置。他们对西方哲学的欣赏也往往表现为一种方法论的崇服。如果按照这样的惯性来理解和接受解释学，那么解释学很自然地就会被解读成为一套方法论，特别是它和中国传统的训诂学问之间还有着那么一丝亲近的联想，以方法论视之，可以说是再顺理成章不过的事了。但吊诡的是，在经历了本体论转向之后，解释学恰恰是反对依赖方法的，特别是对所谓揭示事物本质的普遍性的科学方法持一种批判的态度。伽达默尔解释学的主旨即是“抵制对科学方法的普遍要求”，他说：“解释学问题从其历史起源开始就超出了现代科学方法论概念所设置的界限。”[①] 所以，解释学从本质上是本体的，而不属于方法。这样，我们对解释学的引入和接受实际上就面临了两种选择，一种是方法论的，也就是更多追溯古典解释学的谱系，比较关注贝蒂一系的理解，范围也会扩大到历史和语文学的领域。而另一种选择，则是追随哲学解释学的主流形式，意在本体建构，对当代西方哲学的了解和吸收会表现得更为直接一些。

就“中国解释学”而言，特别是把中国“解释”问题之历史线索和历史资源的梳理寄望于解释学的引进和消化时，那凸显的一定是其方法论的意义。在整理中国传统的“解释”资料时，贯穿于思想史进路的方法的确就显得非常之重要了，从中国的具体情境出发，我们不但可以借用西方解释学的成果，而且还能激活相当多的自身传统资源。就拿训诂学来说，中国古代文化遗产的保存和传递（尤其是它的典籍形式），多半是依靠了这门解释意味甚浓的学问。从汉初的《毛诗诂训传》开始，便有了“诂训”之说，略后的《尔雅》更被称作是“训诂学的鼻祖”，可见在两千多年以前，中国的学术便已附着了与解释有关的内容。孔颖达谓：“诂者，古也。古今异言，通之使人知也。训者，道也。道物之形貌以告人也。”他综合了众意给训诂下定义云：“诂训者，通古今之异辞，辨物之形貌，则解释之义尽归于此。”（《诗·关雎》，《五经正义》）也就是说，“诂”是用当时的标准语（雅言）来解释因时代不同或地域不同而产生的各种“异言”的。“训”是对文献表达的具体含义进行形象的描绘和说明的。可见“训诂”即是解释。广义的“训诂”，包括了文字、音韵、词汇、语法、修辞等项内容，同校勘、目录等文献整理工作形成交叉。它以解释词义作为基础，然后析意句读、阐述语法，对虚词和句子的结构进行分析，最后

① 伽达默尔：《真理与方法》，洪汉鼎译，17页。

串讲大意和梳理篇章结构，就文本的内容作出系统的解释。训诂学源远流长、内容复杂、积累丰厚，是我国传统学术的重要组成部分。如果从解释学的角度来重新梳理这门古老的学问，一定能够得到一些新的理解和认识，这对阐扬中国传统学术的价值将是大有裨益的。训诂学是如此，还有一些较具有“解释”色彩的传统学问也可以作如是观。汤一介先生在他的文章当中，对此已经做了很多的提示，我想这些都可以作为“解释学的中国化”之未来开展的入路。

除了用解释学的眼光和方法直接整理中国古代的文献资料之外，当我们试图转活这些对象，对它们的当下意义有所叙述和勾勒之时，那解释的“行动”就超越了“文本”，而进入到海德格尔所谓“理解的本体论意义”。哲学解释学将一切成熟的理解都视之为是“此在”的历史性的延展，它以一种从具体情境出发的对存在的前反思作为基础，这种具体性同解释者的过去和未来都有着内在的联系。海德格尔就指出，每一种解释——哪怕是科学的解释——都受到解释者的具体情境的控制，根本不存在无前提、无“偏见”的解释，因为即使解释者能够使自己从这种或那种情境中摆脱出来，他也不可能使自己从自身的事实性中摆脱出来，即不能从早已具有一种作为视域的有限的本体论条件中摆脱出来。[①] 对于历史上已经发生过的解释（文本）应当这样去看，对于当下的文本解读行为也应该有类似的认识和理解。利科尔曾将这种解释的本体意义概括为“三重模仿”，即“实践领域的预先表示”（模仿活动1)、“文本的成形”（模仿活动2)、“实践领域的再形象化”（模仿活动3)。他说：“解释学的任务就是重建全部各种活动，通过这些活动使作品从生活体验、实际行动与痛苦经历的暗淡背景

① David E. Linge: Editor's Introduction. *Philosophical Hermeneutics* (*Hans-Georg Gadamer*). University of California Press, 1976, pp. xlvii-xlviii.

中脱颖而出，由作者赠给读者，后者接受了作品，因此改变其实际行动。”① 这样，解释学就从“文本”过渡到了“行动”，“此在”就和漫漫的历史长河连接在了一起。预示、成形、再形象化，这三项活动不但建立起了时间与叙事之间的必然性关系，而且重建了各种活动的全过程，把实践与理论、文本与理解、作者与读者有机地结合起来了。无疑，各种活动的重建、从文本到行动，是对解释所提出的更高的要求，它的意义已远远超出了文献及其阅读的范围，而把解释学推进到了当代思想创造的前沿。对于中国学术来说，跨向这创造性的一步可能还需要待以时日，当解释的本体论意义在中国语境中有所体现时，那中国哲学的当下活力就会以更加丰沛的姿态表现出来。

原收入胡军、孙尚扬主编：《诠释与建构——汤一介先生75周年华诞暨从教50周年纪念文集》，北京，北京大学出版社，2001

① Paul Ricoeur: *Time and Narrative*. Vol. I. Translated by K. McLaughlin and D. Pellauer, University of Chicago Press, 1984, p. 86.

《中国精神文化大典·哲学卷·汤一介条》

汤一介，1927年3月生于湖北省黄梅（其音似“楚门”——译者注）县。中国哲学史家。著名佛学家汤用彤（1893—1964）之子。1951年毕业于北京大学哲学系，1956年前在中国共产党北京市委党校任教。之后在北京大学哲学系工作，1962年任讲师，1980年任副教授，1983年任教授，任中国哲学史教研室主任、北京大学学术委员会委员，中国哲学史研究会理事、国际中国哲学学会理事，1984年任中国文化书院院长。重要学术领域为中国佛教史、道教宗教传统和玄学哲学。

在参加60年代展开的关于孔子观点的讨论时，他将孔子的哲学解释为唯物主义哲学：在看待天和神的问题上，孔子继承和发扬了春秋时代（公元前8—前5世纪）的批判主义和无神论，“他的世界观基本方面具有无神论和唯物主义因素”。关于老子的世界观，汤一介得出结论说，它反映了小奴隶主阶层的利益，其唯物主义倾向是在与当时占统治地位的大奴隶主贵族的宗教唯心主义的对立中形成的。与冯友兰、任继愈的观点相对立，汤一介认为，庄子是相对主义者（甚至说，他创造了“绝对中的相对”），其观点体系无论如何都不能从反动转变为进步。从80年代初开始，汤一介着手讨论中国哲学范畴。基于概念和范畴是人对客观世界的认识的看法，汤一介建议将它们视为不同历史时期理论思维水平的标志：对范畴内容具体化和丰富化的历史哲学过程的研究，对范畴历史体系形成史的研究，能够揭示哲学思维发展的内在规律。

汤一介《孔子思想在春秋末期的作用》，载《孔子讨论文集》，济南，1962年；他的《王弼与魏晋玄学》，载《学术月刊》1963年1期；他的《论中国传统哲学范畴体系的诸问题》，载《中国社会科学》1981年5期；他的《郭象与魏晋玄学》，长沙，1983年；他的《论中国传统哲学的真善美问题》，载《中国社会科学》1984年4期；他的《魏晋南北朝时期的道教》，西安，1988年；他的《中国哲学四十年》，北京，1989年。

原收入A. B. 洛曼诺夫撰，季塔连科主编：《中国精神文化大典·哲学卷》，莫斯科，东方文献出版公司，2006

如切如磋，砥砺相生

——编者前言

丁亥年（2007）正月十五是著名中国哲学史家、哲学家汤一介先生 80 华诞，为示庆贺，我们编辑出版了这部《探寻真善美——汤一介先生 80 华诞暨从教 55 周年纪念文集》。在发出征稿信之前，我们得知汤先生希望文集以商榷为特色，所收论文最好能针对汤先生已经提出的一些问题和观点，发表自己独到甚或不同和相反的看法，当然，也欢迎其他文章。据此，我们在征稿信中列述了以下八个题域，供作者选题撰文时参考：

一、中国哲学研究方法论（尤其欢迎讨论范畴研究法之得失）

二、现代中国哲学的主要贡献与问题

三、中国哲学中的诠释传统

四、中国哲学的主要特征（尤其欢迎讨论内在超越和外在超越问题）

五、道教研究方法检视

六、《儒藏》的价值与编纂问题

七、魏晋玄学研究应该深化的一些问题

八、中西文化交流与文化理论问题（尤其欢迎讨论亨廷顿的文明冲突论）

提供以上题域的原因在于，汤先生对这些论题的研究都有独特的贡献：或原创性地阐发了某一问题意识在中国哲学史研究中的价值，并卓有成效地深化了对此问题研究；或虽非孤明先发，但因其大力提倡，使得某一问题获得更多学者的关注，因而成为一时之问题意识与思潮之主流，有的仍在哲学界产生着深远的影响……但汤先生更乐于看到的不是他的某些观点或论述被奉为圭臬，而是由相互激荡与砥砺带来的对某些问题的研究的繁荣与推进，编者自然也希望这部论文集能多少不辜负汤先生的雅愿。

编者非常高兴地看到，受邀撰文的多位先生颇能深解汤先生之雅意。从收入本文集的 40 余篇论文中，我们发现，既有从学术史角度阐发汤先生倡导的研究方法、问题和观点之重要意义者，也有以“接着讲”之学术精神光大或深化汤先生之思想者，更有直言不讳的挑战者。限于篇幅与编者水平，以下仅撮要介绍其中几篇论文之要旨，并略作评论。

我们知道，范畴研究法曾经是汤先生在 1980—1985 年大力倡导并身体力行的研究方法，对学术史有些了解的学者会赞同这种研究法在当时具有解放思想的积极意义，但往往只是抽象地论及这一点；更有甚者，还会有学者以更有效、高明和时新的方法论相标榜，批评范畴研究法的单一与“过于纯净”（就范畴而谈范畴），并怀疑其在哲学史研究中的充分性和有效性。拜读陈俊民教授的大作《既开风气也为师——中国哲学范畴研究启示录》后，轻薄如我辈者才明白在汤先生发表《论中国传统哲学范畴体系的诸问题》、《论中国传统哲学的真善美问题》后，为什么能震动当时的哲学视听，并引起小会大会的争鸣。原来，当时汤先生倡导和力行范畴研究法，根本旨趣在于摆脱长久以来形成的政治桎梏对哲学思考的干扰，追求思想自由，并最终达到“究天人之际，通古今之变，会东西之学，成一家之言”的鸿鹄之志。陈教授以难得的第一手学术史资料和他本人的亲身经历，回顾了汤先生在倡导和推行范畴研究法的进程中所扮演的领军角色，并以“既开风气也为师”一语凸显了汤先生在当时学术进程中的地位。从陈教授列举的来自当时一些固守僵化立场的人士对范畴研究法的负面反应乃至施加的思想高压中，我们更可以看到，汤先生当时倡导和力行范畴研究法，不仅需要大勇，也需要大智。如果我们抽离当时具体的历史与思想境遇，以当今的所谓智慧嘲弄范畴研究法，那倒真是“轻薄为文哂未休”了。质言之，不论是从学术史的角度，还是从研究方法本身的价值与效用这一角度来看，范畴研究法都有其不可磨灭的意义与价值，讥笑也罢，嘲弄也罢，都“不废江河万古流”。

对内在性与超越性问题的思考与深入分析，是汤先生重视中国哲学特色的思想结晶。自 20 世纪 80 年代中期至 90 年代初期，汤先生就儒家、道家、玄学、禅宗的内在性与超越性问题撰写了四篇论文，这些论文均收入《儒道释与内在超越问题》一书。武汉大学哲学学院院长郭齐勇教授以对汤先生的相关论述的系统研读为基础，首先概述了汤先生对儒释道追求内在超越这一精神特征的深入探究，并以主张建立一种包含“内在超越”和“外在超越”的中国哲学体系概括汤先生的相关研究之根本旨趣。这一点表明，汤先生的相关研究是从中西哲学比较的视野出发，以对中国哲学传统的理性反思为基础的，对中国哲学特色的探究并不意味着对这一特色作孤臣孽子状，而是试图取精用弘，并将目光投向以哲学思想为基础的更为合理的政治法律制度的建构。有意味的是，郭教授并不限于综述汤先生的相关思想的历程与价值，而是接着在更为宏大的学术视野之内，介绍了美国学者郝大维、安乐哲以及香港学者冯耀明等人对儒学具有“超越性”这一观点的拒斥和批判。这便使得汤先生珍爱并做过深度阐发的内在超越论面临着挑战。在回护内在超越论时，郭教授以对“超越”概念的明晰界定为出发点，从中辨析出认识论和本体论两种意涵，并断定当代新儒家和传统儒家所追求的超越都是本体论——境界论意义上的超越，此种超越性与宗教性是相通的，并认为外在超越说与内在超越说并不是可以一刀切开来的两种学说。郭教授认为，新儒家对内在超越说的深度开掘可以弥补和深化汤先生的相关讨论。不惟如此，郭教授还在其大作中专辟一节，深入分析了汤先生及一些学者有关“内在超越”的讨论的意义与价值，认为内在超越说是建立在中西文化与哲学比较研究基础上的，是有关中国文化与哲学特征的很恰当的说明；内在超越说亦有利于中国哲学的创造性转化与发展，因为汤先生等人都重视借助西方宗教与哲学的“超越性”，来弥补中国文化与哲学的不足。质言之，郭教授认为汤先生的“内在超越”论可以启发我们打通古今中西，以新的视域开发传统哲学的内蕴宝藏；弄清楚内在性与超越性问题，也是今天中国经典诠释的一个路径，可以推进中国哲学的发展。此说出自一位年近耳顺的优秀哲学家之口，良非虚语也。

中西文化交流与文化理论问题是汤先生素所关注者，此次征得的论文有数篇论及这一问题。读过《我的哲学之路》等著作的人都知道，汤先生在批驳亨廷顿的《文明的冲突?》一文中的主要观点时，曾立论以为，不同文化之间由于文化原因引起的冲突总是暂时的，而不同文化之间的相互吸收和融合则是主导的。历史上，不同国家或地区的排外以及由此引起的冲突并不是由于文化的原因，而是由于政治和经济的原因引起的。汤先生还坚信，力倡普遍和谐观念的儒家思想不会成为将来引起政治上的冲突和战争的因素；亨廷顿就所谓文明的冲突所发表的根本观点，在本质上仍是西方中心主义作祟所致。针对亨廷顿的文明冲突论，汤先生既有破，亦有立。他倡导的是新轴心时代的文明共存论（在力倡文明共存论时，汤先生对一些东方国家的领导人和学者为了强调自身文化的特性，提出以群体为中心的“亚洲价值”，以区别西方以个体为中心的所谓世界价值的做法，似乎持肯定的态度），并相信中国文化中的儒家的仁学与道家的道论都能为文明的共存以及防止文明的冲突提供有价值的资源。编者注意到，汤先生的一些观点在此次征得的论文中仍有回响。武汉大学历史学院的冯天瑜教授在其大作《“文明冲突论”辨析》一文中，在冷战后国际秩序重组的宏大视野中，认定亨廷顿的“文明冲突论”乃是西方人修正西方中心主义的新的一轮努力；冯教授还认为，尽管亨廷顿对文明冲突必将加剧这一观点的论证看似有据可依，但其偏颇之处在于片面强调冲突而忽视融合。事实上，人类文明史乃是各区域性文明形成、发展，彼此冲突激荡又相互吸纳融会的过程。冯教授更认定，当今世界以及未来世界的矛盾冲突，其决定性要素，仍然是经济利益。亨廷顿的“文明冲突论”不过是今日西洋之“隆中对”，国人正确的应对当是广为吸纳异域文明（首先是先进的西方文明）之长，以促进中华文明的现代转型。比较一下汤冯二先生的高论，我们看到确有英雄所见略同之处。不过，编者在此要斗胆说明的一点是，在那场有关文明冲突或共存的争论中，海内学者多持一种普遍为人喜纳的价值判断，即以和平共存和发展为价值目标，认为凡是和平共存就是好事，是常态，凡是矛盾冲突就是坏事，是不正常的边缘现象。而社会学的相关研究与理论表明，冲突和整合（和平或融合）乃是同一事物的两面，是人类交往的两种正常的形式，它们哪一个都不比另一个更为根本。两个群体或文明间的冲突可能有利于促进群体或文明里的整合与发展，一个群体内在的整合和和平发展又有可能导致它与另一群体间的冲突。人文学者可能会强调社会事实的价值色彩，并给出自己的价值判断，而社会科学家则可能吁请人们正视事实，力戒仓促做出价值判断。如果我们记住亨廷顿是位社会科学家（政治学家）的话，我们或许可以说，这也正是当时关于文明冲突论的争论在海内人文学者中引发出较多道德义愤的原因之所在。

在关于文化问题的讨论中，香港大学文学院院长雷金庆教授

(Prof. Kam Louie) 贡献的大作《亚洲价值、中国价值和文化的冲突》一文以其独特的视角和立论，对我们所熟悉的观点构成巨大的挑战。雷教授开篇即断定，由于亚洲幅员辽阔，宗教文化传统复杂多样（包括印度教、伊斯兰教、佛教、神道教、天主教和儒教等），某些宗教的信徒之间的冲突剧烈又痛苦，而且亚洲这个概念本身在西方不同的国家里，其具体所指相当不同（英国人的亚洲指的是南亚，北美和澳洲人的亚洲指的是东亚），因此，"亚洲价值"论不仅是毫无意义的（福山认为谈论亚洲价值这个概念有点像"鞭打死马"），亚洲价值这个术语本身的含义也已经发生了变化，并且还在变化。依此类推，那种认为中国文化有其不变的核心价值的本质主义假定，也是站不住脚的。雷教授辩称，这样说并不是说某一人群没有其共同的信念和理想，他想说的是，在新的世界秩序中，地区性和民族性的意识形态较以往更快和更频繁地跨越边界。其结果之一是，这种意识形态和持有这种意识形态的移民便会以不同的形式得到重生。此外，这种重生会直接影响待在国内的人们，因此，国内的思维方式和社会价值观也会变化。当今的文化态度与规范比以往任何时候都处于更快和更彻底的变动之中；一切都在变，人不可能两次踏进同一条河流，这似乎是雷教授立论的出发点。

雷教授发现，由于亚洲一些政治领袖（如新加坡的李光耀和马来西亚的马哈蒂尔）还不时谈及亚洲价值，亚洲价值这个说法并不像福山所说的那样是一匹死马，而雷教授主动承担的任务就是要将这批马置于死地，或曰打死它。他的具体路径就是论证亚洲价值这个概念的含义本身就是含糊不清的，因而是毫无意义的。雷教授指出，亚洲价值这个概念在新加坡提出后，最初指的是中国传统的价值，主要是儒家价值。人们最初对亚洲价值的兴趣主要与现代化有关，亚洲四小龙在经济上的崛起是亚洲价值论大行其道的主要背景，而作为能建构亚洲和现代政治实体的亚洲价值论在当时尤其具有吸引力。有趣的是，亚洲价值论在东南亚兴起之时，正是亚洲价值的发源地中国大唱反传统、破旧立新的动荡年代后期。都是为了使社会转向新的形态，不同地区和国家对亚洲价值的态度却迥然不同，这一事实本身就使得人们怀疑亚洲价值论的真实性和可靠性。亚洲价值论还与赛伊德所说的东方主义密切相关，是东方主义的想象产物，不过，炮制这一说法的主体不是西方人，而是亚洲人。一般地，西方人认为，亚洲价值代表一种保守的政治，它注重群体，轻忽个体；注重维护现状，轻忽变革，是落后的威权统治的象征。可是，在人权问题成为西方世界的关注重心时，却有美国汉学家如狄百瑞等人组织学者和学术会议，探讨儒家价值亦即亚洲价值中的人权因素，并对此持肯定的态度。这一点也许使得雷教授再次深信，所谓儒家价值或亚洲价值的说法，不过是一个酒瓶，什么都可以往里面灌装。可不，在普遍追逐财富的大潮中，一度被认为重义轻利的孔夫子居然被尊为管理大师，其道德规范被奉为圭臬，因为据说这些规范能让人财源广进。有些稍有良知的学者甚至认为儒家伦理可以为改善工人的工作条件提供规范，而海外的政治领袖和学者们则更倾向于将儒家价值解释为增进经济增长的动力系统。总之，亚洲价值被用来解释包括中国在内的东亚各国的经济成功。反讽的是，当1997年的亚洲金融危机席卷部分亚洲国家时，亚洲价值又被用来解释那些国家的经济失败。正所谓成也萧何，败也萧何，同样的价值居然可用作不同乃至完全相反的标签。一旦经济复苏，所谓亚洲价值论又开始大行其道。不过，进入21世纪后，亚洲价值论略显精细复杂，它们被视作“与多样性的相遇”，而不是一套代表所有亚洲国家的价值观。

在论及亨廷顿的理论时，雷教授似乎认定，由于亚洲的一些政治领袖将亚洲价值用作抵消西方（美国）支配的对应物（雷教授认为这种策略中危险重重），而且亚洲价值本身就是对西方在文化上的霸权与政治上的支配的恐惧的一部分，因此，文明冲突论的出现绝非偶然。不过，雷教授注意到，日本不倡导亚洲价值，经济和文化上强大因而有足够自信的中国也不使用亚洲价值这样的术语去奋力争取与西方竞争的自我认同。很多人视儒家思想为亚洲价值之全部，而中国国内外对儒家思想的感知的变化却可以确保：儒家思想对决定这套亚洲价值的样态并无多大用处。雷教授此说是否在暗示，儒家思想遭受的中心边缘化的命运注定了它不太可能成为与西方对抗的所谓亚洲价值的内核或全部内容？换言之，被一些人津津乐道的边缘中心化的努力将注定是徒劳无益的？在雷教授看来，快速的、令人目不暇接的变化（包括中国内地部分地区如上海与邻国日本的后现代化）决定了亚洲价值是一个无用无益、难以为青年一代所接受的概念。

雷教授在劝诫人们慎重对待西方价值和亚洲价值这样的笼统的术语时，以对文化多元主义（multiculturalism）的倡导结束了他的大作。他认为，文化多元主义应当允许文化彼此各异，而不是让这些文化被归摄于某些庞大、霸道、已经牢固确立其地位的文化体系。如果后者得逞，变化就会被视作反常现象，保守主义就会君临一切。

出于对其内在的复杂多样性及其变动不居的特性的观察，雷教授摈弃了亚洲价值这类在他看来笼统不当的概念。按照他的逻辑，我们似乎也无法谈论美国文化、法国文化和中国文化了，因为这些文化无不具有内在的复杂多样性，而且无不处于发展变化之中。然而，人们却很容易根据思维与行为方式等因素来分辨抱持这些文化的美国人、法国人和中国人。看来，文化研究中对认同、身份等问题的研究所获得的成果，并不会因为某一文化内在的复杂多样性及其变化发展而完全失去效用。质言之，雷教授对文化实在中的动与静、变项与常项之间的关系的处理，可能不够平衡，陷入了对变项的偏执。因此，他拒绝承认儒家价值中有不变的基本要素。这对于那种在中国传统文化尤其是在儒家传统中开掘价值资源的做法，无疑构成一种挑战。应对这种挑战的对策可能有多种，其中一种就是不执一偏，平衡地处理文化现象中变项与常项之间的关系。至此，我们不由得想到汤先生对“中华共识”的探寻和张耀南教授对汤先生相关思想的引申。

我们知道，汤先生在对范畴研究法的身体力行中，曾立论以为天人、知行和情景是中国哲学中三对基本的概念，由此而构成的天人合一、知行合一、情景合一三个命题，则是中国哲学用来表达哲人们对真善美的追求的三个基本命题，是儒家的核心价值之所在，也就是上文所说的中国文化之常项。张教授将汤先生的这一说法及相关的其他说法（如普遍和谐观念、内在超越精神与内圣外王之道）概述为“中华共识”，并对此做了引申，即认为中国文化追求一个终极目标，那就是“大”或“太”：以其言人即是所谓“大人”，以其言心即是所谓“大心”，以其言知即是所谓“大知”，以其言美即是所谓“大美”，等等。这个“大”才是中国文化的“共识”，才是“中华共识”，才是“儒、道、释三家的共法”，才是中华文明所以不同于西洋文明的根本所在。张教授此说可谓将中国文化“大”而化之（取其褒义），气魄恢弘，或许可备一说。

此次征得的论文中，要数景海峰教授的大作最全面、系统和深入地追溯和总结了汤先生学思历程及其对新时期中国哲学的贡献。在论及汤先生对魏晋玄学与早期道教的研究成果时，景教授依据他当年亲炙师教时的切身感受与体悟，认为汤先生的《郭象与魏晋玄学》一书以及相关著述的价值在于在乍暖还寒的政治与学术氛围中，冲破学术上的种种教条，寻找新方法，提出新见解，走出中国哲学研究的困境。具体而言，就是反对那种机械照搬马克思主义的做法，力图抛开几十年所形成的陈旧僵化的条条框框，重新用哲学的眼界和学术的方式来叙述中国思想，把世界文明的格局、中西文化的差异、中外文化的互动及其影响、中国文化的民族性特点等，这些过去被忽略或有意遮蔽了的问题，引入到对中国哲学的理解和表达当中。而在叙述上，则尽量不用或少用当时流行的空洞话语，改用纯粹学术的、具有民族特色的语言，给人耳目一新的感觉。这种荡涤陈规的突围意识和不囿旧见的创新精神，在当时显得尤其难能可贵。景教授还援引海外著名学者傅伟勋的评论，指出《郭象与魏晋玄学》一书中的“诠释学创见”足以与钱穆的《庄老通辨》和牟宗三的《才性与玄理》相媲美。

我们知道，20世纪90年代后期，汤先生开始关注建构中国诠释学或解释学这一问题，并为此撰写了数篇论文，在学术界引起了很大的反响。他指出，中国有很长的解释经典的历史传统，有着非常丰富的解释经典的文献资源，如何发掘这一传统和有效地利用这些资源，是中国哲学在新时期谋求发展的重要课题。而西方解释学的生成背景和发展历程可以作为一种切近的参照，为我们提供转化传统资源的思路与方法。只要很好地研究西方解释经典的历史，特别是“圣典”的诠释史，以及自施莱尔马赫（F. Schleiermacher）、狄尔泰（W. Dilthey）等人以来现代解释学理论的发展情况；对中国注释经典的历史过程做出系统的梳理，搞清楚各种注释体例的细枝末节和来龙去脉；既注重扎实的文字、音韵、训诂等“小学”功夫，又有宏观的比较视野和恰当的理论路径，中国经典的解释问题就可以得出一些系统的认识，创建“中国解释学”就是有可能的。景海峰教授对汤先生的相关思考和研究成果做了综合性的追溯与综述，并给予了充分的同情理解和肯定。

在追溯汤先生作为一位途程上的哲学家的思想轨迹时，景教授对汤先生在探寻和勘定儒家思想的核心价值（内在超越、普遍和谐、内圣外王）时，所阐发的一些颇具原创性的观念，亦多所开掘，如认为汤先生阐发的普遍和谐观顺应了当代社会发展的要求，既是对儒家传统的深入思考与回归，也是对肆虐多年的“斗争哲学”的弃绝与清算，更是中国文化走向世界、贡献于人类最有价值之成果。

在步入耄耋之年前，汤先生再次秉承“事不避难，义不逃责”的祖训，挑起了一副千钧重担——《儒藏》总编纂。景海峰教授申述了汤先生就为什么要编纂《儒藏》所阐发的理由，介绍了这一规模宏大的盛世编典项目的具体进展和后续计划，并认定这无疑是新世纪伊始，我国在文化建设方面的一个重要的工程。此说盖为公论。

编者注意到，还有多篇论文直接或间接涉及征文邀请函中罗列的八个论题，限于篇幅，我们在此不一一介绍。对那些在上述八个论题之外的论文作者，编者也愿借此机会表示诚挚的谢意。特别需要说明的是，牟钟鉴教授和魏常海教授都是在大病初愈后抱病撰文，编者对此无任铭感。

本文集基本上按序齿原则或获得最终学位的先后顺序编排论文，惟将几位海外作者的论文置于编末。特此说明。

编者

2006年9月4日于北大

原收入胡军、孙尚扬主编：《探寻真善美——汤一介先生80华诞暨从教55周年纪念文集》，北京，北京大学出版社，2007

事不避难，义不逃责：汤一介对新时期中国哲学的贡献

景海峰

“事不避难，义不逃责”，这是汤一介的祖父、晚清进士雨三公在其《谯游图》之“自题”中说过的一句话，这个颇显儒家气概、很能表达传统士大夫之入世风骨的短语，用来形容汤一介先生的立身行事，倒是非常的贴切和传神。汤一介生当中国社会剧烈变化、中西杂陈而新旧交错、传统文化飘零如絮的转型时代，作为中国思想文化的传道者和“守夜人”，在他身上依旧保留着浓厚的“士”的气质：彬彬有礼、谦逊好学、关注社会、心忧天下而弘道不辍。但汤一介毕竟是新时代的知识分子，是学术体制化形态下的大学教授，所以按照通常的描述，他又有诸多的头衔：北京大学哲学系资深教授，中国哲学与文化研究所名誉所长，《儒藏》总编纂，中华孔子学会会长，中国东方文化研究会副理事长，中国炎黄文化研究会副会长，国际儒联、中国哲学史学会顾问。他曾长期担任中国文化书院院长，还做过国际中国哲学会会长等。除了半个多世纪执教于北大之外，他亦曾访学哈佛，获颁麦克玛斯特大学（McMaster Univ.）荣誉博士学位，最近又与夫人乐黛云同获日本关西大学荣誉博士学位，他还在加拿大麦克玛斯特大学、澳大利亚墨尔本大学、荷兰莱顿大学、中国香港中文大学和城市大学等校，担任过主讲教授或客座教授。

一、家风承续与学思历程

汤一介1927年正月十五出生于天津，在中国这是一个“大红灯笼高高挂”的日子，也是万象更新的初春伊始。他的祖籍是湖北黄梅县，但至今他也没有踏足过故里，“老家”于他而言只是一个梦里依稀的符号。他一岁到了南京，四岁又到北平，抗战期间在西南大后方，这是因为他的父亲先后在南开大学、中央大学和西南联大任教的缘故，所以举家迁移、漂游无定，直到抗战复员后才在北平（北京）定居下来。

汤一介的祖父汤霖是晚清进士，做过甘肃渭源等县的知县和乡试同考官，晚年以授徒为业，好汉易，喜吟《桃花扇》中之《哀江南》和庾信的《哀江南赋》，可惜其“海阔天空快状游”的宦海生涯并无大成，亦无重要的著作留世。在他60岁生日时，学生为祝寿，作《颐园老人生日谦游图》一幅，汤霖“自题”云：“余自念六十年来，始则困于举业，终乃劳于吏事。……余又内惭，穷年矻矻，学不足以成名，宦不足以立业，虽愈中寿，宁足欣乎？虽然，事不避难，义不逃责，素位而行，随适而安，固吾人立身行己之大要也。时势迁流，今后变幻不可测，要当静以应之，徐以俟之，毋戚戚于功名，毋孜孜于逸乐。”这些话，足能透显出雨三公做人处世之宗旨，亦为汤氏家风立定了规则。汤一介的父亲汤用彤（1893—1964）是我国现代著名学者、一代佛学大师。他早年留学哈佛大学，时与陈寅恪、吴宓并称为“哈佛三杰”。回国后，历任东南、南开、中央等校教授。从1930年起，执教于北京大学，长达30多年，成为整个20世纪北大人文学科中最为重要的几位台柱式人物之一。用彤先生在学术上“昌明国故，融会新知”，通贯中西，撷精立极，创辟一代风气；而在立身处事方面，则能承接家风，无违父训。其《汉魏两晋南北朝佛教史》跋中有谓：“彤幼承庭训，早览乙部，先父雨三公教人，虽谆谆于立身行事之大端，而启发愚蒙，则常述前言往行以相告诫。”所以他虽身处学界高端，有院士头衔，出掌过北大，但为人极其朴质无华，不以功名为意，谨言慎行，真正做到了“素位而行，随适而安”。用彤在学术上致为谨严，与人相处则一团和气，钱穆在《忆锡予》一文中说：“锡予之奉长慈幼，家庭雍睦，饮食起居，进退作息，固俨然一纯儒之典型。”识老友，莫若宾四，许为“圣之和”者，诚知言也。[①] 汤一介从小生长在这样的书香门第里，耳濡目染，后来又子承父业，不光在学术上深受先辈的影响，而且在做人方面也延续了家风。他极为看重个人的品行修为，于家风传承惶恐唯诚、念兹在兹。从他身上，我们能真切感受到老一代学者立身行己的那些优良品德，他的为人处世、待人接物在学术界更是有口皆碑。有一次，有位韩国学者对我说：“像汤先生这样的学者，在韩国已经很难见到。”这不仅仅是说他的学识，更是讲他的人品。作为名人之后的汤一介，不仅在学术上继承先志、光大门楣，而且在家风的传承上又有进者，将“事不避难，义不逃责”的精神发扬到了新的境地。

已年届八旬的汤一介先生之学思经历大致可以分为三个阶段：大学毕业以前的青少年求学时期（1927—1951）；参加工作之后将近30年间、艰难曲折而又颇为沉寂的路程（1952—1979）；焕发出学术活力、对当代中国哲学做出了重要贡献的新时期（1980—　）。

儿时的汤一介资质并不聪慧，学习成绩平平。他的小学是在北平的孔德小学度过的，毕业前夕的1939年底，随母亲辗转数千

① 钱宾四以“柳下惠之和”形容锡予，谓：“孟子曰：‘柳下惠圣之和’，锡予殆其人乎。……锡予和气一团，读其书不易知其人，交其人亦绝难知其学，斯诚柳下之流矣。”《忆锡予》，见《燕园论学集》，25页，北京，北京大学出版社，1984。

里来到大后方，在昆明与父亲团聚。不久，入读西南联大附中，两年多后，又因故转到了重庆的南开中学。这期间，他阅读了大量的中外小说和其他文学作品，喜李后主词，更爱陶渊明诗文，对俄国文豪尤其拜服。钱穆的《国史大纲》使他开始理解中华民族灿烂辉煌的历史，钱学熙的英文讲授让他领略到了西方文学的意境之美，由文学理论、美学而渐入哲学、宗教，他开始读《工具论》、《理想国》、《上帝之城》等。抗战复员后，汤一介随全家回到北平，先上北京大学先修班，一年后，正式转入北大哲学系。本科期间，除了读冯友兰等人的《中国哲学史》著作之外，他仍偏好西方哲学，对金岳霖、洪谦的文章颇感兴趣，就题写了习作，受到贺麟的称许。他还选修了大量的外系课程，特别是有关西方文学的，打下较宽眼界。哲学课，下工夫最大的是逻辑一类，胡世华的"数理逻辑"和"演绎科学方法论"，让他体会到思维工具的重要性。而用彤先生的两门近代西方哲学课程，则使他进一步理解了哲学范式和方法论的特别价值。1949年以后，中国的哲学界发生了根本的改变，原有的知识格局被彻底地颠覆了，马克思主义挟意识形态之威，迅速占领哲学的主阵地，而中西哲学均遭到了边缘化。汤一介很快就适应了这个变化，以青年人特有的敏感和喜好新鲜事物的情趣，投入到马克思主义的学习当中。他阅读了大量的马列经典著作，因表现优异，还被北大的党总支派到北京市委党校去学习，后来又干脆留了下来做教学工作，从而结束了他的大学生活。

50年代初期的汤一介是一名马克思主义的"宣传员"，他在党校给学员讲"联共（布）党史"和马克思主义哲学经典，无论是教学工作还是个人的学习都相当地投入，颇受到学生的好评。如果不是偶然的机缘重回北大，我们很难设想他后来可能要走的学术道路。1956年秋，汤一介回到北京大学哲学系工作，被中哲史教研室主任冯友兰委派给用彤先生做助手，他先后帮着父亲整理校对了《魏晋玄学论稿》等，并且参加了当时影响很大的“中国哲学史问题座谈会”的筹备工作。从这时起到“文化大革命”前的八年间，汤一介总共写了三十来篇文章，一类是批判“资产阶级学术思想”的，另一类则是为参加当时的一些“学术”讨论而作，对此，他晚年做了深刻的反省和自我剖析。[①] 除了断断续续的教学工作和扭曲的批判式讨论之外，汤一介也利用这段时间系统地攻读了儒家经典和诸子百家的著作，对各种相关的史料都下了一番工夫，这无疑为他后来的研究打下了坚实的基础。“文化大革命”十年，更是好几代知识人都被耽误掉大好时光，正值韶华盛年的汤一介不但在学术上完全地寂然了，而且还身不由己地卷入到了政治的漩涡当中。他后来痛切地说道：“作为一个教书的知识分子，十年没有读什么书，不能不说是十分可惜的，而且这本来应是我生命中最能有创造力的十年，它正是我将进入‘不惑’的十年，而这十年恰恰是我被迷惑的十年。”[②]

1980 年，汤一介恢复了讲课“资格”，始开“魏晋玄学与佛教、道教专题”课程；1981 年，在《中国社会科学》发表《论中国传统哲学范畴体系的诸问题》一文；1983 年，湖北人民出版社出版了他的第一部著作《郭象与魏晋玄学》……从那时起，汤一介焕发了学术的“青春”，以艰苦卓绝的努力、百折不挠的精神和生机勃勃的创造力，为新时期中国哲学的走出困境、开拓与发展，

① 汤一介晚年对其“文化大革命”前的学术研究基本上持否定态度，多处做过痛切的反省和毫不隐讳的自我批判。譬如他最近说道：“这类大多是根据日丹诺夫关于‘哲学史的定义’批判中国历史上的那些哲学家，给每位哲学家戴上‘唯心主义’或‘唯物主义’的帽子，定性为‘进步’或‘反动’。这样的研究根本算不上什么学术研究，这样的研究方法只能把自己养成学术上的懒汉，败坏‘学术研究’的名声。’上面说的这两类文章有一个共同点，就是把学术作为现实政治的工具。这简直是对‘哲学’的亵渎。”（《我的哲学之路·自序》，北京，新华出版社，2006）

② 汤一介：《在非有非无之间》，44～45 页，台北，正中书局，1995。

付出了极大的辛劳，做出很大贡献，成为这个阶段中国哲学界可数的几位代表性人物之一。他先后出版了《郭象与魏晋玄学》（1983）、《魏晋南北朝时期的道教》（1988）、《中国传统文化中的儒道释》（1988）、《儒道释与内在超越问题》（1991）、《在非有非无之间》（1995）、《佛教与中国文化》（2000）、《和而不同》（2001）、《我的哲学之路》（2006），以及《汤一介学术文化随笔》（1996）、《郭象》（1999）、《非实非虚集》（1999）、《昔不至今》（1999）、《当代学者自选文库：汤一介卷》（1999）、《同行在未名湖畔的两只小鸟：汤一介乐黛云随笔》（2005）等著作；主编了《中国文化书院文库》、《20世纪西方哲学东渐史》、《道家文化研究丛书》、《国学举要》等大型丛书；发起并主持了《儒藏》编纂工程；创办了中国文化书院、深圳大学国学研究所等学术机构；筹备或参与了一系列大型的国际学术会议及文化活动，风尘仆仆地往来于世界各地，为中外哲学的交流做出了极大努力。这个时期的汤一介，充分发挥自身的优长，以“只争朝夕”的精神，奋力前行，取得累累硕果，成就了他过去几十年无可比拟的业绩。可以这么说，新时期是汤一介学术生命的真正开始，也是他学术事业有案可序的华彩乐章，所以下面我们将着重探讨他这个阶段的学术与思想。

二、从魏晋玄学到早期道教

汤一介的学术起步显然和他父亲有很大的关系。用彤先生在完成了《汉魏两晋南北朝佛教史》（1938）之后，有感于魏晋一段和佛教密切之关系以及当时国内的中古哲学研究十分薄弱之情状，发愿写一部以问题为中心的断代哲学史。但这部著作因抗战的颠沛流离和其后的工作、身体等状况而未得如愿，只作了一些单篇的论文，后来经过整理，编成《魏晋玄学论稿》（1957）一书。汤一介当时参加了《论稿》的整理校对工作，于这部分内容最为熟悉，所以80年代初开课时，便以“魏晋玄学”作为专题。他一方面大量参考了用彤先生的既有成果，沿着文德尔班（Wilhelm Windelband）《哲学史教程》之观念史和问题演变史的路数，对魏晋玄学的发展历程、概念范畴及其方法等再作梳理；另一方面，又紧密地结合当时国内的实际状况，对哲学界普遍关心的一些问题做了深入的思考和大胆的探索。所以这个“开局”，既可以看做是他对父亲未竟之业的延续和完善，同时也是他自身的学术发展寻求突破的一种尝试。此“双重意义”，我们可以从该课程的“绪论”中看得出来。一开始他即强调了这门课的4个要点和目标：一是通过对外来思想文化与本土文明之关系的揭示，加深了解中国文化自身的特点，从而更好地理解当代世界文化的格局，处理好马克思主义和中国传统的关系，开展比较哲学和比较宗教学的研究。二是从概念范畴体系入手来研究中国哲学，避免用西方的东西生搬硬套，应该探讨中国思想自身的观念系统，把这些历史线索清理出来，而魏晋时代恰恰提供了这方面极其丰富的内容，故显得重要。三是着重分析哲学家建立他们思想体系的特有方法，“一种新的哲学方法可以为一个时代开路，并且体现着这个时代的哲学水平和特点”，譬如玄学中的“言意之辩”就最能说明这个问题了。四是揭示思想发展的内在规律性，用研究哲学史的方式来锻炼逻辑思维的能力和增强哲学的头脑与识见。① 这些问题的提出，在80年代初有着强烈的时代感和现实意义，而先生新颖的眼界和超前的意识在当时又是多么的与众不同和令人振奋！

---

① 1981年春季学期，本人选修了汤老师的“魏晋玄学与佛教、道教专题”一课，至今仍保留着当时的课堂笔记。第一次上课的时间是2月25日上午，讲课内容即为“绪论”，上面所述4点就是根据这些笔记整理归纳出来的。

在讲过两轮课之后，汤一介整理出版了《郭象与魏晋玄学》。对于这本书，傅伟勋有一评价，认为其“诠释学创见”足以与钱穆的《庄老通辨》和牟宗三的《才性与玄理》相媲美。[①]这只是站在大陆局外的纯粹学术性的观察，而就内部而言，其30年漫漫长路的转折意味和方法上、观念上的一系列“突围”，则显得更为重要。经历了“文化大革命”严冬后，政治气候还乍寒乍暖，普遍的心灵滞塞、头脑僵固尚未消除，禁区犹在，壁关重重，正是在这种困难的情况下，汤一介首先想到的是要冲破学术上的种种教条，寻找新方法，提出新见解，走出中国哲学研究的困境。他反对那种机械照搬马克思主义的做法，力图抛开几十年所形成的条条框框，重新用哲学的眼界和学术的方式来叙述中国思想，把世界文明的格局、中西文化的差异、中国文化的民族性特点等，这些过去被忽略或有意遮蔽了的问题，重新引入到对中国哲学的理解和表达当中。而在叙述上，则尽量不用或少用当时流行的方式和套话，改用纯粹学术的、具有民族特色的语言，给人耳目一新的感觉。这种荡涤陈规的突围意识和不囿旧见的创新精神，成为汤一介重新开始他的学术研究之后，开辟新境界的利器和不断寻求发展的动力，在80年代初的风气转变初始，尤为重要和难能可贵。

在《郭象与魏晋玄学》中，汤一介突出了哲学史的认识史意义，从思想观念的内在理路来分析玄学思潮发展的线索。他认为，王弼用“体用如一”、“本末不二”的观点来讲“有”与“无”、“自然”与“名教”的关系，这是超越前人之处；但他又摆脱不了《老子》“无”的缠绕，主张“崇本息末”，这就在他的思想体系当中留下了矛盾。如果进一步漠视“有”、“用”、“末”的一面，把“本

---

① 傅伟勋：《老庄、郭象与禅宗——禅道哲理联贯性的诠释学试探》，载《从西方哲学到禅佛教》，383页，北京，三联书店，1989。

体”绝对化，那么就可能走向纯任“自然”一途而否定“人能”。嵇康、阮籍“非汤武而薄周孔”的态度和“越名教而任自然”的主张，恰恰就是“贵无”、“崇本”的极端发展。因为他们认为后世的“名教”破坏了本常的“自然”，所以要回到那个“本体”去，从而诽毁和否定人为的“名教”。向秀、郭象则坚持“体用如一”、“本末不二”的路向，调和“名教”与“自然”。向秀讲“任自然之理”，又主张“节之以礼”，所以谢灵运《辨宗论》说：“向子期以儒道为一。”而郭象更是融会了“贵无”与“崇有”两派的思想，用“自生”论解决了“有”、“无”为二的问题，将“名教”和“自然”打成一片、毫无间隙，完成了玄学的“有”、“无”之辩。东晋张湛讲“至虚”，仅是玄音余响，而另辟新境的则是佛教。僧肇大谈“非有非无”，将局限于“有”、“无”的本体观，提升到了一个新的层级。而这已是魏晋玄学的终结和佛学主潮的临岸了。

《郭象与魏晋玄学》一书，除了比较多地论述到玄学和佛、道二教的关系之外，对郭象的分析更是超迈前贤。汤一介认为郭象的思想代表了玄学发展的高峰，是魏晋玄理的集大成者。他用哲学的眼界和辨析命题的方式，提捻出郭象哲学中的8个问题：一是“有物自造”的“崇有”观，是“贵无”、“崇有”的综合和向“非有非无”中道观的过渡。二是“变化日新，与时俱往”的动静观，既不同于王弼所说“本体之无”的“寂然大静”，也不同于僧肇《物不迁论》的思想。三是“知”与“无知”的问题，即对“无知之知”的体味和追求。四是圣人“可学致”与“不可学致”的问题，也就是怎样理解和把握“迹”与“所以迹”。五是从“一般”和“个别”的关系来分析郭象所说的“(命)理”与“自性”。六是用目的性和能动性的思想来诠解郭象讲的“独化”与“相因”。七是“无待”与“有待”、“无为”与“有为”，揭示出事物“相对”和“绝对”关系的复杂性。八是“顺性”与“安命”、“性命”与

“逍遥”，表达了人生“自由”和“必然”处境的二难抉择。[①] 对郭象和其他玄学人物的关系、郭象注和《庄子》旧注以及与庄子本人思想的异同，汤一介都做了仔细的分析。特别是用现代眼光勾勒出郭象的哲学体系，后来又补作充实一节，专门谈郭象的哲学方法。[②] 这些研究，无论是学术视野还是理论深度，都将魏晋思想的透视推进到了一个新的境地。

用彤先生晚年亦治道教，有《读〈道藏〉札记》等发表，受父亲影响，汤一介也较早地涉入这一领域。1980 年，写了《略论早期道教关于生死、形神问题的理论》，这是他有关道教史研究的第一篇文章，次年初发表于《哲学研究》。1983 年，始开“早期道教史研究”专题课程，这是国内学界在新时期最早的系统讲习之一。经过了两轮授课之后，他又到加拿大和美国的有关学术机构查阅资料和写作，终在 1987 年完成了《魏晋南北朝时期的道教》一书，于次年出版。

在《魏晋南北朝时期的道教》中，汤一介讨论了《太平经》和早期道教思想的萌芽与流变，认为是书内容庞杂、成编扑朔迷离，虽有儒学成分而性质仍属道教著作，与黄巾军有关，但实为“应帝王”之书，其中心是“长生久视”及“兴国广嗣”之术。他分析了道教的建立过程和《老子想尔注》、《老子河上公注》这两本早期道教经典的思想源流。于南北朝道教，则重点论述了为早期道教创立理论体系的葛洪、编制教仪教规的寇谦之、辑纂经典目录的陆修静和描叙神仙谱系的陶弘景。另外，对道、佛关系着

---

① 参见汤一介：《郭象与魏晋玄学》（增订本）第十三、十四章，257～271、273～285 页，北京，北京大学出版社，2000。他在学术自述中，对这 8 个问题的归纳和叙述与原著有所不同，见《在非有非无之间》，60～66 页。这里所述，是以原作为依据。

② 参见汤一介：《辩名析理：郭象注〈庄子〉的方法》（原载《中国社会科学》，1998(1)）和《论郭象注〈庄子〉的方法》（原载《中国文化研究》，1998 年春之卷），后收入增订本，为第十章。

墨较多，用 4 章分别讨论了“老子化胡”问题、“生死”“形神”问题、“承负”“轮回”问题和“出世”“入世”问题，全面描绘了南北朝时期的佛道之争。汤一介自己认为这本书有 5 个亮点：一是在“绪论”部分对宗教的本质做了探讨，提出限定和判别宗教形态的若干标准，这成为他往后论述儒、道、释诸家时所遵循的基本认识。二是大胆肯定宗教的价值，力辩宗教不同于所谓的“迷信”，廓清了长久以来人们认识上的误区。三是在史料鉴别上比较用心，“本书所用材料都经过认真考证”，这对早期道教的研究来说，殊为不易。四是第一次比较系统地论述了南北朝时期的佛道之争，于问题有所深化。五是提出了一些对《太平经》的新看法，而与时论不同。①

《魏晋南北朝时期的道教》问世之后，汤一介在道教史方面虽无大的著述，但常将道家、道教研究记挂心上，不时有单篇论文发表。比较重要的有探讨老庄哲学和玄学之内在性与超越性问题的《道德经》导读，以及《论〈道德经〉建立哲学体系的方法》、《论魏晋玄学到初唐重玄学》等。特别是最后一文，提出了道家（教）发展三阶段论和道教的理论转向问题，饶有创意。90 年代，他还与陈鼓应联手，创办国际道联，发起召开了两届规模很大的国际道家（教）学术研讨会，合编《道家文化研究丛书》，大批学者集于麾下，这对推动国内的道家（教）研究起了很大的作用。另外，他在北大还指导了一批青年学者，已成为目前我国道教研究的中坚力量，从而保持着北大道教研究之重镇的地位。

三、中国哲学的范畴体系和基本特征

汤一介将《郭象与魏晋玄学》和《魏晋南北朝时期的道教》

---

① 参见汤一介：《在非有非无之间》，67～68 页。

二书看做是他哲学生涯的过渡，因为那仅是史家的工作，而他的目标是要做一名哲学家。1949年后，在相当长的一段时间内，“哲学”从业何其艰难！已有成就的老辈学者不能再在自己的系统上春燕衔泥、添砖加瓦，而只能洗心革面、改弦易辙；青年一代既无条件又无可能向哲学家目标“冲刺”，“哲学工作者”沦为马克思主义的“宣传员”和领袖思想的“传声筒”，所以几十年也出不了哲学家。90年代中期，汤一介曾写信给冯契，向他祝贺80寿辰，同时表达了愿景：希望冯先生能沿着他40年代写《论智慧》一文时的路再谱新章。这路，便是一个真正哲学家的路。这不仅仅是汤一介对冯契的期待，更是他本人内心深处的强烈愿望的袒露。20多年来，汤一介一直在向着这个方向不懈地努力。尽管他一再表示：因为历史条件等因素，成为一名哲学家已无可能，但他不断的思考与开拓，实已留下了一串闪光的哲人的脚印——标记出一个在途程的哲学家。

80年代初，为了打破教科书体系的僵化模式，汤一介尝试着用范畴研究的方法来重新描述中国哲学的面貌。在《论中国传统哲学范畴体系的诸问题》这篇当时引起了热烈讨论的文章中，他把中国传统哲学的基本概念分成了3组20对，从存在的本源、存在的形式和人们对存在的认识等三个方面来勾画中国哲学的观念系统。他指出：“天”和“人”是中国思想中最基本的概念，是表达宇宙人生的根本范畴。从天人关系可以分别推出“知”和“行”、“情”和“景”，这3对范畴便成为“真”、“善”、“美”三大领域的主轴与核心。关于“真”的价值范属，从“天人”可以联系到“自然”与“名教”、“天理”与“人欲”、“理”与“事”等，这些范畴构成了一个“真”的世界的表达。而“有无”、“体用”、“一多”、“本末”、“动静”等都与此相关，或表现“真”价值领域的关系，或描摹其中的状态等。而“善”的问题，以“知行”为中心，涉及“良知”和“良能”、“性”和“情”、“能”和“所”、“已发”和“未发”等，这些范畴围绕着人的道德行为和伦理状况进行叙事和展开，是有关“善”的价值的观念簇。在“美”的方面，以“情景”为本，可以连带出“虚”与“实”、“言”与“意”、“隐”与“秀”，以及“神韵”和“风景”、“言志”和“缘情”等，这些范畴表达了审美活动中人的心理状态和物我交融的情状。有关这个体系的内容，汤一介后来在《郭象与魏晋玄学》一书中做了很多的补充；在写《在非有非无之间》中的“对中国哲学的哲学思考”一节时，又做了若干的修正。

用范畴研究的方式来叙述“中国哲学”，提捻出中国思想中的“问题”，归纳其思考的类别和观念之间的联系，从而描摹出思想接续的路径，这比数十年来流行的“两个对子”、几大板块之类的模式，的确要高明得多，既克服了那些简单、机械的毛病，也更接近于哲学叙事本身的要求。从现代的“中国哲学”建构来看，由胡适、冯友兰开创的主流模式，比较接近于英美传统，科学实证主义的气息较为浓厚，而重视抽象理念的德国观念论一系，其影响则相对要弱些。三四十年代，汤用彤、贺麟等较为欣赏观念论的方式，他们的著作与胡、冯等人的面貌确有不同，但响应者寥寥。50年代后，在科学主义的强力支撑下，英美实证论传统在形式上得以延续，只不过更加粗糙和简约化，又有了意识形态的夹杂。而港台新儒家，像唐君毅在《中国哲学原论》中所做的工作，当时还不为大陆学界所知。所以，80年代初的范畴研究，在哲学方式上就明显有突破的意义，而汤一介对掀动这场持续有年的研究起了重要的作用。

就概念史而言，中国传统中，儒家有东汉时期的《白虎通义》、理学陈淳的《北溪字义》和戴震的《孟子字义疏证》，佛教有释法云的《翻译名义集》，道教则有孟安排的《道教义枢》，等等。

这种集合名相、阐释大意甚至有所发挥的方式，在中国典籍中并不鲜见。但真正现代意义上的哲学范畴研究，则是在西方哲学传入之后才出现的。早期王国维的《论性》、《释理》、《原命》诸篇，就受到康德、叔本华的启发。而张岱年完成于30年代、许多年后才得以问世的《中国哲学大纲》一书，可以说是这种研究最有成就的著作，亦深受了近代西哲的影响。包括汤一介在内的80年代的范畴研究，当然也离不开对西方哲学的参照和挪用。像古希腊哲学特别是亚里士多德的《形而上学》和《范畴篇》，康德的《纯粹理性批判》之“十二范畴”，黑格尔的《逻辑学》之范畴系统等，均为这批研究者所熟知和借鉴。再加上马克思主义和德国古典哲学之间的亲缘关系，就使得这个方式在当时获得了必要的合法性庇护。正像汤一介后来所说的，“这样一种建构的思考方式，大体上仍反映了1949年以来哲学教科书的某些影响”①。所以，范畴研究对冲破教科书体系的结构形式所起的作用可能更大些，而实质内容的改观则要等到90年代。

相对说来，更为自本性的叙事来自汤一介当时影响很大的另外两篇文章：《论中国传统哲学的真善美问题》（1984）以及《再论中国传统哲学的真善美问题》（1990），论文直切中国思想的主旨，不假旁求，从宏观角度和内在理路深刻阐释了中国哲学的基本特征。他指出：“天人合一”、“知行合一”、“情景合一”是中国哲学的三大基本命题，体现了中国文化的根本精神，它们不仅是儒家思想的核心价值，也是佛、道二教的关键命意所在。“天人合一”是解决人的存在的问题，处理人与外部环境、心灵与客体、意识与实存的关系，寻求整个世界的统一性和完满性。《史记》所谓“究天人之际”，扬雄说的“和同天人之际，使之无间”，何晏谓王

① 汤一介：《我的哲学之路》，6页，北京，新华出版社，2006。

弼“始可与言天人之际”，邵雍云“学不际天人，不足以谓之学”，王夫之赞濂溪“首为《太极图说》，以究天人合一之原”，皆为此意。“知行合一”是解决人的社会性的问题，处理个人与群体、人与人之间的关系，关乎人类社会的价值标准和发展前程。孟子讲“良知”、“良能”，《大学》所谓“三纲领”、“八条目”，宋明儒的“德性之知”和“见闻之知”之别、“尊德性”与“道问学”之辩，以及老子说的“为学日益，为道日损”，禅宗中的“明心见性”、“即身成佛”等，都是围绕着何以立人、何以处世所展开的思考。“情景合一”是解决人的心理调适与心境和顺的问题，处理人自身的精神自恰和感觉协调，以达到身心的平衡和生活的愉悦。孔子闻《韶》“三月不知肉味”、叹为“尽善尽美”，明人袁中道说景与情“耳竭其心力之所至，以呈工角巧意，其余无蕴”，王国维《人间词话》之生花妙笔所描绘的那般“境界”，皆呈现出身心的坦适和情志的舒平，表达了审美人生的最高理想。这三个命题，“天人合一”是根本，“知行合一”和“情景合一”可以从中伸展出来；但三者又难以割裂，构成一个可做互诠、圆融无碍的系统。从三大命题，汤一介又总结出中国哲学的四个特点：呈空想状的理想主义，重实践的人本主义，体用一源的思维模式和偏重直观的理性主义。①

对中国哲学基本特征的探讨和精神内蕴的发掘，使汤一介进一步摆脱了教科书体系的羁绊，走出过去几十年间既成模式的束缚，而回到哲学问题本身。他意识到哲学并没有一个统一的标准，所谓“基本问题”也是因地而设、因时而变的，中国不同于西方，今日不同于古时。就拿中国古代哲学的最高理想来说，它是以追求人的精神生活的和谐与完满为目标的，偏重于人生价值的探讨，以实现尽人能、体天道为终极目的。中国人往往把“做人”看得

① 参见汤一介：《中国传统文化中的儒道释》，14～19页，北京，中国和平出版社，1988。

很重、看得很高，甚至视为理解“存在”的根本，这和他们的宇宙观大有关系。宇宙不是寂死的、纯外在的实然存在，而是与人息息相关的、互动式的应然存在。在这个系统内，人是主动的一方，是可以表达和体现“天道”的，所以如何“做人”，完善自我品格、充实内在价值、提高精神境界，就显得极为重要。孔子提示的“为己之学”，张载所说的“为天地立心”，老庄讲的“无为”、“自然”、“游于物之所不得遁而皆存”，禅宗追求的“无住”、“无相”以至“见性成佛”，皆是在描绘这样一种“立己”以达“天道”的境地。追求“真”、“善”、“美”统一的境界，在中国哲学各家，它们的目标是一致的，但途径有所不同。譬如，儒家重视道德实践，以“致善”为本，在实现“善”的过程中，体现“美”与“真”的价值。而道家亲近“自然”，以“求真”为要，用“真”作为枢轴来统一“美”与“善”。但这些不同的方式，殊途而同归，最后都归结到了人生境界这个根本问题上。就此而言，中国思想和西方哲学显然是有差别的。一般说来，近代西方大哲在谈论“真”、“善”、“美”时，都要建立一个系统，都把这些价值的描述与呈现视为是一种智力的活动，尽量地追求所谓“客观”，难免陷溺于外在化。这样一种知识体系的构建，于现代的中国哲学而言，是由陌生变为熟悉的过程，是一个不断地模仿和学习的过程，而这个过程已经持续了百年之久。汤一介指出：现在我们应该增强这样的意识——中西哲学各有特点、各有所长，我们需要用西方哲学作为参照来认识自我、丰富自我，但西方哲学同样也在交流中扩大了它自身的意义，所以中西哲学是相互补充、互为镜鉴的，而不要把目前的单边学习视为是“当然”之理。

四、儒学的当代反思

80 年代的“文化热”和 90 年代的“国学热”，分别把对中国传统的反思推到了前台，只不过前者的主调是否定的，而后者则变成了“弘扬”。在这时代的大转换中，儒学的命运和学界对儒家的评判始终处在漩涡的中心。作为中国文化的研究者，汤一介也经历了一个“置身其外”和“投入其中”的过程。从学术领域讲，他过去的特长不在儒学，而在佛、道；从研究态度看，之前较为秉承“客观”之理念，于儒、释、道不偏不倚，而越往后则对儒学的体味越深，偏重明显，且“笔端常带感情”。他说：“以前我对儒学没有兴趣，可以讲不研究儒学。我是搞魏晋玄学的，还搞一点佛教、道教。从 1983 年考虑新儒家问题、新儒家的基本观念。”[①]这一年，他在哈佛大学访问，接触到了海外新儒学，并且与杜维明成为好友。杜氏的思想或思考的问题显然对汤一介构成了很大的刺激，他不得不反思中国文化的现实命运问题，回应新儒家的挑战，重新思考中国文化与西方文化、儒家传统与马克思主义的关系。在当年举行的第 17 届世界哲学大会上，汤一介发表了《关于儒家思想第三期发展可能性的探讨》的讲演，引起极大轰动。[②]这之后，杜维明到北大讲学，在国内几大城市发表演讲，掀起了复兴儒学的小小高潮，汤一介是最为有力的接引者之一。随后，他又和萧萐父、庞朴等，发起和主持了熊十力、梁漱溟等新儒家人物的著作之搜集、整理与编纂的工作，对推动 80 年代后期的新儒学研究，贡献良多。他本人也积极地思考儒学的当代发展问题，对儒学的历史定位、特殊价值、近代命运及其未来前景等，都做了深入的探讨，提出了自己的独特看法。十多年来，汤一介于当

① 汤一介：《我的哲学之路》，26 页。

② 刘述先在：《蒙特利尔世界哲学会纪行》一文中，对当时的情景做了生动的描述：“会议的最高潮由北大的汤一介教授用中文发言，探讨当前第三期儒学发展的可能性。……这一番发言虽然因为通过翻译的缘故而占的时间特长，但出乎意料的清新立论通过实感的方式表达出来紧紧地扣住了观众的心弦，讲完之后全场掌声雷动，历久不息。”见刘氏：《文化与哲学的探索》，89 页，台北，学生书局，1986。

代儒学的反思用力最切也最有收获的，当数以下3个问题。

（一）内在超越

这是西学东渐之后，西方以基督教伦理为核心价值的宗教文化和中国传统的儒家伦理之激烈冲突所引带出来的问题。明末的耶稣会士，谓儒家“五伦”未为尽善，于头上再安“大伦”，以确立“天主”之尊位；又将对上帝的爱置于“祖”、“圣”之上，列不敬神为“大不孝”之首。这一超越性之“神”和世俗性之“圣”的差异与斗法由此生起，形成连绵不绝的所谓“礼仪之争”，而有无“超越性”也就成为西方人士訾议甚至贬低中国文化的一大口实。近代西方文化的强势地位无形中确立了具有超越性的那份优越感，所以说中国文化不具超越性，就像说中国思想不算是哲学一样让人难堪。这种中西比较视野下的差异性评价，成为西方学术界长期以来的主调，正像芬格莱特（Herbert Fingarette）在论说西人的《论语》研究时所说的那样：“这些现代阐释者一般都竭力淡化《论语》中实际上不可化约的神奇魅力的思想成分。”① 当代甚有影响的汉学—哲学“双打组合”安乐哲（Roger Ames）和郝大维（David Hall），在他们的系列性著作中，坚决否认中国哲学有所谓的“超越性”——“在孔子思想中，影响最深远的、一以贯之的预设是：不存在任何超越的存在或原则。……不管怎样，企图求助于超越的存在或原则来说明孔子的学说，是完全不恰当的”②。正因如此，港台新儒家唐君毅、牟宗三等，早就力辩过儒学的宗

① 芬格莱特：《孔子：即凡而圣》，彭国翔等译，4页，南京，江苏人民出版社，2002。

② 郝大维、安乐哲：《孔子哲学思微》，蒋弋为等译，5页，南京，江苏人民出版社，1996。在《汉子哲学思维的文化探源》一书中，他们用了三分之一的篇幅专门谈“超越性与内在性”问题，认为在《孔子哲学思微》和《期望中国》二书中，他们“已经辩明，超越的观念与对中国古典典籍的解释无关。我们力图表明，依靠严格的超越的概念，是怎样严重地歪曲了儒家和道家的认识的某些方面”。见《汉哲学思维的文化探源》，施忠连译，226～227页，南京，江苏人民出版社，1999。

教性问题，在海外学界掀动波澜，形成与基督教徒、域外汉学家们长时间的争执。80 年代中期，余英时发表了《从价值系统看中国文化的现代意义》一长文，提出“中国文化的内向超越性”说，于“超越性”的理解又有推进，对中西文化的差别和中国文化的特征也做了颇有新意的阐发。[①] 正是在这篇文章的启迪下，汤一介开始探讨“内在超越”问题，参加了在香港举行的第一届儒—耶对话会议（1987），提交《论儒家哲学中的内在性与超越性》一文，后来又连续写了有关老庄、玄学和禅宗的内在性与超越性的文章，构成一个系列。

汤一介指出，《论语》所谓“夫子之言性与天道，不可得而闻”，“天道”是超越性的问题，“性命”是内在性的问题，这些都是“超言绝象”的，故“不可得而闻”。孔子讲“为学”的过程，所谓“知天命”、“耳顺”、“从心所欲不逾矩”，皆是在表达一种“内在”和“超越”的境界。宋明儒着重发展了“性与天道”一路，成就了更为系统化和理论化的“内在”而“超越”的思想架构。不论是程朱的“性即理”，还是陆九渊的“心即理”，或王阳明的“致良知”，都是以“内在超越”作为其根本特征的。除了儒家思想之外，实际上中国哲学各家大都讲内在性，以“内在超越”为主旨。和中国的情景不同的是，西方哲学是剖分二界的——超越性的本体界和现实性的表象界，基督宗教更是把上帝看做是外在于人的世界的超然存在。这样，西方式的“超越”便含有了外在性，以“外在超越”为其特点。汤一介认为，中国文化有很强的同化能力，除了“内在超越”的特性之外，本身也有“外在超越”的资源，再加上向西方学习，一定可以弥补自身的缺陷，建立一

---

① 参见余英时：《从价值系统看中国文化的现代意义》，新近收入《余英时作品系列》，见《文史传统与文化重建》一书，442～492 页，三联书店，2004；以及《余英时文集》第三卷，见《儒家伦理与商人精神》，1～39 页，桂林，广西师范大学出版社，2004。

个既包含“内在超越”又有比较多的“外在超越”可言的新哲学系统。

（二）普遍和谐

从“天人合一”的理想和推崇“和为贵”的人生宗旨出发，汤一介在1992年左右提出了“普遍和谐观念”。他认为，儒家讲“天人合一”，这是其根本的宇宙观和世界观，按照“体用一源，显微无间”的原则，其人生观必然地崇尚普遍的和谐。“普遍和谐”应该包括四个层面：一是自然的和谐。自然是一生生不息的有机整体，“列星随旋，日月递炤，四时代御，阴阳大化，风雨博施”①，或鸢飞鱼跃，或草绿花艳，“云在青天水在瓶”，一切皆自自然然，和谐有序。《易》云“元亨利贞”，“元”是万物之始，“亨”是万物之长，“利”为万物之成熟，“贞”为万物之强固。这一完美有序的状态，在《易》即为“太和”，荀子所谓“万物各得其和以生”。二是人与自然的和谐。人生天地间，“有气、有生、有知，亦且有义，故最为天下贵”②。《周易》讲“天道”，也讲“人道”，有所谓“天、地、人”三材，特别强调“天行健，君子以自强不息”，重视人能之发挥。但人和自然，各有其位，各守己分，“天有其时，地有其财，人有其治”③，人与自然应该是和谐相安的。三是人与人的和谐。孟子讲“性善”，重视人的先天“善端”之培养；荀子道“性恶”，强调后天之礼乐教化的重要性。总之，儒家把道德修养、礼义廉耻作为维系人类社会的根本，目的就是要通过人际关系的调节，来促进社会的和谐与稳定。四是人自身内外身心的和谐。儒家重视修身，把个体的道德实践放在一切社会活动及其共生意义的端点上，自我修为又是以身心的和谐与情

① 《文渊阁四库全书·子部·儒家类·荀子·天论》［电子版］，上海，上海人民出版社，1999。

② 《文渊阁四库全书·子部·儒家类·荀子·王制》［电子版］。

③ 《文渊阁四库全书·子部·儒家类·荀子·天论》［电子版］。

志的安适作为重要的目标和评价的标准。所以，孔子赞颜回“不改其乐”，孟子讲“立命”。

由此，汤一介认为“普遍和谐”是中国文化的独特价值所在，也是儒家思想最为宝贵的资源，在当今科技强势、征服欲望势不可挡、自然与社会危机四伏、严重失衡的情况下，这一观念的宣揭尤为显得重要。《中庸》里说：“唯天下至诚，为能尽其性。能尽其性，则能尽人之性。能尽人之性，则能尽物之性。能尽物之性，则可以赞天地之化育。可以赞天地之化育，则可以与天地参矣。”这个“和谐”路向的规划，是以“天人合一”的交感性和个体生命的道德实践功夫作为基础的。先要“修己以安人”，以自我身心的和谐作为起点，“推己及人”，达到人与人、人与社会的和谐，然后再以“民胞物与”之情怀和“与天地参”之精神，实现人与自然的协调和整个宇宙的和谐。这一“和谐”观，顺应了当代社会发展的要求，既是对儒家传统的深入思考与回归，也是对肆虐多年的“斗争哲学”的弃绝与清算，更是中国文化走向世界、贡献于人类最有价值之成果。

（三）内圣外王

作为儒家思想最为核心的价值理念之一，“内圣外王”向来存在争议，近代以来的评价又大多是负面的。梁启超谓：“内圣外王之道一语，包举中国学术之全体。”熊十力曾力辩“内圣”与“外王”的统一。牟宗三讲从“内圣”开出“新外王”，“转理性的作用表现而为理性的架构表现”。[①] 这些对“内圣外王”的同情之理解和现代性诠释往往遭到非议，特别是后者，差不多成了当代新儒家饱受批评的一个焦点。汤一介较早时对“内圣外王”的看法，受到“反封建”意识的影响，认为这是中国“人治”社会的特征，

① 参见牟宗三：《政道与治道》，24、56～57、156页，台北，学生书局，1983。

是封建统治者自我标榜的粉饰之辞。“在中国历史上从来没有出现过儒家所塑造的‘圣王’，所出现的大都是有了帝王之位而自居为圣王的‘王圣’，或者为儒者称颂的‘王圣’”。所以，“内圣”与“外王”应该分开来看，“圣”最不宜为“王”，为“王”则必然失去“圣”的品格。而“内圣”只是个人的修养品德问题，是一种超越的理想人格，它与“面对现实”、重视“事功”的“外王”之道是截然不同的，所以儒家讲“内圣外王”，“往往成为美化现实的工具”①。他还认为，“内圣外王之道”并非儒家的专利，道家不只是享有该词语的发明权，而且思想中也内含了此意，魏晋玄学和中国化的佛教实际上都是讲“内圣外王之道”的。

晚近，汤一介在《我的哲学之路》一文中，对上述的看法小有修正，他说：“我对‘内圣外王之道’采取否定的态度，应该说是与没有深入了解它的真精神有关。”② 另外，就是和现实之间的微妙关联，他的批评，实际上是对“文化大革命”时代的“造神”运动的一种反思。如果跳出现实的缠绕，“内圣外王之道”的价值和合理性就可以有别样的理解：一是作为政治文化的最高理想，“王”和“圣”应该是统一的，而且中国社会已经塑造了尧、舜、禹这样的“圣王”，世代景仰，深入人心，成为理想的楷模。二是“圣人”的社会理想只有在具体的社会实践活动中才能够实现，“内圣外王之道”体现了一种“实践理性”的精神。而实践高于理论，这正是中国哲学思维的特点。三是“内圣外王”重在“圣”的要求，即把道德修养放在社会性存在及其活动的首位，所谓“自天子以至于庶人，壹是皆以修身为本”，所以中国被称作“礼仪之邦”，中国文化为“君子文化”。这些正面的意义和价值，应该是中国哲学的宝贵资源，对矫正世道人心和构建和谐社会均大有

① 汤一介：《中国传统文化中的儒道释》，52～53页。
② 汤一介：《我的哲学之路》，17页。

裨益。

五、中国解释学的探索和新轴心时代的展望

进入90年代后期，汤一介开始关注解释学的问题，他倡导把西方的解释学理论运用到中国经典的现代诠释方面，并且归纳总结中国经典解释史上的特征和规律，以创立中国自己的“解释学”。近些年来，他发表了六七篇论文，探讨“中国解释学”的创建问题，在学术界引起了很大的反响。汤一介指出：中国有很长的解释经典的历史传统，有着非常丰富的解释经典的文献资源，如何发掘这一传统和有效地利用这些资源，是中国哲学在新时期谋求发展的重要课题。而西方解释学的生成背景和发展历程可以作为一种切近的参照，为我们提供转化传统资源的思路与方法。只要很好地研究西方解释经典的历史，特别是“圣典”的诠释史，以及自施莱尔马赫（F. Schleiermacher）、狄尔泰（W. Dilthey）等人以来现代解释学理论的发展情况；对中国注释经典的历史过程做出系统的梳理，搞清楚各种注释体例的细枝末节和来龙去脉；既有扎实的文字、音韵、训诂等“小学”功夫，又有宏观的比较视野和恰当的理论路径，那么，对中国经典的解释问题就可以得出一些系统的认识，创建“中国解释学”就是有可能的。

汤一介分析了中国注经传统中的一些方法，如汉儒的“章句之学”，以纬证经、“辗转牵合”的荒诞比附之法；魏晋玄学家“得意忘言”（王弼）、“辩名析理”（郭象）的本体思辨之法；佛教译经的“格义”之法，以及“音义”、“音训”等。他特别以先秦时代的典籍注解之不同方式为例，归纳出了中国古代早期经典诠释的三种路向：一是“历史事件的解释”，以《左传》对《春秋》的注解为代表。其对经文的说明是叙事式的，有完整的情节和过程描述，

有对事件的看法和评论，在对“事件的历史”进行诠释的过程中，形成“叙述的历史”。二是“整体性的哲学解释”，以《系辞》对《易经》的发挥为代表。这一解释包含了哲学本体的观念，以及对宇宙生成变化的整体性看法，解释者的头脑中已经有了先入为主的架构模式，然后用这个总体性的模式再来调度材料，展开诠解。三是“社会政治运作型的解释”，以《韩非子》对《老子》的论说为代表。《解老》篇大多以法家的社会政治观点来解释《老子》，很少涉及形而上的层面；《喻老》篇则更甚，干脆直接用历史故事来说明君主成败、国家兴衰之故，完全是政治功利性的。① 除了这三种解释模式（历史的、哲学的、政治的）之外，先秦典籍中还可以找出一些其他的有关解释的方法，如《墨经》中的《经》与《经说》之关系，就大可做些分析。但就诠解的系统性和对后世的重大影响而言，显然上面所说的三种解释模式是最为重要的。

从中国的具体情况出发，我们不但可以借用西方解释学的成果，而且还能够激活相当多的传统资源。就拿训诂学来说，中国古代文化遗产的保存和传递（尤其是它的典籍形式），多半是依靠了这门解释意味甚浓的学问。从汉初的《毛诗诂训传》开始，便有了“诂训”之说，略后的《尔雅》更被称作是“训诂学的鼻祖”，可见在两千多年前，中国的学问便已经与“解释”结下了不解之缘。孔颖达所谓“诂训者，通古今之异辞，辨物之形貌，则解释之义尽归于此”，可见“训诂”即是解释。广义的“训诂”，包括了文字、音韵、词汇、语法、修辞等项内容，同校勘、目录等文献整理的工作形成交叉。它以解释词义作为基础，然后析意句读、阐述语法，对虚词和句子的结构进行分析，最后串讲大意和梳理篇章结构，就文本的内容做出系统的诠解。训诂学源远流长、内容

① 参见汤一介：《再论创建中国解释学问题》，见《和而不同》，9～20页，沈阳，辽宁人民出版社，2001。

复杂、积累丰厚，是我国传统学术的重要组成部分。如果从解释学的角度来重新梳理这门古老的学问，一定能够得到更多新的理解和认识，这对阐扬中国传统学术的价值将起很大的作用。训诂学如此，还有一些较具有“解释”色彩的传统学问，也可以作如是观。汤一介在他的系列文章中，对中国传统的“解释”资源做了很多的提示，可以作为“解释学中国化”开展的入路。

从西方解释学来看，中国的经学和由此繁衍的文字音韵、训诂考据、校雠辑佚、典章目录等，并未能产生出独立的有关一般“理解”的“技艺学”来。为什么中西走了两条不同的路？这其中的原因固然有很多，但根本上还是因为中国古代学术没有发生像欧洲近代那样的革命性变革，而始终笼罩在经学的氛围中。从施莱尔马赫之后，解释学就不再局限于神学的范围内，甚至不再局限于语文学或文献学的范围内，而是引入了理解者的心理状态和精神世界，变成文本与读者之间的心灵交通，“理解”本身成为一般的原则和方法。狄尔泰则把解释学又进一步推演成为整个人文科学研究的方法论，这就和原来的圣典释义没有什么直接关系了。反观中国的“解释”学，却自始至终是围绕着经典来展开的，从孔子开始是整理编纂“六经”，直到清末，有关“解释”的工作仍然是依附于经学的。这样，在中国历史上便只有注经方法的不断延伸与积累，而绝无能够脱离经学独立成军的所谓方法学，“小学”始终是经学的附庸。就像阿佩尔（K.-O. Apel）所说的，这种“解释”工作始终局限在“历史的和语法的理解”之范围内，“显然，这种解释学哲学总是预先假定宗教、哲学和文学传统中的伟大文本都具有不可替代的活生生的意义，关键在于利用语文学批评的所有手段和方法，使这种意义重新在当代世界中展现出来”①。

① 阿佩尔：《哲学的改造》，孙周兴等译，3页，上海，上海译文出版社，1994。

儒家的这个传统，无疑给创建中国的解释学带来了很大的困难。

因此，汤一介强调，“中国解释学”在目前还仅仅是一个设想，因为中国传统哲学中并无系统化、形态化的解释理论，只是在西方的解释学传入以后，这个研究课题才开始浮现出来。所以，真正的中国解释学理论应该充分地了解西方解释学，并运用西方解释学的理论和方法对中国的注经传统作系统的研究，对中国注释经典的历史和方法进行系统的整理，比较中西注释经典的同与异，然后归纳出中国自身的特点。在此基础上，才有可能创建具有中国特色的解释学理论，“中国解释学”的成立才是可能的。

90年代后期的另外一件文化大事是围绕“文明冲突”与“文明融合”所展开的讨论，从亨廷顿（S. Huntington）的《文明的冲突与世界秩序的重建》到哈特（M. Hardt）和奈格里（A. Negri）的《帝国》，这些引起了巨大争议的文本，昭示着全球化时代文化问题的复杂性和文明走向的离散化状态。汤一介积极思考后现代文化中的各种问题，以高度的敏感和极大的热情参与这些讨论，尝试将中国文化的丰厚资源带入到当代文化的语境当中，从而为中国文化的现代转化和未来发展寻求路径。他先后写了《评亨廷顿的〈文明的冲突?〉》(1994)、《“文明的冲突”与“文明的共存”》(2004) 等文章，回应亨廷顿的“文明冲突”论。亨廷顿提出所谓“儒—伊（斯兰）联合”的问题，认为“未来的危险冲突可能会在西方的傲慢、伊斯兰国家的不宽容和中国的武断的相互作用下发生”①，视中国为西方的“假想敌”。汤一介指出：从历史上看，中国文化向来是以宽容与和谐为主旨的，爱好和平，反对侵略，文化交流与民族融合构成了其历史发展的主线。春秋

① 亨廷顿：《文明的冲突与世界秩序的重建》，周琪等译，199页，北京，新华出版社，1998。

战国之前的地域文化各有特点、各擅胜场，经过了不断的融合之后，形成统一的华夏文化。印度佛教传入，完全是和平的方式，作为外来文化的佛教并没有因为文明的差异而与儒家、道家发生过战斗；只有几次是因为经济等原因而受到了当权者的打压，但为时很短就烟消云散了。在佛教传播和发展的两千年中，儒、道、释各家相安无事、和平共存，这实在是中国文化具有很大的包容性的有力见证，说明中国文化在传统上就有容含多元性的质素。

由此，汤一介提出未来的世界主潮是文明的“融合”而非“冲突”，特别是中国文化所扮演的角色，应该是正面的、积极的。他说：“中国文化中的儒道两家可以为化解文明的冲突，并能为‘文明的共存’提供有意义的资源。……反对‘文明冲突’论，倡导‘文明共存’论，这无疑是人类社会的福祉。”① 按照雅斯贝尔斯（K. Jaspers）“轴心时代”的说法，公元前5世纪前后是一个原典文明破土而出的时代，在这个时期之思想的影响下，人类文明的发展经历了多次的飞跃，而当今世界多元文化发展的局面，又有点像开始了一次新的飞跃。汤一介认为，这可能是一个“新轴心时代”的出现。在经济全球化的推动下，全球的多元文化格局将会逐渐地形成，“21世纪世界文化发展很可能形成若干个重要的文化区：欧美文化区、东亚文化区、南亚文化区和中东与北非文化区（伊斯兰文化区），以及以色列和散在各地的犹太文化，等等。这几种有着长久历史的大的文化潮流将会成为主要影响世界文化发展的动力”。新的“轴心时代”的文化和过去的有所不同：一是全球化把世界连成了一个整体，文化的发展已经不可能是各自独立的了，而是在相互的影响下形成一种多元共存的局面。二

① 汤一介：《我的哲学之路》，209～210页。

是跨文化和跨学科的研究将会越来越普遍，文化系统之间的相互参照、知识领域之间的交叉重叠、各种学术的交往与对话，将会越来越频密，最后形成一种“你中有我，我中有你”的新局面。三是这种文化局面不可能由少数几个伟大的思想家来主导，而是“百家争鸣”。一统天下的思想体系不可能再产生，像柏拉图、亚里士多德、孔子、释迦牟尼这样影响世世代代的人物也不可能再出现。[①] 所以，“新轴心时代”既是原典文明发展的新的飞跃，又和以往的文化局面有根本的不同。

展望新的时代，汤一介强调，当代的中国文化建设一定要“走出‘中西古今’之争，会通‘中西古今’之学”；既要继续奉行“拿来主义”的方针，吸纳世界各种文明的优秀成果，又要着力发展“送去主义”的策略，把中华文化的优良结晶推展到世界各地去。以“文化自觉”的意识和海纳百川的胸襟，积极投入到全球文化的交流和互动当中，在世界各种文明的激荡、攻错和磨砺下，锻淬自身，取精去粕，谋求新的发展。只有开放的中国才是大有希望的，同样，也只有开放的中国文化和开放的中国学术在未来的发展中才是大有前途的。

六、从中国文化书院到《儒藏》工程

与父辈相比，汤一介这代人经历了更多的精神的历练和思想的磨难，对社会百态和人世艰辛有更多的体味，因而他们对社会的了解与关注也就远远地超过了上辈。汤一介曾多次说过“学不如父”的话，就纯粹的学术而言，用彤先生的《汉魏两晋南北朝佛教史》的确精细臻极，后人难望其项背，但所谓“一代人有一

① 参见汤一介：《我的哲学之路》，118～120页。

代之学术”，境遇不同，条件迥异，目标和方式等也难以做简单的比观，所以与其论高下之判，不如分析各自的特点。汤一介指出：用彤先生的“为学术而学术”，“使得他远离了现实社会和当时一般文化所关注的问题”。和父亲相比，他可能“更加关注当前的现实社会”①。这不是一个简单的个人喜好的问题，甚至不是个人选择的问题，而是整个的时代环境和大氛围使然，是时代的差别造就了个人道路的不同。三四十年代可以做到“为学术而学术”，可以出用彤先生那样的学术成果，但1949年后，“洗心革面”的知识分子不可能再走那样的路了。要不是邓小平的“扭转乾坤”，使中国走上改革开放之路，也许就没有了我们这里对汤一介20多年来的学术成就的叙述。所以，汤一介不是不想“为学术而学术”，做出像他父亲那样的成绩；也不是要想像现在这样去关注社会，对现实的文化问题投入巨大精力，而是特定的时代造就了真实的环境，提出了对知识人的具体的要求和特殊的使命。处在拨乱反正、改革开放、民族复兴之时，汤一介顺应时代之潮流，尽其所能，为当代的中国文化建设殚精竭虑、贡献力量，已经做到了他个人的极致。正所谓“事不避难，义不逃责”，践行此祖训，蔚为大成矣！

汤一介20多年来所做的工作，秉承了中国文化的优良传统，恪守“士”之本分，坚持学人之良知，以现代知识分子的学术理念和敬业精神，鞠躬尽瘁，勇往开拓，取得了灿著于世的成绩。其中，他投入精力最多、花费时间最长也最有影响的两件工作：一是创办中国文化书院，领导了这个将在20世纪的中国学术史上留下重要印记的民办学术机构；二是发起《儒藏》的编纂，主持了这样一项新世纪巨大的学术工程。

---

① 汤一介、乐黛云：《同行在未名湖畔的两只小鸟：汤一介乐黛云随笔》，61页，西安，太白文艺出版社，2005。

80年代初，拨乱反正，百废待兴，与各种新思潮之萌发涌动相配合的是体制改革的呼声。就教育机构而言，1949年后，民办的书院逐渐消失，公办大学成为唯一的高等教育机关。1984年，以北大哲学系中哲史教研室成员为核心，学界酝酿筹组了民间性的中国文化书院，推举汤一介为院长。在他的领导下，书院先后聘请了梁漱溟、冯友兰、张岱年、季羡林、周一良等70多位海内外的硕学鸿儒为导师；举办了四届在全国学界引起过巨大反响的“文化系列讲习班”；主办了有数万名学员参加的全国性的“中外文化比较研究”函授班；开展了与海内外学术界的广泛的文化交流活动，并且在海峡两岸的学术往来方面扮演了重要的角色；多次召开国际性的学术研讨会，出版了一大批系列专著、文集、教材、资料集等。中国文化书院的这一系列活动，在当时都反响强烈、影响巨大，对八九十年代的中国文化研究起到了很大的促进作用，被时论公认为是80年代“文化热”的主要推动力量和代表性的一派。

作为中国文化书院的掌门人，汤一介为书院的事业付出了巨大的心血和艰苦的努力，在他的带领下，书院才取得了如此辉煌的业绩，这份成功是与他的人格感召和宽广胸怀分不开的。书院的成员来自四面八方，没有了学科之间的分际，也没有了身份和等级之间的差别，大家都怀抱着一颗为中国文化的复兴事业添砖加瓦的滚烫之心，不计名利，不计得失，捐弃前嫌，万众一志，才共同做成了这件大事。书院以“继承并阐扬中国文化的优秀传统，通过中外文化的比较研究，加强世界各国的交流和学者的往来，促进中国传统文化的现代化”为宗旨，目标是一致的，但思想却分外地开放与活跃。每个导师的学术观点可以不尽相同，个人的兴趣和偏好也可能完全不一样，但大家都合作共事，相处融洽，心情愉快，这在一般的机构中是少有的。季羡林说：“对中国文化书院的回忆，我却只有甜蜜，只有兴奋，只令人欢欣鼓舞，只令人感到‘柳暗花明又一村’。”[①] 这种和谐的人际关系和令人向往的气氛，固然与诸多学者的涵养与修为有关，但作为主事者，汤一介的处事风格和开放心态不能不说起了关键的作用，这也和他本人兼收并蓄的为学宗旨，以及思想上的包容性和待人的宽厚有极大的关系。尽管中国文化书院由于各种各样的原因，特别是因为时代条件的改变，现在已经不像以前那么“红火”了，但它的“曾经辉煌”已经写入了历史，汤一介为此而付出的努力，也已成为他“事功”簿记中最浓墨重彩的一笔。

进入新世纪，汤一介又挑起了一副千钧重担——《儒藏》总编纂。关于为什么要编《儒藏》，他已经发表了数篇文章以做申述，原因有三条：一是历史上儒、释、道三家并称，自宋以来，历代王朝都编有《佛藏》和《道藏》，却始终没有把儒家的典籍编成《儒藏》，这与儒家在中国历史上的地位极不相称。二是作为中国文化的主体思想，儒家经典体系有一个源远流长的传承过程，“六经”是整个远古文明的遗产和结晶，所以在中华文化中占有特殊的地位，影响至今。三是现代的科技手段提供了前所未有的便利条件和保存方式，为大规模的整理和传播奠定了良好的基础，我们可以做前人无法做到的事情。[②] 历史上，亦曾有编修《儒藏》之议，明末曹学佺首先倡导，清人周永年作《儒藏说》，响应者众。后虽未果，但《永乐大典》的辑校和《四库全书》的开馆，实与这些动议有关。《四库》内容，虽接近于儒家总集，外延甚或过之；但修纂未善，错漏不少，体例未必全符，晚近百多年又付阙如。所以，编纂一部名副其实、体例精良的《儒藏》，就不但必要，而

① 季羡林：《柳暗花明又一村——纪念中国文化书院创建十周年》，见李中华等编：《文化的回顾与展望》，3页，北京，北京大学出版社，1994。

② 参见汤一介：《我们为什么要编纂〈儒藏〉?》，载《北京大学学报》（哲学社会科学版），2006（2）。

且很适时。2004年，《儒藏》编纂已纳入到教育部重大课题攻关项目和国家社科基金重大项目中，正式启动，由北京大学牵头，汤一介挂帅，联合了全国25所高校和社科研究机构的几百位学者参加。计划将于2010年完成包括近500部、约1亿字的《儒藏》精华编，同时编纂《儒藏总目》和9卷本的《中国儒学史》。到2020年，完成包括5 000种、约10亿字的《儒藏》大全本。这个计划还包括了研究项目，准备出版《儒家思想与儒家典籍研究丛书》百种以上。另外，也会配合项目，出版一些电子版读物和检索工具。这无疑是一项规模宏大的计划，是新世纪伊始，我国在文化建设方面的一个重要的工程。

作为年届八旬的老人，汤一介先生不以颐养天年为求，也不以含饴弄孙为乐，更不以金钱、名誉、地位等为意，而是汲汲遑遑地为中国文化的千秋大业和中华文明的传诸永世而恪尽一介书生之绵薄微力，兢兢业业地为当代的中国文化建设添砖加瓦，其志永固，其情可感，其愿撼天！他希望《儒藏》编纂能够顺利地进行下去，对培养后继力量充满着期待，因为他知道，这不是几个人的事，而是一大批人甚至是几代人的事业。他只想开个好头，让这“无尽之愿”长存永续，让中华文化之薪火代代相传。他说：“今天，中华民族正处于伟大的民族复兴的前夜，重新回顾我们这个民族文化的源头及其不断发展的历史，必将对中华民族的伟大复兴发挥重要的作用。为了系统地、全面地、深入地研究儒家思想的方方面面，把儒家经典及其在各时代的注疏，把历代儒家学者的著述，把体现儒家思想文化的各种文献，编辑成一部儒家思想文化大文库《儒藏》，供世人阅读和研究，无疑对当今和后世都是十分必要的，而且具有重大的历史意义。”① 在这里，我们衷心

① 汤一介：《我的哲学之路》，273～274页。

祝福：愿《儒藏》早结硕果、功德圆满！愿汤一介先生健康长寿、永葆青春！

原收入胡军、孙尚扬主编：《探寻真善美——汤一介先生80华诞暨从教55周年纪念文集》，北京，北京大学出版社，2007

既开风气也为师

——中国哲学范畴研究启示录

陈俊民

劫后踏破燕园尘，陋室闻道始觉新。

翠竹青青开风气，亦友亦师释古今。

这是2000年我60初度时写的一首纪事感怀诗，今摘引于此，以祝贺老友汤一介先生80华诞。我少于先生整12岁，自当晚辈后学；加之，身世经历，又不尽同，恨不逢时，无缘立雪程门。但先生却不见弃，早得亲炙，许为忘年之交，每每以新作论著见惠，以“难得”的“老朋友”相待。将近30年间，我出处进退，无论在陕西师大还是在浙江大学，无论是一帆风顺还是处逆境中，不管是为“官”还是为学，先生总是无微不至地给予关怀和鼓励，甚至远道登门看望，引导我做好学问，又做好事业。而我在先生面前，向来无拘无束，以诚相待，无话不说，从无遮掩，心里奉若良师益友，口头一直以“老汤”相称，至今仍然觉得只有用这两个字才能表达出我对他的真情实意。

究其原因，固非一端。但为人为学，旨趣相投，都奉行“己欲立而立人，己欲达而达人”的做人原则；都想通过中国哲学史的研究，为创建一个符合中国传统哲学发展的现代中国哲学体系而尽心尽力。这可能是其最主要的友谊基础。

今天若要全面具体地评赞先生的哲学思想，我是没有资格的，但先生开启的中国哲学范畴研究，我是亲身参与其事者，并得先生支持在西安筹备主持召开过“全国第一次中国哲学范畴讨论会”，我们从相识、相知，到结成延续至今而期之以后的学术友谊，正是在这一长达数年的讨论中形成的。近几年来，我常常想到一个问题，就是：北京大学自冯友兰到汤一介，这些无愧称之为当代中国哲学的大家、大师们，究其所大，大在何处？现以我的体悟，自作一答。

一、陋室闻道始觉新

清人龚自珍有句名言说：“但开风气不为师。”我觉得大师之大，不在于知识如何渊博，而主要在于其学能开一代风气。顾炎武之学，以“博学于文”、“行己有耻”标宗，“卷帙之积，几于等身”[①]，可谓渊博通达。王国维在《沈乙庵先生七十寿序》中指出：清代“三百年间，学术三变：国初一变也，乾嘉一变也，道咸以降一变也。……故国初之学大，乾嘉之学精，道咸以降之学新”。他以“大、精、新”概括清学三变的特点，认为“国初之学，创于亭林”，亭林之学，其所以“大”，不在于博，而在于“以经世为体，以经史为用”，开启了汉学之先河，为三百年清学建立了以考据明义理的“典范”，这无疑是对学术之“大”的最好解释。[②] 胡适之学，在于求博，清代考据学是其起点，亦是其归宿，但他之所以能成为20世纪中国学术思想史上的中心人物，同样不在于博，而在于用“实验主义”和“科学方法”，建立了具有示范作用的“中国哲学大纲”，开创了“新文化运动”的风气。可见，“一代之治，即一代之学”（龚自珍语）；一代风气，亦即“一代之学”。这正是大师之大、其学之大处。

我想，一介之学，也不会例外。尽管，他曾多次声言：“1947

① 王弘：《山志》卷三《顾亭林》，北京，中华书局，1999。

② 参见王国维：《观堂集林》卷二十三，北京，中华书局，1984。

年，我选择读北大哲学系，是想做一位哲学家，而且想做一位有创造性的哲学家。”令他遗憾的是，由于个人的天分，特别是所处的时代，使他无法超越父辈，成为人们所公认的哲学家。而让他尚可告慰的是：从 1980 年初他思考“中国哲学的范畴问题”，到上个世纪末他提出“创建中国解释学问题”和“新轴心时代中国哲学的走向问题”，近 30 年间，他一直没有停止对“哲学问题”的独立思考。所以，他自谦地告诉国内外学界：我虽不敢自称是“哲学家”，但我无疑是有兴趣思考一些哲学问题的“哲学史家”。回忆我与先生多年的学术交往，我觉得，他在中国“哲学贫困”的特殊年代，与时俱进，总是适时地提出一些哲学问题，来推动当代中国哲学的研究，在《中国社会科学》上连续发表的一些哲学论文，确实是具有典范意义的开风气之作。这说明他不只是一位“哲学史家”，他首先是一位“既开风气也为师”的哲学家。

就以 1980—1985 年中国哲学界的哲学范畴问题讨论来说吧。25 年后的今天，一般学人也许早已看不出像《论中国传统哲学范畴体系的诸问题》、《论中国传统哲学的真善美问题》发表后，究竟为什么能够震动当世的哲学视听而引起小会大会争鸣了，所以这里有必要对这段学术史事，略作解说，以证实上述学术以开风气为“大”的观点。还得从燕园初谒先生说起。

记得我第一次见到先生，是在 1978 年秋季。那年我因撰写《儒家考辨》参加了在济南召开的“全国哲学社会科学规划会议”，这是十年“文化大革命”后全国学界首次盛会，著名专家学者几乎都光临与会，我三生有幸，先结识了另一位亦友亦师般的终生忘年交朋友，就是武汉大学的萧萐父教授，说也奇怪，我俩被分在同一个小组，不约而同地发现会议名单没有汤一介大名，便相约会后过北京，专程去拜访他。具体时间，我已记不清楚了，只记得在一天的下午，地点是中关园一个用泥土矮墙围着的平房，屋内堆满了“文化大革命”抄家刚发还的书籍，好像家里拥挤得只能坐下我们三人，虽然老萧早同老汤是朋友（由此迄今，我们三人都以“老某”相称），没有多少寒暄，似乎不用相互介绍，一见如故，而眼前的一切，也好像都在预料之中，谁也不用介意。老汤询问了我俩开会的情况后，我递给他我写的《儒家考辨》打印稿，请他指正，但我当时感兴趣的还是道教，便问他如何读《道藏》，他没有正面回答，只是说他家不少道书佛书已丢失了，归还回来的书他还没来得及整理。又说他需要重新反思以往北大的中国哲学史的教学和研究，“要好好想想，看能为中国哲学做点什么事”，还说“我现在正准备为学生开一门‘道教史研究专题课’”。他谈吐文雅，声调不高，给我留下的印象是，深思熟虑、富有哲理。我如坐春风，诲听不倦。直到临别，他把我俩送到小院，我看到柴门一边青青翠竹，随风摇摆，给先生的陋室多少增添了点色彩，脑海里突然浮现出十多年前我在燕园看到过的先生旧居，不由得倒有些寒酸之感。可先生泰然处之，说他在这里已住了快十年，回头看了看院内翠绿的竹子，好像临别致意：“柴门今始为君开，翠竹点头送远客。”握着我的手认真地说：“感谢你们来看我。待我看过你的大作后，再写信告诉你好吗?”

回到西安后不久，我就先后收到了王明、孙叔平和老汤诸位先生的大札，一致赞扬我在“批林批孔”的特殊年代，躺在硬板病床上还自修考据训诂来考证儒家形成的这种刻苦钻研精神。王、孙两先生认为，《儒家考辨》的观点“颇有见地，读之令人有新颖之感”，鼓励我今后在考据学上再下工夫；而老汤却认为，考证儒家的形成是“外在的”，要正确评价儒家在中国传统社会中的历史地位，关键在于分析它内在的思想。这一开示，引起了我长时间的思考，我思考的不单是如何修正那篇歪歪扭扭、尚未脱离康有为《新学伪经考》羁绊的习作，而是我以后的研究方向。记得次年先生还接连给我寄来他的“道教史研究专题”讲义，及他从国外复制的《老子想尔注》，并叮嘱我要读《道教义枢》，要注重道教理论的研究。随后，还通过一位朋友写信告诉我：“您思维敏捷，思想活跃，思考深入，文笔流畅，当是极有前途的学者。自从您的文章出现在中哲史论坛以来，一直引起我们的兴趣和重视。”显然，这是针对1979—1980年我继《儒家考辨》之后，在全国有关刊物上连连发表的《唯心主义平议》、《论中国哲学史的基本特征及其研究方法》、《论中国哲学史的研究对象问题》、《论中国哲学史的逻辑体系问题》、《论哲学史研究中的党性原则问题》等而言的鼓励之辞。接着，我又收到了先生通过《中国社会科学》寄来的《论中国传统哲学范畴体系的诸问题》一文的抽印本，经过认真拜读、反复比较之后，我才真正明白先生指点我从“外在的”研究转向“内在的”研究的意义，其实，就是要从“思想史”方法，转向“哲学史”方法。

这对多年在历史系从事“中国古代思想史”教学研究的我来说，不单是个方法论的转变，而实际是学术方向的变化。检点我此后在《哲学研究》上发表的《张载哲学逻辑范畴体系论》(1983)，可说就是这一变化的标志。就我多半生对中国哲学的研究来说，如果说，《儒家考辨》表明我的哲学思维还停留在“中国哲学”这座宝塔之外，“对塔说相轮”；那么，从这篇论文中也许可以看出，我已“直入塔中，上寻相轮，辛勤登攀，逦迤而上”，虽犹未见相轮，然却“实在塔中，去相轮渐近”①，已进入中国哲学研究之中。这就是前引我“六十感怀”小诗“劫后踏破燕园尘，陋室闻道始觉新”之“新”义。我常想，虽说这不能同昔日万木

① 程颢、程颐：《二程集·遗书》卷一，北京，中华书局，1981。

草堂谒康有为，引起梁启超思想震动的“自述”相提并论①，但我一生中的学术转向，同先生引领中国哲学范畴研究新风气，却是直接相关的。

二、“哲学思考”开风气

现在，我们不妨再把范畴研究放置在1980年以后的整个中国哲学研究中来观察，看看先生开启的这一研究，其真正意义到底何在？

记得先生十年前曾发表过一篇名曰《对中国传统哲学的哲学思考》的重要论文，回顾1980年以前他所亲身参与其中的中国哲学研究实际：

> 从1949年开始，我们对中国传统哲学，可以说主要进行了一种政治的思考，没有做哲学的思考，或少做哲学的思考。做政治的思考也是比较简单化的、教条的。②

因为，那时我们完全接受了日丹诺夫的哲学史定义，按照恩格斯关于思维与存在的关系问题为哲学的“基本问题”和列宁关于哲学的“党性原则”来剪裁中国哲学史，结果就形成了千篇一律的“唯物—唯心”、“进步—反动”的中国哲学史模式。他说，自1980年始，他从另一个角度来考虑中国传统哲学，即把它作为一个整体来考察，它同西方哲学、印度哲学一样，也有它的一套概念，由概念构成命题，然后有一些判断，经过推论而成为理论体系，在中国哲学中就叫类、故、理。经过这样一番哲学思考，他便写成了《论中国传统哲学范畴体系的诸问题》，发表在1981年

---

① 梁启超：《三十自述》，见《饮冰室合集·文集之十一》，北京，中华书局，1989。

② 汤一介：《我的哲学之路》，25页。

的《中国社会科学》第5期上，他特别说明："当时写这篇文章的目的是冲破原来的唯物唯心对立的框架。"显然，这也是我和老萧以及全国绝大多数学者的共同心声。我还以陕西省中国哲学史研究会名誉，邀请先生来西安做学术报告，引导陕西的学者共同思考这个问题。

1981年10月，中国哲学史学会在杭州举行"全国宋明理学讨论会"，《中国社会科学》杂志副总编辑丁伟志教授曾召集与会部分学者：方克立（南开大学）、杨柳桥（天津）、张军夫（广西大学）、臧宏（安徽师范大学）、周继旨（安徽大学）、刘蔚华（曲阜师院）、萧萐父和我，围绕《论中国传统哲学范畴体系的诸问题》，进行了热烈的座谈，先生虽未到会，但会后参加了"笔谈"。丁伟志特别指出："《中国社会科学》杂志发表汤一介同志文章的目的，是为了提出新问题，启迪大家思考，促进百家争鸣，共同探寻中国哲学史研究科学化的道路。"（见座谈会纪要）会后还发表了《关于研究中国传统哲学范畴问题的讨论》纪要①，可见先生这一研究开创风气之端绪。

然而，细心的读者一定能够觉察到，每一位学者的发言，几乎都有担心"怕搞不好会离开马克思主义而陷入黑格尔主义"的顾虑，总要挂上几句诸如"研究哲学范畴的逻辑发展，并不否定哲学基本问题和哲学的党性原则"之类的套话。其实，今天说开了，也很简单，自1979年至1981年间，中国哲学界连连举行了太原"全国中国哲学史方法论讨论会"和"中国哲学史学会成立大会"（1979年10月）、黄山"正确评价历史上唯心主义哲学讨论会"（1980年9月）、桂林"中西哲学比较研究讨论会"（1981年10月）和这次首次邀请有美、日、德、加等海外学者参加的"宋

---

① 《中国社会科学》，1982（1）。

明理学会”，唤醒了学者们长期被束缚的哲学思考，“哲学逻辑范畴”、“哲学史定义”、“唯心主义”、“党性原则”等一系列哲学问题，都被重新提出，引起热烈讨论。我有幸同老萧成为大家推举出来的中国哲学史学会常务理事，而且都参加了这些讨论，老萧根据他的经历告诉我：“这是自 1957 年春北京大学召开的中国哲学史讨论，迄今三十多年难得的解放思想，百家争鸣!”我们无论当时，还是现在，都觉得那是学术讨论会，而不是过党的“组织生活”，没有什么不正常。可谁料想，随着哲学春天的到来，也同时刮起了一阵不小的狂风，据说是由那个号称“以坚持马列主义和双百方针，实现中国哲学研究的科学化为宗旨”的《中国哲学史研究》编辑部发起，不仅在宋明理学会上发简报批判老专家孙叔平的所谓不要唯物唯心的“光头哲学”，而且于会后连年召开“夏季学术讨论会”，发表“评论员”文章和“纪要”，把上述那些新问题、新观点，统统说成是“为了摆脱简单化束缚”而“偏离了哲学基本问题的原则”，认为这是 1980 年以来中国哲学史研究正面临着的“两种不良倾向的干扰”。编辑部还选择了“天与人、力与命”等六十多个范畴和重要概念引导大家“立即着手这方面的研究工作”，但反复强调的是：“研究中国哲学史的概念和范畴，必须坚持以马克思主义的辩证唯物主义和历史唯物主义的基本原理为指导”，还特别具体地列举了六个“必须坚持”，以保证范畴研究不脱离马克思主义的轨道。[①] 这就是当时主流媒体对先生所提出哲学范畴问题的强烈反响。

无疑，这仍然是对中国传统哲学作“政治思考”，根本不可能把范畴研究引向正确的轨道；但从另一方面，却表明先生的“哲

---

① 以上参见本刊评论员：《坚持“哲学基本问题”实现中国哲学史学的科学化》、《本刊编辑部就如何研究中国哲学史上的范畴和重要概念举行讨论会》、《关于中国哲学史范畴、概念和思潮发展规律问题》，见《中国哲学史研究》，1982（1）、1981（3）、1984（1）。

学思考”，确实起了开风气的意义。

三、范畴研究会中西

有鉴于此，为了推动中国哲学范畴研究的深入开展，在张岱年会长和全国学者的指导、支持下，我同老汤、老萧、方克立、金春峰共同协商策划，历经整整两年的准备，于 1983 年 11 月在西安召开了“全国第一次中国哲学范畴讨论会”。张岱年、王明、冯契、庞朴、萧萐父、方克立、方立天、蒙培元、金春峰、丁祯彦、臧宏、吴熙钊和杜维明（美国哈佛大学）等专家学者都到会发言，提供论文，当年的《哲学研究》第 12 期和《求索》1984 年第 1、2 期，都有“动态”综述和“笔谈”报道，其主要成果，可见于人民出版社 1984 年出版的《中国哲学范畴论集》一书，这里不再赘述。

值得回味的是，范畴研究的哲学旨趣到底在哪里？先生对传统哲学究竟是怎样进行“哲学思考”的，“哲学的思考”难道真的是远离了马克思主义吗？最近，我翻箱倒柜，找到先生 1983 年给我的两封珍贵信件，一封是 1 月 20 日给老萧和我的信，这时离西安范畴会议召开还有十个月，他对会议充满期望地说：

> 我十分希望能开成一次深入讨论学术问题的会，我参加各种讨论会不多，但都觉得收获不大。究其原因，可能由于人多且杂，无法畅所欲言。我自己深感思想很不开阔，因此提不出一些新见解来。但是，我们总不能安于现状，应该在中国哲学的研究上有较大的突破。所以我想，如果在西安今秋的会可以开成，是否可以同时讨论一下“中国哲学史研究的前景”问题。
>
> 我最近有一个想法，我们的报刊有不少文章，都引用古人的话或古人行事的故事，来说明今天的问题。有那么多古

人的话都对我们今天是有教益的，那么从总体上说，我们应该如何看待我国的古代文化与古代哲学？这里是不是有一个“文化价值观”的问题？如果我们不能正确地看待中国传统哲学的价值，不能正确地解决中国传统文化与马克思主义的关系，我觉得可能产生两个问题：一是马克思主义就不能牢固地生根，马克思主义不能很好地在我国得到发展；二是我国传统文化中坏的东西就可能起更大的作用。

学术应该有思想的自由，这样才可能有所创新。在自由探讨中当然可能发生错误，即使有错误，总比不思想好。

另一封是11月21日，即西安会后刚十天，他寄给我的信说：

西安的会后，我更加感到我们应加强研究，加强和国外学者交流。我们应主动地影响他们并了解他们，吸收他们合理的、有意义的思想。中国传统哲学面对现实世界的种种问题，我觉得其中优秀部分自然有生命力。我曾设想，能否在马克思主义和中国传统哲学中找到某些结合点，如果能找到某些结合点，这样，一方面可以促进马克思主义中国化；另一方面也就可以看到中国传统哲学的价值所在。我曾大胆地从三个方面寻找结合点：一是中国传统哲学中的理想主义；二是中国传统哲学中的“实践”（道德实践）的观点；三是中国传统哲学中“对立斗争”和“对立统一”的看法。我想这三个方面是中国传统哲学的价值所在，它们或可在某些方面丰富马克思主义。另外，我也还想到“人文主义”的问题，现在不大好谈，只是想想吧！

这就是西安范畴会前后，先生对中国传统哲学所作“哲学思考”的真实具体的写照。会前所说的对中国传统哲学“文化价值”问题的哲学思考，形成了他提交会议的《论中国传统哲学的真善美问题》，这也是他于当年参加蒙特利尔第17届世界哲学大会面对海外“新儒家”问题所作出的哲学回应，为中国哲学在当代西方世界开了风气。会后所说的对中国传统哲学与马克思主义“三个结合点”的哲学思考，经过了十年多的“中西文化”冲突与融合的真实体验和反思，便凝结成1995年正式发表的《对中国传统哲学的哲学思考》，这也是他针对“古今、中西”这个时代主题的哲学思考，所形成的中国哲学“三大理论体系”。

由此可见，(1) 范畴研究，只能是“哲学的思考”，而不能作“政治的思考”。“政治的思考”，犹如上述“评论员”文章和“夏季学术讨论会”纪要所说的“必须坚持哲学的党性原则”、“必须坚持辩证唯物主义能动的反映论的原理”、“必须坚持历史唯物主义经济基础决定上层建筑的原理”等，明眼人一看就知道，那是直接投合当时“反自由化”的政治斗争现实，根本不是真正研究哲学范畴。若论80年代中国哲学范畴研究的成败得失，这无疑是最大之“失”！所以先生才无可奈何地说：“‘人文主义’的问题，现在不大好谈，只是想想吧！”但先生所作的“哲学的思考”则不同，它是将唯物辩证法理论作为研究方法，融化在中国哲学本来的历史发展中，揭示出逻辑思维的类、故、理范畴体系（暂定20对范畴）；由于范畴之间的逻辑联系，便形成了传统哲学的三大命题（“天人合一”、“知行合一”、“情景合一”）及其“真、善、美”的理想境界；最后自然归结出关于中国传统哲学的三大理论体系（“普遍和谐论”、“内在超越论”、“内圣外王论”）。这就形成了“一介哲学”。尽管，这个体系还有待于进一步精致与完善，但它毕竟已奠定了基础与骨架，清楚地表明了先生范畴研究的真正旨趣。

(2) 范畴研究，其真正旨趣乃在于：“究天人之际，通古今之变，会东西之学，成一家之言。”这是先生最喜欢的名言，原话是司马迁说的，其中“会东西之学”（或“会中西之学”），是先生加上的。这一增加，不仅表明，上述范畴研究的终极目的，是要建立以“究天人之际”为哲学基本问题，以“天人合一”、“知行合一”、“情景合一”为主要哲学命题，以“真善美”为理想人格和精神境界，以“普遍和谐”、“内在超越”、“内圣外王”为理论特征的中国传统哲学体系；而且，是要将这一体系置于包括中、西、印等整个世界哲学系统的现代学术轨道，完全脱离“字义疏证”、“经籍纂诂”一类的传统学术旧辙，成为汤一介“一家之言”的当代中国哲学。所以他写信特别强调：加强和国外学者交流，吸收他们合理的、有意义的思想；会通中西之学，使马克思主义中国化，中国传统哲学现代化。

我觉得，这同冯契“化理论为方法，化理论为德性”的哲学思考异曲同工，都是把马克思主义哲学和中国传统哲学相结合的一个创新。以上所引的一介“三论”（《范畴体系诸问题》、《真善美问题》、《哲学思考》），也同冯契“智慧三说”（《认识世界和认识自己》、《逻辑思维的辩证法》、《人的自由和真善美》），百虑而一致，都是哲学史家通过对中国传统哲学的深入研究，从中国哲学史中概括和总结出来的当代中国哲学（“一介哲学”、“冯契哲学”）；而他们讲授和论述的中国传统哲学（《郭象与魏晋玄学》、《中国古代哲学的逻辑发展》），又都是他们的哲学在中国哲学史中的展开和运用。可见，他们都以自己的哲学研究实践，真正解决了王国维最苦恼的“可爱与可信”的哲学矛盾，成为继冯友兰、金岳霖之后难得的两位“亦哲学亦哲学史”的大家。究其所大，就在开了中国哲学范畴研究的风气。记得张岱年先生在西安范畴会上讲过一句名言：“开创者难为功。”反思这段学术史，有失有得，但产生的“一介哲学”、“冯契哲学”，毕竟体现了范畴研究的真义和方向。

元遗山说得好：“画图临出秦川景，亲到长安有几人？”我虽土生土长在长安，亲身参与了范畴研究和西安范畴会议，但绝不敢说，以上所述是“自知其中有真味”。至今唯能让我终生聊以自慰的是，80年代正是我一生为人为学的最重要阶段，我从与先生的学术交往中，获得了人生最宝贵的“财富”，这就是1987年先生在他的《魏晋南北朝时期的道教》后记里所说的：“我和他是老朋友，常常在一起讨论，我们的这种友谊在今天也是很难得的。”我想，珍惜和永存这份友谊，沿着先生开启的风气“接着讲”，就是对“老朋友”80华诞的最好祝福。虽不能至，心向往之！

2006年盛暑稿于杭州西湖畔

原收入胡军、孙尚扬主编：《探寻真善美——汤一介先生80华诞暨从教55周年纪念文集》，北京，北京大学出版社，2007

以“内在超越”为中心的思考

郭齐勇

汤先生与业师萧萐父先生是至交。20 世纪 80 年代初，萧老师请汤先生来武大给我们讲魏晋玄学，令吾辈倾倒。1984 至 1985 年间，为编熊十力先生论著集和在黄州召开第一次熊先生学术会，晚生多次向汤先生请益。不久即参加汤先生主持的中国文化讲习班，为第一班学员，得以聆听许多老前辈的演讲，终身受益。尔后，不断得到汤老师的指导、提携、帮助与支持。20 多年来，晚生敬慕汤先生的道德文章，以为楷模。汤先生重视中国哲学特色的研究，特别是内在性与超越性问题的探索。谨以小文，庆贺汤先生八十华诞，祝汤老师和乐老师福寿双全!

一、汤一介先生论“内在超越”与“外在超越”

汤先生自 20 世纪 80 年代中期至 90 年代初期撰写的有关儒家、道家、玄学、禅宗的内在性与超越性问题的四篇论文收入到他的《儒道释与内在超越问题》一书之中，部分地收入到《当代学者自选文库：汤一介卷》一书之中。①

汤先生认为，“天道”是超越性的问题，“性命”是内在性的

① 汤先生四文：《论儒家哲学中的内在性与超越性》、《论魏晋玄学中的内在性与超越性》、《论禅宗思想中的内在性与超越性》、《论老庄哲学中的内在性与超越性》。见汤一介：《儒道释与内在超越问题》，南昌，江西人民出版社，1991。其中三文的节选及另一综合文《对中国哲学的哲学思考》则见《当代学者自选文库：汤一介卷》，合肥，安徽教育出版社，1999。本节综述汤先生的有关论点，均根据这两种著作。

问题，而这两个问题是属于形而上的问题。照中国传统哲学的看法，形而上的问题是“超言绝象”的；“超言绝象”自然不可说，说了别人也听不懂，只能自己去体会，所以孔子提倡“为己之学”，而反对“为人之学”。“天道”不仅是超越的而且通于人之内在之性，故《中庸》曰：“天命之谓性，率性之谓道”，“人性”同样不仅是内在的而且可以通于“天”的超越之性，故曰：“诚者，天之道也；诚之者，人之道也。”继孔子之后有孟子，他充分发挥了孔子哲学中关于“内在性”的思想，并以人之心可以通于超越性之“天”。他说：“尽其心者，知其性也；知其性，则知天矣。存其心，养其性，所以事天也。”人本然所具有的“四端”的充分发挥，则表现为仁义礼智之善性，这样就可以达到对超越性的“天”的觉醒，而实现内在之人心与超越的天道同一。

宋明理学在更深一层次上解释孔子提出的“性与天道”的问题，使儒家哲学所具有的“内在超越”的特征更为系统化和理论化。程朱的“性即理”和陆王的“心即理”虽然入手处不同，但所要解决的仍是同一问题。程朱是由“天理”的超越性推向人性的内在性，以证“性即理”；陆王是由人性之内在性推向“天理”之超越性，以证“心即理”。

汤先生指出，先秦道家（主要指老子和庄子）则是以其精神的净化而达到超越自我和世俗的限制，以实现其对自由的精神境界的追求。如果说先秦儒家采取的是一种积极肯定人生、提高道德学养的方法来实现其超越，那么先秦道家则是以消极否定人欲、减损人为的方法来实现其超越。先秦儒家和道家的两种超越，虽不相同，但他们的哲学都是以“内在超越”为特征，同样表现了与西方哲学的不同。

老子“道”的含义是指超越性的永恒的普遍原则或天地万物之本体。照老子看，人可以依其内在本质（德），根据“道”的要求来净化自己，这样就可以超越自我与世俗之限制，而达到与“道”同体的超越境界。

庄子所说的“乘天地之正”、“御六气之辩”并非说的“至人”要靠什么外在条件，而是说的一种心理活动，要求以内在的精神力量，超越外在条件的限制，以达到天地境界。“至人无己，神人无功，圣人无名”。所谓“无己”就是《齐物论》中说的“吾丧我”，这是说让真正的自我从功名利禄、是非善恶直至自己的形骸的限制中解脱出来，而达到“与天地精神相往来”的精神境界。如何达到“吾丧我”或“无我”的境界？这就是“坐忘”和“心斋”。而无论“坐忘”还是“心斋”都是主体的内在自觉活动。

汤先生认为，照禅宗看，成佛解脱的道理和路径本来是在自己的本心之中，不必外求。内在的平常心就是超越的“道心”。因此，得道成佛全靠自己觉悟，根本不需要外在的超越力量帮助。其基本思想可归结为两个基本命题：“识心见性”和“见性成佛”。《坛经》中说：“我心自有佛，自佛是真佛；自若无佛心，向何处求佛。”可见，禅宗完全以自己的心的觉悟与否作为“超凡入圣”之标准。那么人如何能“识心见性”、“见性成佛”呢？为此禅宗提出了一条直接简单的修行法门。《坛经》中说：“我此法门，从上以来，顿渐皆立，无念为宗，无相为体，无往为本。”禅宗无论所追求之成佛境界或成佛之途径均表现其以“内在超越”为特征。

汤先生认为，中国禅宗虽仍为佛教，但它属于中国之思想传统而有别于印度佛教，所以它也和中国的儒家和道家哲学一样是以“内在超越”为特征。禅宗之“心性学说”之所以深深影响宋明理学（特别是陆王心学）正在于其思想的内在超越性。如果说以“内在超越”为特征的儒家哲学所追求的是道德上的理想人格，超越自我而成“圣”；以“内在超越”为特征的道家哲学所追求的是个人的身心自由，超越自我而成“仙”（按：此处借用道教的

“神仙”意，所谓“仙”即《庄子》之“至人”、“神人”）；那么，以“内在超越”为特征的中国禅宗则是追求瞬时永恒的空灵境界，超越自我而成“佛”。中国哲学的儒道释三家学说均以“内在超越”为特征，这种哲学的价值正在于把“人”看成是具有超越自我和世俗限制能力的主体，它要求人们向内反求诸己以实现“超凡入圣”之理想，而不要求依靠外力。

汤先生借用耶稣会士利玛窦在《天主实义》中对中国哲学的批评，认为仅仅靠人自身内在精神的发挥是很难使人人都达到完满的超越境界的，必须有一外在的超越力量来推动，因此应有对上帝的信仰或对某种超越力量的崇拜。以“外在超越”为特征的西方哲学和基督教应该说对建立客观有效的政治法律制度更适合。盖因西方哲学要求有一个外在的客观准则，基督教把上帝视为一外在的至高无上的超越力量，并提出“在上帝面前人人平等”，因此，在罗马帝国基督教最盛之时，也建立了一套对后来西方社会有重要影响的“在法律面前人人平等”的理论和制度。

汤先生指出，我们是否应该在发展以“内在超越”为特征的哲学的同时，也引进或建立一套以“外在超越”为基础的哲学理论呢？对人类社会说，人们除了应要求以其内在精神来提升自己而达到“超凡入圣”的境界，同时也应承认有一种外在的超越力量可以帮助或推动人们达到“超凡入圣”的境界。这不仅因为以“外在超越”为特征的西方哲学和宗教曾对人类文明作出过积极的贡献，而且这种哲学和宗教对建立较为合理的政治法律制度有重要的意义。如果以“内在超越”为特征的中国哲学能充分吸收并融合以“外在超越”为特征的哲学和宗教以及与之相适应的政治法律制度，能在一更高的层次上自我完善，也许它会更加适合现代社会生活发展的要求。如果东西哲学能在更高的层次上构成包含着以“内在超越”为特征的中国哲学和以“外在超越”为特征的西方哲学，那么东西哲学不但可以以多种形式相会合，而且将使人类的哲学能在更高的水平上得到发展。

汤先生主张建立一包含“内在超越”和“外在超越”的中国哲学体系，认为这是可能的，因为中国哲学能够较为充分地吸收西方哲学和某些西方宗教精神，而且中国哲学本身有“外在超越”的资源。

二、有关“内在超越”说招致的批评及我们的回应

美国学者郝大维、安乐哲以及香港学者冯耀明是坚决否认儒学具有“超越性”的。郝大维、安乐哲著有《汉哲学思维的文化探源》一书①，冯耀明曾发表有系列文章《当代新儒家的“超越内在”说》以及《皇帝的新心——“超越内在说”再论》等。② 他们认为“内在”不可能同时是“超越”的，“超越”不能同时是“内在”的。他们的这种观点主要是针对自熊十力以来的现代新儒家，特别是牟宗三（也包括不承认自己是新儒家的余英时）以“内在超越”来解释传统儒家而言的。郝大维、安乐哲二位虽不赞成儒学有“超越性”，但认为儒学具有“宗教性”。这里我们专就“内在超越”或“超越内在”问题谈谈学者们的分歧。

不赞成儒学具有“内在超越”者，例如冯耀明在《当代新儒家的“超越内在”说》中认为：“超越”一语在柏拉图哲学中的典型用法，“含有外在（beyond）及分离（separate）的意思”，“超越”即同于“外在”，怎么能以“内在超越”或“超越内在”来释说儒家思想呢？说“超越内在”即等于说“圆的方”。严格的超越

---

① 郝大维、安乐哲：《汉哲学思维的文化探源》，原本系美国纽约州立大学出版社，1998，中译本由施忠连译出，南京，江苏人民出版社，1999。

② 冯耀明上文见《新儒家评论》（第一集），北京，中国广播电视出版社，1994，下文分上下两篇发表于台北，台湾辅仁大学《哲学与文化》，1995（9、10）。

的观念，在西方的思想传统中，是一个深刻而重要的观念，它是在逻辑的、科学的、哲学的和神学的语境中存在的，这样的观念与儒家思想格格不入，它与“对中国古典典籍的解释无关”。郝大维、安乐哲认为，即使在今天西方学术界中，这样一种诉诸神学、科学和社会理论中的超越观念也不怎么时兴了，已经没落了。如果这样来理解的话，现代新儒家以“内在超越”解说传统儒学思想，要么是将“内在”与“超越”两种根本对立的东西捏拿在一起，形成一个不知所云的东西；要么是将根本不相应的一套术语去说明另外的东西，似乎是以西方的观念体系去解释儒家。

郝大维、安乐哲太过强调中国哲学的特殊性，乃至认为中西哲学的主要范畴均不具有可比性。他们否认儒学的超越性，还有一个重要原因，就是认为“天”作为儒学的核心概念，并不具有超越性。由于“天”不具有超越性，所以，儒学缺少某种超越的参照，人们必须依靠他们的关系的高尚，以作为完善的资源。他们认为：“天”是由持续发展的文化所产生的、聚集的精神性。他们举证“天”有如下属性：（1）“天”既是世界呈现的样子，又是它何以如此的原因；（2）“天”是自然；（3）“天”有人形，这意味着它与神话即历史论的发生、演变过程有密切的联系，而这种神话即历史论是中国祖先崇拜的基础；（4）“天”不仅在文化上是独特的，而且也有地域性；最后，“天”不说话，但却通过神谕显灵、灾变等与人进行交流。[①] 这里，“天”之根源性、神性并没有得到应有的重视。我们知道，“天”在中国人心中并不仅仅是指自然界，而是会对人们的生活产生重要影响的根源性存在。自古以来就有“天佑大德”、“以德配天”之说。中国历朝历代的政权，都自认为享受着天命，史书记载受命君主几乎在降生时均有种种神迹

① 参见郝大维、安乐哲：《汉哲学思维的文化探源》，施忠连译，250～251页。

的出现。农业收获与作战之中，也屡屡有天相助。就儒家而论，“天”也是有意志的，它代表人所不能控制的神秘力量。孔子在面临困境和高徒颜回去世时，就发出对“天”的感叹。《礼记·郊特牲》云：“万物本乎天，人本乎祖，此所以配上帝也。”《礼记·礼运》认为人事是以天为本的：“礼必本于天”，“政必本于天”，而且，“圣人作，则必以天地为本”。人的命运虽然有赖于人事修为，但能否实现以及实现的程度又不完全是由人自己所决定的。

这实际上也是对上述汤先生的看法提出了挑战。

在我与我的朋友龚建平看来①，以上观点一方面主要是批评儒家思想中的某些观念，另一方面也同样没有跳出西方学术的基本路数。比如，它认为“内在超越”说是把客观的创造实体或超越原则与主观的自觉心灵或自由主体等同起来，认为这种将“宇宙心灵”与“个体心灵”浑化为一的“心灵”是“皇帝的新心”。其实，这里与其说是在说明“内在超越”根本是莫须有，还不如说是在批评儒家的最基本的观念。因为，将“宇宙心灵”与“个体心灵”浑化为一的心灵不就是“仁者”的“心灵”吗？“仁者与天地万物为一体”，“四海为一家，中国为一人”，“心外无物”，等等，都有这个意思。说“内在超越”莫须有，不就是说儒者的这些观念是莫须有吗？我们当然不能说儒学中的这些观念就毫无问题，不应加以批评。可更重要的问题是，这样的一些观念究竟何所指，而千百年来的中国人为何有这样一些观念？它们仅仅是魂落乡间里巷的孤魂野鬼的奇思妙想吗？还是在这些观念的背后有更深刻、更源远流长的历史渊源？如果抽去传统中国社会的经济、政治组织及制度，仅仅从学理上来分析这些观念，当然是很不够的。

---

① 本节的一些看法，是我与西安交大龚建平教授共同讨论的结果。详见郭齐勇、龚建平：《儒家、儒教，宗教性、超越性》，载《中国学术》，北京，商务印书馆，2002年第1辑（总第9辑），2002。

要辨明这一断语所可能引起的误会，就要说明这些观念究竟何所指。因此，我们需要说明现代新儒家对“超越”的特殊理解。关于“超越”一语，按我们经常见到的这一术语的使用情况，主要有两层含义：第一，超越即超验，不可经验之意。康德认为，超出一切可能经验之上、不为人的认识能力所能及的便是超越的，如上帝。第二，指人可超然于生存环境的主观精神力量或意志力，这种意义上的超越是非常泛化的，相当于超过、高于、超然等。然而，第一层含义，主要是从认识论角度来看“超越”的，它透显出的另一层意思是神性。在康德的哲学中，认识论与伦理学恰恰分属两个不同的领域，认识论是不关心神性的，它关心的是客观原则，所以必须有“自在之物”存在。只有在伦理学中，上帝的存在才是必然的。

但现当代新儒家与传统儒家在基本品格上是一致的，他们更为关心的不是认识论，而是价值论、本体论问题。这样，“超越”一词也不是在认识论上讲的，而是从他们的本体论—境界论上去讲的。因而，所谓的“超越性”指的是神性、宗教性。儒家所追求的境界，“致广大而尽精微，极高明而道中庸”，“及其至也，虽圣人也有所不能焉”（《中庸》）。从这个意义上讲，终极的境界也有难以经验的地方。本体—境界为何具有神性呢？要理解这个问题，就必须提到儒家最基本的思维方式和最基本的观念——“天人合一”。依据这样一种思想，高高在上的天道与人的“良知”、“本心”是相通不隔的，如果天道、天具有神性，那么，说人之“良知”、“本心”也因此获得神性，应是能够成立的。但是，天具有神性吗？在这里，我们可以明白，为何在儒家看来，“宇宙心灵”和“个体心灵”可以浑化为一，原来，所谓“天”，只是义理之天，并不是指外在于人的自在之物，而“天”也是一个本体论—价值论的概念，其认识论意味是十分淡薄的。而如果从认识论角度来看

“尽心、知性、知天”，又把天看成外在的客观存在，便显得难以理解，像“心外无物”这样的说法就只能是疯话了。正如刘述先说的，因为宗教信仰是有关“超越”的祈向，故纯“内在”的逻辑或经验法则决不可能完全适用于这一范围。也就是说，我们不能用逻辑推论或经验推论来证成宗教信仰所指向的真理或真实，也不能用之来摧毁宗教信仰的依据。

因此，超越性与宗教性虽不是完全相同的概念，但是在现当代新儒家的心目中，二者是相通的。因为，超越的“天”完全没有认识论意味，而只是价值之源。

如果超越性被理解为神性、宗教性，而天人又是相通不隔的，那么，以“内在超越”来解释传统儒家的思想便不是不可理解的了。余英时亦对“内在超越”说持肯定态度。他认为，与西方文化“外在超越”的价值系统不同，中国文化价值系统的个性特征是“内在超越”。“内在超越”的特征就是认为超越的价值源头与根据在内而不在外，这就是所谓“为仁由己”，“依自不依他”。不过，尽管超越的价值之源在内而不在外，但作为价值之源的心灵却又外通于他人及天地万物。正是由于这种相通（或云“合一”、“相感”等），使个体的“自省”、“自反”、“反求诸己”、“反身而诚”之类的功夫成为必要，这就是道德修养功夫上的“内转”。也就是因为这种相通，使在“内转”基础上的“外推”（推己及人）成为可能。“内转”与“外推”统一起来，就是人们通常所说的“内圣外王”之道，也就是“内在超越”。[1] 这是以自我为中心而展开的一往一复的循环圈。如果要进一步追问为何天人相通合一，就只能回答说，这是儒家乃至传统中国人根本的信仰和思维方式。

所以，现当代新儒家认为，“内在”与“超越”并不是直接对

---

① 参见余英时著，辛华、任菁编：《内在超越之路》，12～13、111页，北京，中国广播电视出版社，1992。

立的。“超越”（神性）可以同时是“内在”的，换句话说，超越的价值理想追求，可以通过人的修身增德而在充满人间烟火的红尘中实现，相反，对六合之外的事，“圣人存而不论”。这样一种超越，的确与西学中的超越有所不同。它不需要也很难得到认识论意义上的、实证主义方式的“证实”，而需要的是儒者的身体力行，自证自信。对于内在与超越的关系，刘述先将之比作有限与无限的关系：“有限（内在）与无限（超越）有着一种互相对立而又统一的辩证关系，我们的责任就是要通过现代的特殊的条件去表现无穷不可测的天道。这样，当我们赋予‘理一分殊’以一全新的解释，就可以找到一条接通传统与现代的道路。”① 这样，“超越”与“内在”的统一性不仅不是儒学理论上的缺失，反而是它接通现代文明的重要思想资源了。

刘述先又指出：儒家式的内在超越形态的确有其严重的局限性，而令超越的信息不容易透显出来。但这并不表示，基督教式的外在超越性没有严重的问题。基督教的上帝表面上可以保持其纯粹的超越性，其实不然。因为上帝要与人以及世界发生关联，就不能不进入内在的领域而受到这方面条件的局限。既然上帝往往要通过启示给予人类指引，而被挑选来传达上帝信息的先知又是内在于此世的人，他们也必须用人的语言才能传达超越的信息，那就不能保持纯粹的超越性了。刘述先认为：如果肯定超越的信仰就必须否定内在的判准，否定人在自己的生命之内可以体现神圣的光辉，代价是不是太大了一点？这样看来，外在超越说乃不能不陷入两难的境地之中：如果要维持超越的绝对性，就不能不否定内在判准的自主性，如果超越内在于人性与世界之中，则外在超越已变质而为内在超越，有许多事情要依靠人自己的判断而

① 刘述先：《“理一分殊”的现代诠释》，见《理想与现实的纠结》，173页，台北，学生书局，1993。

不能仰仗不可知的超越，则外在超越说并没有它所声称的胜过内在超越说的优势。现代人文主义勃兴，株守旧统不一定是最好的办法。事实上，外在超越说与内在超越说并不是可以一刀切开来的两种学说。[①] 这些看法都可以弥补、深化汤先生的讨论。

三、"内在超越"说的价值

汤先生及一些学者有关"内在超越"的讨论，非常有意义与价值。

首先，这是建立在中西文化与哲学比较研究基础上的，有关中国文化与哲学特征的很恰当的说明。

一般说来，中国哲学传统与西方哲学传统有很大的差异。长期以来，在西方，一元外在超越的上帝、纯粹精神、不变的实体是宇宙的创造者，宇宙或世界不能自己创造自己。若不动的静止自立的创造者与被它创造的生动活泼的世界，自然与超自然，人与神，此岸与彼岸，致思界与存在界，心与物，精神与物质，主体与客体，灵魂与肉体，身体与心灵，价值与事实，理性与情感，等等，统统被打做两橛，其间有着巨大的鸿沟。中国哲学家的宇宙论是生成论而不是构成论，他们认为，世界不是宰制性的建构，世界是多样的生存，各种主体的参与。中国哲学的主流是自然生机主义的，肯定世界是自己产生出来的，没有凌驾在世界之上之外的造物主或上帝。中国哲学是气的哲学而不是原子论的哲学。气的哲学昭示的是连续性的存在，自己创造自己，变动不居，永恒运动，大化流行，持续不断，生机无限。中国哲学家从来不把宇宙看成是孤立、静止、不变不动或机械排列的，相反，他们认

① 详见刘述先：《论宗教的超越与内在》，见史密士（Huston Smith）：《世界宗教》校订序，刘安云译，刘述先校，台北，立绪文化事业有限公司，1998。

为宇宙是创进不息、常生常化的。中国哲学家有一个信念，就是人类赖以生存的宇宙是一个无限的宇宙、创进的宇宙、普遍联系的宇宙，它包举万有，统摄万象，无限丰富，无比充实。对宇宙创化流衍的信念，实际上也就是对人的创造能力的信念。

中国传统哲学有着天、地、人、物、我之间的相互感通、整体和谐、动态圆融的观念与智慧。华夏族群长期的生存体验形成了我们对于宇宙世界的独特的觉识与“观法”和特殊的信仰与信念，那就是坚信人与天地万物是一个整体，天人、物我、主客、身心之间不是彼此隔碍的，即打破了天道与性命之间的隔阂，打破了人与超自然、人与自然、人与他人、人与内在自我的隔膜，肯定彼此的对话、包含、相依相待、相成相济。与这种宇宙观念相联系的是宽容、平和的心态，有弹性的、动态统一式的中庸平衡的方法论。

如方东美先生所说，中国哲人认为，在宇宙精神的感召之下，人类可以创起富有日新之盛德大业，能够日新其德，日新其业，开物成务，创造美好的世界。人们效法天地的，就是这种不断进取、刚健自强的精神。人在天地之中，深切体认了宇宙自然生机蓬勃、盎然充满、创进不息的精神，进而尽参赞化育的天职；这种精神上的契会与颖悟，足以使人产生一种个人道德价值的崇高感。如此，对天下万物、有情众生之内在价值，也油然而生出一种博大的同情心，洞见天地同根，万物一体。儒家利己利人、成己成物、博施济众、仁民爱物之仁心，道家万物与我为一、天籁齐物之宽容，佛家普度众生、悲悯天下之情怀，都是这种精神的结晶。由此产生了真善美统一的人格理想，视生命之创造历程即人生价值实现的历程。天道的创化神力与人性之内在价值，德合无疆，含弘光大。中国哲学的境界追求，把自然宇宙、道德世界与艺术天地整合起来，把充实的生命与空灵的意境结合起来。

如前所述，中国哲学没有西方哲学中的上帝与尘世、超越与内在、本体与现象等绝对二分的框架。以天、天命、天道为背景，中国哲人有神圣、高远且强烈的终极关切、理想境界、形上追求、精神信念，同时力图在社会大群生活和现世人生中实现出来，其内圣与外王是打通的。在中国传统哲学中，“道”、“易”、“诚”、“仁”、“太极”等本体是超越的又是内在的本体。就人与世界的基本“共在”关系而言，人与天、地、人、物、我的关系，在传统哲学中是通过天人、体用、心物、知行之契合，以及空间与时间的交替转换，来加以沟通和联结的。天人之间、形上形下之间、价值理想与现实人生之间没有不可逾越的鸿沟。按牟宗三先生的看法，中国哲学由“内在超越”的理路，使天道与心性同时作为价值之源；开掘心性，即靠拢了天道；落实了行为，即实现了理想。这不仅没有遮蔽意义之源，反而使“神圣”落实化了。

中国哲学中有人。中国哲学的观念是从哲学家的伟大人格中流淌出来的。儒的真性、道的飘逸与禅的机趣巧妙地配合了起来。所谓“德配天地”的，是与天地精神相匹配的人文主义的价值理想。这些价值理念既可以使人安身立命，亦可以使我们华夏民族与华夏文化可大可久，永远自立于世界民族之林，成为人类进步、和平、发展的正面、积极、健康的力量。中国哲学的宇宙观念、人生智慧、思维方法、行为方式在现代仍然是全人类极其宝贵的思想传统和思想资源，是中国健康的现代化事业的源头活水。

其次，有利于中国哲学的创造性转化与发展。

汤一介、刘述先等先生都重视借助西方宗教与哲学的“超越性”，来弥补中国文化与哲学的不足。刘先生看重“超越性”与“内在性”之间的张力，提出“超越内在两行兼顾”的理论。刘先生在《“两行之理”与安身立命》的长文中详细梳理了儒、释、道三家关于超越与内在及其关系的理论。他指出，儒家有超越的一面，“天”是孔子的超越向往，《论语》所展示的是一种既内在而又超越的形态。孟子论道德、政事同样有一个不可磨灭的超越的背景，由此发展出一套超越的性论。“只不过儒家把握超越的方式与基督教完全不同：基督教一定要把宗教的活动与俗世的活动分开，儒家却认为俗世的活动就充满了神圣性；基督教要仰仗对于基督的信仰、通过他力才能够得到救赎，儒家的圣人则只是以身教来形成一种启发，令人通过自力就可以找到自我的实现。既然民之秉彝有法有则，自然不难理解万物皆备于我，反身而诚，乐莫大焉的境界；而君子所过者化，所存者神，上下与天地同流。《中庸》讲天地参，与孟子的精神也是完全一致的。”① 刘先生认为，孟子与孔子一样清楚地了解人的有限性，接受“命”的观念，但强调人必须把握自己的“正命”。如此一方面我们尽心、知性、知天，对于天并不是完全缺乏了解；另一方面，天意仍不可测，士君子虽有所担负，仍不能不心存谦卑，只有尽我们的努力，等候命运的降临。但有限之通于无限不可以滑转成为取消有限无限之间的差距。人的生命的终极来源是天，但既生而为人就有了气质的限定而有了命，人接受与生俱来的种种现实上的限制，但又不委之于命，不把眼光局限在现实利害上，努力发挥自己的创造性，不计成败，知其不可而为之，支撑的力量来自自我对于道的终极托付。如此，超越与内在、无限与有限、天与人、天地之性与气质之性、道与器，都是有差别、有张力的，两者的统一不是绝对的同一。超越与内在的两行兼顾，使我有双重的认同：我既认同于超越的道，也认同于当下的我。我是有限的，道是无限的。道的创造结穴于我，而我的创造使我复归于道的无穷。在超越到内在、内在到超越的回环之中，我找到了自己真正的安身立命之所。②

---

① 刘述先：《“两行之理”与安身立命》，见《理想与现实的纠结》，220～221页。

② 参见上书，226～229页。

接通超越理想与现实世界，接通传统智慧与当代生活，我们有很多工作可做。汤先生的“内在超越”论启发我们打通古今中西，以新的视域开发传统哲学的内蕴宝藏，弄清楚内在性与超越性问题，也是今天中国经典诠释的一个路径，可以推进中国哲学的发展。当然，这不仅是理论问题，同时也是实践问题，是中国哲学的教育者与研究者之个体的做人做事、安身立命的问题。今天是信仰缺失、归属感淡泊的时代，族群认同、伦理共识、精神安立发生了很大的问题，需要转化自己本民族的精神资源予以重建。

原收入胡军、孙尚扬主编：《探寻真善美——汤一介先生80华诞暨从教55周年纪念文集》，北京，北京大学出版社，2007

汤一介先生与
“普遍和谐观念”的重构

赵建永

汤一介先生在梳寻“普遍和谐观念”的过程中，最早提出今天世人憧憬的“和谐社会”与“和谐世界”的理想，率先于20世界80年代和90年代展开了构建和谐社会的理论探索。这些探讨此前研究鲜有问津，他以敏锐哲思洞察，开新时期文化研究风气之先。对“普遍和谐观念”，汤先生积思已久。早在上世纪改革之初，饱受“斗争哲学”之害的他就开始独立思考这一问题。他当年的代表作《论中国传统哲学的真善美问题》从中国传统哲学基本范畴体系的重构中提出中国哲学的基本特征是天人合一（求真），并由此派生出知行合一（求善）、情景合一（求美）。真、善、美合一的境界要求做到自然、社会、他人以及自我身心内外的和谐。文中首次提出“和谐的社会”的说法（随后多处使用了“和谐社会”一词。乔清举教授说，这是关于和谐社会的最早提法），大胆肯定中国哲人的这一理想和责任对人类社会生活的积极意义。[1] 该文为“普遍和谐观念”的建构奠定了初步框架，使中国传统哲学的现代诠释别开生面。他在80年代的一些片断论述，至1992年整合成论文《在世纪之交——论中国文化的发展》发表于《世纪风》创刊号。次年，先生为“第四届现代化与中国文化研讨会”撰写《中国哲学中“普遍和谐观念”的现代意义》补充上文，

① 汤一介：《论中国传统哲学中的真善美问题》，载《中国社会科学》，1984（4）。

更详细论述改题为《中国传统文化之特质》刊于《国故新知》。随后，他在《哲学观念与设计思想》、《中国哲学中“普遍和谐观念”的现代意义》、《对中国哲学的哲学思考》、《“太和”观念对当今人类社会可有之贡献》、《中国传统文化对当今“和平与发展”问题可有之贡献》、《“和而不同”的价值资源》、《我的哲学之路》诸文及《普遍和谐观念与企业经营》等演讲中全面阐述了这一观点。他论证了“普遍和谐观念”的重要意义及其与中国传统哲学基本命题之关系，由“天人合一”这个基本命题及其“体用一源”的思维模式中，诠释出一套与此思维模式相一致的宇宙人生理论，即“普遍和谐观念”的理论。[①] 20 多年来，汤先生高瞻远瞩对“普遍和谐观念”的建构，体现了他深刻的时代忧患，对文化传统现实意义的执著求索，及其创建中国解释学和编纂《儒藏》的内在精神动力。

汤一介先生在《梁漱溟评传》序中极富启发性地指出：“在现今民族文化的发展总要体现‘时代性’与‘民族性’、‘共性’与‘个性’的结合。百多年来，中国文化的‘古今中外’之争，从某个方面来说很可能是由于没有正确解决好文化发展中‘时代性’与‘民族性’、‘共性’与‘个性’的关系引起的。”[②] 梁漱溟“世界文化三期重现”文化观存在的问题[③]就出在：必须依次解决的人生三大问题在何种程度上同时存在，也就是如何正确处理三大问题之间的横向关系（共性问题），以及时代性与民族性之间的关系（存有多元与一元的矛盾[④]）。汤先生关于“普遍和谐观念”的阐

① 参见《当代学者自选文库：汤一介卷》，775～828 页，合肥，安徽教育出版社，1999。

② 景海峰等：《梁漱溟评传》汤一介序，4 页，南昌，百花洲文艺出版社，1995。

③ 参见拙文：《梁漱溟“世界文化三期重现”说得失申论》，载《东岳论丛》，2006 (1)。

④ 乔清举教授认为，梁漱溟是事实上的多元论者、理念上的一元论者，多元与一元的矛盾贯穿其文化观的始终。参见乔清举：《梁漱溟文化思想通论》，载《孔子研究》，1995 (1)。

述，正是在建构可以克服上述难题的一种新的文化诠释系统。梁漱溟对三大文化的价值进行定位时，对道家论述不足。汤先生进而弥补了这一重要环节：

> 以自然主义精神为价值取向的道家是以“自然的和谐”为基础，继而开展为“人与自然的和谐”，进而有“人与人的和谐”，再至“人自我身心的和谐”。与此正相反，儒家的人文主义价值取向是基于个人道德人格的完善以求自我身心的和谐，从这里出发而有“人与人之间的和谐”，进而有“人与自然的和谐”、“自然的和谐”。①

值得注意的是，道家的价值取向与梁漱溟所发现的人类文化演进顺序有相同之处。儒、道两种不同的路向互补互促，环环相扣。从横向空间上看，恰成一种首尾相连的回环结构。在汤先生看来，追求“普遍和谐”是中国文化的特点和本质。其“普遍和谐观念”之论不惟捻出中国文化的真精神，也为当代新道家建设指明了一条路径。

一、实施“普遍和谐观念”的前提条件——“自由为体，民主为用”

汤一介先生认为：一个民族之能长期存在不间断的思想文化传统，必有其特殊价值，如何发扬它的优秀方面，克服其消极方面，对这个民族的发展至关重要。“了解中国哲学的优秀方面固然重要，但认识中国哲学中的不足和缺陷则更为重要，这样我们才可以清醒地面对当今之世界，放眼未来的世界。”② “普遍和谐观

① 参见汤一介：《昔不至今》，265～274页，上海，上海文艺出版社，1999。
② 同上书，796～797页。

念”只有在科技高度发达、物资极大丰富的以“自由为体，民主为用”的社会中才能充分发挥其作用。[①] 梁漱溟的文化早熟观亦认为中国文化缺少个性伸展这一必需环节。他说：“我们不待有我就去讲无我，不待个性伸展就屈己让人，所以至今也不得从种种权威下解放出来。”“个性不得伸展，社会性亦不得发达，这是我们人生上最大的不及西洋之处。”个性伸展与社会性发达是一件事的两面，“从组织的分子上看便为个性伸展，从分子的组织上看便为社会性发达。……个性、社会性要同时发展才成，个性伸展即指社会组织的不失个性，而所谓社会性发达亦即指个性不失的社会组织。”[②] 此处个性伸展是指个人的自由权，社会性属于民主制度。汤先生对中国文化这一最大缺失给予充分关注[③]，并通过严复“自由为体，民主为用”之说，对自由民主作了更为透彻而深刻的新诠解。

严复有力批判了“中体西用”说割裂本末体用关系的错误，对西方强于我们的原因解释为：“苟求其故，则彼以自由为体，以民主为用，一洲之民，散为七八，争驰并进，以相磨砻，始于相忌，终于相成，各殚智虑，此既日益，彼亦月新，故若用法而不至受法之弊，此其所以为可畏也。”[④] 他认为西方的根本不在于民主制度，它是自由的产物。自由才是西方社会发展的根本动力。西方国家在自由竞争中，互相砥砺，各自发挥其天长，于是日新月异，因而既有法制，又不会使其凝固为束缚人的枷锁。故而严复提出，学习西方不能只停留在船坚炮利之类的技艺层面上，西学的根本命脉“不外于学术则黜伪而崇真，于刑政则屈私以为立公而已。斯二者，与中国理道初无异也。顾彼行之而常通，吾行

---

① 参见《汤一介学术文化随笔》，154页，北京，中国青年出版社，1996。

② 《梁漱溟全集》第1卷，529、479、366～367页，济南，山东人民出版社，1990。

③ 参阅汤一介：《梁漱溟与中国文化》，见《儒道释与内在超越问题》，南昌，江西人民出版社，1991。

④ 《严复集》第1册，《原强》，23页，北京，中华书局，1986。

之而常病者，自由不自由之异耳”。没有自由，难以解放思想，实事求是，不仅“屈私立公”的民主政治无法实现，学术也难以“黜伪崇真”（此为科学之灵魂）。“自由既异，于是群异丛然以生。”① 不自由就不可能真正把西方的长技学到手，也就无法使国家富强起来。中国的现代化不只是科学技术和政治制度层面的问题，更深层的应是价值取向和思维方式的文化问题。没有思想观念的革新，现代化必然会落空。而思想观念现代化的核心就是自由意识。基于此，汤先生认为：“要使我们的社会成为现代社会，最重要的就是要给每个人应有的‘自由’，并以一套民主制度来保证它的实现。只有这样，人们的积极性和创造性才能得到充分发挥，我们的国家才能不仅走上‘四个现代化’的道路，而且是全面现代化的道路。”② 以此行之，才能做到人尽其才，地尽其利，物尽其用，货畅其流。③ 只有以个人自由为前提和基础（体）的民主制度，才能避免“多数人的暴政”对个体权利的侵害。

为使“普遍和谐观念”的基石更加牢固，汤先生尝试探寻“自由”的形上学依据。他认为，严复用“自由为体，民主为用”来说明西方社会，是抓住了现代社会的本质；并颇有新意地指出：以“形上”、“形下”来分别“体”、“用”，就必须给“自由”以形而上的定义。自由的本质是一种创造力，“而这一创造力表现在宇宙上可以说是一超验的创化力之原则，而人之创造力正是这创化力原则的人化。……如果‘自由’可以作形而上的了解，那么我们说现代社会是以‘自由为体，民主为用’就可以成立了”。他还认为，把现代社会的特征描述为“自由为体，民主为用”，是就文化发展的时代性来说的。自由是时代精神的表现，民主是保证人

---

① 《严复集》第1册，《论世变之亟》，2、3页。

② 《汤一介学术文化随笔》，202页。

③ 孙中山以此四事者为富强之大经，治国之大本。见《孙中山选集》，7页，北京，人民出版社，1956。

民实现自由的制度。以“体、用”这对范畴来说明时代特征是中国式的，“这个命题是恰当地以中国的思想表现了现代社会的特征，因此，我们可以说这个命题表现了文化的时代性与民族性的结合”①。除了中国式表述形式外，其内容尚可适当增加中国思想成分。传统文化中有一些自由思想的萌芽可供挖掘。如，作为“大道之源，天人之蕴”的《周易》，其复卦初爻一阳来复，为贞下起元之关键，乃造化真机，万物兆基，含无限创化生机活力。它同时又有“变动不居，周流六虚，上下无常，刚柔相易，不可为典要，唯变所适”② 的特点，具足自由性和超越性，可视为超验的创化力原则。故《周易·复卦·彖辞》叹曰：“复，其见天地之心乎!”儒道释各家，甚至西方科学家如卡普拉等人，都对《周易》复卦有种特别关注。

复卦以其初爻在易象系统中极微妙的特殊位置，很好表达出贞下起元的和谐转化过程。③ 复卦“贞下起元”运行机制既不守故常又不是无常轨的特点与伊壁鸠鲁的原子偏斜学说，以及郭象“物各自造”、“各反其极”的“独化”说④与莱布尼兹“单子论”的异同比较亦有意义。马克思对伊壁鸠鲁原子偏斜说的自由倾向很看重，并把自由看成是人类的天生本性。毛泽东也讲：若没有“几万万人民的个性的解放和个性的发展”就要想建立起社会主义来，“那只是完全的空想”⑤。他还指出，跳出中国历代王朝盛衰兴亡周期律的新路就是民主。新中国成立后的实践从正反两方面证明了这一思想的英明伟大。可见个性的充分自由而全面的发展是

---

① 《汤一介学术文化随笔》，126、127 页。

② 《易传·系辞下》。

③ 参见拙文：《〈周易·复卦〉初爻的诠释进路》，载《周易研究》，2004（2）。

④ 李约瑟认为，郭象“物各自造”的“独化”说体现了对自然界的自发性和自由性的肯定。参见 Joseph Needham，*Science and Civilization in China*，Cambridge University Press，1956，vol. 2，pp. 563－564。

⑤ 《毛泽东选集》第 3 卷，1060 页，北京，人民出版社，1991。

一切创造力的源泉。在日新月异的国际形势下压制人民的个性自由，只能禁锢住贫穷、愚昧和落后，束缚自己的手脚而挡不住巡航导弹的打击。所谓“天下多忌讳，而民弥贫。……故圣人云：我无为而民自化，我好静而民自正，我无事而民自富，我无欲而民自朴”①。在现代新道家看来，是为了解放对人之自然天性的压抑与束缚，恢复人天生本性的自由发展。只有破除压制人性的障碍，创造出自由宽松的发展环境②，才能充分解放生产力，使祖国尽快富强起来。

即使所谓“错误”思想，在“自由为体，民主为用”的社会中，也可化害为利，从而具有了正面价值。它可以提高人民鉴别真假、善恶的能力，使社会增强自身的“免疫力”。确如密尔所言：“迫使一个意见不能发表的特殊罪恶乃在它是对整个人类的掠夺，对后代和对现存的一代都是一样，对不同意于那个意见的人比对抱持那个意见的人甚至更甚。假如那个意见是对的，那么他们是被剥夺了以错误换真理的机会；假如那个意见是错的，那么他们是失掉了一个差不多大的利益，那就是从真理与错误冲突中产生出来的对于真理的更加清楚的认识和更加生动的印象。”③ 只有在以上“自由为体，民主为用”模式的前提下，“普遍和谐观念”才能真正全面得到落实。

二、“普遍和谐系统”内容结构的层次

1993年亨廷顿发表的《文明的冲突?》认为文明冲突将左右全

---

① 《老子》五十七章。

② 1998年北大学生问克林顿，美国经济持续增长，对中国有何借鉴。克林顿总结为：“我们有非常宽松的创业环境，这也许是对中国最有益之处。” *Clinton Answer Student From Beijing University*，*Great Speeches*，72页，广州，广州外语音像出版社。

③ 密尔：《论自由》，程崇华译，北京，商务印书馆，1959。

球政治，文明间的断层线将成为未来的战斗线。同年世界宗教大会《走向全球伦理宣言》说："和平正远离我们而去……这个星球正在遭受毁灭"。汤一介先生认为，这都不是耸人听闻。问题是，我们如何避免冲突和由冲突引起的战争以至世界大战。① 关于文化冲突与和谐共存的讨论正在全球范围内展开。是增强不同文化的相互理解、宽容而引向和平，还是因文化的隔离、霸权而导致战争，将影响21世纪人类命运？亨廷顿之论是文化上"霸权主义"的集中表现。而某些取得独立的民族国家，抱着珍视自身文化的情怀，形成一种固守本土文化、排斥外来文化的部落主义，要求返回或保持未受外来影响的"原教旨主义"。如何使这两股严重威胁人类生存发展的相悖潮流不致变成大规模对抗，并得以消解，是当前重大问题。反对文化霸权主义，必须以接受多元文化为前提，并按充分理解和尊重人类各种文明、各群体，乃至每个人的多样性和差异性；反对文化部落主义，必须以承认自古来各民族间的交互影响是文化发展的里程碑。② 汤先生倡导以"普遍和谐"的新视角来观察当前不同文化之间的关系，并建立一种"和而不同"型的文化多元新格局。他以自由之精神，不惟西方是从，通过诠释"普遍和谐观念"而建构的"和谐世界"理念，是对文明冲突论的积极回应，并引起海内外越来越广泛的关注和讨论。

在阐发"普遍和谐观念"对今日世界的重要意义时，汤先生更为强调对此观念要在扬弃中创新发展。他指出：中国传统哲学对如何使这一概念落实并不注意，因而往往成为空想。这种观念作为一种思维方式，其缺陷是注意"和谐"、"统一"，而忽视事物之间必然存在的"矛盾"、"对立"。然而正因为有"矛盾"才有

---

① 汤一介：《评亨廷顿的〈文明的冲突?〉》，载《哲学研究》，1994（3）。

② 汤一介：《中国传统文化对当今"和平与发展"问题可有之贡献》，见《走向未来的人类文明》，46页，北京，北京大学出版社，2003。

“和谐”，有“对立”才有“统一”。由于过分强调“和谐”与“统一”，我国封建社会长期停滞，资本主义萌芽生长缓慢，民族心理自视过高而缺乏进取精神。中国传统哲学对事物本质的认识虽相当丰富，但它缺乏必要的逻辑分析论证，因此自身不容易诱导出现代科学。由于过分注意事物之间和谐关系和统一性，而忽视深入解剖事物本身，致使我们没有经过近代实验科学进入现代科学。因此必须对“普遍和谐观念”所包含的思维方式加以改进，继承和发扬它重视事物之间的统一性以及对宇宙人生和谐的认识，把它建立在分析论证的坚实基础上，以便使它在21世纪对人类做出更大贡献。[①] 逻辑分析方法对中国哲学的现代化有重要作用。而充分地分析是为了实现更高层次上地综合，即所谓“致广大[②]而尽精微”[③]。

传统思想极为重“和”，像“和为贵”，“和而不同”，“致中和”，等等。“太和”是把所有“和”统一起来的最广泛、普遍的概念。它含有自然和谐，人与自然和谐、人与人和谐以及人自我身心内外和谐四个方面。汤先生认为，至少包含以上四个层面才可称为“普遍和谐”观念。[④] 因此，“普遍和谐系统”应是包含多层次子系统的复杂开放的巨系统。用现代系统论来重新诠释“普遍和谐观念”，从而构筑一个文化分析框架，是当代文化建设的一个方向。“普遍和谐系统”内容结构的层次是递进关系，内容上则交涵互摄。现分殊如下：

---

① 参见《当代学者自选文库：汤一介卷》，796～797页。

② 方东美1937年首先提出“广大和谐”（comprehensive harmony）说。Thomé H. Fang，*The Chinese View of Life*：*The Philosophy of Comprehensive Harmony*，Taipei：Linking Publishing Co. Ltd.，1980.

③ 《中庸》。

④ 参见汤一介：《“太和”观念对当今人类社会可有之贡献》，见汤一介：《和而不同》，沈阳，辽宁人民出版社，2001。

(一)“普遍和谐”的形而上依据

能否顺利实现贞元之际的转化过程是实现太和(普遍和谐)的前提和关键。这可通过对《周易》乾卦和复卦“显题化”① 的诠释,而逐步彰显出来。王弼用“反本”来诠解复卦大义。此返归之本就是用复卦初爻“一阳来复”表征的“天地之心”。汤用彤结合王弼乾坤卦注来诠释复卦注,从而分析出本体论及“体用一如”的内涵。汤一介先生继而把《周易·乾卦·彖辞》“乾道变化,各正性命,保合太和,乃利贞”解释成“普遍和谐”的理论依据。天道大化流行,万物各得其正,保持完满的和谐,万物就能顺利发展。在未分化出具体事物之前,宇宙本来就是和谐的;分化出天地人之后,如果不使和谐丧失,才为“太和”。由此,他认为“太和”包含着“普遍和谐”的意义。② 国际现象学会哲学家田缅尼卡(Tymieniecka)说:“西方常常在不知不觉中受惠于东方而不自觉,像莱布尼兹之重视普遍和谐观念即是一个例证。”她认为当前西方至少有三点可以向东方学习:崇尚自然;体证生生;德性实践。③ 汤先生常借此来阐发“普遍和谐观念”的内涵。

前定和谐的机枢在贞下起元,周行不殆,万物由是得其天常,生生不息。贞元之际是既济而未济的状态,连续性与间断性的统一,具有非常非断、非有非无、非实非虚④的特征。此为“普遍和谐”系统网的本体论依据。用“网”作比喻意在说明“普遍和谐”系统各环节的普遍联系,具有多元、多维、多向诸特点。这些相

① “未显题化”到“显题化”诠释原则在中国经典解释中的运用,参见陈鼓应:《〈老子〉与〈周易〉经传思想脉络诠释》,见《诠释与建构》,北京,北京大学出版社,2001。

② 参见汤一介:《“太和”观念对当今人类社会可有之贡献》,见汤一介:《和而不同》。

③ 参见刘述先:《蒙特利尔世界哲学会纪行》,见《文化与哲学的探索》,台北,学生书局,1986。

④ 参见汤一介:《在有墙无墙之间——文化之间需要有墙吗?》,见汤一介:《非实非虚集》,北京,华文出版社,1999。

互关联的环节综合在一起，共同构成一超巨系统。历代哲人对贞元之际都极为关怀。像朱熹讲“元亨利贞无断处，贞了又元”①，并作《复卦赞》。刘宗周云“贞下起元是天道人心至妙至妙处”②。冯友兰说：“贞元者，纪时也。当我国家民族复兴之际，所谓贞下起元之时也。”③ 汤用彤治学最为关切的就是文化发展中承前启后、继往开来的过渡环节。④ 在“全球意识”观照下，对传统文化进行新的诠释和创造性转换，以与现代社会的要求接轨⑤，这是当前中国文化贞元之际的历史使命。

卡普拉以复卦命名的专著《转折点》论述《易经》复卦和谐转化的思想及阴阳思维对于当代人类文化的范式意义：“在这一重新估价和文化再生的时期里，重要的是把在重大社会变革时期所必然产生的苦难、不谐调以及混乱减到最小。……只有这样，我们才能实现人类最古老的一本智慧之书——中国《易经》在复卦中描述的那种和谐的、平稳的文化转变。”⑥ 此“复”表现在文化发展上为反本开新，正如汤先生总结的：展望 21 世纪，中国哲学必将在“反本开新”上，形成中国特色的新哲学体系，再现辉煌。“反本”必须对我们的哲学源头有深刻把握，即如雅斯贝尔斯所说，回顾两千五百年前那个轴心时代的哲学源头，对自己哲学的来源了解得越深入，就越有面对新世纪的强大生命力。“开新”，

---

① 《朱子语类》卷六八。

② 《子刘子学言》卷二。

③ 冯友兰：《贞元六书》，373 页，上海，华东师范大学出版社，1996。

④ 参见张岱年、汤一介等：《文化的冲突与融合》，162～170 页，北京，北京大学出版社，1997。

⑤ 参阅汤一介：《“全球意识”与“寻根意识”的结合》，见汤一介：《中国传统文化中的儒道释》，北京，中国和平出版社，1988。乐黛云教授把汤先生所言“在全球意识观照下发展中国文化”，诠释为文化双向发展的一个过程：自身文化在成为有益于世界新文化发展的一重要组成的同时，自身文化也会相应地改变和更新，发扬自己的优长而得以现代化并重现辉煌。乐黛云：《跨文化之桥》，111 页，北京，北京大学出版社，2002。

⑥ Fritjof Capra, *The Turning Point*, London: Fontana Paperbacks, 1983, pp. 15-16.

一方面必须对我们的传统哲学做出合乎时代的新解释，另一方面又要利用传统哲学的资源来对当前人类社会面临的重大问题创造出新理论。“反本”和“开新”不能分割，只有深入发掘传统哲学的真精神，才能适时地开拓出哲学发展的新局面；只有敢于面对当前人类社会存在的新问题，并给予新的哲学解释，才可以使传统哲学的真精神得以发扬和更新，使中国哲学在21世纪的“反本开新”中“重新燃起火焰”。当今，中华民族正处在一个伟大复兴的前夜，我们必须抓住这个时机，走出“中西古今”之争，融会“中西古今”之学，创建出新时代的新中国文化。[①]

东西方对“反本开新”的共同关注表明，人类正处于进入一个新的轴心时代[②]的转折点上。因此，“当前的危机不仅仅是某些个人、政府或社会制度的危机，而且是一次全球范围的转变。无论是作为个人、一个社会、一种文明还是全球生态系统，我们都正在到达这一转折点”[③]。

（二）自然的和谐

“普遍和谐系统”各环节以道家自然主义的价值取向为逻辑顺序来展开；儒家的人文取向，互补于其间。此亦是外道内儒，以道家至柔之术，行儒家至刚之道。“自然的和谐”一环中，以“自然为宗”的是道家。冯友兰指出：道家学说可一言蔽之曰：“复归自然”。据汤用彤考察，“自然”一词本为形容词，后来才用作名词。至魏晋，自然观念方大盛行。他对自然的多层含义详加解析：“自然”中的“自”指本身、自身；“然”指如此。“自然”就是它自身，以自动为依据，没有任何动因；相对于人为的一种天生而然的状态。它还可指：自然物理之定律；和谐；原初状态等。[④]

---

① 参见汤一介：《走出“中西古今”之争》，载《中国社会科学院报》，2004-01-06。

② 参阅汤一介：《新轴心时代的中国文化定位》，见《和而不同》。

③ Fritjof Capra，*The Turning Point*，London：Fontana Paperbacks，1983，p. 15.

④ 参见《汤用彤全集》第4卷，213页；“明自然”章；332～335页。

汤一介先生认为：崇尚自然是道家思想之特色。老子从对宇宙自身和谐的认识出发，首倡“人法地，地法天，天法道，道法自然”的理论。这一反向的自然生化过程揭示了一种应遵循的规律：人之所以归根结底应效法道，因为道的特性是“自然无为”，体现着宇宙和谐。照老子看，天得“道”就清明，地得“道”就安宁，万物得“道”就生生不息，王侯得“道”则天下太平。可见，老子追求的“道”是一安详宁静的和谐世界。庄子也把“自然”（天地）看成一和谐整体，他把这种“自然的和谐”叫做“大美”（毫无做作的自然之美）或“天籁”（天然所成的一种最和谐的音乐，体现着自然的和谐）。[①] 汤先生还以《周易》元亨利贞过程中体现的“保合太和”来说明“自然的和谐”：易理阴阳变化展现出宇宙运行规律，“自然”运行是在元（万物的开始）、亨（生长）、利（成熟）、贞（完成）中进行。这种最完美的“和谐”叫做“太和”。儒家关于“自然和谐”的观念大都发挥这一思想，如《中庸》以“和”为天下根本的道理。张载《正蒙·太和》首云：“太和所谓道。”“太和”即万物之通理，故王夫之认为宇宙本来就是“和同而不相悖，浑沦无间”。这说明儒家对“自然和谐”的重视。[②]《中庸》说：“万物并育而不相害，道并行而不相悖……此天地之所以为大也。”这种和谐，若不只包括自然界而且弥漫人类社会及全宇宙，就叫做“太和”。[③] 庄子提出“太和万物”的命题：天地万物本来存在最佳的和谐关系（这是一种有机系统观），人原本就是自然的一部分。因此人类应“顺之以天道，行之以五德，应之以自然”（有学者以此语是郭象注，汤先生认为即使是郭象对《庄子》的注，它也属于道家思想）。人应该顺应天道规律，按照五德

---

① 参见《当代学者自选文库：汤一介卷》，789页。

② 参见汤一介：《中国文化的特质》，见汤一介编：《国故新知》，113页。

③ 参见冯友兰：《中国哲学简史》，150、151页，北京，北京大学出版社，1996。

来规范自己的行为，以适应自然的要求。[①] 由此自然可以进入下面“人与自然和谐”的环节。

（三）人与自然的和谐

汤一介先生认为“天”与“人”是中国传统哲学最基本的概念，“天人合一”是儒家、道家甚至中国化佛教的基本命题。中国先哲多以讨论天人关系为己任。其旨在于解决人与整个宇宙的关系问题，探求世界的统一性。[②] 当今世界面临的首要问题是和平与发展。人类要共同持续发展，就不仅要解决好人与人之间的关系，而且还要解决好人与自然之间的关系。“天人合一”、“崇尚自然”的思维模式能为解决这方面问题提供丰厚资源。道家“崇尚自然”的思想实际上表达了一种人与自然和谐共处的关系，它与“天人合一”在思维模式上有同一性。它以人和自然相即不离的“内在关系”立论，大异于西方把人和自然看成是对立的“外在关系”。“道”的特性是自然无为，因此人应效法道而任自然。“道”之所以尊贵，“德”（人得之于“道”的内在本质）之所以重要，在于它对事物不加干涉，这样人与自然就和谐了。照庄子看，人与自然本为一体，人若顺应自然，不加破坏（“无以人灭天”），就可达到“天地与我为一，万物与我并生”的和谐境界。[③] “道法自然”引发出的环境伦理对当今保护“自然”有十分重要的积极意义。

“人与自然的和谐”这一环节，涵括梁漱溟认为必须先解决的人与物关系这一首要问题。因为若不及时发展科学技术以提高生产力，就连常见的自然灾害也抵御不了。生存环境和温饱都没保障就谈不上与自然的和谐。这一环是最基础层面的天人合一，也

① 参见汤一介：《中国传统文化对当今“和平与发展”问题可有之贡献》，见《走向未来的人类文明》，58页。

② 参见《当代学者自选文库：汤一介卷》，783页。

③ 参见上书，791页。

是中国文化圈与西方文化圈接轨的切入点。人与自然的和谐（人与物关系）正是中国文化中最具自由、兼容精神的道家思想的核心问题。道家的科学精神，在西方也有不少知音。李约瑟对道家更注重人与自然的和谐给予很高评价。卡普拉惊奇地发现赫拉克利特与老子的共通之处不仅在于注重连续的变化，而且认为一切变化都是循环的。①

将顺应自然与改造自然有机地结合起来，以此参天地之化育，才是道法自然、天人和谐的最佳状态。正像卡普拉所说：在人类伟大的精神传统中，道家提出了最深刻、最精彩的生态智慧，强调所有自然和社会现象既是一根本的整体，又具有动态的特性。② 道家是在人与自然和谐的基础上，来建构人与人的和谐关系的。

（四）人与人的和谐

“人与人的和谐”依次可区分为：（1）个体与个体的和谐。（2）个体与集体的和谐。（3）个体与社会的和谐。（4）在以上和谐基础上的群体与群体（包括民族与民族、国与国、地域与地域）之间的和谐共处。汤一介先生认为，儒家主流以人性善，因此要求通过道德修养来调整人与人之间的关系，使社会成为一和谐的理想社会。儒家把和谐的理想社会叫做“大同”社会。《礼记·礼运》中“天下为公”的大同社会是一个有着和谐人际关系、富足

---

① Fritjof Capra：*The Tao of Physics*，London：Fontana Paperbacks，1983，p. 129. 早在1918年汤用彤就已涉及赫拉克利特与老子学说共性的比较（Yung Tung Tang，“The Concept of Being of the Pre-Socratic Period”，Theses written in Hamline University（1918—1919））。现代研究认为，赫拉克利特的“逻各斯”颇像老子的“道”，它既是统摄万物的同一原则，又在万物之中表现为“一切皆流，无往不返”的变化过程。其残篇充满着《道德经》所说“相反相成”的事例。参见赵敦华：《西方哲学的中国式解读》，339页，哈尔滨，黑龙江人民出版社，2002。

② 参见 Fritjof Capra：*The Turning Point*，London：Fontana Paperbacks，1983，p. 458。

公平、夜不闭户的社会，也就是孔孟向往的天下有道、行仁政的社会。这种和谐的大同社会理想有些空想成分，而且把和谐社会之理想完全建立在道德修养之提高上也是片面的，但就儒家追求建立人与人之间和谐关系的理想社会来说则甚有意义。① 儒家的“仁学”可为协调“人与人”之间的关系提供有积极意义的资源。老子的“道论”思想是防止“人与人之间”矛盾冲突的智慧学说。道家认为，人之自然本性来源于“道”。道的特性是“自然无为”，因此人也应该发挥自然无为的本性。充分效法道，实践无为，就可以建立起和谐社会。《老子》第八十章所描述不追求“人为”而顺应自然的社会，是一个小国寡民、无矛盾、和平宁静、知足常乐的和谐社会。②

人际和谐首先表现为个体与家庭成员的和谐。因为家庭作为社会的细胞，是社会关系的全部缩影。孝慈和于家，而后仁爱及于物，正所谓“亲亲而仁民，仁民而爱物”③。《大学》主张：“身修而后家齐，家齐而后国治，国治而后天下平。”《孟子·梁惠王上》讲：“老吾老，以及人之老；幼吾幼，以及人之幼，天下可运于掌。……古之人所以大过人者，无他焉，善推其所为而已矣。”由此，可扩展至以下环节。儒家在发展过程中提出“三纲五伦（常）”。“三纲”所谓“君为臣纲，父为子纲，夫为妻纲”，已不符合现代社会的需求。“五伦”之“父子有亲，君臣有义，夫妇有别，长幼有序，朋友有信”，经现代诠释对人际和谐仍有指导意义。下面群己和谐、群群和谐，可分别称为“第六伦”、“第七伦”。

群己关系的和谐中，儒家强调以社会为本位，道家则较自由。

---

① 参见《当代学者自选文库：汤一介卷》，791～792页。

② 参见汤一介：《中国传统文化对当今“和平与发展”问题可有之贡献》，见《走向未来的人类文明》，49～53页。

③ 《孟子·尽心上》。

早期（先秦）道家倾向于个人本位，作为新道家的汉代黄老学派、魏晋玄学、隋唐重玄学[①]、宋元内丹学到现代新道家，在强调个体价值的同时，也有不断综合社会价值与个体价值的趋势。道家“内圣外王”理想是内以修身与外以治国的和谐统一。群己和谐到极致应为社会发展与个体自由的最大限度的结合，也就是马克思所讲消除了异化的“自由人联合体”，其中“每个人的自由发展是一切人的自由发展的条件”[②]。这是人的交往需求得到满足后在社会领域中取得的自由。

群体与群体的和谐这一环节中，老子“不以兵强天下，其事好还”（三十章）的主张很有现实意义。“9·11”事件的本质即为文明冲突之循环恶报。全球伦理的寻求，应将“己所不欲，勿施于人”进一步完善为互相尊重理解对方需要的差异性，以“和而不同”为指导[③]，以形成人与人、国与国之间“兼相爱，交相利”[④]的良性循环，并通过这种良性循环来避免“两败”，实现利益最大化的“双赢”，以至皆大欢喜的“多赢”（最普遍的和谐）。汤先生指出，儒家以“和为贵”为基础的“和而不同”原则应成为处理不同文化之间的一条基本准则。用之处理不同文化传统国家与民族之间的关系，不仅对消除矛盾、冲突甚至战争有着正面的积极意义，而且也是推动各国家、各民族文化健康发展的动力。[⑤]

然而，实现社会和谐，全凭自律是不够的。汤先生格外强调：“靠个人的道德学问的提升，求得一个个人的‘孔颜乐处’

---

① 参见汤一介：《论魏晋玄学到唐初重玄学》，见《郭象与魏晋玄学（增订本）》，北京，北京大学出版社，2000。

② 《马克思恩格斯选集》第1卷，294页，北京，人民出版社，1995。

③ 参见汤一介：《孔子与“全球伦理”问题》，见《和而不同》。

④ 《墨子》。

⑤ 参见汤一介：《“和而不同”与“文明共存”》，载《人民日报》（海外版），2005-08-09。

或者可能；但是光靠着个人的道德学问的提高，把一切社会政治问题都寄托在‘修身’上，是不可能使社会政治成为合理的客观有效的理想社会政治的。”[①] 法律是在对等的报复精确计算的基础上产生、完善的。强制性的法律虽不是一种和谐，但对于保障最大多数人最大限度的和谐及德治的实现却是必需的。知“和”而“和”，不以法治节之，亦不可行也。正如汤先生所说，一种健康的社会必须具备两个支柱：一是社会道德教化系统，二是健全完备的政治法律制度。两套系统互为支撑，缺一不可。[②] 仅靠德行无法保证权利的正当使用；相反，留下的却是伪善和假道学。民主机制是一个复杂的网络系统，其中权力与利益交叉重叠、相互平行和制约。中国传统德政只有在民主机制系统中才能真正实现其道德与权力间的良性循环，同时还能纠治西方民主制的个人责任问题。传统道德哲学是从上到下的拔高，先建立一个道德形而上学，从最高、统一的原则出发，向上提升人的道德境界；应用伦理学与之相反，即由低向高：从私利——公利——公义的升华。从低到高的上升，就不需太多假设，技术非常牢靠，这条路更通畅。[③] 复卦卦象正体现出道德境界由下到上的拔高过程。人心之道德心像刚萌发的小而精微的一阳爻，而其余则像上面险恶莫测的五阴爻，“人之所以异于禽兽者几希”[④]，人兽之别仅在于复卦初爻所象征的一点良知。道心甚微，故需由私利至公义升华，并辅之以“惟精以察之，唯一以守之”，是则道心流行，而微者著矣！

汤先生设想，以儒家“仁学”为基础吸收道家“自然无为”思想建构一种“以人为本”的系统理论，给以现代诠释，会对重

---

① 《当代学者自选文库：汤一介卷》，775页。

② 参见《汤一介学术文化随笔》，300页。

③ 参见赵敦华：《道德哲学的应用伦理学转向》，载《江海学刊》，2002（4）。

④ 《孟子·离娄下》。

建世界新秩序，解决当今“和平与发展”问题做出重大贡献。按照道家自然主义的价值取向，“人与人的和谐”可转进到下面“自我身心的和谐”的环节。

（五）自我身心的和谐

“普遍和谐系统”中汤一介先生所论“自我身心的和谐”一节，是对梁漱溟所言“人与自身问题”的丰富。这一环节须先分为两层来说。

1．道德层面的身心和谐

身为生命物质基础，心为生命内在本性。儒家和谐社会的理想建立在个人道德修养提高的基础上，因此儒家特别重视人自我身心内外的和谐。① 儒家复性论的传统是通过内在性的修养功夫，复归自身本性，以与超越性的天理圆融为一，由此期望从心所欲而不逾矩的自由境界。这是自身道德修养领域的天人合一，达到这种境界，也就自然实现了知与行的合一。② 然而，道德至善必须要求以科学之真为基础，否则便没有可靠保障去博施济众，解救人类苦难。儒学被斥为“以理杀人”③ 及“吃人的礼教”④，根源就在于片面“求善”而严重背离了“求真”的路向。道家“返璞归真”则要求通过顺应自然、超越自我，以求身心内外之和谐。

2．人与自身生命的和谐

身心和谐的主要内容为，保持心理和谐与生理和谐，以及这两种和谐之间的和谐。道家与佛家皆可视为改造自己生命之学，其所不同者又可继续分为两个层次：

（1）保持心理与生理和谐层面。以往哲学常偏重心灵而忽视

---

① 参见汤一介：《“太和”观念对当今人类社会可有之贡献》，见《和而不同》。

② 参见汤一介：《儒道释与内在超越问题》，55页，南昌，江西人民出版社，1991。

③ 戴震：《与某书》，《疏证》卷上。

④ 鲁迅：《狂人日记》。

身体。梁漱溟年近不惑方晓悟道家在人类生活中自有其真价值，并谓之为“身学”。道家（教）养生学以解决此问题为中心。其科学依据在于生理和谐是心理和谐的前提和基础，并且注重身、心间的良性互动。在国内学界，汤先生较早关注到道家道教的身心和谐观，他指出：道教通过行气导引排除内外对自己身心的干扰，这“又发展为所谓的‘气’的内循环，而有‘内丹’学说”①。内丹学实质上是一种由后天返先天的逆向复归过程，它把生命本质看作精气神的复返转化及气之周行，以任督二脉贯通而成的小周天循环为根基，进而导出全身大周天的循环，认为真气在体内周流不息，七返九还，则丹圆道成，以为如此即可归根复命，长生久视。道家不仅仅局限在生理健康，也讲究心理健康，更注意身与心之间的和谐，此即“性命双修”：内养心性，外练形体，形神俱妙，与道俱化。其道甚广，并非限于物理性层面的身体。正如汤先生所言：“《庄子》的坐忘、心斋，就是只有不执著自我的形骸与心志，否定束缚身心内外的一切，才能和‘气’一样‘虚而应物’，以达到物我两忘的超越自我的身心内外的和谐境界。”② 老庄奠基的道家都反对“人为物役”的异化，要求“不物于物”，恢复和回归人的本真之性。庄学一派往往通过审美达致心灵的绝对逍遥（自由）。

内丹学的天人合一是将人体小宇宙复合于天地大宇宙，以无所不通。儒、道、释的天人合一观虽互不相同，但这并不妨碍内丹学把它们拿来修炼心性，作为实现其天人合一的一个必要环节。可见，道家是介于儒家与佛家之间，印度佛教通过道家与玄学的桥梁③融入中国文化是很自然的。历史上，宣扬无生、求得“好

---

① 汤一介：《魏晋南北朝时期的道教》，170页，西安，陕西师范大学出版社，1988。

② 《汤一介学术文化随笔》，152页。

③ 印度佛教转变为中国佛教的生长点是人生反本说，参阅拙文《汤用彤对玄学“反本”问题的研究——从中看魏晋南北朝儒道释的差异与会通》。

死”（圆寂）[①]、往生极乐的佛教徒，远远超过追求道教长生的人数。然而这并不能降低道教的历史地位和潜在价值。任继愈认为：“事实表明，道教典籍中可供发掘的东西非常丰富，其重要性决不下于佛教，甚至更重要。”[②] 汤先生从三教交涉史及文化创新的高度指出：对道家道教的研究虽相对薄弱于儒、释，“但中国哲学，从历史上看或者说是一种儒道互实的格局，或者说是儒释道三家互动的格局，因此加强对道家和道教的研究是非常必要的”[③]。更为重要的是，它涉及中国文化今后应如何发展的问题。这对于把握自身哲学思想的根基，真正融会西方的优长，建构起适应现代社会要求的中国新文化，是十分重要的。

（2）人与自我意识本源关系的和谐。以解决此问题为核心的佛教，讲求五蕴皆空，心无挂碍，寂灭无生，出生死轮回而得大自在，以实现对生命的彻底解脱。汤用彤指出：“禅之用在洞悉人之本原。”[④] 汤一介先生认为，中国禅宗虽有南北、顿渐之分，实则不过在理论架构和修养方法上有所不同，其目的都是在追求自我身心内外之和谐，以达到得道成佛的境界。禅宗在对“自然”的态度上多受道家影响，在社会问题上更多受儒家影响。禅宗视佛性为人的本性（心），因此佛性问题就是心性问题。只要修养人的心性，就可以使其所在的现实社会生活变成理想的和谐的社会生活。[⑤] 正由于通过复卦能很好阐发佛教的反本见性之义，因此，在中国化的佛教中，借之以起信，亦是理之必然。智旭《周易禅

---

① 《儒道释生死观的异同》，参见 Tang Yi-jie，Theories of Life and Death in Confucianism，Buddhism，and Dao（Taoism）：An Outline，*Confucianism*，*Buddhism*，*Daoism*，*Christianity and Chinese Culture*，Washington，D. C.：The Council for Research in Values and Philosophy，1991。

② 任继愈主编：《中国道教史》，任继愈序，上海，上海人民出版社，1990。

③ 汤一介：《我与北大》，载《北京大学学报》，1998（2）。

④ 《汤用彤全集》第1卷，105页，石家庄，河北人民出版社，2000。

⑤ 参见《当代学者自选文库：汤一介卷》，792、794页。

解》注复卦，从初爻“天地之心”诠释出佛性本有之理。所以，复则见其法性真如。

（六）中西本体观的会通

儒道释三教由冲突至融合的关键是它们在本体（反本）观上的会通。[①] 儒道释异中之同在皆以内在超越（反本）为特点[②]，即所谓“一本”；三家之学都是用“复”的方法论，但各自所推崇的本体内容（境界）却有层次上的差异：儒家是复性（伦理道德层面）；道家（教）是复命（身体及身心和谐）；佛家是复其本源心（彻究作为真如本体的心识之源，复归真我本来面目），此为同中之异。从三教的融合来看，可得如下启示：中西文化由冲突至融合的过程中，本体观的会通亦将会有关键意义。中西体用之辨在促进中国走向现代化中的重要作用，逐渐证实了这一点。

汤一介先生哲学思想的核心，正在于中西本体观的会通。他认为，唐宋以来儒道释三家有着合流的趋势，与其思想体系均以内在超越为特征关系密切。以内在超越为特征的中国文化与外在超越的西方基督教和哲学颇有不同。从文化发展看，也应使中国哲学文化包融“外在超越”的意义。“对于人类社会说，要求有一种外在的超越力量来约束人，例如相信外在超越力量的宗教和西方哲学外在的超现实世界的理论，以及与这类宗教、哲学理论相适应的政治法律制度……如果以‘内在超越’为特征的中国传统哲学能充分吸收并融合以‘外在超越’为特征的西方思想以及以此为基础的政治法律制度，使中国传统哲学能在一更高的基础上自我完善，也许它才能更好地适应现代社会发展的要求。如果就

---

① 详见笔者硕士学位论文《汤用彤汉魏两晋南北朝道教研究阐微》第三章“汤用彤对魏晋南北朝道教与玄、佛关系的梳理”。

② 参见汤一介：《儒道释与内在超越问题》，1～51页。

世界范围看，能否在一更高的层次上考虑建构一哲学体系，它既包含以‘内在超越’为特征的哲学，又包含以‘外在超越’为特征的哲学，使东西哲学与文化得到有机的结合。”[①] 汤先生所言此一中西哲学界应认真讨论的重要问题，正是冯友兰竭力探寻而未指明的这个时代思潮中心“真正的哲学问题”[②]。

总结

上述“普遍和谐”四个层面所形成的横向动态结构的良性循环，在梁漱溟所论三大问题的纵向时序上演进，就较圆满地解决了文化发展的多元与一元、民族性与时代性、个性与共性的统一问题。由此可以实现最大限度的保存民族传统和尽可能吸收外来文化的最佳契合。汤一介先生通过诠释“普遍和谐观念”系统所形成的多元一体化的文化观，是对“中体西用”、“西体中用（李泽厚）”、“中西互为体用”等模式的突破和超越，也为和谐社会的建构做出了可贵探索。

当前我们正处在民族复兴前夜的转折点上（贞元之际），当务之急，对西方文化要“全盘承受，而根本改过”[③]。梁漱溟从大处着眼，对人类文化发展大势做了大胆假设，但文献取证不够，其论难免有空疏之憾。汤用彤则在外来文化中国化问题上小心求证，对文化冲突与融合的规律作了信实的总结。他认为，外来文化的输入其结果应是双方的：一方面本地文化吸收外来成分而有所变化，但其特质不会改变；另一方面外来文化也须适应本地文化才能生根而发生持久作用。[④] 汤一介先生接续深入探讨了文化发展的

---

① 《当代学者自选文库：汤一介卷》，568～569页。汤用彤率先用内在超越解说中国哲学之渊源，参见拙文：《汤用彤未刊稿的学术意义》，载《哲学门》，2004年第2册。

② 冯友兰：《中国哲学史新编》第六册自序，北京，人民出版社，1989。

③ 《梁漱溟全集》第1卷，528页，济南，山东人民出版社，1993。

④ 汤用彤：《文化思想之冲突与调和》，见《汤用彤全集》第5卷。汤因比《历史研究》认为，文明产生和发展的基本模式是“挑战与反应”。这与汤用彤总结的文化发展观有相互印证之处。

双向选择问题。① 文化交流中“来而不往非礼也”②，既要“拿来”，也要“送去”。③

西方社会的种种病痛表明，现代化绝非西方化。因此我们应主张全盘化西，充分现代化，而非全盘西化。“化西”不应是历史上“化胡”的心态。④“化西”可分两层含义：（1）参照西方，反观自身，自觉地全方位充分吸收融化西方文明，促使其中国化，以此在新陈代谢中发展中国文化；（2）用内在超越为特质的中国文化通过“转识成智机制”转化逐物难返的“单向度”的“工具理性”之弊。这体现于汤先生倡导的：“让中国文化走向世界，也让世界文化走进中国。”⑤ 尤其在文化剧烈动荡的今天，如希望中国传统文化解决人类面临的重大问题，必须有文化上的自觉。“文化自觉”就是要对自身文化的来源、历史发展及其优点、缺点等自觉地认真思考、反省。编纂《儒藏》就是一种文化自觉行为，对此汤先生说，儒家是轴心期中国思想的重要组成，人类历史每一次新飞跃，无不通过对轴心期的回顾而实现。温故而知新，现在中华民族正处在伟大复兴的前夜，把体现儒家思想文化的各种代表性文献编辑成一部思想大文库《儒藏》，对于发扬儒家思想意义深远。只有充分了解自己文化的内在精神，吸收外来文化才不至于盲目，正如只有自己身体强健，才能更好吸收消化多样元素。一个民族要强大，一定要找回民族力量之所在，实现真正的文化自觉。⑥

---

① 参见汤一介：《文化的双向选择》，见《佛教与中国文化》，北京，宗教文化出版社，1999。

② 《礼记》。

③ “拿来主义”到“送去主义”，参见季羡林：《东方文化集成》总序；汤一介：《论文化的互动认知》，见乐黛云编：《季羡林与二十世纪中国学术》，北京，北京大学出版社，2001。

④ “化胡说”参见《王维诚〈老子化胡说考证〉审查书》，《汤用彤全集》第5卷；汤一介：《魏晋南北朝时期的道教》第11章。

⑤ 汤一介：《中国传统文化中的儒道释》，275页。

⑥ 参见《找回民族力量之所在——访北京大学汤一介教授》，载《人民日报》，2002-12-24。

东西文化及其哲学只有互为出路，在良性互动中复合古今中外而创新，形成非东非西、亦东亦西的多元一体化的文化格局。如此将会产生人类历史上最完美的文化体系，共同担负起解救人性弱点、世间苦难的重任，开出人类的新出路，实现以真善美为内在尺度的自由和社会正义。

原收入胡军、孙尚扬主编：《探寻真善美——汤一介先生80华诞暨从教55周年纪念文集》，北京，北京大学出版社，2007

和亲、和谐及其他

——贺汤一介先生八十华诞

冷德熙

一

话说王昭君（字嫱，西汉南郡即今湖北秭归人，汉元帝时宫女，封号昭君）离别汉宫远嫁匈奴呼韩邪单于后的一个早晨，呼韩邪与昭君相对而坐。单于从牛奶储存器皿中给自己倒了一碗牛奶，昭君则从随嫁箱橱中取出老家湖北秭归的茶叶，给自己冲好了一杯浓茶。

丈夫问："好喝吗?"

夫人说："当然。我们中原人祖祖辈辈喝的就是这个。你尝尝?"

丈夫喝了一口，说："真香！就是有点苦！你也尝尝这个。"说着，指了指碗中的牛奶。

夫人轻轻地抿了一口，说："好喝，就是有点腻。何不将它们合起来看看。"

夫妻俩于是将奶和茶倒在一起。北方天气冷，于是又在炉子上煮了煮。一会儿，蒙古包里芳香四溢。一喝，香而不腻，滑而不苦，而且可以充饥。

于是，就有了草原牧民千百年来每天早上起来都要煮奶茶的传统，于是才有了蒙古民族流传至今的传统食品：奶茶。

……

昭君远嫁匈奴，蒙汉和亲，在中国历史上确是中原封建朝廷在不得已的情况下采取的一种靖边政策，却给当时蒙汉边境带来近百年的和平生活，在中华民族大融合的历史上留下一段佳话。

2006 年 7 月 28 日上午，内蒙古呼和浩特昭君大酒店。一年一度的“昭君文化理论研讨会”正在进行。内蒙古著名学者、昭君文化研究会秘书长郝诚之教授正在发言。他又一次将奶茶的故事叙述得绘声绘色。故事讲完后，他进一步解释说，历史上是否确有这么一段情节有待历史学家的考证，但奶茶的存在必然是蒙汉文化交流的产物，它是中国历史上匈奴游牧文化与中原农耕文化长期交流融合的见证。

在内蒙古，王昭君作为中原文化和平使者的形象深入人心，至今仍在蒙古族农牧民的心中拥有崇高的地位。昭君墓除了有呼和浩特的所谓“青冢”之外，今日内蒙古的其他盟市也有多处。由呼和浩特市委市政府联合主办的“昭君文化节”，每年举办一次，至今已连续举办了七届。区内某大型企业每年拿出 600 万元赞助昭君节，至今已连续赞助五届，并将成为永久赞助商。上述这个在内蒙古牧民生活中流传甚广的奶茶传说，象征性地反映了内蒙古各族人民对王昭君、对蒙汉和亲、对历史上蒙汉民族文化交流以及中华民族大融合的充分肯定和良好祝愿。

已故周恩来总理曾经称赞内蒙古自治区是“模范自治区”。内蒙古自治区成立于 1947 年，比中华人民共和国成立早两年。长期以来，这里经济发展，社会稳定，蒙汉通婚，文化融合，一方面蒙古族文化得到较好的保存和开发，另一方面中原文化与草原文化在这里你中有我，我中有你，难分彼此，高度融洽。这一切很难说与昭君出塞的和亲文化没有关系。

而无论是和亲文化还是奶茶故事，其中最耐人寻味的就是一个“和（合）”字。和亲之“和”与中原儒家文化传统中“和谐”、

"太和"、"和而不同"、"和实生物"的思想一脉相承。

近年来，随着"昭君文化节"的不断举办，昭君文化在国内外的影响正在不断扩大，作为一种和谐文化、和平文化，在拥有数千年普遍和谐文化传统的大中华文化中，昭君文化正在不断取得普遍的认同。

二

2006 年 7 月 29 日星期六，新浪网转载了《光明日报》记者"新浪打造最大国学博客圈"的报道。文章介绍汤一介先生等知名学者和来自全国三十多所重点高校及科研单位的 100 位学者同时加盟，共同组成了迄今为止新浪网最重量级的博客圈，为目前正在全国范围内持续升温的"国学热"注入了新的活力。

打开汤先生的博客，先生的第一篇博客文章是《儒家思想是我们民族精神之所在》，文章认为，中国传统儒家思想在解决人与自然、人与人、人自身三大问题时都有很好的资源。这种资源具体是指"天人合一"的思想、"修齐治平"的思想和追求"孔颜乐处"的思想。这三种思想资源的核心在于一个"和"字，即人与自然的和谐、人与人的和谐以及人自身内心的和谐。

汤先生自上个世纪 80 年代以来，自魏晋玄学而儒释道，自传统学术而现代哲学，自中国哲学而西方哲学，自中西哲学文化的比较研究而回归民族文化传统的自觉，至近年来积极倡导"各美其美，美人之美，美美与共，天下大同"的文化观，进而至开始《儒藏》的总编纂和"中国解释学"的构建，从"照着讲"到"接着讲"，从哲学史家而哲学家，在致力中国传统文化的现代化学术建设等诸方面居功至伟，而对于中国传统"和"（和合、太和、和而不同、天人合一、知行合一、情景合一等）的思想及其现代意义的阐释，尤为显示出先生的学术识见和对现实社会生活的人文关怀。

1983 年加拿大蒙特利尔召开第 17 届世界哲学大会，特设“中国哲学圆桌会议”。汤一介先生在会上作了题为《关于儒家思想第三期发展可能性的探讨》的演讲。据刘述先教授《蒙特利尔世界哲学会纪行》记载：“会议的最高潮由北大的汤一介教授用中文发言，探讨当前第三期儒学发展的可能性，由杜维明教授担任翻译。汤一介认为儒学的中心理念如‘天人合一’、‘知行合一’、‘情景合一’在现代都没有失去意义，理应有更进一步发展的可能性。这一番发言……紧紧地扣住了观众的心弦，讲完之后全场掌声雷动，历久不息。”此后，汤先生又撰写了《论中国传统哲学的真善美问题》等系列文章，充分论述了这三个命题不仅是儒家哲学的基本命题，也是道家以及佛教禅宗的基本哲学命题。

1993 年 10 月，苏州召开“现代化与中国文化研讨会”。汤先生在会上发表了题为《中国哲学中的“普遍和谐观念”的现代意义》的演讲。此后又不断发表了《“太和”观念对当今人类社会可有之贡献》、《略论儒家的和谐观念》、《儒家的和谐观念》等文章，提出儒家“和谐观念”的路向，是由自身之“安身立命”，而至“推己及人”，再至“民胞物与”，达到“保合太和”而与“天地参”。

1993 年美国哈佛大学教授亨廷顿在《外交事务》夏季号上发表了《文明的冲突?》一文，认为“新世界的冲突的根源，将不再是侧重意识形态或经济，而文化将是截然分隔人类和引起冲突的主要根源……文明的冲突将左右全球政治”。文章在国际上引起广泛关注。汤先生为此撰写了《“和而不同”的价值资源》、《“文明的冲突”与“文明的共存”》、《文化交流是人类文明进步的里程碑》等系列文章，指出亨廷顿的文章是在以早已过时了的“西方文化中心论”为美国霸权主义政治扩张服务，提出当今世界不同文明文化之间，如果将中国传统儒家“和而不同”、“求同存异”的思想作为一条普遍适用的原则，不但儒家文化不会与其他文化产生冲突，世界不同文明之间在相互交流和共同发展中也不会出现冲突或战争。

《国语》说过“和实生物，同则不继”。世界是多元的，文化也应该是多元的。不同民族、不同国家拥有不同的文化和生活习惯，恰好成就了文化的多样性和自然的选择性。

中国前国家主席江泽民 2002 年 10 月 24 日在美国乔治·布什总统图书馆演讲时指出：中国先秦思想家孔子就提出“君子和而不同”的思想。和谐又不千篇一律，不同而又不相互冲突。和谐以共生共长，不同以相辅相成，和而不同是社会事物和社会关系发展的一条重要规律，也是人们处世行事应该遵循的准则，是人类文明协调发展的真谛。

“和而不同”正是所谓和谐社会、和平世界的普遍特点。看来两千年前教育家、思想家孔子的思想，经过学者专家的不断阐释与弘扬，至今还在，并将继续对今天乃至未来的世界产生影响。汤一介先生早在 20 世纪 80 年代即开始对中华文化普遍和谐传统的哲学阐释和弘扬，其有关不同文明多元文化“和而不同”共同发展的观点，充分展示了中国传统文化的深邃智慧和中国现代学人的入世情怀。

三

近读汤先生《再论创建中国解释学问题》一文，忙乱之余也把自己的博士论文拿出来翻翻。在校读研究生期间我研习汉代纬书多年，甚知汉儒对儒家经典的注释浩繁。先生文章中说“汉儒注经不仅繁琐，且荒诞”，所言不虚。先生总结先秦以来对古代经典的解释方法有三：其一曰“对历史事件的解释”，如《左传》对《春秋》；其二曰“作整体性的哲学解释”，如《系辞》对《易经》；其三曰“作实际（社会政治）运作型的解释”，如《韩非子》的《解老》、《喻老》。以我对纬书的了解而言，所谓“实际（社会政治）运作型的解释”亦或“六经注我”式的解释，尤以纬书对先秦儒家经典的解释为甚，所谓“汉儒注经繁琐荒诞”无出其右者。

仅以《孝经纬》对《孝经》的解释为例。今本《孝经》共十八章。始言孝之始终（章一），次言自天子之于庶民之孝（章二至六），次言孝之哲学根据（章七），次言明王以孝治天下（章八至十四），终言以孝事君亲的具体形式（章十五至十八）。《孝经》对天子以至庶人之孝作出以下规定：

> 天子之孝：“爱亲者不敢恶于人，敬亲者不敢慢于人。爱敬尽于事亲，而德教加于百姓，刑于四海。”（第二章）
>
> 诸侯之孝：“在上不骄，高而不危。制节谨度，满而不溢。高而不危，所以长守贵也；满而不溢，所以长守富也。”（第三章）
>
> 卿大夫之孝：“非先王之法服不敢服，非先王之法言不敢道，非先王之德行不敢行……言满天下无口过，行满天下无怨恶，三者备矣然后能守其宗庙。”（第四章）
>
> 士之孝：“资于事父以事母而爱同，资于事父以事君而敬同……故以孝事君则忠，以敬事长则顺，忠顺不失，以事其上，然后能保其禄位而守其祭祀。”（第五章）
>
> 庶人之孝：“用天之道，分地之利，谨身节用以养父母。”（第六章）

《孝经纬》没有对《孝经》所谓“天子之孝”、“诸侯之孝”等进行具体解释，而是在此之外提出了自己的一套说法。《孝经纬·

援神契》云：

> 天子孝曰就，就之为言成也。天子德被天下，泽及万物，始经成就，则其亲获安，故曰就也。
>
> 诸侯孝曰度，度者法也。诸侯居国，能奉天子法度，德不危溢，则其亲获安，故曰度也。
>
> 卿大夫孝曰誉，誉之为言名也。卿大夫言行布满，能无恶称，誉达遐迩，则其亲获安，故曰誉也。
>
> 士孝曰究，究者以明审为义。士始升朝，辞亲入士，能审资父事君之礼，则其亲获安，故曰究也。
>
> 庶人孝曰畜，畜者含畜为义。庶人含情受朴，躬耕力作，以畜其德，则其亲获安，故曰畜也。

在此之外，《孝经纬》的作者进一步以天人感应思想来解释《孝经》，认为人道就是天道，人性就是天性，孝悌之道上同神灵，人道孝悌则有天致祥瑞。而不孝则是人情之大恶，必遭天罚：

> 孝悌之至，通于神明。①
>
> 天子孝，天龙负图，地龟出土，妖孽消灭，景云出游。②
>
> 人有孝性，天出孝星，孝悌感天地，天与之孝行。③
>
> 不孝敬，痹在喉，寿命凶。④
>
> 圣主不孝，四方仰怨。周襄王不能事其母，孛入北斗。⑤

更有甚者，《孝经纬》进一步神化《孝经》的作者孔子⑥，将孔子神化为“素王”，以《孝经》、《春秋》为孔子为汉室及后来者制定的千年不易之法典，创制了一个孔子受命制法的神话故事。

---

①② 《援神契》。

③ 《钩命诀》。

④ 《左契》。

⑤ 《钩命诀》。

⑥ 《孝经》作者为谁说法不一，纬书以为是孔子。

《路史》和《天中记》引《孝经纬·中契》云：

> 孔丘见《孝经》文成而天道立，乃斋以白之天。玄霜涌北极紫宫，开北门，召亢星北落司命，使阳衢乘紫麟，下告地主要道之君。后年麟至，口吐图文，北落郎服，书鲁端门，隐形不见。子夏往观之，得十七字，余文二十消灭，飞为赤乌，朔摩青云。

这里未写明子夏“十七字”为哪十七个字。《孝经纬·中契》载：

> （孔子）制作《孝经》道备，使七十弟子向北辰星而声折，使曾子抢《河》《洛》，事北向。孔子衣绛单衣，向星而拜。
>
> （孔子）告备于天曰：《孝经》四卷，《春秋》《河》《洛》凡八十一卷，谨以备。天乃洪蕴起，白雾摩地。赤虹自上下，化为黄玉，长三尺，上有刻文。孔子跪受而读之曰：宝文出，刘季握，卯金刀，在轸北，字禾子，天下服。

“宝文出”说的是《孝经》、《春秋》等，“刘季握”是说汉高祖刘邦因为握有这两部法典才得以治理天下。“卯金刀”为刘，“字禾子”者季。至此，孔子不再是先秦儒家学派的创始人，而是一位受命降世、继周而王的一代素王。他是天上黑帝之子，抢在真命天子——赤帝之子刘邦之前降世，其使命就是要建立一种以儒家道德学说为依归，永久垂范后世的政治法典，从而为后来的天命王朝尤其是刘邦的天下奠定基础。《援神契》所谓“玄丘制命帝卯行”、“丘为制法之主，黑绿不代苍黄”就是这个意思。

孔子之被神化，还表现在纬书中孔子具有诡异的容貌：“孔子长十尺，海口、尼首、方面、月角日准，河目龙颡，斗唇昌颜，均颐辅喉”，等等。所谓圣人必有异像，是天命圣德的标志。孔子作为圣人、教主的宿命也表现在他的容颜之中。

……

汤先生所谓“汉儒注经繁琐荒诞”、“作实际（社会政治）运作型的解释”当无过于此。汉代儒生假纬书制作政治神话，目的在于制造舆论影响朝政，发挥的其实就是意识形态的功能。在20世纪六七十年代的中国，造神运动盛行，在此期间无数大批判文章则对孔子进行了丑化。但是，就其作为一种政治意识形态而言，“文化大革命”对孔子的丑化与纬书对孔子的神化，其实有异曲同工之妙。

至于，先生认为汉儒只是“我注六经”，魏晋玄学才是“六经注我”。就纬书注经看来，汉儒也有以“六经注我”的，纬书就是在以“六经注我”，而且注得繁琐荒诞，光怪陆离。

近年来汤先生以近八十高龄，一手担任《儒藏》大型文化工程的总编纂，一手致力于“中国解释学”体系的建设。其中“中国解释学”的系列文章，与上述“和谐”文化的系列文章一样，引起学术界的高度关注。感慨之余，谨以此例狗尾续貂，贺先生八十寿辰！

哲学家汤一介（二）

于民雄

汤一介先生祖籍湖北黄梅，1927 年生于天津。祖父汤霖系光绪十五年进士。父亲汤用彤是我国著名的佛学大师，最具权威性的魏晋玄学大师，北大校务委员会主席。汤用彤先生早年留学美国哈佛大学，时与陈寅恪、吴宓并称为“哈佛三杰”。用当代著名学者季羡林先生的话说，汤用彤先生熔铸古今，会通中西，是属于与梁启超、王国维、陈寅恪、胡适同一级别的国学大师。汤一介先生的人品与学问，追本溯源，除了主要与他的精神气质和“家风”的影响有关外，同样也与他曲折人生道路上的伴侣乐黛云的支持、信任和关爱分不开。

一、汤一介的贵州情缘

汤一介先生与贵州的缘分，可以追溯到他六十多年前的青少年时代。抗战时期，因受《西行漫记》的影响，汤一介与几个同学决定投奔延安。汤一介后来回忆说：“我们几个先坐火车，然后坐那种非常危险的敞篷的运盐车，先到了贵阳。”可是一到贵阳，却被宪兵给拿住了，去延安最终成了泡影。汤一介的这次冒险经历，是他与贵州之缘的一个小插曲。

缘分永远是神秘的，然而缘分往往就是一切。汤一介与贵州的永恒情缘，是他娶了我们贵州大山走出的一代才女，她就是至今依然在默默耕耘的中国比较文学的拓荒者——乐黛云。

汤一介与乐黛云于 1952 年结婚，57 年的恩爱与患难，他们同舟共济。半个多世纪的风风雨雨，最让他们刻骨铭心的，是二十多年的灾难岁月。那时候，不是乐黛云成为右派，就是汤一介成为“黑帮”；不是汤一介被隔离审查，就是乐黛云在深山劳动改造。但他们始终矢志不移，相濡以沫，相互信任，相互扶持。饱经风霜的乐黛云，天生就是一个刚烈女子。“文化大革命”中汤一介被打成“黑帮分子”，关在北大哲学楼，乐黛云每天晚上就一直坐在哲学楼楼梯上，非等丈夫一起回家不可。在那个大灾难的时代，为摆脱干系，夫妻反目的事比比皆是。可乐黛云却置种种可以预料的危险于不顾，守护自己的亲人，多么真切，多么难能可贵。

汤一介夫妇性格迥异而共同点多多。汤一介内向，乐黛云开朗；汤一介宽厚，乐黛云豪爽。汤一介有儒家情怀，乐黛云有道家风范；汤一介秉有家学渊源，乐黛云长于西方文学。他们有共同的理想，都想多做对社会有益的事；他们有共同的兴趣，都喜欢看文学书，都喜欢听西方古典音乐。他们都是真正的性情中人，是永恒的伴侣，在广阔的天地里，他们比翼齐飞。

正因为与贵州的情缘，两位中国学术界顶尖级的学者，不辞辛劳，不顾年迈，多次到贵州讲学。他们宽阔的视野、渊博的知识、超前的思想，使他们赢得了贵州学子的广泛尊重与爱戴。2006年，贵阳一中百年校庆，乐黛云应邀作主题讲演，夫妇俩又风尘仆仆来到贵阳。是母校的抚育，让她的女儿走向世界；是女儿的优秀，增添了母校的光荣；是妻子的存在，使丈夫眷念贵州这块土地。这，就是缘分。

二、20世纪80年代的两部学术著作

汤一介先生是国内治魏晋玄学首屈一指的专家，对佛教、道

教哲学有极深的造诣。汤先生上世纪 80 年代出版的《郭象与魏晋玄学》，恢复了学术应有的尊严，堪称新时期中国哲学走出教条主义限制的标志之一。该书的价值在于：理清了魏晋玄学发展的内在理路；通过对魏晋玄学范畴的梳理，为中国哲学的范畴体系的建立提供了依据；论证了哲学方法论对了解哲学思想演变的意义；为哲学的比较方法应用于中国哲学研究提供了范例；解释了魏晋玄学到唐初玄学的演变轨迹。以上五个方面的贡献，毕现汤一介先生超前的感悟力和敏锐的眼光。该书无论在学术视野还是理论高度上，都将魏晋思想的研究推进到了一个新的境界。著名学者傅伟勋说，《郭象与魏晋玄学》一书中内在的“诠释学创见”足以与钱穆的《庄老通辨》和牟宗三的《才性与玄理》媲美。如此高的评价，汤一介先生当之无愧。

20 世纪 80 年代中期出版的《魏晋南北朝时期的道教》又是汤一介先生的一部力作，该书在我国学术史上第一次比较全面系统地描述了佛道之争的来龙去脉，其中关于“老子化胡”问题，“生死”、“形神”问题，“承负”、“轮回”问题和“出世”、“入世”问题的思考和解析，不乏独到见解，发前人之未发，为进一步深入研究道教提供了宝贵的思想资源。该书关于“宗教”与“迷信”的区别，对宗教价值的大胆肯定，以及关于划分和限定宗教的标准，让人耳目一新，对学术界摆脱条条框框的束缚，促进思想的解放产生了积极的作用。

三、中国哲学的三大命题

1984 年和 1990 年，汤一介先生先后在《中国社会科学》发表了《论中国传统哲学的真善美问题》和《再论中国传统哲学的真善美问题》两篇文章。文章从中国传统哲学基本范畴体系的重构中创造地提出中国哲学的基本特征是“天人合一”，以及由此衍生出“知行合一”和“情景合一”，三者构成中国哲学真精神的内在统一。三大基本命题体现了中国文化的基本价值，它们不仅是儒家思想的核心，同时也是佛、道两家关键命意所在。“天人合一”的指向在于解决人的存在问题，解决人与环境、心与物的关系，概言之，就是探求世界的统一性问题。“知行合一”是解决人的社会性问题，是解决人与人、人与社会之间的关系问题，它关乎人类社会的道德标准和文化理想。“情景合一”是解决人的心理调适的问题，指向人身心的平衡、感觉的愉悦和精神的升华。三大命题分别构成中国哲学真、善、美的境界，与西方文化传统关于真、善、美的思想区别开来，它凸显了一个哲学家敏锐的判断力。正如汤一介先生说：“中国传统哲学所注重的是追求一种真、善、美的境界，而西方哲学则注重建立一种论证真、善、美的价值的知识体系。前者可以说是追求一种‘觉悟’，而后者则是对‘知识’的探讨。”这一结论，既相当准确，又十分精辟。我们有充分理由相信：中国哲学的三大命题的重大意义必将在中国文化的复兴过程中得到彰显与证明。

汤一介先生概括的中国哲学的“天人合一”、“知行合一”、“情景合一”的三大基本命题，正是中国传统“体用一源”这一思维模式的体现，“普遍和谐观念”、“内在超越精神”、“内圣外王之道”三个相互联系的基本理论，就是从前者引发出来的产物。十多年来，汤一介于当代儒学的反思用力最切也最有收获者，是上述三个基本理论，其中，以“普遍和谐观念”的现实感最强，影响最大。

四、汤一介与“普遍和谐”

和谐社会是当今中国的最强音，它弥漫在全中国的任何一个角落，整体意义上体现了时代精神的呼唤，构成了中华民族对社会理想的憧憬。而最早提出“和谐社会”这一说法者，是汤一介先生。早在上世纪80年代初，汤一介先生就开始探索“普遍和谐”的内涵、结构、条件和可能，并不遗余力地写了一系列有关的文章。虽然我们难以知晓汤一介先生思考“普遍和谐”来龙去脉，但可以肯定的是，曾经独霸天下甚嚣尘上的“斗争哲学”及其在中国大地造成的大灾难无疑是汤先生构建“普遍和谐”的时代背景，解构种种教条的迷信，消除种种坏哲学留下的阴影，是一个有良知的哲学家义不容辞的责任。“普遍和谐”在哲学高度上代表中国文化的真精神，然而几十年来一直遭到误读。正是在这个意义上，汤一介先生关于“普遍和谐”的思考，就不是一般意义上的学术争鸣，而具有开风气之先的意义。汤一介先生提出的“普遍和谐”的哲学内涵是：和谐是“一”和“多”的辩证统一，代表儒学在本体论高度对和谐的普遍必然性的基本观念。天地万物各有自己的特征，各自的特性构成世界的多样性、丰富性、具体性。多样性是和谐的必要条件，是和谐实现的根据。和谐本质上表明种种异质存在的和平共处——“和而不同”正是儒家和谐论的经典表述。“和”是一种自由状态，它具有开放性与宽容性；“同”是人为的限制与扩张，它在视野上只能狭隘、专横、偏见与自大，遮蔽、侵害、一律、同一是它的必然表现。世界既是统一的，同时又是丰富的；只有“和而不同”，才能保证天地万物各得其所，各足其性，而这一结果本身就是和谐的实现。整齐划一是和谐的赝品，绝对同一否定了差异的客观性，它本身是对和谐的窒息。因此，同一是僵死的，倡导同一既是一种无知，同时也是一种狂妄。只有“和而不同”，才能保证各种文明样式之间、人与人之间的和平相处，也才能避免整齐划一所导致的奴役、异化和死寂。

和谐社会是“普遍和谐”的有机构成。汤一介认为：在政治层面上说，“和谐社会”只是一个理想，要使这个理想变成现实，必须有前提条件。这个条件就是：“自由为体，民主为用。”在汤一介心中，自由具有本体的价值，离开了自由，一切都说不上。故汤一介说：“最重要的就是要给每个人应有的自由，并以一套民主制度来保证它的实现。”和谐社会必须以自由为条件，这，就是汤先生的声音。

五、汤一介与中国解释学

20世纪中国哲学的尴尬、贫困，与僵化的思维方式的泛滥有很大关系。因此，顺理成章的是：中国哲学的现代转型，有待于哲学方法论的更新与突破。早在上世纪80年代初，汤一介就开始探索中国哲学方法论创新的可能性。他明确指出：“一个哲学体系必由一套概念（范畴）、判断（命题）和经过一系列推理活动的理论所组成。也就是说，在一个哲学体系中总有其一套概念，并由概念与概念之间的联系构成若干基本命题，经过推理的作用而有一套理论。”基于此，研究中国哲学必须要研究中国哲学的概念，从虚弱霸道的贴标签式的学风回到中国哲学问题本身，就是中国哲学走出政治附庸、重新焕发应有的生命力和活力的唯一可能。为此，汤一介1981年在《中国社会科学》发表了《论中国传统哲学范畴体系的诸问题》一文，揭开了“范畴研究热”的序幕。这篇经典论文，虽然留下了黑格尔式方法论的痕迹，但却不啻于哲学界的空谷足音。因为它突破了霸占中国哲学界数十年之久的意识形态独断论的霸权和教条主义的迷信，为中国哲学的新生打开了一个缺口。

为创立中国自己的“解释学”，20世纪90年代后期以来汤一介先生殚精竭虑，勤勉不辍，先后发表了四篇高质量的学术论文，借助西方“解释学”的成果，凭借自己对中国传统注经方法烂熟于心的知识结构，创造性地归纳出中国经典诠释的某些特征和规律，通过先秦时代典籍注解的不同方式，归纳出中国古代经典的三种路向：即“历史时间的解释”、“整体性的哲学解释”和“社会政治运作型的解释”。汤一介先生的上述工作，孕育着“中国解释学”的萌芽，为“中国解释学”的产生起到了先锋探索的作用。

西方的解释学，从滥觞到成熟，前后经历了六个阶段，持续三百多年之久。显然，汤一介先生清楚，“中国解释学”的理论体系是一个艰巨而浩大的工程，非一朝一夕之功可以完成，但汤一介先生开风气之先的意义不可小视，有朝一日“中国解释学”成立之时，它的开拓者理所当然地就是哲学家汤一介。

六、中国文化书院与《儒藏》工程

20 世纪 80 年代的“文化热”，离不开中国文化书院的影响。1984 年，中国文化书院应运而生，汤一介先生凭借其人格感召力、学术才华和文化视野，被学界一致推举为院长。书院以复兴中国文化为己任，其“继承并阐扬中国文化的优秀传统，通过中外文化的比较研究，加强世界各国的交流和学者的往来，促进中国传统文化的现代化”的办院宗旨，立意高远，指向鲜明。在汤一介的领导下，书院在短短的数年间，举办了四期在全国知识界、思想界反响热烈的“文化系列讲习班”，主办了高水平的有数万名学员参加的“中外文化比较研究”函授班，开展了一系列的、广泛的文化交流活动，开启、推动并促进了海峡两岸的学术对话和学术交往，召开了多次国际性学术会议，出版了一系列的专著、文集、教材、资料集。中国文化书院成就斐然，其影响力辐射范围在“文化热”中独占鳌头，固然与梁漱溟、冯友兰、张岱年、季羡林、石峻、周一良等七十多位海内外公认的一流知名学者先后被聘请为书院导师，书院人才济济、阵营强大有关，但可以肯定地说，这其中离不开汤一介特有的贡献，正是汤一介的真诚、宽厚、执著、努力，使他有资格、有力量团结一大批学者共同奋斗，才有书院的成功。汤一介为中国文化书院的建立与发展付出了大量心血，我们应该感谢他。

新世纪伊始，中国文化上注定将惠及千秋万代的一件大事——《儒藏》编纂正式启动，汤一介任首席科学家、总编纂。中国文化源远流长，上至先秦，经两汉、魏晋、唐宋到明清，一脉相承，各放异彩。中国历史上有诸子百家，有十家九流，以及形形色色的各家各派，但从整体上的影响和地位看，儒、道、释三家构成中国文化的主干，而影响最大的是儒家。自宋以来，历代王朝皆编纂有《佛藏》和《道藏》，却没有《儒藏》，这与儒家在中国文化上的主体地位极不相称。因此，编纂《儒藏》势在必行。正如汤一介说："今天，中华民族正处于伟大的民族复兴的前夜，重新回顾我们这个民族文化的源头及其不断发展的历史，必将对中华民族的伟大复兴发挥重要的作用。为了系统地、全面地、深入地研究儒家思想的方方面面，把儒家经典及其在各时代的注疏，把历代儒家学者的著述，把体现儒家思想文化的各种文献，编辑成一部儒家思想文化大文库《儒藏》，供世人阅读和研究，无疑对当今和后世都是十分必要的，而且具有重大的历史意义。"

从2004年开始，在汤一介的领导下，《儒藏》的编纂一直在有条不紊地进行，全国25所高校和社科研究机构的几百位学者参加了这一工作。2010年，计划将完成500部约1亿字的《儒藏》精华编，同时完成《儒藏总目》和9卷本的《中国儒学史》的编纂。到2020年，完成包括5 000种约10亿字的《儒藏》大全本，同时出版《儒家思想与儒家典籍研究丛书》百种以上。《儒藏》的编纂凝聚着汤一介先生的心血与希望，六年来，汤一介先生兢兢业业，为《儒藏》的编纂奔波着，操劳着，耕耘着。在这里，让我们为《儒藏》祝福，祝福功德无量的《儒藏》早结硕果。

七、结语

汤一介先生坦荡自如，清澈单纯，无丝毫机巧之心。作为中国传统“以天下为己任”这一精神的追随者与履行者，汤先生身上体现出一种强烈的人文关怀与忧患意识，你只有亲炙在他的精神视野中，潜移默化在他的视听言动之中，才能体悟到他人格生命的庄严与真诚。常人的魅力，往往因熟悉而褪色，汤先生的魅力却长久弥新。

汤先生的精神直指人类文化和人的存在。他反对任何意义上的偏执，对19世纪以来中国人文化挫败感导致的非理性情结，诸如抱残守缺、故步自封、文化虚无主义、民族悲观主义、西方中心论高度警惕。他之所以反复告诫学生要尽量了解西方智慧与中国智慧，就在于他坚信深厚的“支援意识”是创造性的源泉，是走出任何褊狭的唯一潜在可能。

汤先生是高尚的人，汤先生早已把个人得失、荣辱、穷通置之度外。汤先生是哲学家、思想家。他具有赤子之心的情怀，却不失冷静理智的头脑。他真正关注的问题，从哲学高度与历史深广度看，只有一个——中国传统的创造性转化。汤先生对这一问题的关注是以对中国文化的指向、前途和命运的深刻反思为根据的。汤先生怀抱着理想而又脚踏实地，他希望通过中西文化的平等对话，在多元、宽容的氛围中，为一个多世纪以来受到创伤的中国文化的重新整合与塑造提供契机和可能，从而最终为中国人的精神皈依提供基础。

一位82岁高龄的老人，不以名利为意，不以得失为求，只以天下兴亡为念，超然而坚定，高贵而平和。这，就是汤一介先生的真实自我。他走在自己的路上，走在不倦的探索和思考中。

原收入《我在我思》，贵阳，贵州人民出版社，2010

大音希声

——记北京大学哲学系教授汤一介

王付永

引言

拜访汤一介先生还是在去年11月份，当时拨通汤老家的电话，汤先生告知最近身体不太好，意思是请我不要采访了。来到北京，对于一个哲学系毕业的学生来说，当然渴望见到汤先生，情急之下，我竟说了自己刚研究生毕业做记者，还望汤老多提携年轻人之类的话，电话那边稍微顿了一下，接着就是那句让自己欣喜若狂的话"明天十一点半你来吧"。

第二天十点，我和正在清华大学做博士后的方麟先生就在北大未名湖畔的朗润园不停地看着那慢腾腾地转动着的时钟啦。

汤一介简历

汤一介1927年生于天津，湖北省黄梅人。幼承家学，其父汤用彤是久负盛名的国学大师。1951年毕业于北京大学哲学系。毕生致力于中国传统哲学研究，成就卓著。现任北京大学哲学系资深教授、博士生导师、北京大学儒藏编纂与研究中心主任、中华孔子学会会长。夫人乐黛云，亦为北京大学著名教授。

1927年生于天津，原籍湖北省黄梅人。

1951年毕业于北京大学哲学系。

1983 年任美国哈佛大学访问学者。

1986 年任纽约州立大学宗教研究院研究员。

1990 年获加拿大麦克玛斯特大学荣誉博士学位。

1996 年任荷兰莱顿大学汉学院胡适讲座主讲教授。

1997 年任香港中文大学钱宾四学术讲座主讲教授。

2003 年以耄耋之年发起并主持《儒藏》工程。

2006 年获日本关西大学荣誉博士学位。

曾先后在美国俄勒冈大学（1986 年）、加拿大麦克玛斯特大学（1986 年、1990 年）、中国香港科技大学（1992 年）、澳大利亚墨尔本大学（1995 年）等校任客座教授。

一、家风不可中断

“潘岳之文采，始述家风；陆机之词赋，先陈世德”。汤一介的父亲是我国著名国学大师汤用彤先生，在学术界流传甚广的一件趣事，从中我们可以看出一代国学大师“先生之风，山高水长”。是说汤用彤 20 世纪 40 年代在北大教书时，傅斯年曾请他兼一个办事处的主任，每月送一份薪金。可当发薪时，他却如数将薪金退回，说：“我已在北大拿钱，不能再另拿一份。”钱穆先生在他的《忆锡予》一文中说：“锡予之奉长慈幼，家庭雍睦，饮食起居，进退作息，固俨然一纯儒之典型”。汤用彤先生、汤一介幼承庭训，受到了很好的家庭道德文章的熏陶。

从一篇汤一介对父亲的回忆文章中，可以清晰地看出一代大师汤用彤的言传身教在幼年汤一介的心中留下的深深的影响。在抗日战争期间，汤用彤最喜欢读《桃花扇》中的《哀江南》，这首曲子说的是南明亡国的情况。在国难危重的时期，他几乎每天都用湖北的乡音读这支曲子以寄托忧思。父亲的这种情绪也感染了汤一介，他当时虽然还不到十五岁，但也学会了读这首曲子，并对国家的命运有了一种关怀。

据汤老回忆，大约是在 1942 年，父亲找来庾信的《哀江南赋》，指着这本书语重心长地说：一个家族应该有家风，如果家风断了，那么这个家族也就衰落了。庾信写那篇文章的背景是他被梁派到北魏做聘问（外交工作），因为才华出众，被扣押在北魏做官。在这种情况下，庾信把怀念故土的情怀写进了《哀江南赋》，希望家风不要在他那一代断了。父亲说，自己喜欢读《哀江南》和《哀江南赋》的原因，是因为汤一介的祖父汤霖生前就喜欢读这两篇东西。父亲还给汤一介看祖父汤霖六十岁的时候，祖父的学生在万生园（现在的动物园）给他祝寿，祖父的学生给祖父画了一幅万生园的图，祖父在这幅图上写了一个序。序中有两句话：事不避难，义不逃责，素位而行，随适而安；毋戚戚于功名，毋孜孜于逸乐。前一句话是说做事情不要怕困难，合乎道义的事情不要怕负责任，过很简单的生活，就可以随适而安，减少苦恼；后一句话是说不要总是追求功名和安乐。父亲说："你记住这两句就可以了"。以此来告诫我如何做人。

"事不避难，义不逃责"，这个颇显儒家气概、很能表达传统士大夫之入世风骨的短语，用来形容汤一介先生的立身行事，倒是非常贴切和传神。汤老曾指出，先秦重"礼"，还是有它可取的东西的。《礼记》的《坊记》说"君子礼以坊德，刑以坊淫"，礼是防止道德的堕落的，刑是防止做坏事、扰乱社会。贾谊讲礼是防患于未然，法是已经发生了罪恶，就要受到惩处。现在是不是可以研究一下传统社会里"礼法合治"的问题？从《汉书》来看，它的刑法志和礼乐志是两个志，都是把它们作为制度来看的。在中西文化杂陈而新旧交错、传统文化面临转型的时代，作为中国思想文化的传道者和"守夜人"，汤一介身上依旧保留着浓厚的

“士”的气质：彬彬有礼、谦逊好学、关注社会、心忧天下而弘道不辍。

二、求学时喜好偏重西方哲学

汤一介的小学是在北平的孔德小学度过的，毕业前夕的1939年年底，随母亲辗转数千里来到大后方，在昆明与父亲团聚。不久，入读西南联大附中，两年多后，又因故转到了重庆的南开中学。这期间，他阅读了大量的中外小说和其他文学作品，喜李后主词，更爱陶渊明诗文，对俄国文豪尤其拜服。钱穆的《国史大纲》使他开始理解中华民族灿烂辉煌的历史，钱学熙的英文讲授让他领略到了西方文学的意境之美，由文学理论、美学而渐入哲学、宗教，开始读《工具论》、《理想国》、《上帝之城》等。

后来，汤一介随全家回到北平，先上北京大学先修班，一年后，正式转入北大哲学系。本科期间，除了读冯友兰等人的《中国哲学史》著作之外，他的喜好仍然偏重在西方哲学，对金岳霖、洪谦的文章颇感兴趣，就题写了习作，受到贺麟的称许。他还选修了大量的外系课程，特别是有关西方文学的，打下较宽眼界。哲学课，下工夫最大的是逻辑一类，胡世华的“数理逻辑”和“演绎科学方法论”，让他体会到思维工具的重要性。汤用彤先生的两门近代西方哲学课程，则使他进一步理解了哲学范式和方法论的特别价值。1949年以后，中国的哲学界发生了根本的改变，马克思主义迅速占领哲学的主阵地。汤一介以青年人特有的敏感和喜好新鲜事物的情趣，投入到马克思主义的学习当中。他阅读了大量的马列经典著作，因表现优异，还被北大的党总支派到北京市委党校去学习，后来又干脆留了下来做教学工作。

三、早年萌生当哲学家念头

哲学好像始终离普通人的生活很远，而汤老在十七八岁的时候就萌生了当哲学家的念头。这个想法在他年轻的心中生根发芽，最终成为他追寻一生的梦想。

当时，国民党统治黑暗，人民生活困苦，有志青年都在积极探索未来的根本出路。汤一介先生对笛卡尔之后“二元论”把精神和物质分开研究的方法充满了兴趣。客观的社会现实和个人对哲学的浓厚兴趣捏合成了一个逐渐清晰的志向：“当哲学家，而且是能影响历史发展的大哲学家，靠自由思考建立起自己的哲学思想体系。”

汤一介的父亲汤用彤获哈佛大学硕士学位后，在北大执教三十余年。据汤老回忆：“我当初和父亲很少谈论哲学问题。他每天备课都到很晚，解放前又是北大文学院院长和哲学系主任，要忙很多行政工作，没有时间管我们。我从父亲身上学到最多的，是做人。”

忆及几十年的父子之情，汤一介说，父亲一生中只给自己写过三封信，那是在“烽火连三月”的抗日战争时期。当时父亲在西南联大教书，他则离开父母在重庆的南开中学上学，父子之间相互惦念。“在第一封信里，父亲叮嘱我要想取得智慧，必须多读书，就好像爬山，站得越高，视野才越广。”抗战时期生活条件异常艰苦，同学们下课后一起吃饭，“不赶快吃完第一碗就盛不上第二碗了”，汤用彤先生又写道：“想想前线杀敌的战士，他们生活更苦，你要坚强地生活。”在艰苦的抗战年代，因为缺医少药，仅比汤一介小一岁的妹妹早夭了，而父母因为怕影响学习没有立即告诉他这个巨大的不幸。后来得知此事，汤一介万分悲痛地写信询问，父亲则回信解释了他们的苦衷，并勉励他继续用功读书。悠悠几十载，往事浮云端。对于刻骨铭心的记忆，一切仿佛历历在目，清晰可触。

四、影响一生的书

据汤老回忆：1950 年他还是北大哲学系三年级的学生，乐黛云是北大中文系二年级的学生，两个人一起在北大青年团工作。有一天乐黛云拿了伏契克的《绞索套在脖子上的报告》给他看，她说："这本书表现的对人类的爱深深地打动了我，我想你会喜欢它。这本书是捷克共产党员伏契克在 1943 年被希特勒杀害前在监狱中写的。"当天晚上他就一口气把《绞索套在脖子上的报告》读完了，书中表现的对人类的爱、对理想的忠诚，同样让他大为感动。这本书他后来又读了好几遍，其中一段几乎可以一字不差地背出来："我爱生活，并且为它而战斗。我爱你们，人们，当你们也以同样的爱回答我的时候，我是幸福的，当你们不了解我的时候，我是难过的。我得罪了谁，那么就请你们原谅吧！我使谁快乐过，那就请你们不要忘记吧！让我的名字在任何人心里不要唤起悲哀。这是我给你们的遗言，父亲、母亲和妹妹们；给你的遗言，我的古丝妲（按：古丝妲是伏契克的妻子）；给你们的遗言，同志们，给所有我爱的人的遗言。如果眼泪能帮助你们，那么你们就放声哭吧！但不要怜惜我。我为欢乐而生，为欢乐而死，在我的坟墓上安放悲哀的安琪儿是不公正的。"

汤老说，这种热爱生活、热爱人类、为理想而献身的精神，在自己每次读到这里时都禁不住热泪盈眶。本来在 1949 年前，自己对真正的生活了解很少，但在心中也有着一种潜在的对人类的爱，但那是一种"小爱"，而不是对人类的"大爱"。在读了《绞索套在脖子上的报告》后，似乎精神境界有一个升华。这本书，也点燃了两个年轻人心中爱情的种子。

这种大爱让汤老常常对过去的事情检讨和反思，即使是发生在“文化大革命”那样的年代，对自己说过的错话，做过的错事，汤老都进行深刻的反省，这更增加了我们对汤老的敬重。汤老说：“在这去几十年的生活中，我犯了不少错误，对这些我都自责过，反省过。但我在内心里，那种伏契克式的热爱生活、热爱人类的情感仍然影响着我。人不应没有理想，人不能不热爱生活。”

一个学者的学术品格总是和他自己的人生态度有着紧密的联系的。这种“大爱”的智慧也潜移默化地影响着汤一介的学术品格。比如在对儒学的理解上，就可以看出汤老作为学者的那种热爱自由、崇尚真、善、美的哲人情怀。汤老极力反对把儒学意识形态化，他说儒学可放在三种脉络里来理解，一种是政治儒学，把儒学作为国教，对于现代社会政教分离的现实来说，自然是不再可能的，也是有害的。另一种是道统化的儒学，把儒学作为整个民族的精神信仰来追求，这也损害了社会文化和公共生活的多样性。最后是把儒学作为我们的学统的“历史遗产”来研究，用一种平实的智性的诚实来观照和研究儒学，而把是否信仰儒学作为一个私人的事情交给个人去选择。汤先生说他认同的是最后一种态度，这折射了他作为一个现代知识分子的理性与宽容。见到汤老，我自然地想起了柏拉图、亚里士多德、康德和哈贝马斯，在形上思辨的空间，汤老的思维永远是年轻的、不夹杂任何世俗的。

五、未名湖畔心有灵犀的两只小鸟

“在北京大学燕园，人们常常看到，黄昏时分，有两位老人绕着未名湖漫步同行。他们绕着这个‘有名’的湖不知有多少圈了。还会再绕着同行，也许十年，也许更长的时间。

时间已经过去了五十多年，他们绕着这个湖一圈又一圈，从青年到中年，又从中年到老年。这湖，这湖边的花树，湖边的石头，湖边的靠背椅，湖边树丛中的鸟，一一都引起他们的回忆：他们在湖上无忧无虑地溜着冰；他们刚会走路的小女儿跟着年轻的父亲走在小径上，留下一张照着他们背影的照片；他们看着儿子在冰球场上横冲直撞；他们推着坐在轮椅上的年老的汤用彤先生绕湖观赏春天的美景；他们也常倾听着由湖边音响中播放的中外古典音乐，悠然神往；春天，他们找寻湖边的二月兰；秋天，他们欣赏湖岸的不知名的黄花。他们绕湖同行，也会触景生情。湖的这边，曾有他们的学生跳水自尽；湖的那边埋葬着他们所钟爱的一个学生的骨灰；湖边的小桥是他们两人中的一个被隔离审查时离别的分手处；湖畔的水塔边，他们曾看到两位老教授背着大黑铁锅游街示众，脖子上划出深深的血痕……未名湖畔的两只小鸟，是普普通通、飞不高、也飞不远的一对。他们喜欢自由，却常常身陷牢笼；他们向往逍遥，但总有俗事缠身！现在，小鸟已变成老鸟，但他们依旧在绕湖同行。他们不过是两只小鸟，始终同行在未名湖畔。”

这是一本有关汤一介、乐黛云二老的书的序言，读后而生大感动，这种感动与乐先生在比较文学界的地位和声望，与汤老在哲学界的声誉无关，与一切其他的有关名利的东西无关，只与人类那最纯粹、最美好的感情相连。这种感动源于字里行间透露出的温暖和深情。也许他们性格不一，也许他们为了自己的事业而没有天天厮守着，却共同奋斗着，志同道合。

对于乐先生和汤老来说，那个随四季转换不断变化着容颜的未名湖，永远充满着“池塘生春草，园柳变鸣禽”的生机，一如二老思想上的青春永驻。在天气晴朗的时候，如果没有特别重要的事务缠身，汤一介几乎每天都会和乐黛云出去散散步，绕着未名湖边走走，交流一些生活和学术上的问题，已经成为两位先生维持了半个多世纪的习惯。

乐黛云和汤一介先生两个人就是相互信任、相互关怀、相互扶持走过了最困难的时期。乐黛云被打成右派时，汤一介给中文系打电话为她辩护，被认为划不清界线。“文化大革命”中汤一介被打成“黑帮分子”关在哲学楼，乐黛云每天晚上坐在哲学楼楼梯上等他回家。这两年，乐先生的腿脚有些不方便，汤先生就这样扶着她下楼梯，他们不要旁人的帮助。两个人配合得很默契，一个把轮椅支起来，一个顶着门，熟练而自然，半个多世纪的相濡以沫让二老款曲相通，心有灵犀。他们从 1949 年在北大第一次见面，到今天已经相扶相携走过了 60 多年。

在性格上，汤一介较内向，乐黛云较开朗；汤一介受儒家影响较大，做事讲究规范，有条理，乐黛云比较喜欢道家，听其自然，两个人互补。在治学上，汤一介古代文化基础好，有家学渊源，乐黛云外文好，接受新思想、新信息多，两个人也是互补。两个人有共同的理想，都想做些对社会有益的事，都喜欢帮助别人，都喜欢看文学书，听西方古典音乐。最近他们共同出了一本随笔集，是《连理丛书》中的一种。在广阔的天地里，他们比翼齐飞。

六、投入到《儒藏》工程

年轻时的激情和理想是难忘的，然而现实却有诸多不尽如人意之处。关于自己的壮年及那段不堪回首的历史，汤老曾在汤乐二老合著的随笔里写道：“我们（自己和乐黛云）是同行在未名湖畔的两只小鸟，渴望自由却总是身陷牢笼……”“在我最年富力强的岁数没有搞哲学研究，中国也陷入了与外部世界隔绝的状态。现在现实条件已经不允许我成为‘大哲学家’了，恐怕连‘小哲学家’都当不成喽!”如果说把哲学家分为仁者型哲学家和智者型哲学家，即使和汤老接触很短时间，我们都会有仁者型的认知。

虽然对最初的梦想抱有遗憾，但汤老仍积极乐观地在为当下中国哲学的发展尽自己的努力。“虽然不可能创建出思想体系，但是可以发现和指出哲学的一些问题，供后来人继续填补和努力。”这份壮心不已的豪情和对后继学者的殷殷期盼，令汤老的同事和学生深深感动。

退休之后，汤一介先生的使命感没有丝毫减退。几年前汤老提议进行《儒藏》编纂工程时，有一些人考虑到汤老年事已高，善意地劝他不必再在学术上投入太多精力。可是汤老仍然从大局出发，坚持亲自落实各项相关工作的开展。汤老将晚年生活的大部分精力都投入到了《儒藏》工程中，为北大的学科建设、我国的文化建设，乃至世界的文化发展都发挥了不可代替的作用。

《论语·述而》中的一句话可以贴切地描述汤老学术人生态度：“其为人也，发愤忘食，乐以忘忧，不知老之将至云尔。”他仿佛不是一个已经将近八十五岁的老人，而是一个勇往直前的年轻人。从汤老身上，记者真切地体会到他为中国文化付出的心血，以及在他学术和人生历程中渗透着的儒家精神，也让人感受到那种“为往圣续绝学”的学者担当和忧患意识。

汤一介著作

汤一介先生一生著作丰厚，学术专著有《郭象与魏晋玄学》、《早期道教史》、《魏晋南北朝时期的道教》、《中国传统文化中的儒道释》、《儒道释与内在超越问题》、《儒教、佛教、道教、基督教与中国文化》（英文本）等、《佛教与中国文化》、《我的哲学之路》、《新轴心时代中国文化的建构》、《儒学十论及外五篇》，在国内外哲学界产生一定影响。学术随笔《在非有非无之间》、《汤一介学术文化随笔》、《非实非虚集》、《昔不至今》、《郭象》、《当代学者自选文库：汤一介卷》、《佛教与中国文化》、《生死》、《和而不同》等，笔墨清新隽永。主编《20 世纪西方哲学东渐史》丛书，第一次系统、完整地展示了 20 世纪西方哲学东渐的百年历程，被张岱年先生称为是“一项贯通中西哲学视野的难得的学术工程”。2003 年更是以耄耋之年发起并主持《儒藏》工程，一年间组织 20 多所高校两三百位学者投入此项工程，工程第一部分是包括近 600 种 9 700多卷 1.5 亿字包含中、日、韩、越儒家典籍的《儒藏》精华本，第二部分《儒藏》大全本将收入 5 000 部 10 亿字儒家典籍。

原刊于《深圳特区报》，2011-03-18

图书在版编目（CIP）数据

和记者谈心：记者的访问记/汤一介著．—北京：中国人民大学出版社，2015.11
（汤一介集）
ISBN 978-7-300-21917-2

Ⅰ.①和… Ⅱ.①汤… Ⅲ.①随笔-作品集-中国-当代 Ⅳ.①I267.1

中国版本图书馆 CIP 数据核字（2015）第 220530 号

汤一介集
和记者谈心
——记者的访问记
汤一介　著
He Jizhe Tanxin

出版发行	中国人民大学出版社		
社　　址	北京中关村大街 31 号	**邮政编码**	100080
电　　话	010－62511242（总编室）		010－62511770（质管部）
	010－82501766（邮购部）		010－62514148（门市部）
	010－62515195（发行公司）		010－62515275（盗版举报）
网　　址	http://www.crup.com.cn		
	http://www.ttrnet.com（人大教研网）		
经　　销	新华书店		
印　　刷	涿州市星河印刷有限公司		
规　　格	160 mm×230 mm　16 开本	**版　　次**	2016 年 6 月第 1 版
印　　张	36 插页 2	**印　　次**	2016 年 6 月第 1 次印刷
字　　数	433 000	**定　　价**	89.00 元